HORST WOLFGANG BÖHME (HG.)

SIEDLUNGEN UND LANDESAUSBAU ZUR SALIERZEIT
TEIL 2
IN DEN SÜDLICHEN LANDSCHAFTEN DES REICHES

PUBLIKATIONEN ZUR AUSSTELLUNG
»DIE SALIER UND IHR REICH«
VERANSTALTET VOM LAND RHEINLAND-PFALZ
IN SPEYER 1991

RÖMISCH-GERMANISCHES ZENTRALMUSEUM

FORSCHUNGSINSTITUT FÜR VOR- UND FRÜHGESCHICHTE

MONOGRAPHIEN

BAND 28

JAN THORBECKE VERLAG SIGMARINGEN

1991

RÖMISCH-GERMANISCHES ZENTRALMUSEUM
FORSCHUNGSINSTITUT FÜR VOR- UND FRÜHGESCHICHTE

HORST WOLFGANG BÖHME (HG.)

SIEDLUNGEN UND LANDESAUSBAU ZUR SALIERZEIT

TEIL 2
IN DEN SÜDLICHEN LANDSCHAFTEN DES REICHES

JAN THORBECKE VERLAG SIGMARINGEN
1991

Publikationen zur Ausstellung
»Die Salier und ihr Reich«
veranstaltet vom Land Rheinland-Pfalz
in Speyer 1991

gefördert durch die
KulturStiftung der Länder
aus Mitteln des
Bundesministers des Innern

CIP-Titelaufnahme der Deutschen Bibliothek

Ausstellung Die Salier und ihr Reich ⟨1991, Speyer⟩: Publikationen zur Ausstellung »Die Salier und ihr Reich« / veranst. vom Land Rheinland-Pfalz in Speyer 1991. – Sigmaringen: Thorbecke.
NE: Rheinland-Pfalz

Siedlungen und Landesausbau zur Salierzeit.
Teil 2. In den südlichen Landschaften des Reiches. – 1991

Siedlungen und Landesausbau zur Salierzeit / Römisch-Germanisches Zentralmuseum, Forschungsinstitut für Vor- und Frühgeschichte. Horst Wolfgang Böhme (Hg.). – Sigmaringen: Thorbecke.
(Publikationen zur Ausstellung »Die Salier und ihr Reich«)
ISBN 3-7995-4135-7

NE: Böhme, Horst Wolfgang [Hg.]

Teil 2. In den südlichen Landschaften des Reiches. – 1991
(Monographien / Römisch-Germanisches Zentralmuseum, Forschungsinstitut für Vor- und Frühgeschichte; Bd. 28)

NE: Römisch-Germanisches Zentralmuseum ⟨Mainz⟩: Monographien

Dieses Buch ist aus säurefreiem und alterungsbeständigem Papier hergestellt.

Gesamtherstellung: M. Liehners Hofbuchdruckerei GmbH & Co. Verlagsanstalt, Sigmaringen
Printed in Germany · ISBN 3-7995-4135-7

INHALT

INHALT TEIL 1

WALTER JANSSEN

SIEDLUNGSGESCHICHTLICHE UND SIEDLUNGSARCHÄOLOGISCHE BEOBACHTUNGEN ZUM HAUS- UND REICHSGUT DER SALIER

I. Einführung

Den Ausgangspunkt dieser Studie bietet eine 1978 publizierte Verbreitungskarte des Reichs- und Königsgutes der Salier[1]. In schwarzen Punkten ist die Verbreitung des Reichs- und Königsgutes in salischer Zeit angegeben. Signaturen in Rot geben die geographische Verbreitung des Hausgutes der Salier an. Einen durch archäologische Befunde ergänzten Ausschnitt dieser Karte stellt unsere Abbildung 1 dar. Sie erfaßt den geographischen Raum zwischen der Pfalz im Westen und der sogenannten Fränkischen Schweiz im Osten (Abb. 1). Die schwarzen Punkte symbolisieren das Hausgut der Salier. Die offenen Kreise hingegen repräsentieren Reichs- beziehungsweise Königsgut der Salierzeit. Die Karte läßt deutlich werden, daß sich die beiden erwähnten salierzeitlichen Besitzformen räumlich weitgehend ausschließen: In der Rheinpfalz und im Neckarbogen herrscht salisches Hausgut vor. Zwischen Rhein-Neckar-Linie, Donau und der sogenannten Fränkischen Schweiz dagegen finden sich, abgesehen von wenigen Plätzen an der Regnitz, ausschließlich offene Punkte, die salisches Reichs- oder Königsgut markieren. Dieser auffällige Unterschied in der Verbreitung der beiden Gruppen ist von der historischen Forschung nicht hinreichend erkannt worden. Der Autor der erwähnten Karte, P. Kaller[2], formuliert den Sinn seiner Kartierung als »Kombination von Ausweitung und Ausbau des Königsgutes« der Salier. Diese allgemeine Formulierung verdeckt, was in Wirklichkeit geschah: Es handelt sich zum einen um einen siedlungsgenetischen Prozeß, in dessen Verlauf sich die Wirksamkeit der Salierkönige und -kaiser von den altbesiedelten Stammlandschaften in der Rheinpfalz nach Osten in die wenig erschlossenen Bergländer verlagerte. Zum anderen ist dieser dynamische Siedlungsprozeß an die Entstehung einer neuen sozialen Schicht gebunden: an die Ministerialen, die als Träger des Landausbaus in den Weiten östlich des Rheins in Erscheinung treten. Damit erhält die von den Historikern so oft vorgetragene Formel von der versuchten Machterweiterung der Salier, unter der man sich alles und nichts vorstellen konnte, einen konkret faßbaren Sinn: Es handelt sich ganz ohne Zweifel um die Erweiterung von Landbesitz durch Rodung. Damit ist die Fragestellung dieses Beitrages formuliert: Sie besteht in der Aufgabe, salisches Haus- und Reichsgut der Salier chronologisch und geographisch zu differenzieren und Hinweise für die Herkunft dieser beiden Besitzformen im jeweiligen siedlungskundlichen Kontext zu gewinnen. Es gilt, den Inhalt der erwähnten Kartierung, von der hier in Abb. 1 ein Ausschnitt vorliegt, im Hinblick auf zeitliche Schichtung und räumliche Verteilung zu differenzieren.

1 Großer Historischer Weltatlas. 2. Teil Mittelalter (Hg. Bayerischer Schulbuch-Verlag. Red.: J. Engel; 2. überarbeitete Aufl. (1978).

2 P. Kaller, Reichs- und Hausgut der Salier in Deutschland. In: Großer Historischer Weltatlas. 2. Teil Mittelalter, Erläuterungen (1983) 107–109.

II. Saliergut im Altsiedelraum

Dieser Altsiedelraum erstreckt sich, wie die Nebenkarte C in dem genannten Atlas ausweist[3], westlich des Rheins in der Rheinpfalz, in geringerem Maße im Neckarbogen zwischen Neckar und Enz. Hier liegt das Untersuchungsfeld für alten salischen Hausbesitz und merowingerzeitlich-karolingerzeitlichen Hausbesitz (Abb. 1, schwarze Punkte).

Der vergrößerte Ausschnitt der Karte (Abb. 1) läßt weiterhin deutlich werden, daß das Reichsgut der Salierzeit in diesem Gebiet vorzugsweise in Orten nachzuweisen ist, die Namen der fränkisch-alamannischen Altbesiedlung auf -heim, weniger hingegen auf -dorf oder -ingen tragen; auch -weiler-Ortsnamen fehlen hier nicht. In lockerer Streuung überschreitet salischer Hausbesitz auch noch den Rhein nach Osten, indem er sich im Neckarbogen bis zur Enz in Altsiedlungen nachweisen läßt. Auch am Untermain, westlich des Spessarts, sind noch vereinzelt schwarze Punkte zu finden, die die Ausdünnung salischen Hausgutes nach Osten deutlich machen.

Im eigentlichen Kernraum salischen Hausbesitzes, wie er auf der Nebenkarte C des Atlasses als vergrößerter Ausschnitt der Hauptkarte dargestellt wird, werden die siedlungsgenetischen Grundlagen des salischen Hausgutes sehr deutlich. Salisches Hausgut findet sich hier vor allem in Orten, die der merowingisch-karolingischen Altsiedlung angehören. Darauf verweisen nicht nur die entsprechenden Siedlungsnamen auf -ingen, -heim und -dorf hin. Als Bestandteile merowingischer Altsiedlung geben sich viele dieser Orte vor allem durch die dicht gestreuten Reihengräberfelder dieses Gebietes zu erkennen. Räumliche Verteilung und zeitliche Schichtung der Reihengräberfelder im rheinpfälzischen Raum sind durch eine neuere archäologische Arbeit gut überschaubar[4]. Demnach kennt man aus der Pfalz rund 130 fränkische Reihengräberfelder. Dazu kommen noch Einzelfunde sowie auch solche Fundobjekte, deren Herkunft nicht näher zu bestimmen ist. Die Gesamtzahl der fränkischen Friedhöfe in der Pfalz liegt also noch höher als die gesicherten 130 Belege. Die Pfalz erweist sich somit als dicht besiedelter Siedlungsraum der Merowingerzeit, und dieses lange bevor die historisch faßbaren Salier greifbar sind.

Von den rund 130 archäologisch bezeugten Plätzen mit Reihengräberfunden weisen nach historischer Überlieferung sechs salisches Hausgut auf, und zwar die folgenden:

Albisheim, Freimersheim, Imsheim, Rockenhausen, Wachenheim und Weisenheim. Angesicht der starken Verdichtung salischen Hausgutes in der Pfalz (Abb. 1) muß die kleine Anzahl merowingischer Gräberfelder an Plätzen mit salischem Hausgut geradezu winzig anmuten. An weniger als 6 % aller Siedlungen mit Reihengräbern ist zugleich auch salisches Hausgut nachzuweisen. Höhere Anteile des salischen Hausgutes wären zu erwarten gewesen. Wie ist der zahlenmäßige Befund zu erklären?

Er wird verständlich, wenn man die spezifischen Überlieferungsverhältnisse der frühmittelalterlichen Archäologie einerseits und der Geschichte andererseits in die Überlegungen einbezieht.

Aus archäologischer Sicht ist zu berücksichtigen, daß trotz der erkannten etwa 130 Reihengräberfelder der Pfalz noch viele Fundplätze dieser Gattung unentdeckt sind. Unter ihnen könnten sich auch solche befinden, an denen später salisches Hausgut nachzuweisen ist.

Aus historischer Perspektive ist zu berücksichtigen, daß die in Abb. 1 angegebenen Plätze das Minimum aller jeweils existenten Siedlungen der Altsiedlung darstellen. Weitere Orte mit salischem Hausgut müssen vermutet werden, zum Beispiel unter den Wüstungen der Pfalz; auch ist der Quellenverlust in der immer wieder von Totalzerstörungen heimgesuchten Pfalz in Rechnung zu stellen. Ein Teil der festgestellten Diskrepanz zwischen archäologisch nachgewiesenem Siedlungsbestand und historischer Quellenüberlieferung muß demnach als überlieferungsbedingt angesehen werden.

Salisches Hausgut, so ist vorläufig zu resümieren, erscheint in dem umrissenen Raum vorzugsweise im Gebiet der merowingischen Altsiedlung. Aus den archäologischen Beobachtungen ist freilich nur selten

[3] Großer Historischer Weltatlas (wie Anm. 1) 23, Karte C.

[4] H. Polenz, Katalog der merowingerzeitlichen Funde der Pfalz. German. Denkm. Völkerwanderungszeit, Ser. B, 12 (1988) Text- und Tafelband.

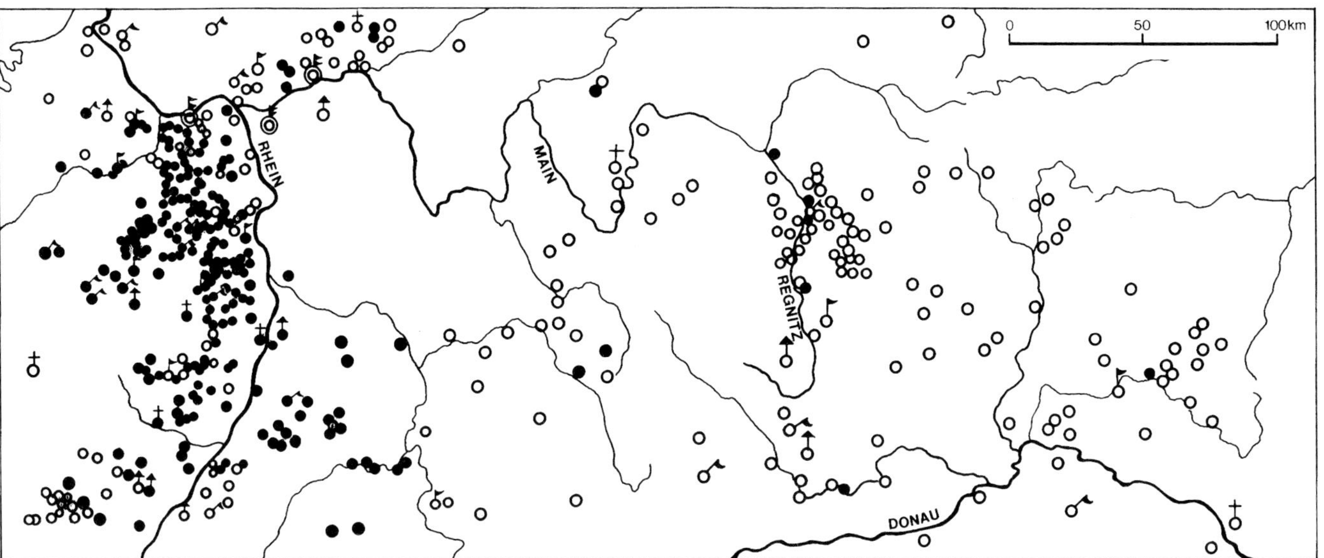

Abb. 1 Verbreitung salischen Hausgutes (schwarze Punkte) und salischen Reichsgutes (offene Kreise) im Gebiet zwischen Pfälzerwald und Fränkischer Schweiz (nach: Großer Historischer Weltatlas. Vgl. Anm. 1; Ausschnitt der Karte mit Ergänzungen).

zu erkennen, wie es dazu gekommen ist. Vor allem ist zu fragen, ob es möglich ist, die Vorfahren der Salier des 10./11. Jahrhunderts soweit zurückzuverfolgen, daß sie Anschluß an die im Reihengräberhorizont archäologisch belegbaren fürstlichen Persönlichkeiten finden. Für die siedlungsgenetischen Betrachtungen zum Reichs- und Hausgut der Salier bleibt festzustellen, daß sich salisches Hausgut in zahlreichen Altsiedlungen des Pfälzer Raumes und – in etwas verdünnter Form – auch rechts des Rheins im Gebiet zwischen Neckarbogen und Enz vorfindet. Es handelt sich um eine alterschlossene Siedlungslandschaft mit hervorragenden Ackerböden und besten Wirtschaftsvoraussetzungen. Dieser Raum stellt die Grundlage und den ältesten Kern salischer Macht dar.

Zugleich läßt die Kartierung aber auch erkennen, daß dieser älteste Kernraum der Salier sehr begrenzt ist. Die Verdichtungszone zwischen Rhein und Pfälzer Wald ist in West-Ost-Erstreckung nur etwa 50 km breit. Sie mißt in Nord-Süd-Richtung vom Rhein bei Ingelheim bis nach Weißenburg an der Lauter nur etwa 100 km. Von der geographischen Situation her gesehen konzentriert sich salisches Hausgut in einem sehr engen Gebiet, welches mit etwa 5000 km^2 Fläche kaum die Flächengröße des Regierungsbezirks Unterfranken erreicht. Allein von der räumlichen Erstreckung her stellt sich somit der Kernbereich salischen Hausgutes als ein äußerst begrenzter Raum dar, der zu Beginn der salischen Herrschaft im Reich (1024) für einen längerfristigen Erhalt der politischen Macht im Reich kaum ausgereicht hätte. Doch davon wird später zu sprechen sein.

Vorerst fällt im salischen Kernraum zwischen Rhein und Lauterfluß auf, daß in der Frühzeit salischen Besitzes kein Ausgriff der Besiedlung auf die Bergländer wie Pfälzer Wald, den Hardtwald oder gegen den Ostrand der Vogesen stattfindet. Von salischen Besitzungen frei bleiben auch der Wasgauforst und der Hagenauer Forst. Beide Gebiete werden in der Zeit der Konzentration salischen Hausgutes im Pfälzer Raum nicht von Siedlungen erfaßt, obgleich doch zu erwarten gewesen wäre, den salischen Besitz weiter nach Westen gegen die Bergländer auszudehnen. Dies geschah indessen nicht. Die salischen Besitzungen griffen in der Frühzeit salischer Herrschaft nicht erkennbar nach Westen aus. Die Gründe dafür sind vorerst unbekannt.

III. Saliergut im Ausbaugebiet

Völlig anders stellt sich die Verbreitung salischen Reichsgutes östlich des Rheins dar. Reichsgut der Salierzeit konzentriert sich in mehreren Gebieten:
- im Raum südlich der Aller und Mittelelbe und um Braunschweig bis zur Nordabdachung des Harzes;
- im Gebiet des Reinhardswaldes in Nordhessen bei Kassel und im Habichtswald;
- im Raum Bamberg-Weißenburg (Mittelfranken);
- im Gebiet südlich von Isar und Donau in lockerer Streuung bis zum nördlichen Alpenrand.
- Ein kleines von den übrigen Zentren deutlich abgehobenes Gebiet salischen Hausgutes erscheint schließlich nördlich des Plattensees beiderseits der Donau, westlich von Hainburg-Stillfried in Niederösterreich und im Burgenland.

Alle genannten Verdichtungen salischen Reichsgutes östlich des Rheins erstrecken sich in unwegsamen Fluß- oder Bergregionen, die bis dahin nur punktuell, aber nirgends flächenhafte Vorbesiedlung aus karolingischer oder gar merowingischer Zeit trugen.

In Mainfranken finden sich nur wenige Punkte, an denen salisches Hausgut erweislich ist: Westheim, Kr. Würzburg, Oberwittighausen und Schmalfelden. Dazu treten vereinzelte, sehr früh besiedelte Plätze, die bereits in karolingischer oder gar vorkarolingischer Zeit besiedelt sind und in denen in salischer Zeit Reichsgut nachzuweisen ist. Zu ihnen zählt *Forchheim,* auf dem rechten Ufer der Regnitz gelegen. Es wird eine fränkische Ansiedlung auf dem linken Ufer angenommen. Zur Zeit von Karl Martell und Pipin dem Jüngeren wird östlich der Regnitz ein Königshof angelegt, aus dem spätestens im 9. Jahrhundert eine karolingische Pfalz hervorging. Der Platz findet sich im Diedenhovener Capitulare Karls des Großen von 805. Die herausgehobene Bedeutung Forchheims bereits in vorsalischer Zeit wird durch den am 12. 8. 869 durch Arnulf von Kärnten in Forchheim veranstalteten Reichstag unterstrichen. In Forchheim wurde sodann Arnulfs Sohn Ludwig das Kind zum König gekrönt. Die Pfalz von Forchheim sah ferner die Wahl Konrads I. zum König. Die Kaiser Heinrich II. und Heinrich IV. weilten in Forchheim, und schließlich wählte man hier den Gegenkönig Rudolf von Rheinfelden zum König. Es war demnach nur konsequent, wenn die Salier an diesen, seit Urzeiten bedeutenden Herrschaftsmittelpunkt anknüpften und dort einen großen Reichsgutkomplex erwarben, den 1007 König Heinrich II. dem neugegründeten Bistum Bamberg schenkte. Die Könige und Kaiser aus dem salischen Hause knüpften hier bewußt an die älteren Traditionen Forchheims als Pfalzort der Karolingerzeit an. Die bleibende Funktion Forchheims als Herrschaftsmittelpunkt gründet sich, auch in salischer Zeit, zu einem großen Teil auf die Sicherungsfunktion, die der Platz im Hinblick auf die nahe Grenze zu den Slawen zu erfüllen hatte. Diese wichtige Funktion behielt Forchheim während der gesamten Salierzeit.

Baiersdorf, unweit von Forchheim gelegen, 1062 zum ersten Male in Urkunden erwähnt, gehörte zum Königshof Forchheim und teilte auch in salischer Zeit dessen Geschicke. Der Platz liegt in vorsalischem Altsiedelgebiet, in welchem die Salier Reichsgut hatten gewinnen können.

Wiesenthau bei Forchheim befindet sich unter den 1062 von Kaiser Heinrich III. zurückgenommenen Reichsorten des Wiesenttales, die Kaiser Heinrich IV. dem Hochstift Bamberg zurückgab.

Cham war Mittelpunkt zahlreicher vorgeschichtlicher Kulturen, obgleich seine Höhenlage von etwa 379 m über NN dies auf den ersten Blick kaum hätte vermuten lassen. Zu verschiedenen prä- und protohistorischen Zeiten blieb Cham bedeutender Siedlungs- und Verkehrsknotenpunkt einer zwar hochgelegenen, aber fruchtbaren Siedlungslandschaft. Der Merowingerkönig Dagobert führte im 7. Jahrhundert von hier aus seine Truppen gegen die Böhmen. Am Treffpunkt des uralten Höhenweges auf dem Kamm des Oberpfälzer Waldes mit dem Weg nach Böhmen gelegen, besaß Cham seit vorgeschichtlicher Zeit herausgehobene siedlungs-, verkehrs- und wirtschaftsmäßige Bedeutung. Der einsilbige Siedlungsname weist gleichfalls in graue Vorzeit zurück: er geht auf ein entsprechendes Hydronym zurück und ist als Siedlungsname erstmalig zum Jahre 819 überliefert. Daß die Salier an einem derartigen zentralen Ort Fuß fassen wollten, leuchtet ein. Zur Zeit Heinrichs II. ist Cham als Münzstätte überliefert. Königsland muß in oder um Cham noch lange, jedenfalls bis in salische Zeit, existiert haben. Mehrere Burgen beschützten die Siedlungen der Chamer Senke. In salischer Zeit nahmen salische Ministerialen, gestützt auf die alte Reichsburg Cham, den Schutz der Chamer Siedlungskammer wahr. So reiht sich Cham in die Folge jener Plätze ein, die auf der Grundlage weit älterer Siedlungsverhältnisse in salischer Zeit erneut zum Stützpunkt königlicher Macht wurden.

Nürnberg scheint eine Schöpfung der Salier mit älteren Siedlungstraditionen der Merowinger- oder Karolingerzeit gewesen zu sein. Zur frühmittelalterlichen Siedlungsgeschichte des Stadtgebietes ist bislang wenig bekannt, zumal sich auch die Stadtarchäologie zu keiner Zeit systematisch um Probleme der frühesten Besiedlung des Stadtgebietes von Nürnberg gekümmert hat. Nürnberg wird in den geschriebenen Quellen erstmalig im Jahr 1050 erwähnt. Wie lange schon vor dieser Zeit ältere Siedlungskerne auf dem Gelände der Stadt bestanden haben, ist von archäologischer Seite mangels intensiver archäologischer Grabungen und Beobachtungen nicht zu entscheiden. Als im Jahre 1050 Kaiser Heinrich III. in Nürnberg einen Hoftag abhielt, wählte er gewiß nicht einen Tagungsort, der für ein solches Ereignis ungeeignet gewesen wäre. Im Jahre 1105 jedenfalls mußte Heinrich IV. hartnäckig um den Besitz der Burg kämpfen, von der seit alters die Siedlungsentwicklung der Stadt und ihres Umlandes gesteuert werden konnte.

Burghausen schließlich taucht ebenfalls in der Liste salischer Besitzungen auf. Die hochmittelalterliche Burgstadt geht auf eine ältere, an der Salzach gelegene Flußufersiedlung zurück. Im Jahre 1025 besaß Kunigunde von Luxemburg, die Gemahlin Heinrichs II., Burghausen als Witwengut. Wesentlich ältere Siedlungsgrundlagen des Ortes sind bisher archäologisch nicht nachgewiesen, können aber prinzipiell nicht ausgeschlossen werden.

Schließlich ist *Bamberg* als Modellfall salischer Machtentfaltung herauszustellen. Mußte man bislang von einer Neugründung von Burg und Dombezirk in unwirtlicher Wildnis ausgehen, so dokumentieren neueste archäologische Forschungen auf dem Burgberg von Bamberg, daß die Burg und der Dom von Bamberg nicht in siedlungsleerem Areal gegründet wurden. Gerade die jüngsten Ausgrabungen auf dem Burgberg von Bamberg haben ältere Siedlungsspuren aus frühslawischer, mindestens aber aus mittelslawischer Zeit zutage gefördert. Heinrich II. wählte also als Standort seiner Burg/Pfalz kein unbesiedeltes oder wenig entwickeltes Gebiet, sondern einen seit alters kultivierten Raum, zu dem auch das bedeutende *Hallstatt* zählte. In einer Kopie des 9. Jahrhunderts wird Halazstat zu 805 erwähnt. Jüngste Ausgrabungen an diesem Ort haben ebenfalls früh- oder mittelslawische Funde ergeben. Damit ist mit Hallstadt-Bamberg ein weiterer vorsalisch erschlossener Siedlungsraum umrissen, in dem dann einige Jahrhunderte später mit Bamberg ein salisches Machtzentrum entstand.

Damit sind die wichtigsten Punkte genannt, an denen die Salier mit Haus- oder Reichsgut in altbesiedelten Räumen oder Siedlungsplätzen bezeugt sind. Es handelt sich, abgesehen vom pfälzischen Stammland, in den Weiten östlich des Rheins stets nur um vereinzelte alte Siedlungspunkte, an denen den Saliern ein Einstieg in die Altsiedlung gelingt.

Soviel zu den schwarzen Punkten auf Abb. 1. Man könnte die Untersuchung an dieser Stelle abschließen, gäbe es in der Kartendarstellung nicht die Fülle der offenen Signaturen, also Plätze, an denen Reichsgut in salischer Zeit nachgewiesen wurde. Sie ballen sich, wie oben bereits festgestellt wurde, vor allem in Bergregionen Hessens, Thüringens und Frankens. Ein Blick auf die zugehörigen Ortsnamen spricht für sich.

Im Raum zwischen Spessart und Fränkischer Schweiz sind die verschiedenen Ortsnamentypen (ON) ohne Berücksichtigung der Wüstungen wie folgt vertreten:

ON auf -heim	2	ON auf -thal	2
ON auf -dorf	6	ON auf -berg	6
ON auf -ingen	6	ON auf -reuth	4
ON auf -bach	10	ON auf -burg	2
ON auf -feld(-en)	1	ON auf -furth	1
ON auf -hausen (-inghausen)	3	ON auf -stetten	1
ON auf -ach	8	ON auf -kirchen	1
ON auf -hoven, -hof	3	ON auf -brunn	1

Dazu kommen noch einige wenige Namen auf -hof. Es erscheint auch das Simplex Hof. In keine der bisher genannten Gruppen lassen sich Namen wie Wiesenthau, Weltrich, Trägweiß, Hetzels, Pettensiedel, Weidenbühl, Steinrinnen, Unterharm, Oberharm, Grabitz oder Cham einordnen.
Auf die Ortsnamen der Altsiedlung (-cham, -ingen, -heim, -dorf, -hoven) entfallen somit 18 Orte, auf die jüngeren Formen 45 Siedlungen. Damit ist sicher, daß etwa zwei Drittel der Orte mit salischem Reichsgut in jung erschlossenen Siedlungsgebieten vorzufinden sind, während ungefähr ein Drittel der Namen eine Zugehörigkeit zur Altsiedlung anzeigt. Sicher wird man diese Beobachtung auf noch breiterer Namensgrundlage überprüfen müssen. Dazu gehört auch, die Ortsnamen im einzelnen sprachgeschichtlich und überlieferungsgeschichtlich zu untersuchen. Die Grundtendenz, die sich bereits jetzt andeutet, dürfte sich aber kaum verändern, zumal sich parallele Entwicklungen auch in anderen Ballungsgebieten von salierzeitlichem Reichsgut erkennen lassen.
Noch ein weiteres Kriterium fällt bei der Beurteilung von Siedlungen mit salischem Reichs- oder Königsgut ins Gewicht: Es ist die Höhenlage, in der die meisten dieser Plätze anzutreffen sind. Im Kernraum salischen Hausgutes, also in der Pfalz, bewegt sich die Mehrzahl der Plätze, soweit sie im Rheintal liegen, um etwa 80–90 m ü. NN; im Kraichgau steigen einzelne alte Siedlungen mit salischem Hausgut bis etwa 120 m ü. NN in höheres Gelände. Am Südrand der pfälzischen Kernlandschaft salischen Hausgutes erreicht Colmar, noch in der Rheinebene gelegen, 190 m ü. NN. Für die wenigen Fundpunkte salischen Hausgutes im Bereich des Maintales sind Höhenwerte um 120 m typisch. Nürnberg hat 293 m ü. NN, Bamberg 242 m ü. NN. Im pfälzischen Ursprungs- und Kernraum, wo das salische Hausgut nirgends in den Bergen, sondern im Rheintal selbst konzentriert vorkommt, wird die 100 m-Isohypse nur selten überschritten.
Ganz andere Verhältnisse sind östlich des Rheins in hessischen, mainfränkischen und mittelfränkischen Gebieten festzustellen. Im hessischen Ballungsraum salischen Reichsgutes um den Reinhardswald, den Kaufunger Wald und den Habichtswald umranden Rodungssiedlungen in Höhen von 380–450 m ü. NN die eigentlichen Berge. Kassel selbst weist 257 m ü. NN auf. Oberkaufungen, am Rande des Kaufunger Waldes gelegen, mißt 219 m ü. NN. Alle diese Höhenwerte charakterisieren einen Raum, in dem salisches Reichsgut in Fülle belegt ist. Es dokumentiert in großer Klarheit, daß Landausbau, getragen und vorangetrieben von Beauftragten der Salier, das Grundprinzip salischer Machterweiterung gewesen ist. Unbeschadet ihres auf engem Raum in der Pfalz konzentrierten Altbesitzes greift diese Dynastie mit Macht in wenig oder gar nicht besiedelte Teile des deutschen Mittelgebirges aus. Es handelt sich dabei vor allem um die Höhenzone zwischen etwa 250 und 500 m ü. NN, die offenkundig von salierzeitlichen Rodungen aufgesucht wird.
Dieses Ergebnis deckt sich, wie auch detaillierte Forschungen in Einzelfällen erhärten konnten, mit dem Befund der Ortsnamen. Höhenlage von Siedlungen und Ortsnamenformen sichern, wenn sie gemeinsam zu siedlungskundlichen Fragestellungen herangezogen werden, allgemeine Aussagen zum Gang der Besiedlung ab. Im Falle der Verbreitung salierzeitlichen Hausgutes östlich des Rheins geben sie ungemein klare Hinweise auf das Siedlungsgeschehen in salischer Zeit.
In diesem Zusammenhang kann der Harzraum mit seinem nördlichen Vorland nicht außer Betracht bleiben. Hier dehnt sich zu Füßen des Gebirges eine Landschaft weitgestreuten salischen Reichsgutes, die bis nach Braunschweig und an die Aller und nach Osten bis zur mittleren Elbe reicht. Besonders deutlich treten hier die salischen Burgen als Element der Sicherung salischen Reichsgutes in Erscheinung. Unter ihnen nimmt die Harzburg bei Bad Harzburg als Feste Heinrichs IV. im Kampf gegen den sächsischen Adel besonderen Rang ein. Die inzwischen auch archäologisch untersuchte Anlage galt zu ihrer Zeit als die typische Salierburg schlechthin. Sie verkörpert mit ihrer rückwärtigen Anlehnung an das Harzgebirge und mit dem Blick in die siedlungsreiche fruchtbare Ackerebene ein charakteristisches Element salischer Herrschaftsform. Vielfältig, und nicht selten in salischer Zeit entstanden, nehmen auch die vielen Burgen des Flachlandes ihren Platz im salierzeitlichen Siedlungsprozeß ein. Dieser Entwicklungsstrang kann hier nicht weiter ausgebreitet werden. Daß sich in den Burgen der Salierzeit ein höchst bedeutsames Element der Siedlungsgeschichte manifestiert, steht außer Frage.

IV. Ergebnis

1. Der Kernraum salischen Hausbesitzes liegt im Gebiet der Pfalz, also links des Rheins, zwischen Ingelheim im Norden und Hagenau im Süden. Rechts des Oberrheins ist nennenswertes salisches Hausgut im Neckarbogen vorhanden.
2. In nur sechs Fällen ist das Vorhandensein von salischem Hausgut an Plätzen mit merowingerzeitlichen Reihengräberfeldern erweislich. Die Zahl dieser Befunde lag aber ursprünglich wesentlich höher; sie ist quellenbedingt eingeschränkt.
3. Es ist historisch und archäologisch schwer zu erkennen, ob zwischen merowingerzeitlicher Altbesiedlung und salischer Anwesenheit in diesem Raum während des 11. Jahrhunderts genetische Verbindungen bestanden haben. Das Ende der Reihengräberzivilisation um 700 versperrt den Blick auf eventuelle Zusammenhänge zwischen merowingerzeitlicher Adelskultur und salischer Reichskultur.
4. Die Erweiterung der Machtbasis der Salier besteht, konkret gesehen, in der intensiven Teilhabe salischer Ministerialen am Landausbau im deutschen Mittelgebirgsraum. Die seit der Karolingerzeit bekannte Regel, daß Rodung Herrschaft begründe, gilt offenkundig auch noch in salischer Zeit.
5. Die Salier, von Haus aus nur schwach begütert, sehen sich auf die noch wenig erschlossenen Gebiete östlich des Rheins verwiesen. In der Mittelgebirgszone steht ihnen Raum genug zur Verfügung, um ihre Macht auszuweiten. Rodung und Landausbau in bisher noch nicht besetzten Räumen sind konkrete Maßnahmen salischer Machterweiterung.
6. Dem Gesagten zufolge ist festzustellen, daß die Könige und Kaiser aus dem salischen Hause die geradezu genialen Initiatoren des Landausbauprozesses zwischen 1024 und 1125 gewesen sind. Als genial ist ihr Wirken insofern zu bezeichnen, als sie es vermochten, sich in einer weitgehend schon besetzten Siedlungslandschaft neue Einnahmequellen und Leistungen zu sichern, indem sie sich als Anführer des neuen Landausbaus des 11. Jahrhunderts betätigten.
7. Um diese Aufgabe zu lösen, war die Schaffung einer neuen sozialen Schicht nötig: Es entstand die Ministerialität, die allenthalben den Landausbauprozeß in der Praxis durchführte. Als typisches Beispiel für diesen Prozeß hat zum Beispiel auch die Niederungsburg bei Haus Meer am Niederrhein zu gelten. Die Ergebnisse der dort durchgeführten archäologischen Ausgrabungen können den Prozeß des Aufkommens einer neuen sozialen Schicht in salischer Zeit bestens dokumentieren.
8. Es fällt schwer, ein allgemein gültiges Ergebnis dieser Untersuchung vorzutragen. Man kann es dahingehend formulieren, daß die sogenannte Machterweiterung der Salier darin bestand, von den Grundlagen der überkommenen Herrschafts- und Wirtschaftsverhältnisse aufzubrechen zu neuen, unbekannten Räumen. In salischer Zeit erhielten offenkundig jene Teile der mittelalterlichen Gesellschaft, die mit den bestehenden Verhältnissen unzufrieden waren, ihre Chance: Die landnehmenden Rodungssiedler im deutschen Mittelgebirgsraum.

DIETRICH LUTZ

ARCHÄOLOGISCHE BEITRÄGE ZUR BESIEDLUNG DES NÖRDLICHEN SCHWARZWALDES IM FRÜH- UND HOCHMITTELALTER

Mit diesem Beitrag will ich versuchen, die Besiedlung einer größeren Landschaft aus der Sicht der Mittelalterarchäologie zu beleuchten. Das geschieht in dem Bewußtsein, derzeit zu diesem Thema allenfalls marginale Bemerkungen beisteuern zu können, da zielgerichtete Forschungen weder zum angesprochenen Raum noch zum gestellten Thema im engeren Sinne vorliegen.

Unsere Kenntnis der Besiedlungsgeschichte des nördlichen Schwarzwaldes beruht bis heute im wesentlichen auf den von der Landesgeschichte bereitgestellten Fakten und Einschätzungen, die vermutlich im großen und ganzen zutreffend sind, deren Richtigkeit jedoch nur in Ausnahmefällen durch siedlungsarchäologische Forschungen überprüft werden konnte. Wenn sich die Mittelalterarchäologie diesem Teil landesgeschichtlicher Forschung zuwendet, dann zuerst in der Sicherheit, in einem Bereich zu arbeiten, der von den klassischen Quellen der Geschichtswissenschaft verhältnismäßig wenig beleuchtet wird, und zum andern vor dem Hintergrund der Ergebnisse, den gerade dieser Zweig historischer Forschung in anderen Regionen der Bundesrepublik und darüber hinaus vorzuweisen hat[1], der hierzulande allenfalls als Ansporn und nicht als Vergleich dienen kann.

Die letzten Jahrzehnte haben dennoch durch eine Reihe von Beobachtungen und leider überwiegend noch unpublizierter Grabungen unsere Kenntnis der Besiedlungsvorgänge zumindest in Teilen des Schwarzwaldes verdichtet[2] und, da es sich hier um schriftlich zumeist wenig dokumentierte Vorgänge handelt, in vielen Fällen auch nach rückwärts verlängert. Dies soweit als möglich vorzustellen und zu erläutern, soll das Ziel dieses ersten Überblickes sein.

Am Anfang steht auch hier beinahe selbstverständlich die schon zu Beginn des letzten Jahrhunderts einsetzende frühgeschichtliche Archäologie, die bis heute eine kaum überschaubare Zahl von Funden und Fakten angesammelt hat, die ihre letzte Gesamtdarstellung, neben der Arbeit von R. Christlein[3], in den Karten III, 6 und 7 des Historischen Atlas' von Baden-Württemberg gefunden hat[4]. Obwohl diese Zusammenfassungen bereits einige Jahre zurückliegen, besteht kein Anlaß, das dort gezeichnete Bild grundsätzlich zu überarbeiten, da es hier zum einen um einen Gesamteindruck geht und zum andern durch die seither erfolgten Korrekturen das Grundmuster der daraus zu erschließenden Siedlungstätigkeit im Frühmittelalter nicht wesentlich verändert wurde.

Die beiden einschlägigen Karten zeigen uns, daß in der frühen Alamannenzeit der Nordschwarzwald so gut wie keine Fundpunkte aufweist, sieht man einmal von einzelnen Münzen in Pforzheim und bei Baden-Baden ab. Für die entwickelte Reihengräberzeit des 6. und 7. Jahrhunderts ändert sich das Bild nur graduell, indem sich entlang der Ränder des Arbeitsgebietes die Fundpunkte erheblich verdichten, jedoch kein einziger im Inneren des Schwarzwaldes zu verzeichnen ist. Dabei ist besonders auffällig, daß im Osten die Gäuflächen einen relativ breiten Streifen mit dichter Besiedlung bis hin zum oberen Neckar erkennen lassen, der etwa entlang des Laufes von Nagold, Waldach und Glatt abrupt abbricht.

1 Erwähnenswert sind hier vor allem die Ergebnisse des Wurten- und Marschenforschungsinstituts in Wilhelmshaven, aber auch vergleichbare Arbeiten in Nordhessen um Marburg oder in Oberfranken.

2 Erwähnt sei der Forschungsschwerpunkt, der an der Universität Freiburg unter dem Begriff: *Das Erste Jahrtausend* einen Verbund aller einschlägigen Wissenschaften unter Einschluß der Archäologie anstrebt und im südlichen Schwarzwald bereits gute Ergebnisse erzielt hat.

3 R. Christlein, Die Alamannen. Archäologie eines lebendigen Volkes (1978).

4 Historischer Atlas von Baden-Württemberg (Hg. Kommission für Geschichtliche Landeskunde; 1972 ff.) Karte III, 6. Die frühe Alemannenzeit, 3. bis frühes 5. Jahrhundert nach Christus (bearb. von R. Christlein; 1974); Karte III, 7. Die Reihengräber der Merowingerzeit (bearb. von A. Dauber; 1976).

Abb. 1 Siedlungen und kirchliche Einrichtungen im Nordschwarzwald (Liste der verzeichneten Orte): 1. Karlsruhe, Kloster Gottesaue. – 3. Ettlingen, St. Martin und Siedlung. – 4. Pforzheim, Altenstädter Kirche und Siedlung. – 6. Gräfenhausen, Burg und Siedlung. – 8. Kuppenheim, Siedlung. – 11. Baden-Baden, Stiftskirche und Siedlung. – 14. Steinbach (Baden-Baden), Kirche. – 15. Hirsau (Calw), Kloster und Siedlung. – 16. Altburg (Calw), Burg und Siedlung. – 19. Stammheim (Calw), Burgstelle, Schlössle und Siedlung. – 20. Kentheim (Bad Teinach), St. Candidus. – 23. Effringen (Wildberg), St. Martin. – 24. Ebhausen, ev. Kirche. – 28. Nagold, St. Remigius. – 29. Nagold, Stadt. – 31. Klosterreichenbach (Baiersbronn), Kloster. – 38. Oppenau, Siedlung. – 39. Dornstetten, Siedlung. – 40. Oberiflingen (Schopfloch), Kirche. – 41. Horb, Burg und Stadt. – 42. Gengenbach, Kloster. – 44. Empfingen, Siedlung. – 45. Alpirsbach, Kloster. – 46. Sulz, Stadt und Burg. ▷

Am Westrand des Gebirges scheinen die Verhältnisse differenzierter zu sein, wiewohl nicht auszuschließen ist, daß hier ein vergleichsweise ungenügender Forschungsstand das Bild insofern beeinträchtigt, als die zu erwartenden Siedlungshinweise entlang des Gebirgsrandes am Ausgang der Täler bislang nur an wenigen Stellen beobachtet wurden, während sie nördlich und südlich davon wie Perlen an einer Schnur festgestellt wurden, was für unser Arbeitsgebiet die Annahme grundsätzlich ähnlicher Verhältnisse erlaubt. Dies, obwohl auch von der westlich anschließenden Rheinaue vergleichsweise wenige Beobachtungen vorliegen.

Anhand der bislang bekannten archäologischen Belege wird man den nördlichen Schwarzwald während der Merowingerzeit als ein Gebiet ansprechen dürfen, das weitgehend ohne dauerhafte Besiedlung blieb, was seine gelegentliche Nutzung und Begehung sicher nicht ausschloß. Ebenso wäre es wohl falsch, ihn als herrenloses Land zu betrachten, selbst wenn Schriftquellen hierüber allenfalls zufällige Einblicke gewähren. Wie jedoch die Dichte der Fundpunkte gerade an oberer Nagold, Waldach, Glatt und Heimbach bis hin zum oberen Neckar oder Breg und Wutach zeigt, scheint die Besiedlung von Osten her wesentlich intensiver betrieben worden zu sein als von Westen, wo der relativ steile Anstieg des Gebirges vermutlich weniger einladend war als der eher sachte Übergang von den Gäuplatten her.

Mit dem Ende der Reihengräbersitte setzen erhebliche Schwierigkeiten in der Verfolgung des weiteren Besiedlungsganges ein, da das chronologisch recht sichere Gerüst der Reihengräberfunde für die nächsten Jahrhunderte ausfällt. Die Domäne des Mittelalterarchäologen sind Siedlungen mit Kirchen und Burgen, deren Beobachtung und Erforschung Aufschlüsse zum Gang der Besiedlung einer Region geben können. In dieser Hinsicht wurde im nördlichen Schwarzwald bisher wenig getan, und das Wenige verdanken wir nicht planmäßigen Forschungen, sondern denkmalpflegerischen Zufällen, die sich naturgemäß auf die Brennpunkte baulicher Veränderungen konzentrieren und damit nur bedingt historischen Entwicklungen oder wissenschaftlichen Fragen Rechnung tragen. Dies wird besonders augenfällig, wenn man die Fundpunkte am westlichen und östlichen Rand des Schwarzwaldes miteinander vergleicht (vgl. Abb. 7). Während sich das Bild am Ostrand in den letzten Jahrzehnten stärker verdichtet hat, blieb es am Westrand mit geringen Ausnahmen nahezu unverändert, ohne daß ich hierfür im Augenblick eine Begründung zu geben vermöchte.

Im folgenden will ich versuchen, den Gang der Besiedlung anhand einiger Grabungsbefunde nachzuzeichnen und anschließend mit dem aus den Schriftquellen zu gewinnenden Bild vergleichen, um, so weit wie möglich, ein vorläufiges Gesamtbild vorzulegen.

*

Beginnen möchte ich mit den Kirchen als sichersten und zugleich vergleichsweise gut dokumentierten Fundpunkten (Abb. 1). Hier haben wir mit der *Altenstädter Kirche* in *Pforzheim* am Nordostrand unseres Untersuchungsgebietes einen Fundort, der einige Aufschlüsse erwarten ließe, wenn seiner mittelalterlichen Entwicklung mehr Aufmerksamkeit geschenkt worden wäre. Die 1949/50 in Verbindung mit dem Wiederaufbau der Kirche von E. Lacroix und A. Dauber erhobenen Befunde[5] erlauben mit Sicherheit nur die Annahme eines Vorgängerbaues an der Stelle der heutigen Kirche, dessen Datierung mangels hinreichender Befunddokumentation und aussagekräftiger Funde allenfalls allgemein in die Zeit

5 Akten Landesdenkmalamt Karlsruhe, Ref. 22 und 26.

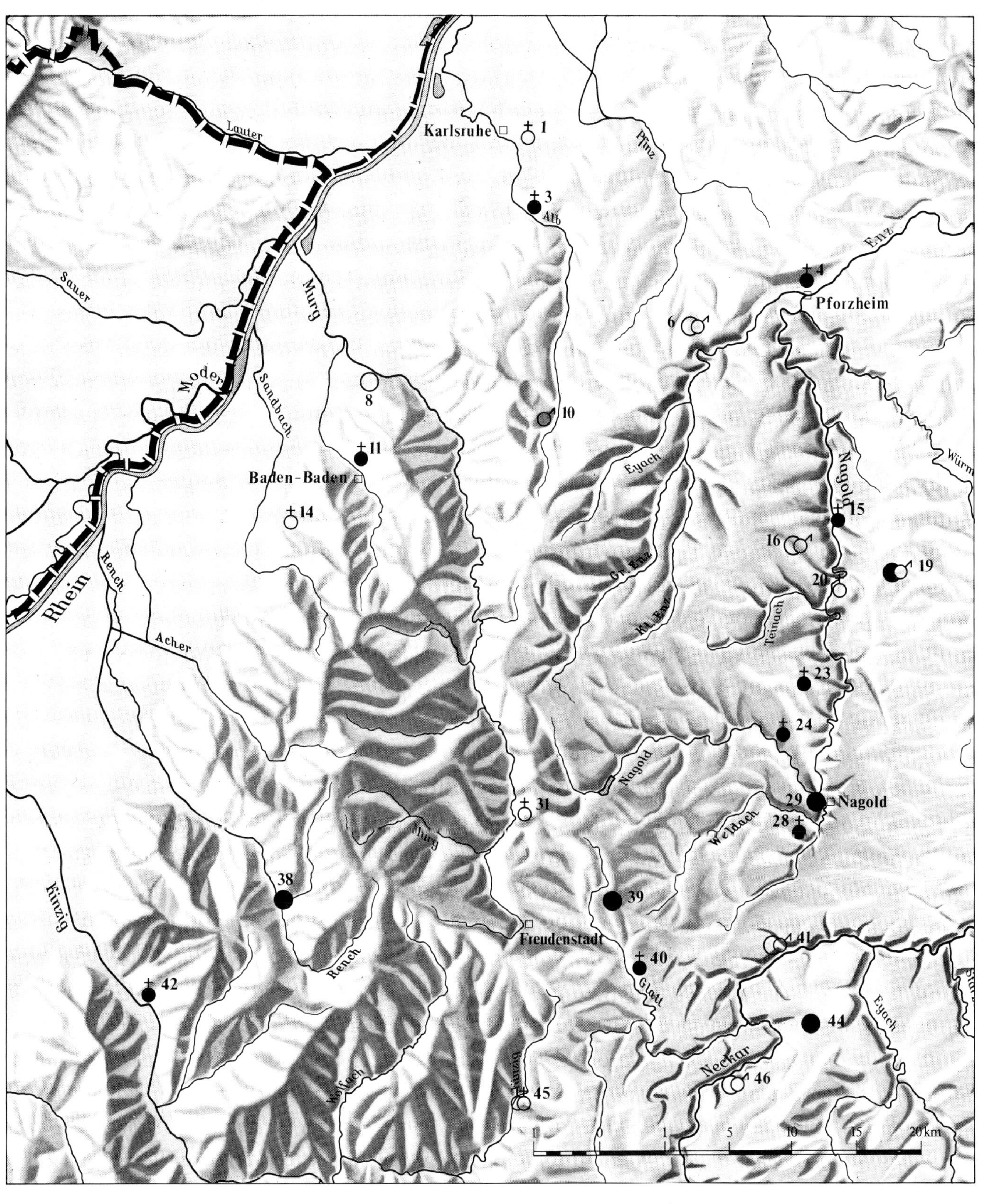

Siedlungen, Kirchen und Klöster vor 1000

Siedlungen, Kirchen und Klöster des 11. Jhs.

um 1000 gesetzt werden kann, wenngleich wir uns darüber im klaren sind, daß die mittelalterliche Geschichte des Ortes und vermutlich auch der Kirche viel früher beginnt.
Die 1989f. erfolgten Grabungen von E. Schallmayer im nahegelegenen Areal am Kappelhofplatz ergaben, soweit ein erster Überblick erkennen läßt, auch frühmittelalterliches Fundmaterial, wodurch die bisherige Annahme eines Siedlungskernes im Anschluß an die antike Siedlung an derselben Stelle gesichert wird[6].
Seit der Mitte des letzten Jahrhunderts bemühen sich Landesgeschichte, Bauforschung und Archäologie um die Aufhellung der Frühgeschichte von *Hirsau*, das durch schriftliche Belege für die Zeit um 830 sicher als Kloster bezeugt ist. Immer wieder unternommene Versuche, die Klostergründung noch in das 8. Jahrhundert vorzuverlegen, können nach den jüngsten, seit 1985 unternommenen Untersuchungen von O. Teschauer und M. Putze endgültig als unzutreffende Spekulationen bezeichnet werden. Andererseits zeigte sich bei dieser Gelegenheit, daß die Stelle bereits vor der Klostergründung besiedelt war. Die spärlichen Befunde von Pfostengruben und Siedlungsschichten erlauben zwar noch keine Aussage über Qualität und Struktur der Siedlung, lassen andererseits aber deutlich erkennen, daß der Platz bereits um 800 oder früher intensiv genutzt wurde[7].
Für das wenige Kilometer südlich von Calw gelegene *Kentheim*, das wiederholt in Verbindung mit Hirsau auftaucht und als das zugehörige Nonnenkloster angesprochen wird, sind die archäologisch-bauhistorischen Befunde sehr dürftig. Die wegen ihrer Fresken weit über das Nagoldtal hinaus bekannte Kirche, wurde bei der Renovierung 1955–57 leider keiner eingehenden Untersuchung gewürdigt. Es fanden lediglich kleinere Sondagen statt, die einen ältesten und saalförmigen Kernbau erschließen lassen. Da keine datierbaren Funde gemacht wurden und der Bau selbst keine eindeutige Einordnung erlaubt, sei der ungegliederte Saal mit aller Vorsicht in die Zeit um oder vor 1000 gesetzt[8], obwohl auch eine erheblich frühere Gründung im Bereich des Möglichen liegt, wie zum Beispiel die alt erscheinende Zuordnung zum ab 1059 erneuerten Kloster Hirsau nahelegt[9].
Folgen wir der *Nagold* nach Süden, stoßen wir bei der Einmündung der Waldach auf den nach der Nagold benannten Ort mit seiner seit langem bekannten und ebenfalls seit dem 19. Jahrhundert immer wieder die landesgeschichtliche Forschung beschäftigenden Friedhofskirche außerhalb der mittelalterlichen Stadt. In den Jahren 1961 bis 1964 wurden hier aus Anlaß einer durchgreifenden Renovierung Grabungen nötig und möglich, die vom damaligen Staatlichen Amt für Denkmalpflege in Tübingen unter der örtlichen Leitung von W. Wrede vorgenommen wurden und wertvolle Aufschlüsse für die Baugeschichte der Kirche und damit für die Entwicklung und Bedeutung des Ortes erbrachten.
Nach den Auswertungen V. Roesers[10] wurde um die Wende vom 7. zum 8. Jahrhundert im Gesamtzusammenhang eines Königshofes in den teilweise noch aufrecht stehenden Ruinen einer villa rustica ein Sakralraum eingerichtet, der als dreischiffiger, beinahe quadratischer Saal angelegt war. Soweit anhand der spärlichen und nicht immer aus klaren Fundzusammenhängen stammenden Funde eine halbwegs präzise Datierung möglich ist, bestand er bis zum Beginn des 9. Jahrhunderts in dieser Form und wurde dann von einer Saalkirche mit eingezogenem, apsidial geschlossenem Rechteckchor abgelöst, die wiederum im Laufe des 10. Jahrhunderts durch Seitenkapellen mit Apsiden erweitert wurde[11].
Alle Umstände sprechen dafür, daß wir es hier mit einem zentralen Ort an der Nahtstelle von Altsiedelland und Ausbaugebiet zu tun haben, der auch in der Folgezeit seine Bedeutung für die Entwicklung der Region bis weit in die Neuzeit hinein behalten sollte.

6 E. Schallmayer, Der Kappelhofplatz – Ausgrabungen im ältesten Siedlungsteil Pforzheims. Archäolog. Ausgrabungen in Baden-Württemberg (1989) 139–143.

7 M. Putze u. U. Groß, Eine Nachgrabung im Gebiet der Hirsauer Aureliuskirche, Stadt Calw. Archäolog. Ausgrabungen in Baden-Württemberg (1987) 208–211.

8 K. Greiner, St. Candidus in Kentheim (1956) 5ff. und 30ff. – R. Lempp, Zur Instandsetzung des St. Candiduskirchleins in Kentheim. Schwäb. Heimat NF 9, 1958, 99–101.

9 W. Irtenkauf, Der hl. Candidus von Kentheim. Zeitschr. f. Württ. Landesgesch. 24, 1965, 172–175 (spricht sich für die frühe Gründung Kentheims aus).

10 V. Roeser, Die Grabung 1961 bis 1964. Ergebnis und landesgeschichtliche Einordnung. In: St. Remigius in Nagold. Forschungen u. Berichte der Archäologie des Mittelalters in Baden-Württemberg 9 (1986) 34ff., bes. 48ff. und 60ff.

11 Roeser (Anm. 10) 68ff. und 82ff.

Nur wenige Kilometer nordwestlich nagoldaufwärts konnte 1961/62 ebenfalls vom Tübinger Staatlichen Amt für Denkmalpflege unter Leitung von L. Merkelbach der Untergrund der evangelischen Kirche von *Ebhausen* untersucht und dabei wiederum eine umfassende Befundfolge freigelegt werden [12]. Am Beginn steht hier ein kleiner Rechtecksaal mit halbrundem Chorschluß von knapp 4 auf 8 m lichten Maßen bei einer durchschnittlichen Mauerstärke von 1,2 m. Für eine exakte Datierung fehlen – beinahe ist man versucht zu sagen, wie üblich – genaue Anhaltspunkte, doch werden wir auch hier nicht völlig in die Irre gehen, wenn wir die Entstehung dieser Kapelle etwa gleichzeitig mit der ersten Kirche in Nagold annehmen, was einem Ansatz um oder wenig nach 700 entspräche.

Die erste Kapelle wird von einem Neubau abgelöst, der aus einem annähernd quadratischen Saal von etwa sieben Metern lichter Weite und einem Chorraum in Form einer hufeisenförmigen Apsis von ca. 3,60 m lichtem Durchmesser besteht. Hinzu kommt eine Art von Chorschranke knapp 1,50 m westlich der Ostwand des Langhauses. Insgesamt macht auch dieser Bau einen sehr urtümlichen Eindruck, ohne daß wir daraus datierende Schlüsse ziehen könnten, wenngleich ich geneigt bin, seine Entstehung noch vor 1000 anzunehmen.

Knapp 15 Kilometer südlich von Freudenstadt wurde 1095 im oberen Kinzigtal in *Alpirsbach* mit hauptsächlicher Unterstützung Alwics von Sulz und Adelberts von Zollern ein Kloster gegründet, das sehr bald unter geistlichen Einfluß Hirsaus geriet. Beim Kloster steht bis heute eine Turmburg in Bauformen des 13. Jahrhunderts, die als ehemaliger Vogtsitz anzusprechen ist und möglicherweise auf der Burghälde oberhalb des Klosters einen Vorgänger hatte, über dessen Funktion und Gestalt wir so gut wie nichts wissen.

Hier konnte 1973 außerhalb der Klausur die Leutkirche untersucht werden, wobei ein schlichter, einperiodiger Saalbau mit eingezogenem Rechteckchor und Westturm zutage gefördert wurde. Archäologische Beobachtungen und Quellenhinweise lassen den Schluß zu, daß der Bau 1099 geweiht wurde und damit zum ältesten Bestand des Klosters gehört [13]. Die beinahe in unmittelbarem Zusammenhang mit der Klostergründung erfolgte Errichtung einer Pfarrkirche weist darauf hin, daß es am Ort wohl eine ältere Siedlung gegeben hat.

Auf der Westseite des Schwarzwaldes sei zunächst einmal *Ettlingen* genannt, dessen Martinskirche seit den dreißiger Jahren dieses Jahrhunderts immer wieder neue Befunde erbracht hat, die zusammengefaßt inzwischen ein einigermaßen schlüssiges Bild ihrer Entwicklung ergeben. Auf einem merowingerzeitlichen Friedhof, der innerhalb einer antiken Badruine zumindest eine Adelsbestattung in einer Art von Memorienkapelle aufweist, wird spätestens im 11. Jahrhundert eine frühromanische Kirche errichtet, die als Mittelpunkt der um diese Zeit bereits mit Marktrechten ausgestatteten Siedlung anzusprechen ist. Eine eigentlich als frühester Bau zu erwartende Holzkirche konnte bisher nicht nachgewiesen werden [14].

Untersuchungen in der Stiftskirche in *Baden-Baden,* die allgemein als frühe Pfarrkirche der Stadt angesehen wird, mußten sich bisher leider auf die unmittelbar vom Heizungseinbau betroffenen Teile beschränken und blieben deshalb für unsere Fragestellung praktisch ergebnislos, obwohl bereits für das Jahr 987 eine *»ecclesia in badon«* bezeugt ist [15]. Einige wenige Funde aus der Zeit zwischen Abzug der Römer und den ersten mittelalterlichen Erwähnungen, die E. Schallmayer jüngst zusammengestellt hat [16], lassen erkennen, daß die Besiedlung des Platzes nie völlig unterbrochen war.

Im nur wenige Kilometer weiter südwestlich gelegenen *Steinbach* (seit 1972 von Baden-Baden eingemeindet) konnten ebenfalls bei Renovierungsarbeiten zwei Bauphasen vor 1463 nachgewiesen werden,

12 L. Merkelbach, Die Ausgrabungen in der Kirche von Ebhausen. Bericht des Staatlichen Amtes für Denkmalpflege Tübingen. In: F. H. Schmidt-Ebhausen (Hg.), Tausend Jahre wie ein Tag. Festschrift zur Hundertjahrfeier und Einweihung der erneuerten ev. Pfarrkirche zu Ebhausen (1963) 20ff.

13 D. Lutz, Untersuchungen an der ehemaligen Leutkirche in Alpirsbach, Kreis Freudenstadt. Denkmalpflege in Baden-Württemberg 3, 1974, H. 1, 28–33.

14 D. Lutz u. E. Schallmayer, 1200 Jahre Ettlingen. Archäologie einer Stadt. Archäologische Informationen aus Baden-Württemberg 4 (1988) 55–67.

15 H. Krins, Fundnotiz, in: Forschungen und Berichte der Archäologie des Mittelalters in Baden-Württemberg 6 (1979) 236.

16 E. Schallmayer, Aquae – das römische Baden-Baden. Führer zu archäologischen Denkmälern in Baden-Württemberg 11 (1989) 109–111.

Abb. 2 Burgen und Wallanlagen im Nordschwarzwald (Liste der verzeichneten Orte): 2. Karlsruhe-Durlach, Ruine Turmberg. – 5. Pforzheim-Dillweißenstein, Ruine Hoheneck (Turmburg). – 6. Gräfenhausen, Burg und Siedlung. – 7. Neuenbürg, Burg und Stadt. – 9. Kuppenheim, Wallanlagen. – 10. Bernbach (Bad Herrenalb), Ruine Falkenstein. – 12. Baden-Baden, Ruine Hohenbaden, Battert. – 13. Ebersteinburg (Baden-Baden), Ruine Alteberstein. – 16. Altburg (Calw), Burg und Siedlung. – 17. Calw, Burg der Grafen. – 18. Calw, Rudersberg. – 19. Stammheim (Calw), Burgstelle, Schlössle und Siedlung. – 22. Effringen (Wildberg), Burg. – 25. Altensteig, Burgstall zum Turm, Siedlung. – 26. Schönegründ (Besenfeld), Ruine Königswart (Memorie). – 27. Nagold, Hohennagold. – 30. Baiersbronn, Ruine Tannenfels (Turmburg). – 32. Baiersbronn, Rinkenberg. – 33. Pfalzgrafenweiler, Burgstall. – 34. Bösingen (Pfalzgrafenweiler), Ruine Mandelberg. – 35. Pfalzgrafenweiler, Ruine Vörbach. – 36. Waldachtal, Ruine Rüdenberg (Turmburg). – 37. Hallwangen, Burg und Bergwerk. – 41. Horb, Burg und Stadt. – 43. Betra (Horb), Burg Neckarhausen. – 45. Alpirsbach, Burg. – 46. Sulz, Stadt und Burg. ▷

die beide als Saalkirche mit eingezogenem Rechteckchor anzusprechen sind und von denen die ältere aufgrund der historischen Gesamtgegebenheiten durchaus um oder vor 1000 errichtet worden sein kann, obwohl wirklich beweiskräftiges Material fehlt[17].

Wenn wir versuchen, einen ersten Überblick über die Entwicklung zu gewinnen, stellen wir fest, daß es an den Rändern des Schwarzwaldes eine Reihe von Kirchen und geistlichen Niederlassungen gibt, die zeitlich wenigstens zum Teil unmittelbar an den Reihengräberhorizont anschließen und erste zaghafte Ansätze zur Erschließung des bis dahin unbesiedelten Landes erkennen lassen. Hierfür sprechen vor allem die Kirchen und die ihnen zuzuordnenden Siedlungen entlang der Nagold, wie zum Beispiel Hirsau und Ebhausen. Jedoch gibt es noch keine Anzeichen dafür, daß man bereits entschlossen in das Gebirge eingedrungen wäre und vor allem die Höhen der Buntsandsteinplatten zum Beispiel zwischen Enz und Nagold erschlossen hätte (vgl. Abb. 1).

*

Neben den Kirchen hat die archäologisch-landeskundliche Forschung in den letzten Jahren verstärkt auch Burgen als siedlungsgeschichtlich wichtige Komponenten erkannt[18], weshalb als zweite Gruppe im folgenden einige wenige Untersuchungen an Burgen mit früher Entstehung vorgestellt werden (Abb. 2).

Am Beginn soll die Teiluntersuchung des *»Schlössle«* in *Stammheim* bei Calw stehen, obwohl die Burg selbst nach Ausweis dendrochronologischer Daten und des Fundspektrums erst im späten 13. Jahrhundert entstand[19]. Bedingt durch erhebliche Schwierigkeiten mit dem Baugrund und den Bauabsichten des Grundeigentümers, war es nicht möglich, bis zu den ältesten Schichten vorzudringen und eine mögliche unbefestigte Vorgängerbebauung freizulegen. Dennoch konnten einige Fundstücke geborgen werden, die die Besiedlung des Platzes ab dem späten 8. bis ins 12. Jahrhundert belegen und damit ein weiteres Glied in die Kette ortsnaher oder im Ort gelegener Burgen einfügen, die eine unbefestigte Vorgängerbesiedlung hatten[20]. Die frühe Erwähnung der Martinskirche am Ort, deren Erstnennung für 830 zwar nur kopial überliefert ist, zeigt in Verbindung mit mindestens einem Reihengräberfeld aber dennoch, daß der Ort zu den frühen Plätzen mit überlokaler Bedeutung gehört.

Wenig südlich von *Pforzheim* findet sich auf schmalem Grat über einer Schlinge der Nagold, an der Straße von Dillweißenstein nach Huchenfeld, die Ruine *Hoheneck*, die 1931/32 von Laien freigelegt wurde (Abb. 3). Die Befestigung des Grates wurde durch zwei Halsgräben quer zum Bergrücken erreicht, deren Aushub zumindest teilweise nach innen zu Schildwällen angeschüttet wurde. Daß sich die Gräben an den Längsseiten als Hanggräben fortsetzten, ist zumindest an der Südseite zu erahnen und im Norden ebenfalls anzunehmen, jedoch durch den Straßenbau der fünfziger und sechziger Jahre

17 Fundber. Baden-Württemberg 2, 1975, 279–281.

18 W. Meyer, Rodung, Burg und Herrschaft. Ein burgenkundlicher Beitrag zur mittelalterlichen Siedlungsgeschichte. In: Burgen aus Holz und Stein. Burgenkundliches Kolloquium in Basel 1977. Schweizer Beiträge zur Kulturgeschichte und Archäologie des Mittelalters 5 (1979) 43–80.

19 D. Lutz, Stammheim, Kr. Calw, Südwürttemberg/Hohenzollern. Ehemalige Wasserburg »Schlößle«. Nachrichtenbl. Denkmalpflege in Baden-Württemberg 13, 1970, 91 f.

20 D. Lutz, Burg und Dorf, Wechselbeziehungen adeligen und bäuerlichen Lebens. Gedanken zu ihrem funktionalen Zusammenhang (Vortrag Basel 1988). Schweizer Beiträge zur Kulturgeschichte und Archäologie des Mittelalters (im Druck).

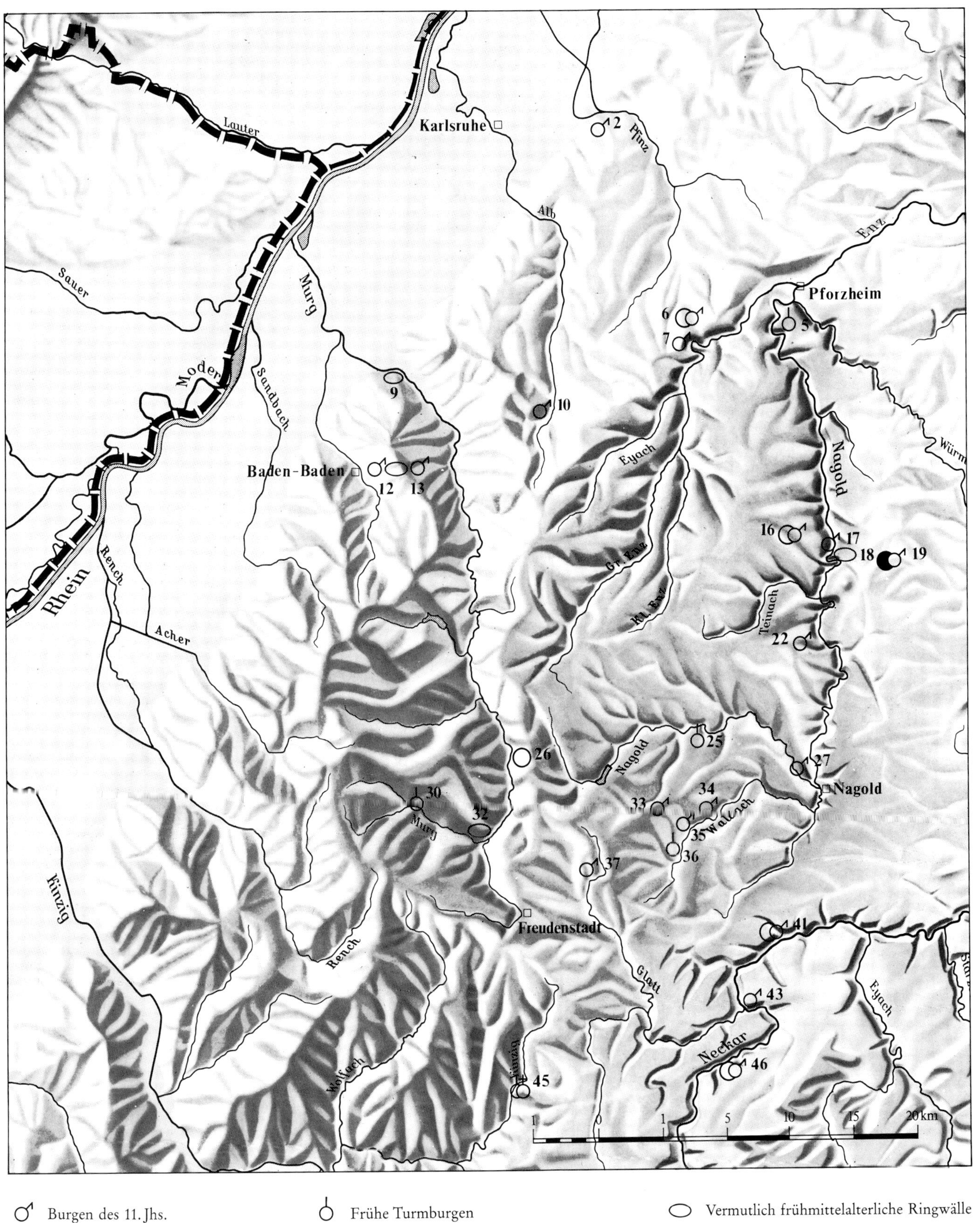

Burgen des 11. Jhs.   Frühe Turmburgen   Vermutlich frühmittelalterliche Ringwälle

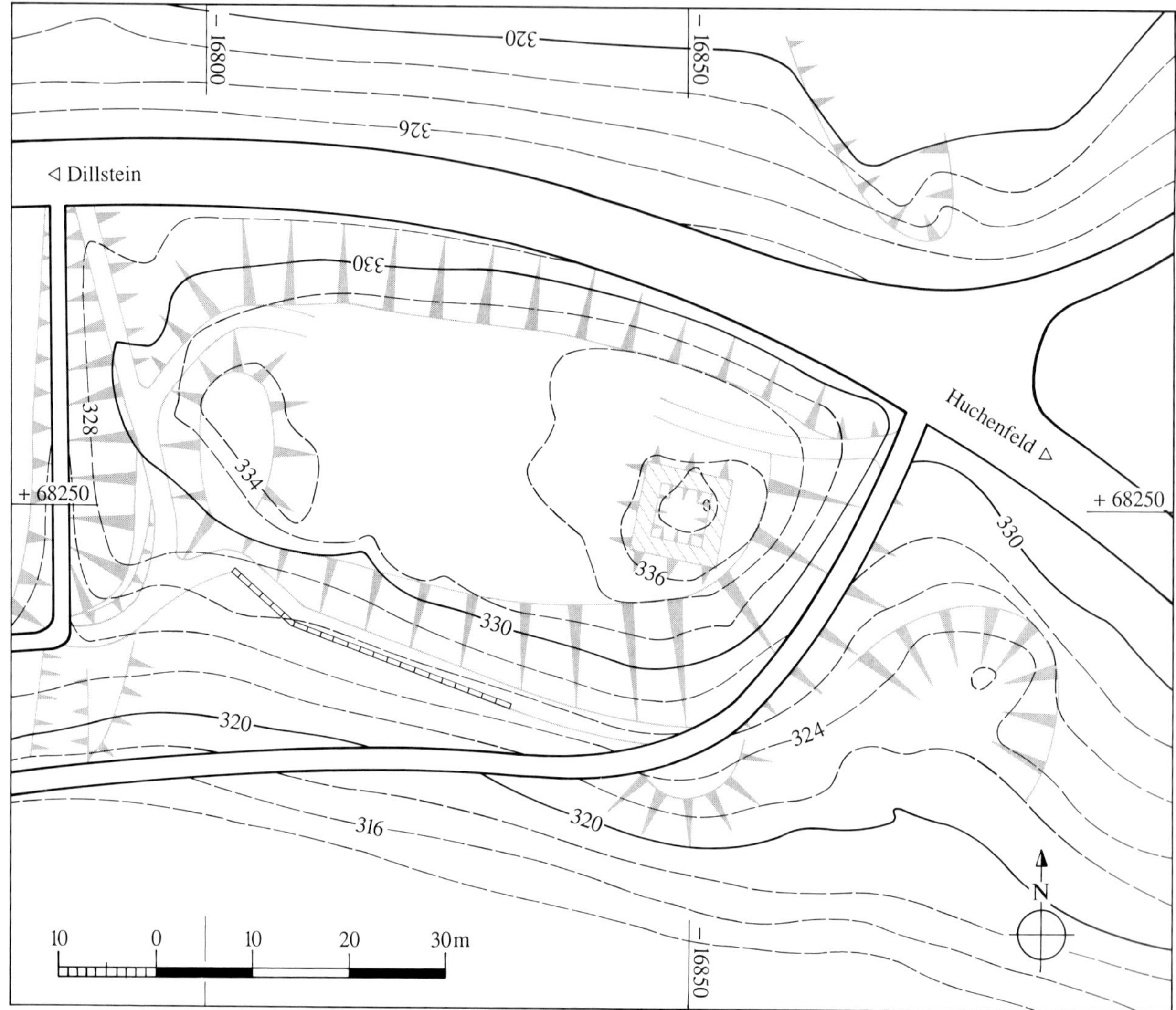

Abb. 3 Pforzheim-Dillweißenstein, Ruine Hoheneck. Lageplan mit Befunden.

verunklärt. Am Nordrand der Burgfläche sind noch geringe Reste einer Umfassungsmauer zu erkennen, die in der Technik des *opus spicatum* errichtet war. Die Innenfläche der so geschützten Anlage mißt etwa 25 auf 60 m, wobei am Südrand ebenfalls noch Spuren einer großenteils abgestürzten Umfassungsmauer zu erkennen sind. Nahe dem Ostrand kann man die Grundmauern eines mächtigen, etwa quadratischen Turmes erkennen.

Bei den Freilegungsarbeiten wurden die Fundierungen zweier, offensichtlich zeitlich nacheinander errichteter Türme angetroffen, deren Lage und Abmessungen nur noch ungefähr bestimmbar sind, da die Grabungsaufzeichnungen im Krieg vernichtet wurden. Der wohl jüngere Turm zeichnet sich noch unscharf im Gelände ab. Er war etwa quadratisch, bei einer Kantenlänge von rund 10 m und einer Mauerstärke an der Südostseite von ca. 2,50 m. Er stand geringfügig hinter der Umfassungsmauer an der höchsten Stelle der Burg. Sein Mauerwerk besteht aus hammerrecht zugerichteten Sandsteinen mit Bossenquadern an den Ecken und einer Füllung aus *opus spicatum.*

Das Mauerwerk des vermutlich älteren Turmes dagegen besteht aus sorgfältig behauenen und geglätteten Quadern, die lagenweise verbaut wurden. Über seine genaue Lage und Größe fehlen Angaben, jedoch scheint er nördlich des jüngeren gestanden zu haben. Der unzureichend dokumentierte Befund erlaubt nur die Feststellung von mindestens zwei Brandhorizonten, die etwa 0,70 m übereinander lagen und zahlreiche Fundstücke enthielten, über deren Datierung bis vor kurzem nichts gesagt werden konnte, da sie im Zweiten Weltkrieg verschollen schienen. Kürzlich sind einige Stücke zufällig wieder aufgetaucht, die erkennen lassen, daß zumindest Teile der Burg um 1100 bestanden haben.

Nach K. Ehmann [21] befand sich hier der erste und namengebende Sitz der Grafen von Kräheneck, eines Zweiges der Grafen von Hildrizhausen[22], die 1007 erstmals genannt werden. Der Name der heutigen Ruine Kräheneck auf der anderen Nagoldseite wurde erst später dorthin transferiert, wobei noch 1709 von der Hoheneck als dem *»alten Schloß Creheneck«* die Rede ist. Da die Burg sonst in den Quellen nie genannt wird, könnte diese Folgerung zutreffen.

Als nächstes seien die Untersuchungen an der Ruine *Mandelberg* bei *Bösingen*, Gde. Pfalzgrafenweiler, vorgestellt, die wir mit Unterbrechungen zwischen 1975 und 1988 vornehmen konnten. Die am steil nach Osten abfallenden Hang des Waldachtales gelegene Burg wurde an einer Stelle errichtet, die sich in dem stark von Klüften durchzogenen Untergrund besonders hierfür anbot und dadurch den Aufwand für einen Halsgraben einigermaßen eingrenzen ließ.

Im gesamten untersuchten Bereich fiel auf, daß an keiner Stelle die alte Oberfläche zu erkennen war. Das läßt darauf schließen, daß die Geländeveränderungen vor Baubeginn erheblich gewesen sein müssen, wie sich noch an den enormen Schuttkegeln ablesen läßt, die an den Enden des Halsgrabens aufgeschüttet wurden[23].

Als älteste Befundgruppe können wir einige trocken aus Buntsandstein aufgeschichtete Fundamente unterschiedlicher Stärke und Ausrichtung ansprechen (Abb. 4). Sie stehen ausnahmslos auf Verwitterungsschutt des Buntsandsteins und sind großenteils nur wenige Zentimeter in den meist felsigen Untergrund eingetieft. Ihre Stärke schwankt zwischen 0,9 und 2,0 m. Aufgehendes Mauerwerk blieb an keiner Stelle erhalten; ebenso fehlen Anzeichen für die Verwendung anderer Bindemittel als Lehm oder Erde. Die darüber errichteten Gebäude wird man sich deshalb am ehesten als Holz- oder Fachwerkbauten vorstellen dürfen. Ein Teil der vorgefundenen Reste kann zugleich auch als Umfassungsmauer der Anlage gedient haben.

Betrachtet man den Befund, gewinnt man den Eindruck, diese erste Burg habe sich um einen kleinen Gipfel etwa an der Stelle des späteren Bergfrieds gruppiert. Weiterhin spricht die Lage der Fundamente dafür, eine unregelmäßige, randständige Bebauung anzunehmen, deren Außenseiten zumindest teilweise auch die Umfassungsmauer der Anlage bildeten. Dieser Eindruck wird durch eine Benutzungsschicht verstärkt, die sich außerhalb der Baureste über der alten Geländeoberfläche hangabwärts erstreckt, im Burginnern dagegen völlig fehlt. Es scheint sich um eine Schicht zu handeln, in der sich vorwiegend der hinausgeworfene Abfall der Benutzungszeit befindet[24]. Leider ist es nicht möglich, die Funde aus der Benutzungszeit der ältesten Periode von jenen der Erbauung der zweiten Burg sauber zu trennen. Lage und Erstreckung der Schicht deuten an, daß es außerhalb der zu Beginn vorgestellten Fundamentreste in unmittelbarer Nähe keine weiteren Steinbauten gab, eine Ringmauer im strengen Sinne also wahrscheinlich fehlte.

Nach einer ersten, groben Durchsicht des Materials zu urteilen, wurden die Bauten der ersten Periode vom späten 11. bis zur Mitte des 13. Jahrhunderts benutzt. Es handelt sich vorwiegend um eine graubraune Keramik, die der sogenannten Albware nahesteht[25]. Daneben gibt es auch Stücke, die in diesem Teil des Schwarzwaldes mehrfach gefunden, aber noch nicht systematisch bearbeitet wurden[26].

21 K. Ehmann, Die Herrschaft Kräheneck-Weißenstein und ihre Besitzer. Pforzheimer Geschichtsbl. 3, 1971, 283–286.

22 D. Lutz, Beobachtungen und Funde aus der evangelischen Pfarrkirche St. Nikomedes in Hildrizhausen, Kreis Böblingen. Fundber. Baden-Württemberg 1, 1974, 673–688.

23 D. Lutz, Die Ruine Mandelberg bei Bösingen im nördlichen Schwarzwald. Château Gaillard 12 (1985) 127–141, hier 134 Fig. 3.

24 D. Lutz, Neue Ergebnisse der Grabungen in der Ruine Mandelberg bei Pfalzgrafenweiler, Kreis Freudenstadt. Archäolog. Ausgrabungen in Baden-Württemberg (1988) 232–237.

25 Vgl. hierzu am besten Ch. Bizer, Burgruine Wielandstein, Auswertung und Dokumentation der Kleinfunde. Burgen und Schlösser 22, 1981, 11–63.

26 Bislang nur bei D. Rippmann, Die Untersuchungen auf dem Tannenfels bei Baiersbronn-Obertal, Lkr. Freudenstadt. Forschungen u. Berichte der Archäologie des Mittelalters in Baden-Württemberg 7 (1981) 393ff.

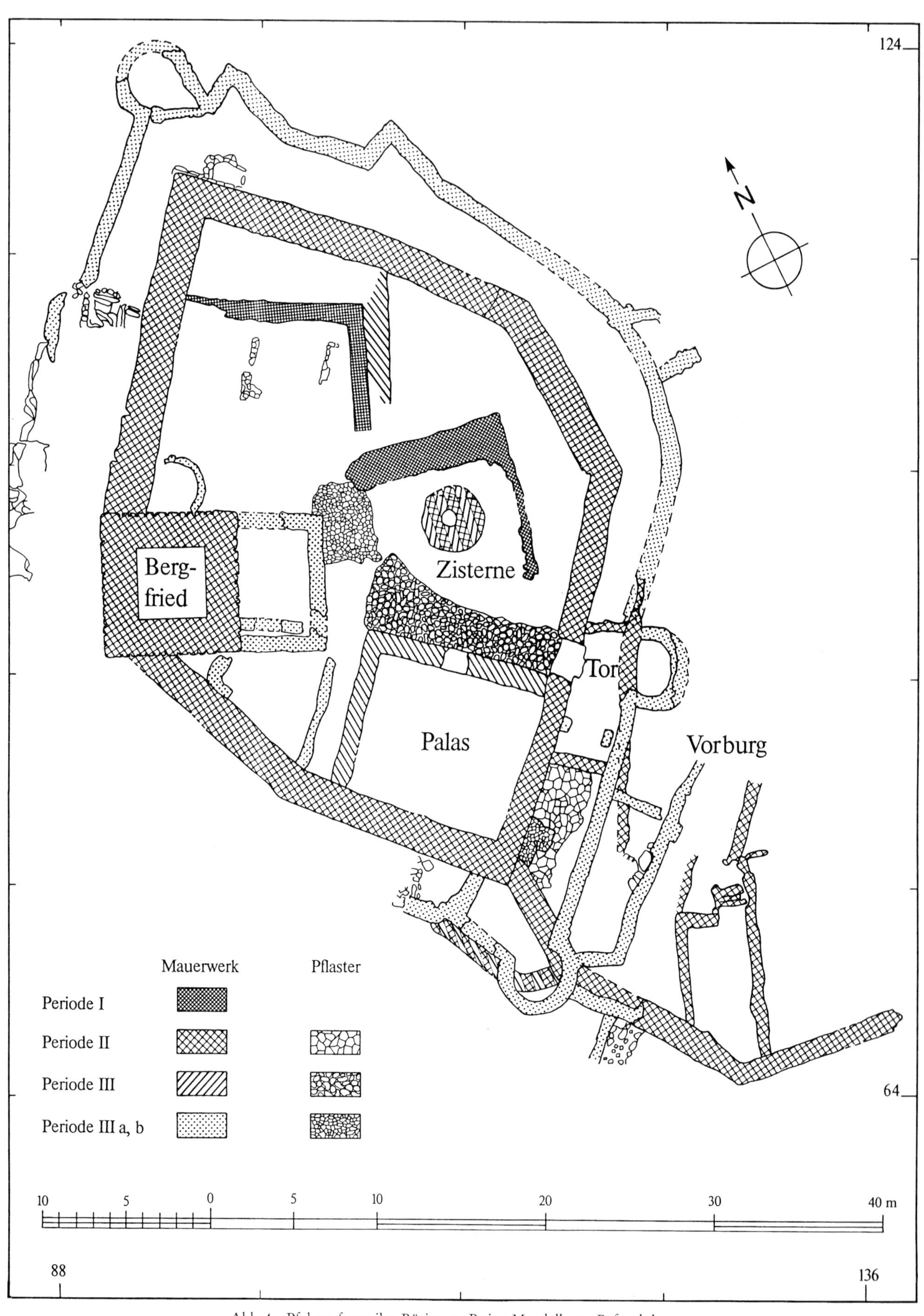

Abb. 4 Pfalzgrafenweiler-Bösingen, Ruine Mandelberg. Befundplan.

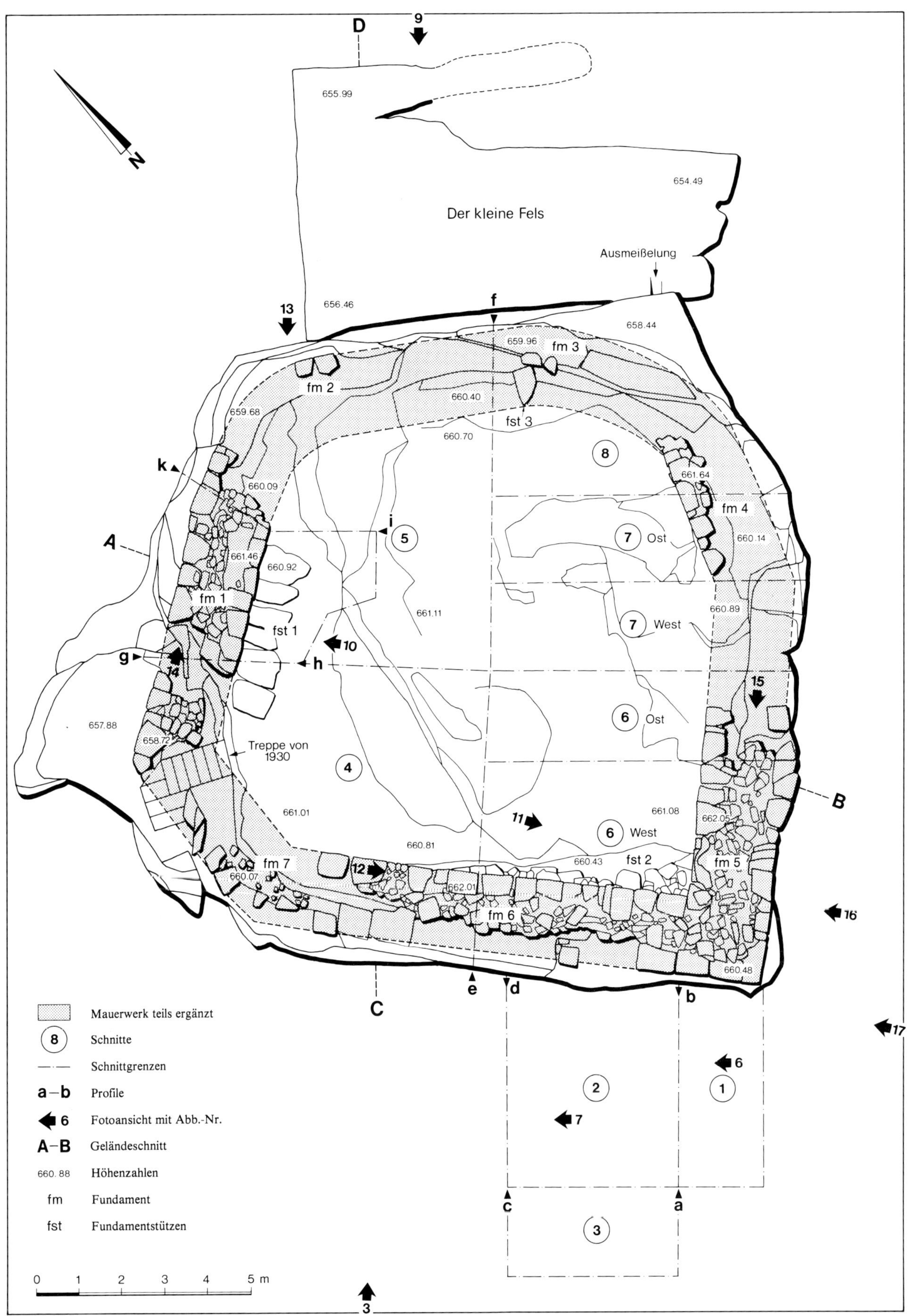

Abb. 5 Baiersbronn, Ruine Tannenfels. Befundplan der Turmburg.

Fassen wir die Beobachtungen zusammen, ergibt sich das Bild einer einfachen, kleinen Burg, die auf einem natürlichen spornartigen Vorsprung oder Gipfel stand und vermutlich gegen den Berg von einem Halsgraben gesichert wurde. Sie bestand aus mehreren Fachwerk- oder Holzgebäuden, deren Außenwände zumindest teilweise zugleich die Einfriedung bildeten. Der Kern der Anlage dürfte sich an der höchsten Stelle befunden haben, über der später der Bergfried errichtet wurde. Hier wird man auch den stärksten Bau annehmen müssen, wenngleich sich von ihm keine erkennbaren Spuren erhalten haben. Die Reste im Süden weisen zwar Merkmale eines Turmes auf, lassen sich jedoch nicht mit Sicherheit zu einem solchen ergänzen. Die gesamte Burgfläche wird selbst bei Anlegen großzügiger Maßstäbe ca. 25 auf 30 m nicht übertroffen haben. Weiterhin ist anzunehmen, daß von Anfang an eine Vorburg bestand, in der die Wirtschaftsfunktionen untergebracht wurden. Von ihr wurden bisher keine Spuren entdeckt, jedoch können sie in den nicht untersuchten Teilen südlich und östlich der Kernburg stecken.

Aus Untersuchungen der Jahre 1977/78 ist ferner das Beispiel der Ruine *Tannenfels* in der Gemeinde *Baiersbronn* im oberen Murgtal anzuführen[27]. Südlich der Murg zwischen Ober- und Mitteltal, ca. 200 m oberhalb des Weilers Schloß am nördlichen Abhang des Burgkopfes, liegt die noch immer imponierende Burgstelle.

Aus dem stark nach Nordosten abfallenden Hang wurde durch drei teilweise nachgearbeitete, natürliche Gräben ein etwa rechteckiger Burgplatz abgetrennt, dessen bergseitiges Ende von einem mächtigen Buntsandsteinklotz überragt wird. Die Abmessungen des Klotzes betragen ca. 15 auf 17 m; seine ursprüngliche Höhe maß mehr als 10 m. Ihm ist nordöstlich ein kleinerer und niedrigerer Fels von maximal 6 auf 10 m vorgelagert, über den im Mittelalter vermutlich der Zugang erfolgte.

Auf dem überarbeiteten und an einigen Stellen versteilten Felsklotz wurde ein unregelmäßig fünfeckiger Turm von annähernd quadratischem Grundriß errichtet, wobei man an den Kanten des Felsens bis 1,0 m breite Absätze zur Aufnahme der Außenschalen des Mauerwerks ausspitzte (Abb. 5). Die Innenschalen wurden teils auf dem Felsen, teils auf ausplaniertem Schotter und großen unbearbeiteten Sandsteinblökken aufgesetzt. Die Außenseite vermittelte den Eindruck, als wachse sie aus dem Felsen heraus, was noch dadurch unterstützt wurde, daß Spalten an der Westseite des Felsens einhäuptig vermauert wurden, und die unteren Lagen vorwiegend aus glatt behauenen Steinen bestanden, während aus dem Schutt auch zahlreiche Buckelquader geborgen wurden. Die Mauern waren 1,7 bis 1,8 m stark und als zweischaliges Vergußmauerwerk aufgeführt. Der Zugang befand sich wahrscheinlich auf der Nordostseite über dem vorgelagerten kleinen Felsen, in dessen Oberfläche sich eine Aussparung fand, die auf einen Treppenunterbau an dieser Stelle hinweist.

Unter dem Bauschutt am Fuße des Felsens fanden sich Teile von Fenstern, einer Tür, sowie ein als Wandvorlage dienendes Säulenstück mit angearbeitetem Kapitell, die von einem der Obergeschosse stammen dürften und auf eine vergleichsweise bedeutende Ausstattung schließen lassen.

Die Grabungsfunde weisen auf eine erste Besiedlung des Felsens im späten 11. oder beginnenden 12. Jahrhundert, die vermutlich aus Holzbauten bestand und spurlos verschwunden ist. Die noch sichtbaren Teile sind, nach den gefundenen Bauresten und Kleinfunden zu urteilen, zu Beginn oder im zweiten Viertel des 13. Jahrhunderts entstanden.

Das Fundspektrum beschränkt sich auf Töpfe, einfache Kacheln und einige Lampenschalen bei der Keramik. An Metallfunden liegen Messer, Gürtelschnallen, Riemenzungen, Sicheln, Pfeileisen, Hufeisen und Pferdestriegel vor: ein Inventar, wie es für Burgen dieser Zeit durchaus geläufig ist.

Sichere Belege über Erbauer und Inhaber des Tannenfels fehlen. Die Burg erscheint im Reichenbacher Schenkungsbuch im Zusammenhang mit Gütern links der Murg, die möglicherweise eine kleine Herrschaft bildeten, die sich neben oder gegen die von Südosten her wirkenden Kräfte der Grafen von Sulz und Zollern stellte. Daraus ergibt sich bereits um 1100 eine Verflechtung hoch- und niederadeliger Interessen in diesem Gebiet, die zugleich Beleg für eine Besiedlung spätestens ab der zweiten Hälfte des 11. Jahrhunderts ist.

27 Rippmann (Anm. 26) 371–419.

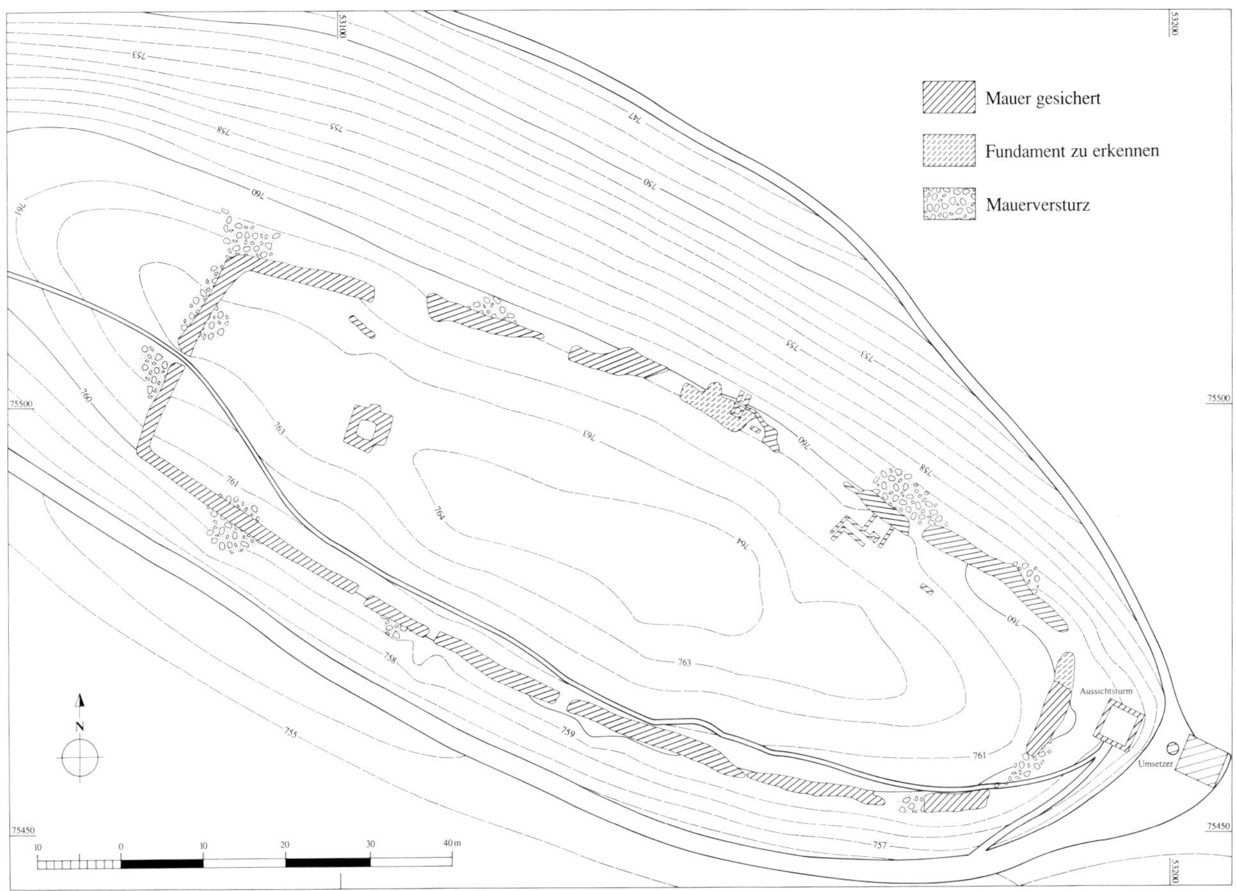

Abb. 6 Baiersbronn. Topographie der Rinkenmauer.

Ebenfalls im oberen Murgtal liegt über *Baiersbronn* der *Rinkenberg*, auf dessen südöstlichem Sporn noch die Reste einer vermutlich früh- bis hochmittelalterlichen Befestigung zu erkennen sind (Abb. 6). Die gestreckt ovale, ca. 112 m lange und 25 bis 45 m breite Anlage besteht aus einer – soweit erkennbar – trocken aufgeschichteten, bis zu 1,5 m mächtigen Mauer aus bis über einen Meter langen Buntsandsteinblöcken. Befestigungsgräben außerhalb der Mauer sind nicht mehr zu erkennen, sofern sie je vorhanden waren. Im Innern sind noch spärliche Reste von Einbauten erkennbar, die bisher keiner genaueren Prüfung unterzogen wurden und deshalb nicht in ihrer Funktion bestimmt werden können.

Im Reichenbacher Schenkungsbuch wird der Berg 1082 *»mons Rincga«* genannt und ein an seinem Fuß gelegener Viehhof, vermutlich der heutige Weiler *Häslen*, dem neugegründeten Kloster Reichenbach geschenkt, während die Befestigung als solche nicht erwähnt wird. Daraus hat neuerdings S. Lorenz den Schluß gezogen, sie könne zu dieser Zeit nicht mehr bestanden haben, da eine bestehende Anlage in diesem Zusammenhang sicher nicht unerwähnt geblieben wäre[28]. Mangels sicherer archäologischer Befunde und Funde wird man diese Vermutung als Arbeitshypothese so lange akzeptieren können, bis genauere Daten vorliegen.

Am Westrand des Schwarzwaldes sieht es mit der archäologischen Burgenforschung noch weit schlechter aus als an dessen Ostabdachung. Grabungen fanden bislang nur auf dem *Turmberg* bei *Durlach* (Stadt Karlsruhe) statt[29], der zwar als äußerster nordwestlicher Ausläufer des Schwarzwaldes

28 S. Lorenz, Beitrag zur Geschichte des Klosters Reichenbach in der Festschrift Kloster Hirsau (im Druck).

29 D. Lutz, Die Untersuchungen auf dem Turmberg bei Karlsruhe. Forschungen u. Berichte der Archäologie des Mittelalters in Baden-Württemberg 4 (1977) 173–207.

Abb. 7 Siedlungsgefüge des Nordschwarzwaldes bis etwa zum Ende des 11. Jahrhunderts (Liste der verzeichneten Orte): 1. Karlsruhe, Kloster Gottesaue. – 2. Karlsruhe-Durlach, Ruine Turmberg. – 3. Ettlingen, St. Martin und Siedlung. – 4. Pforzheim, Altenstädter Kirche und Siedlung. – 5. Pforzheim-Dillweißenstein, Ruine Hoheneck (Turmburg). – 6. Gräfenhausen, Burg und Siedlung. – 7. Neuenbürg, Burg und Stadt. – 8. Kuppenheim, Siedlung. – 9. Kuppenheim, Wallanlagen. – 10. Bernbach (Bad Herrenalb), Ruine Falkenstein. – 11. Baden-Baden, Stiftskirche und Siedlung. – 12. Baden-Baden, Ruine Hohenbaden, Battert. – 13. Ebersteinburg (Baden-Baden), Ruine Alteberstein. – 14. Steinbach (Baden-Baden), Kirche. – 15. Hirsau (Calw), Kloster und Siedlung. – 16. Altburg (Calw), Burg und Siedlung. – 17. Calw, Burg der Grafen. – 18. Calw, Rudersberg. – 19. Stammheim (Calw), Burgstelle, Schlössle und Siedlung. – 20. Kentheim (Bad Teinach), St. Candidus. – 21. Neubulach, Stadt und Bergwerk. – 22. Effringen (Wildberg), Burg. – 23. Effringen (Wildberg), St. Martin. – 24. Ebhausen, ev. Kirche. – 25. Altensteig, Burgstall zum Turm, Siedlung. – 26. Schönegründ (Besenfeld), Ruine Königswart (Memorie). – 27. Nagold, Ruine Hohennagold. – 28. Nagold, St. Remigius. – 29. Nagold, Stadt. – 30. Baiersbronn, Ruine Tannenfels (Turmburg). – 31. Klosterreichenbach (Baiersbronn), Kloster. – 32. Baiersbronn, Rinkenberg. – 33. Pfalzgrafenweiler, Burgstall. – 34. Bösingen (Pfalzgrafenweiler), Ruine Mandelberg. – 35. Pfalzgrafenweiler, Ruine Vörbach. – 36. Waldachtal, Ruine Rüdenberg (Turmburg). – 37. Hallwangen, Burg und Bergwerk. – 38. Oppenau, Siedlung. – 39. Dornstetten, Siedlung. – 40. Oberiflingen (Schopfloch), Kirche. – 41. Horb, Burg und Stadt. – 42. Gengenbach, Kloster. – 43. Betra (Horb), Burg Neckarhausen. – 44. Empfingen, Siedlung. – 45. Alpirsbach, Kloster und Burg. – 46. Sulz, Stadt und Burg. ▷

anzusehen ist, in seiner siedlungsgeschichtlichen Wirkung aber beinahe ausschließlich auf die nördlich und westlich gelegenen Gebiete ausstrahlt, so daß er für die Erschließung des Schwarzwaldes schwerlich herangezogen werden kann.

Die am nördlichen Ausgang des Oostals in die Rheinebene gelegene Ruine *Hohenbaden* ist für unsere Frage aus mehreren Gründen in Anspruch zu nehmen; zum einen für die Ruine selbst und zum andern für die dahinter liegenden *Battertfelsen* mit ihren steilen, teilweise durch Trockenmauern befestigten Rändern, die nach früheren Untersuchungen E. Wahles als latènezeitlich eingeschätzt werden, jedoch durchaus auch jünger sein könnten[30]. Bei den derzeit laufenden Sicherungsarbeiten an der Ruine konnten Baureste festgestellt werden, die von ihrem Habitus her mit einiger Vorsicht ins späte 11. Jahrhundert datiert werden können und damit vor den bisher bekannten ältesten Ruinenteilen entstanden sein dürften. Es bleibt zu hoffen, daß bei der Fortsetzung der Arbeiten weitere Aufschlüsse gewonnen werden. Hierzu paßt auch ganz gut, daß sich der 1130 verstorbene Markgraf Hermann II. 1112 als erster nach der Burg Baden nannte, was mit relativer Sicherheit auf das Bestehen von Hohenbaden schließen läßt[31]. Lesefunde von der Burgstelle setzen spätestens im 11. Jahrhundert ein, konnten jedoch bisher nur überschlägig gesichtet werden, da sie sich bis vor kurzem in Privatbesitz befanden.

Ähnlich verhält es sich mit der gut zwei Kilometer nordöstlich über dem Taleinschnitt des Eberbaches gelegenen Ruine *Alteberstein*. Vom vorhandenen Baubestand kann allenfalls die aus zyklopischen Blöcken des rotliegenden Porphyrs aufgebaute Schildmauer noch in die Zeit um oder vor 1100 datiert werden, während alle übrigen Teile deutlich jünger sind[32]. Da die Ebersteiner spätestens ab 1085 für den Platz bezeugt sind, kann der Bestand der Burg für das Ende des 11. Jahrhunderts vorausgesetzt werden. Auch diese Familie, die vermutlich aus der Rheinebene stammt, versuchte beim Wechsel an den Gebirgsrand ein eigenes Territorium aufzubauen[33].

Die beiden letztgenannten Burgen scheinen, ähnlich wie der Turmberg bei Durlach, sowohl ebensosehr nach Westen zur Rheinebene orientiert gewesen zu sein als nach Osten in den Schwarzwald hinein. Dies verstärkt den Eindruck, daß wenigstens im nördlichen Schwarzwald die Erschließung erheblich stärker von Osten her erfolgte als von Westen.

30 E. Wahle, Die Befestigung auf dem Battert bei Baden-Baden. Bad. Fundber. I, H. 4, 1925–28, 110–118. – Zu ähnlichen Ergebnissen kommt F. Garscha, Die prähistorischen Burgen Mittelbadens. Die Ortenau 21, 1934, 553–581, bes. 559–565.

31 E. Lacroix u. a. (Bearb.), Die Kunstdenkmäler der Stadt Baden-Baden. Die Kunstdenkmäler Badens 11 (1942) 282–319. – Dazu neuerdings auch K.-B. Knappe, Die Burg Hohenbaden. Die Ortenau 64, 1984, 104–123.

32 P. Hirschfeld u. a. (Bearb.), Die Kunstdenkmäler des Landkreises Rastatt. Die Kunstdenkmäler Badens 12, 1 (1963) 80–84.

33 A. Schäfer, Staufische Reichslandpolitik und hochadlige Herrschaftsbildung im Uf- und Pfinzgau und im Nordwestschwarzwald vom 11. bis 13. Jahrhundert. Zeitschr. Gesch. d. Oberrheins 117, 1969, 179–244, bes. 229ff.

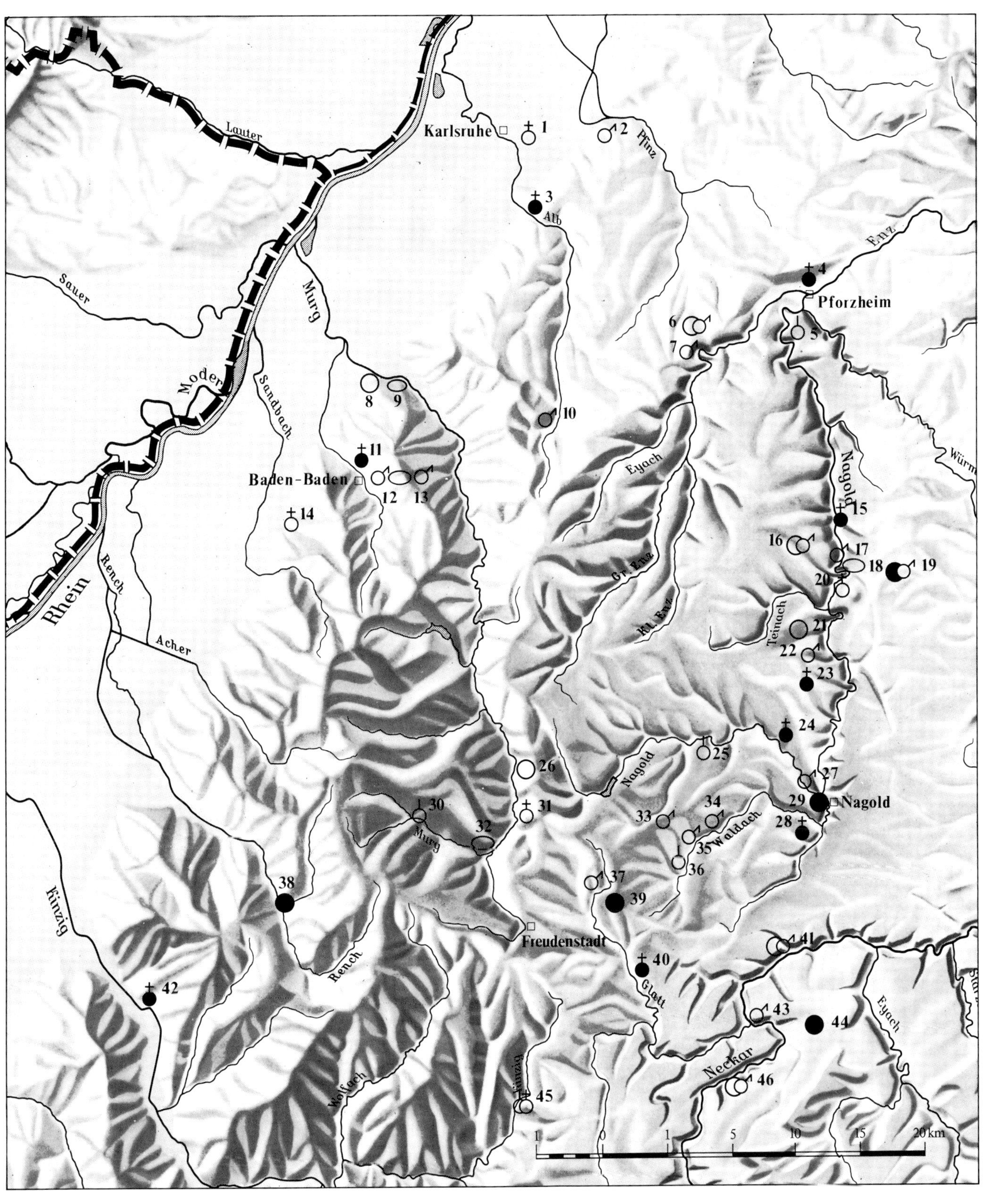

Kirchen und Klöster vor 1000

Burgen des 11. Jhs.

Siedlungen vor 1000

Kirchen und Klöster des 11. Jhs.

Turmburgen des 11. Jhs.

Siedlungen des 11. Jhs.

Früh- bis hochmittelalterliche Wallanlagen

Wenn wir zu den archäologisch bezeugten Siedlungsplätzen noch jene hinzufügen, die durch andere Belege für die Zeit bis etwa 1100 hinreichend sicher dokumentiert sind, erhalten wir auf der Karte einige weitere Punkte, die das bisher gewonnene Bild nuancieren, aber nicht tiefgreifend verändern. Im folgenden werden kurz die wichtigsten Orte vorgestellt, ohne daß hier Vollständigkeit angestrebt werden kann, da der Stand der landeskundlichen Forschung an manchen Stellen trotz aller Fortschritte in den letzten Jahren noch immer recht unbefriedigend ist (Abb. 7)[34].

Von größter Bedeutung ist in diesem Zusammenhang die namengebende *Burg* der Grafen von *Calw*, von deren Ruinen bereits 1860 nur noch die Reste einer Stützmauer sichtbar waren[35]. In der Zwischenzeit wurde der Platz mit Verwaltungsbauten überzogen und dabei vermutlich die sichtbaren Teile ohne Dokumentation beseitigt, so daß wir bis heute nur die ungefähre Lage dieser für die Besiedlungsgeschichte des Nordschwarzwaldes äußerst wichtigen Burg kennen. Sie muß nach Quellenzeugnis 1075 bestanden haben, da für dieses Jahr ein *»Albertus comes de castello Chalawa«* genannt wird, dessen Familie bis zu ihrem Aussterben 1260 hier ihren Hauptsitz hatte. In Verbindung mit Kloster Hirsau und dessen Neugründung im 11. Jahrhundert wird man dieser Familie eine tragende Rolle bei der Erschließung der nördlichen Schwarzwaldhöhen zuweisen müssen. Dies um so mehr, als gerade die Geschichte dieser Familie, die zuvor in Sindelfingen saß, und spätestens in der Mitte des 11. Jahrhunderts ihre dortige Burg zur Gründung eines Stiftes verwandte, beispielhaft zeigt, wie der Adel der Zeit versucht, durch Rodung ein Territorium zu gewinnen[36].

In diesem Zusammenhang verdienen die Orte *Gräfenhausen* und *Altburg* erwähnt zu werden. Ersteres erscheint früh als Mittelpunkt eines großen Pfarrsprengels, wird im 12. Jahrhundert von Ministerialen der Grafen von Calw verwaltet und kann durch seine Lage gleichsam als deren Sprungbrett zur Erschließung des nördlichen Schwarzwaldes angesehen werden. Ähnlich sieht es für Altburg[37] aus, das in einer unsicheren Nennung erstmals im 9. Jahrhundert auftaucht, später jedoch ebenfalls von den Grafen von Calw beherrscht wird, wobei nicht völlig auszuschließen ist, daß sie dort zeitweilig selbst gesessen haben.

Bestätigt werden diese Annahmen durch die nachfolgende Errichtung von Burg und Stadt Neuenbürg durch die Calwer beziehungsweise deren Ministerialen, den Herren von Straubenhardt, wobei hier die Eisengewinnung im Neuenbürger Revier für die Siedlungsgründung ausschlaggebend gewesen sein mag, obwohl sie für diese Zeit bislang nicht gesichert ist[38].

Eine der ältesten sicher in den Quellen bezeugten Siedlungen westlich der Nagold ist das Dorf *Effringen*, das in einer gefälschten Urkunde mit echtem Rechtsgehalt im 12. Jahrhundert als 1005 bereits existent belegt wird und mit großer Wahrscheinlichkeit zum Gründungsbesitz des Klosters Stein am Rhein gehörte. Seine Lage spricht dafür, das Dorf als einen der späten -ingen-Orte der ältesten Landesausbauphase anzusprechen. Die etwa 3,5 Kilometer nördlich des Ortes am Talhang gegenüber dem Neubulacher Bergwerk gelegene kleine Burg scheint keine historische Verbindung zum Ort zu haben und ist vermutlich zum Schutz der Erzgewinnung angelegt worden[39].

Ob ähnliches für *Wildberg* in Anspruch zu nehmen ist, bliebe noch zu prüfen; immerhin hat die Pfarrkirche St. Martin als Hauptpatron. Dennoch spricht einiges dafür, daß der Ort erst im Laufe des 13. Jahrhunderts aus einem zu Füßen der Burg in der Nagoldschleife gelegenen Weiler hervorgegangen ist.

Für das hochmittelalterliche *Nagold* weisen mehrere, weit auseinander liegende Reihengräberfelder darauf hin, daß die spätere Stadt aus verschiedenen älteren Kleinsiedlungen entstand, die zumindest teilweise im Bereich des Stadtkerns zu suchen sind und wenigstens zeitweilig neben der dörflichen

34 Vgl. hierzu S. Greiner, Beiträge zur Geschichte der Grafen von Calw. Zeitschr. f. Württ. Landesgesch. 25, 1966, 35–58, bes. Abschnitt II: Die Grafen von Calw im nördlichen Schwarzwald, 40–58.

35 Beschreibung des Oberamtes Calw (1860) 125; 151 f.

36 Greiner (Anm. 34) 35–58.

37 Fundber. a. Schwaben 10, 1902, 12 mit Anm. 1.

38 A. Reile, Die Frühgeschichte von Burg, Stadt und Amt Neuenbürg. Zeitschr. f. Württ. Landesgesch. 14, 1955, 1–66.

39 K. A. Koch, Ehem. Burg auf dem Schloßberg bei Neubulach. Aus dem Schwarzwald 20 (1912) 34 f.

Siedlung um die Remigiuskirche bestanden[40]. Ob die Konzentration zur Stadt erst mit der Übernahme von Burg und Ort durch die Grafen von Hohenberg gegen Ende des 13. Jahrhunderts erfolgte oder bereits zuvor von den Pfalzgrafen von Tübingen betrieben worden war, muß vorläufig noch offen bleiben. Mehrere Beobachtungen und Untersuchungen im nordwestlichen Teil der Stadt brachten bisher nur Spuren und Reste des 13. Jahrhunderts und Jüngeres, was jedoch angesichts des ungünstigen Untergrundes in der Nähe der zu Überschwemmungen neigenden Nagold nicht verwundern darf. Weitere Aufschlüsse an höher gelegenen Stellen können das Bild durchaus noch ändern.

Eine für die Zeit um 1100 bezeugte edelfreie Familie von Nagold wird ihre Burg, deren erhaltenen Reste allerdings kaum vor 1200 zu datieren sind, vermutlich über der heutigen Stadt in der urgeschichtlichen Befestigung gehabt haben. Grabungen nach dem Ersten Weltkrieg bis 1938 förderten im Nordosten außerhalb der späteren Ringmauer einige Reste zutage, die deutlich älter sind als der übrige Bestand. In dieser Gegend wurden bei Sicherungsarbeiten in den 60er Jahren einige Scherben gefunden, die um oder wenig nach 1100 entstanden sein dürften.

Weiter nagoldaufwärts befinden sich gegenüber von *Altensteig* über einem nach Nordosten gegen die Nagold vorspringenden Sporn die Reste einer Turmburg, die allem Anschein nach älter sind als die Stadt mit ihrer auf die Grafen von Hohenberg zurückgehenden Burg. Diese kleine Station ist am ehesten mit einer unbedeutenden Fischersiedlung am Fuße des Sporns in Verbindung zu bringen, deren Entstehungszeit jedoch nicht über das 12. Jahrhundert zurückverfolgt werden kann. Um 1100 gibt es die Familie der Vögte von Altensteig, die als Ministeriale der Pfalzgrafen von Tübingen und danach der Grafen von Hohenberg auftreten. Sie sind am ehesten als Gründer und Inhaber der Turmburg anzusprechen. Ein weiteres Indiz für die frühe Besiedlung des Altensteiger Raumes ist das ursprünglich sehr große Kirchspiel Altensteig mit Zentrum in Altensteig-Dorf, das erheblich älter sein dürfte als die Stadt mit ihren Burgen[41].

Ob man das im späten 11. Jahrhundert erstmals erwähnte *Horb* noch zum Schwarzwald zählen kann, erscheint in unserem Zusammenhang von geringerer Bedeutung. Dagegen scheint mir die Tatsache wichtig, daß die sich nach dem Ort nennende Adelsfamilie, die am ehesten auf der am Fuße des Sporns gelegenen sogenannten Unteren Burg gesessen haben dürfte, 1082 an der Gründung und Ausstattung von Klosterreichenbach mitwirkte und damit ihr Interesse und ihre Beteiligung an der Besiedlung des oberen Murgtals bekundete. Dies ist als zusätzlicher Beleg für die Erschließung der Region von Südosten her zu werten.

Ähnlich verhält es sich mit der Kirche in *Oberiflingen* ca. 12 Kilometer östlich von Freudenstadt über der Glatt, die nach ihren Bauformen selbst noch ins späte 11. Jahrhundert datieren kann, in deren Umgebung jedoch Reihengräber angetroffen wurden, die den frühen Siedlungsansatz erkennen lassen[42].

Kehren wir in den Nordwesten zurück, so stoßen wir über dem Albtal nördlich von *Herrenalb* auf die Ruine *Falkenstein,* bei der ein Sporn mit einem um 10 m breiten und bis zu 2 m tiefen Halsgraben vom rückwärtigen Hang abgetrennt und dessen Aushub zu einem knapp 40 m langen bogenförmigen Wall aufgeschüttet wurde (Abb. 8). Weitere Bauspuren sind bislang nicht bekannt geworden. Nach älteren Hinweisen sollen von der Anlage Funde stammen, die ins 11./12. Jahrhundert oder früher zu datieren wären[43].

Der Ort *Kuppenheim,* bei dem vielleicht bereits der Name für frühe Entstehung in Anspruch genommen werden kann, wird 1090/95 erstmals erwähnt und tritt ab der Mitte des 13. Jahrhunderts als Stadt im Besitz der Grafen von Eberstein in Erscheinung, die ihre Rechte an der Stadt wenig später an Baden abtreten[44]. Der maßgebende Einfluß für die Stadtwerdung dürfte in diesem Fall bei den Ebersteinern gelegen haben, die am Austritt der Murg in die Rheinebene einen wichtigen Stützpunkt besaßen, der auch talauf zur Erschließung des Waldgebietes genutzt werden konnte.

40 Christlein (Anm. 3) 161.

41 H.-J. Kern, Das Kirchspiel Altensteig. Ein Beitrag zur Geschichte der bäuerlichen Waldgenossenschaften. Schriften z. südwestdt. Landeskunde 7 (1966).

42 W. Veeck, Die Alamannen in Württemberg. Germ. Denkmäler der Völkerwanderungszeit 1 (1931) 253.

43 Fundber. a. Schwaben 15, 1907, 32.

44 Hirschfeld u. a. (Anm. 32) 218ff.

Abb. 8 Bad Herrenalb-Bernbach, Ruine Falkenstein. Topographie der Befestigung.

Vermutlich im übergreifenden Zusammenhang mit *Kuppenheim* und der Erschließung des Murgtales sind die beiden frühgeschichtlich anmutenden Wallanlagen zu sehen, die auf der linken Talseite gegenüber von *Bad Rotenfels* an der Kante des Steilhanges liegen (Abb. 9) und bislang in der Forschung so gut wie keine Beachtung gefunden haben[45]. Vor allem die größere Anlage mit ihrer doppelten Umwallung und einem Kernwerk von ca. 20 auf 25 m Ausdehnung hat deutlich mittelalterlichen Habitus, wobei die noch teilweise vorhandenen Hanggräben eher auf eine Entstehung vor als nach 1100 hinweisen[46]. Die kleinere Anlage wäre allenfalls als Vorwerk oder Sitz eines abhängigen Adeligen anzusprechen. Diese Vermutung findet möglicherweise Unterstützung in der 1041 erfolgten Schenkung des Orts Rotenfels durch König Heinrich III. an das Bistum Speyer und eine allerdings erst für die Mitte des 13. Jahrhunderts belegte Familie, die sich bis 1368 im Besitz des Ortes befand und wohl zur Ministerialität der Grafen von Eberstein gehörte.

Große Bedeutung für die Christianisierung und Besiedlung des westlichen Schwarzwaldrandes erlangte das 727/752 im unteren Kinzigtal, knapp 10 Kilometer oberhalb von Offenburg gegründete Benediktinerkloster *Gengenbach,* das vor allem flußaufwärts durch die Gründung von Siedlungen und den Erwerb von Rechten in den Schwarzwald vordrang und zeitweilig ein »Grafschaft« genanntes Territorium aufbaute[47].

45 K. Gutmann, Schanzen bei Rotenfels (Amt Rastatt). Bad. Fundber. I, 1928, 387–389.

46 Zu ähnlichen Ergebnissen kam bereits F. Garscha, Die prähistorischen Burgen Mittelbadens. Die Ortenau 21, 1934, 552–581, bes. 555–559.

47 R. End, Das Benediktinerkloster in Gengenbach. Die Ortenau 58, 1978, 215–242.

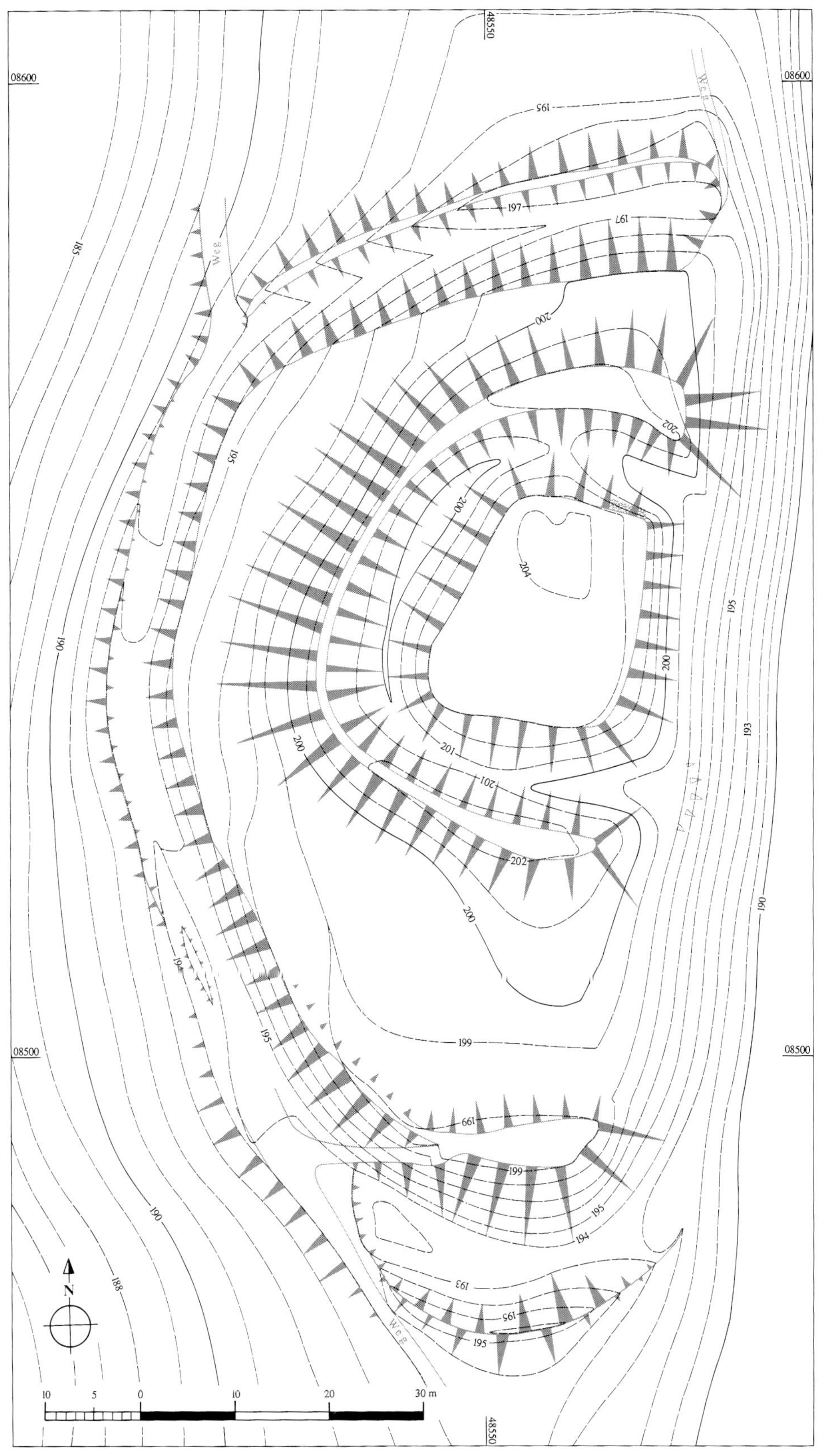

Abb. 9 Kuppenheim, Wallanlage über Bad Rotenfels. Topographie der Befestigung.

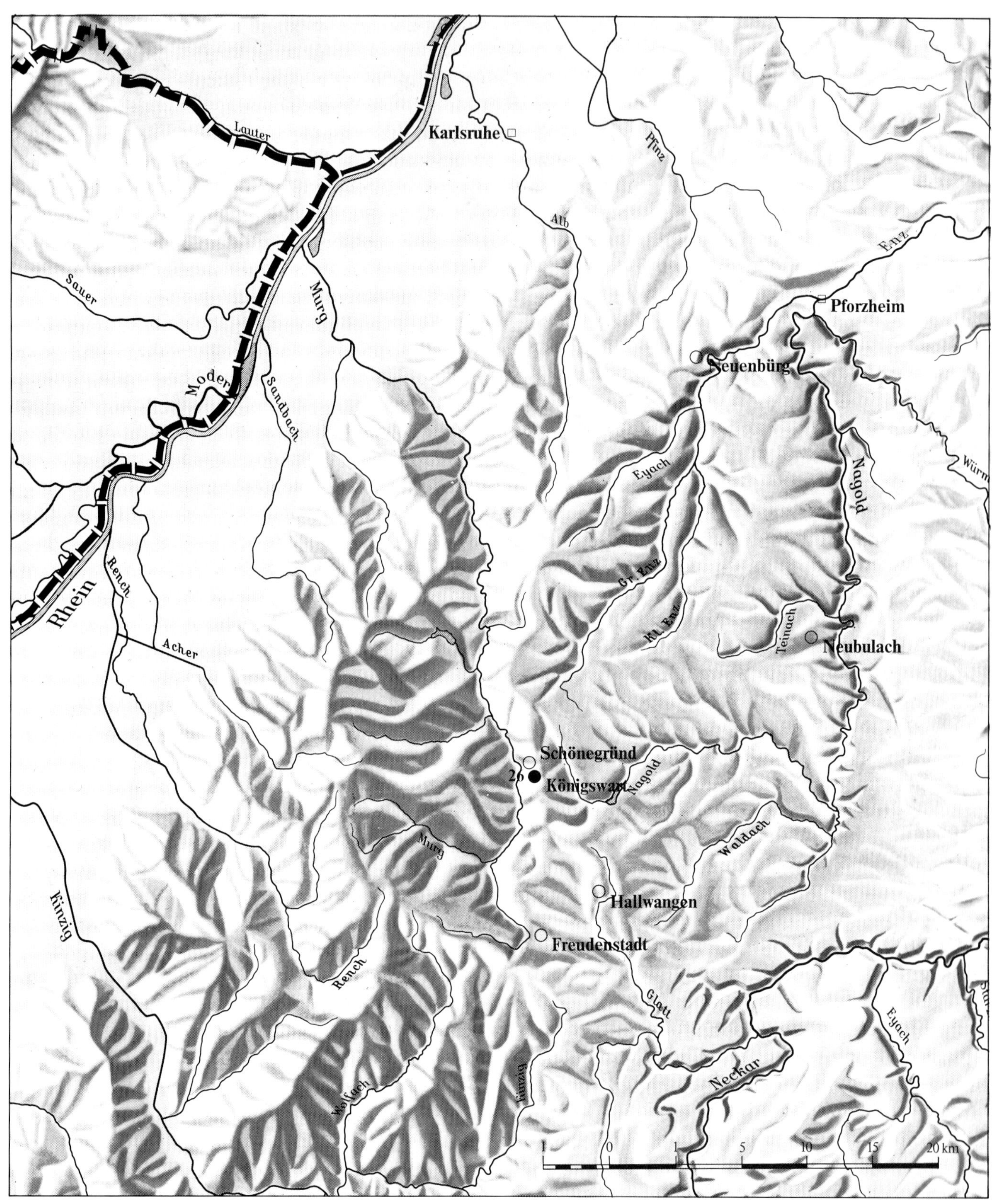

Abb. 10 Lage der wichtigsten Bergbaureviere im Nordschwarzwald.

Der im Südschwarzwald so bedeutsame Bergbau, vor allem auf Silber, der im hohen und späten Mittelalter auch im nördlichen Schwarzwald ein nicht wegzudenkender Wirtschaftsfaktor wird, scheint bis ins 11. Jahrhundert hinein entweder nicht betrieben worden zu sein oder er konnte bislang nicht nachgewiesen werden. Sowohl um Neuenbürg, wo zumindest keltische Eisenverhüttung belegt ist, als auch in Neubulach, Königswart im Murgtal, Philippstal bei Freudenstadt und in der Grube Himmlisch Heer bei Hallwangen ist Bergbau jeweils erst um einiges später gesichert (Abb. 10)[48].

*

Wenn wir versuchen, die bisher gemachten Beobachtungen zusammenfassend zu betrachten, um einen ersten Überblick zu gewinnen, lassen sich folgende Elemente einer Besiedlungsgeschichte erkennen:

1. Sowohl nach archäologischen als auch nach anderen Quellen dominieren für die frühe Zeit bis um 1000 eindeutig die Belege für kirchliche Bauten und Niederlassungen, was in erster Linie auf deren solidere rechtliche und tatsächliche Fundierung zurückzuführen ist, die in allen Quellengruppen einen deutlicheren Niederschlag hinterließ.
2. Die Bedeutung des Adels für die Siedlungsentwicklung, die während der Merowingerzeit durchaus zu beobachten ist, scheint vorübergehend zurückzutreten, was meines Erachtens jedoch überwiegend eine Frage der Quellenlage ist, da wir mit dem Beginn des 11. Jahrhunderts, als der Bau befestigter Familiensitze einsetzt, dieses Element wieder verstärkt beobachten können.
3. Ob wir mit den zwei Befestigungen über Kuppenheim, dem Battert bei Hohenbaden, der Ruine Falkenstein über Herrenalb, dem Rudersberg bei Calw und der Rinkenmauer über Baiersbronn eine Schicht von Befestigungen erfaßt haben, die zeitlich vor der klassischen Höhenburg anzusetzen ist, kann mangels gründlicher Untersuchungen in den genannten Anlagen nicht entschieden werden, erscheint aber nicht ausgeschlossen.
4. Wirklich aufschlußreiche archäologische Siedlungsbeobachtungen fehlen nahezu völlig. Die wenigen Fundpunkte, die wir haben, stammen entweder von Zufallsbeobachtungen im Zusammenhang mit anderen Grabungen oder von Lesefunden, mit all den Schwierigkeiten einer zutreffenden Interpretation. Daraus ergibt sich, daß Aussagen zu Größe, Bedeutung, Struktur und Organisation der meisten Plätze nur in sehr beschränktem Maße möglich sind.

*

In der Zusammenschau erscheint mir wichtig, daß zunächst einmal die bereits in der Frühzeit angelegten Schwerpunktorte wie Pforzheim, Calw/Hirsau, Nagold, eventuell Sulz, Ettlingen und Baden-Baden ihre Bedeutung nicht nur behalten, sondern offensichtlich ausbauen können und damit zu den eigentlichen Ausgangspunkten für die weitere Entwicklung werden. Dabei zeigt sich, daß zumindest während der von uns betrachteten Zeit die Entwicklung von Südosten her dynamischer verlief als von den übrigen Ausgangspunkten. Aus diesen Gebieten erfolgten die ersten Vorstöße und die Gründung von Ausbausiedlungen, die gegenüber dem Stand um 800 in den eigentlichen Schwarzwald vordrangen[49]. Am deutlichsten wird dies im Raum Nagold–Altensteig und im Bereich Horb–Dornstetten–Baiersbronn. Dagegen haben wir für die Besiedlung der westlich von Calw und Hirsau anschließenden Teile nur wenige Belege, so daß es tatsächlich so aussieht, als wäre das Gebiet zu der Zeit noch wenig erschlossen gewesen. Am bedeutsamsten für die frühe Erschließung des nördlichen Schwarzwaldes erscheint mir der Vorstoß ins obere Murgtal, der spätestens im 11. Jahrhundert erfolgt sein muß, wobei auch die Erzgewinnung, wie sie später umfangreich belegt ist, für die frühen Siedlungsanstrengungen geprüft werden müßte.

48 R. Metz, Mineralogisch-landeskundliche Wanderungen im Nordschwarzwald, besonders in dessen alten Bergbaurevieren (2. Aufl. 1977) bes. 187ff.; 219ff.; 237ff.; 248ff.; 271ff.

49 Am besten dokumentiert in der Karte über den alamannischen Dukat, in: Historischer Atlas von Baden-Württemberg, Karte VIII, 1 (Hrsg. Kommission für Geschichtliche Landeskunde; 1989).

Die wenigen archäologisch etwas besser belegten Beispiele von Burgen haben gezeigt, daß zum Zeitpunkt ihrer Entstehung im 11. Jahrhundert die Besiedlung des Waldgebietes noch nicht wesentlich über den Stand zur Zeit der ersten Kirchenbauten hinausgelangt war und ihnen deshalb die Bedeutung von Pioniersiedlungen zukommt, wie dies ja auch an anderer Stelle vor allem in der Schweiz schon festgestellt wurde[50].

In Verbindung mit der ersten Vorstellung des Befundes vom Mandelberg 1984[51] habe ich auf die ungewöhnliche Häufung von Burgen im oberen Waldachtal hingewiesen, die aus der jüngeren Entwicklung dieses Landstrichs nicht leicht zu erklären ist (Abb. 11). Der Befund wird jedoch verständlicher, wenn man bedenkt, daß wir uns im Grenzbereich von Altsiedelland und dem Gebiet des hochmittelalterlichen Landesausbaus befinden.

Wie wir bereits feststellen konnten, hatte in diesem Zusammenhang vor allem das nahegelegene Nagold herausragende Bedeutung. Vom 8. bis 10. Jahrhundert spielte der Ort eine wichtige Rolle in der Entwicklung des alemannischen Herzogtums und war zumindest zeitweilig Sitz eines Zweiges der alemannischen Herzogsfamilie[52]. Dies ist insofern von Bedeutung, als inzwischen mit einiger Sicherheit nachgewiesen werden konnte, daß die Pfalzgrafen von Tübingen, die vom späten 11. bis ins 13. Jahrhundert im behandelten Gebiet und hier wiederum besonders in Pfalzgrafenweiler und Umgebung die dominierende Rolle spielten, aus der Familie der alemannischen Herzöge und Grafen im Nagoldgau hervorgegangen sind[53]. Sie waren es vermutlich auch, die die Stadtgründung von Nagold betrieben, wie J. B. Schultis bereits vor einiger Zeit wahrscheinlich machen konnte[54].

Für unsere Überlegungen zur siedlungsgeschichtlichen Einordnung der Burg Mandelberg müssen wir uns deshalb zunächst Burg und Dorf Pfalzgrafenweiler zuwenden. Über Gründung und frühe Entwicklung wissen wir leider nur sehr wenig. Die Lage an der Grenze des Altsiedelgebiets und der Name Weiler weisen darauf hin, daß es sich um einen frühmittelalterlichen Ausbauort handeln kann, der noch von den Nagoldgaugrafen angelegt wurde[55], die spätestens um 1080 ihren Hauptsitz von Nagold auf die neu errichtete Burg über Tübingen verlegten, nach der sie sich fortan nannten. Sie behielten jedoch einen Güterschwerpunkt um Nagold. Neben der Burg Hohennagold, deren Gründung noch in pfalzgräfliche Zeit zurückgehen wird[56], gewinnt spätestens im 12. Jahrhundert die Burg in Pfalzgrafenweiler erhöhte Bedeutung. Als Zentrum des pfalzgräflichen Besitzes an der Ostabdachung des Schwarzwaldes wird sie mehrfach erwähnt und 1165 in einer größeren Fehde zerstört[57]. Von hier aus wurde das Forstgebiet des »Weiler Waldes«, das bis zum Murgtal reichte, erschlossen. Dies bezeugt nicht zuletzt die »Ruine Königswart« ca. zwölf Kilometer nördlich von Baiersbronn, die als eine Art Memorie anzusprechen ist und im Raum nördlich der Alpen bisher keine Entsprechung hat[58].

Ob in diesem Zusammenhang auch die Erzgewinnung sowohl im nahegelegenen Hallwangen, wo sie erst im 16. Jahrhundert sicher bezeugt ist, aber auf ältere Versuche zurückgehen kann[59], als auch unterhalb der Königswart[60], eine Rolle spielte, müßte durch weitere Forschungen überprüft werden. Dagegen kann angenommen werden, daß die weiter entfernt bei Bulach gelegenen Silbergruben bereits vor dem 13. Jahrhundert, in dem sie mehrfach genannt werden, von Bedeutung waren und unter der Regie der

50 Meyer (Anm. 18).
51 Lutz (Anm. 23) 127f.
52 Roeser (Anm. 10) 65ff. und 100ff.
53 W. Bühler, Wie gelangten die Grafen von Tübingen zum schwäbischen Pfalzgrafenamt? Zur Geschichte der Pfalzgrafen von Tübingen und verwandter Geschlechter. Zeitschr. f. Württ. Landesgesch. 40, 1981, 209.
54 J. B. Schultis, Die Pfalzgrafen von Tübingen – Stadtgründer von Nagold? Tübinger Blätter 67, 1980, 15–18. Zitiert nach dem unveränderten Nachdruck in: 1200 Jahre Nagold (1985) 90–94.
55 Handbuch der Historischen Stätten Deutschlands. Bd. 6: Baden-Württemberg (Hg. M. Miller u. G. Thaddey; 1980) 625f.
56 Schultis (Anm. 54) 92.
57 L. Schmid, Geschichte der Pfalzgrafen von Tübingen nach meist ungedruckten Quellen, nebst Urkundenbuch. Ein Beitrag zur schwäbischen und deutschen Geschichte (1853) 87 und 139.
58 G. Wein, Die Ausgrabung der »Königswart« bei Baiersbronn, Landkreis Freudenstadt. Forschungen u. Berichte der Archäologie des Mittelalters in Baden-Württemberg 6 (1979) 77–96.
59 Metz (Anm. 48) 271ff.
60 Metz (Anm. 48) 237–242.

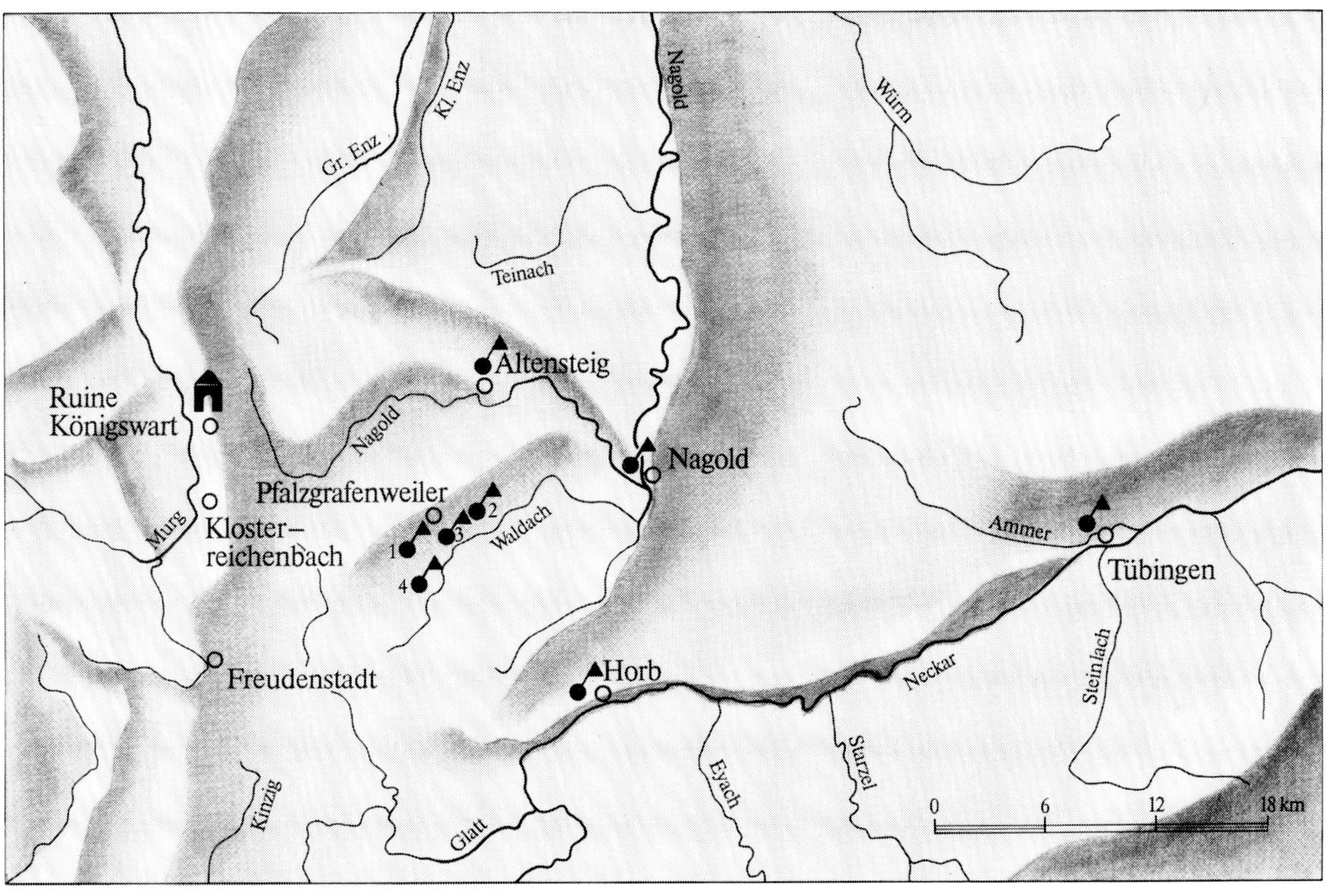

Abb. 11 Burgen um Pfalzgrafenweiler: 1 Ehem. Burg. – 2 Ruine Mandelberg. – 3 Ruine Vörbach. – 4 Ruine Rüdenberg.

Pfalzgrafen von Tübingen und ihrer Nachfolger, der Grafen von Hohenberg, ausgebeutet wurden[61]. Bei allen derartigen Überlegungen muß der Bergbau als ein wichtiges Motiv einbezogen werden, selbst wenn er bisher in der Forschung noch recht wenig berücksichtigt wurde. Deshalb wäre es vermutlich lohnend, hier mit kombinierten archäologisch-landeskundlichen Anstrengungen anzusetzen, um offene Fragen der siedlungsgeschichtlichen, wirtschaftlichen und herrschaftlichen Entwicklung des östlichen Schwarzwaldrandes besser kennenzulernen.

Bei zusammenfassender Betrachtung der gegebenen historischen und archäologischen Fakten neige ich dazu, in der Burg Mandelberg einen in Abhängigkeit von den Pfalzgrafen von Tübingen entstandenen Ministerialensitz zu sehen, der seine Existenz hauptsächlich der Burg in Pfalzgrafenweiler verdankt. Dies wird auch dadurch wahrscheinlich, als sie bis zu ihrer Aufgabe nach 1525 keine Verbindung zum vermutlich älteren Ort Bösingen erkennen läßt.

Daraus scheint hervorzugehen, daß sich die Pfalzgrafen, wahrscheinlich in der Tradition der Grafen im Nagoldgau, spätestens in der zweiten Hälfte des 11. Jahrhunderts verstärkt darum bemühten, ihre Stellung am Ostrand des Schwarzwaldes auszubauen und bis ins Murgtal vorzudringen. Man wird den Befund nicht überbewerten, wenn man annimmt, daß hier der Versuch unternommen wurde, durch Landesausbau ein eigenes Territorium zu schaffen, was vermutlich durch den frühen Abzug sowohl der Pfalzgrafen als auch ihrer Nachfolger aus dem Nagolder Raum nicht zum erhofften Erfolg führte. Leider ist die Quellenlage insgesamt sehr dürftig und die Geschichte der Pfalzgrafen von Tübingen, gerade was

61 Schultis (Anm. 54) 92. – Metz (Anm. 48) 218–225.

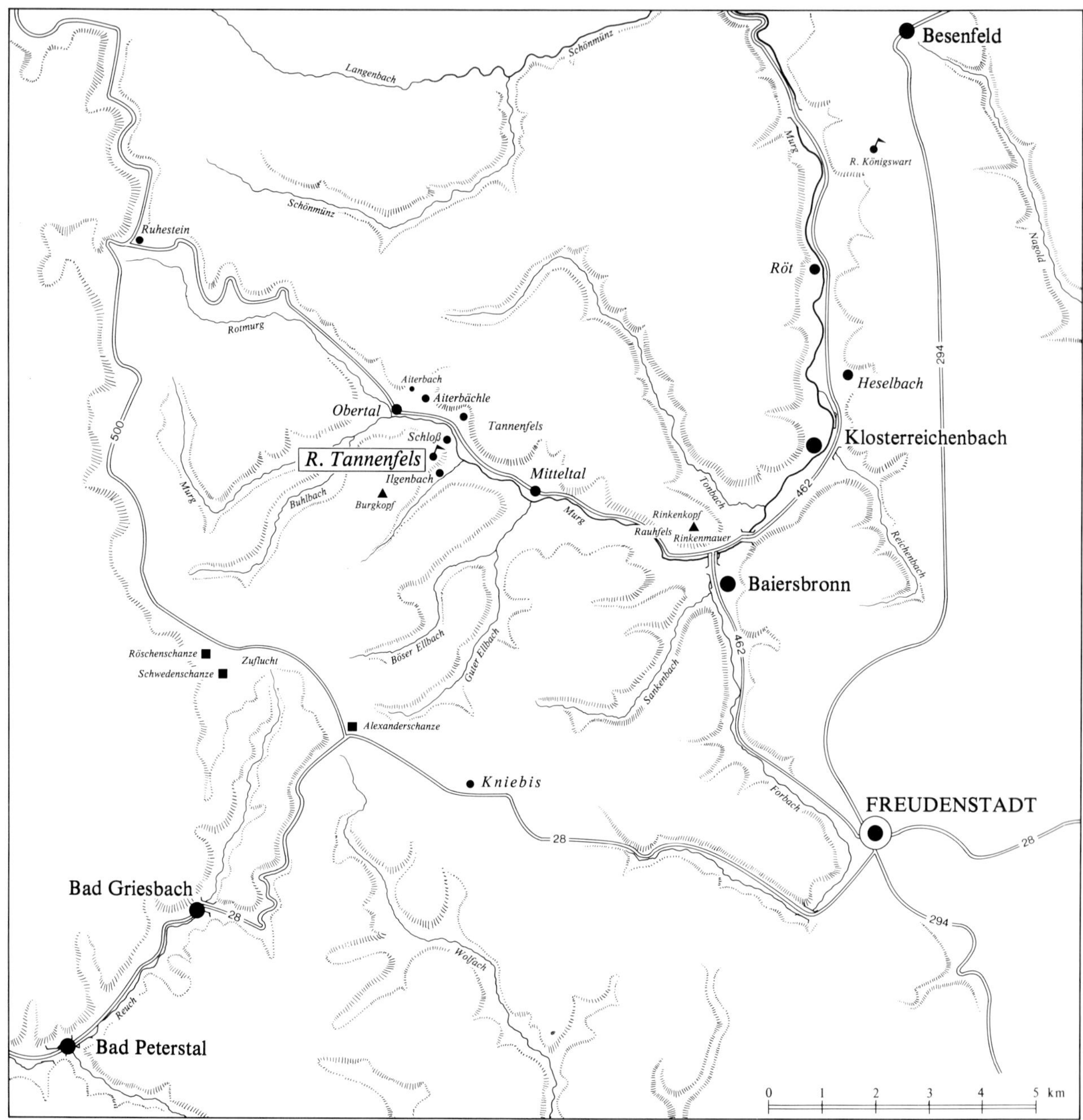

Abb. 12 Siedlungsbild des oberen Murgtals.

ihre herrschaftliche Seite anlangt, noch zu wenig bearbeitet, als daß es schon möglich wäre, sichere Feststellungen zu treffen.

Ähnlich scheint die Entwicklung vom oberen Neckar her verlaufen zu sein, wo sowohl von Horb aus durch eine Nebenlinie der Grafen von Tübingen, aber besonders durch die Grafen von Sulz, und von Dornstetten her durch Beauftragte der Zähringer(?) Impulse ausgegangen zu sein scheinen, die zur wirtschaftlichen Erschließung und Besiedlung des oberen Murgtales um Baiersbronn führten (Abb. 12).

Ähnliche Feststellungen konnten von Seiten der Landesgeschichte für die Grafen von Calw und Eberstein für den nördlichen Schwarzwaldrand wahrscheinlich gemacht werden.

MECHTHILD SCHULZE-DÖRRLAMM

DAS DORF WÜLFINGEN IM WÜRTTEMBERGISCHEN FRANKEN WÄHREND DES 11. UND 12. JAHRHUNDERTS

Von den wüst gewordenen, salierzeitlichen Dörfern in Südwestdeutschland ist bisher noch kein einziges vollständig ausgegraben worden. Zu den wenigen, immerhin teilweise erforschten Siedlungen gehört Wülfingen, am Nordufer des Kocher gegenüber der Stadt Forchtenberg im Hohenlohekreis gelegen (Abb. 1)[1], das gegen 1200 n. Chr. von seinen Bewohnern aufgelassen worden ist. An diese mittelalterliche Wüstung erinnerte jahrhundertelang nur noch der Name des Wülfinger Baches[2] und die im 11./12. Jahrhundert erbaute, romanische Pfarrkirche St. Michael (Abb. 2; 3), die den Einwohnern von Forchtenberg bis heute als Friedhofskapelle dient.

Ein zufällig bei Bauarbeiten entdeckter Töpferofen des 13. Jahrhunderts (Abb. 2,4) und der geplante Neubau einer Kochertalstraße waren Anlaß für eine Rettungsgrabung, die das Staatliche Amt für Denkmalpflege in Stuttgart von 1966 bis 1967 unter der Leitung von G.P. Fehring durchführte. Damals konnte nur der gefährdete, im Zuge der Straßentrasse liegende, nordwestliche Randstreifen der Wüstung untersucht werden (Abb. 2, 1–3). Das Zentrum der Siedlung, die sich zu beiden Seiten des Wülfinger Baches erstreckt hatte, muß nachweislich etwas südlicher, das heißt näher am Kocherufer gelegen haben[3].

In dem 225 m langen und bis zu 34 m breiten, west-östlich verlaufenden Grabungsgelände (Abb. 4) kamen hunderte von Pfostenspuren ebenerdiger Fachwerkhäuser, zwanzig Grubenhäuser, drei steinerne Keller, ein dreischiffiges Haus mit einem Steinfundament, vier Brunnen und zwei Töpferöfen zutage. Den Keramikfunden zufolge[4] ist dieses Gelände in vorgeschichtlicher Zeit mehrfach besiedelt worden, zum ersten Mal in der Urnenfelderzeit, dann wieder in der Latènezeit und schließlich während der Jüngeren Kaiserzeit[5] bis zum Beginn des 5. Jahrhunderts. Im mittleren 6. Jahrhundert entstand dann das frühmittelalterliche Dorf, das erst im 8. Jahrhundert schriftlich erwähnt wurde. Am 10. März 779 schenkte Graf Cuniberctus dem Kloster Fulda seine Besitzungen in mehreren Dörfern Rheinhessens, Nordbadens, des mittleren Neckarraumes und des Kochertales, darunter auch in »Uulfinga«[6].

Bei der Auswertung der Grabungsbefunde[7] konnten – vor allem anhand der wechselnden Keramikspektren in den Einfüllungen der Grubenhäuser vier frühmittelalterliche Hauptsiedlungsphasen nachgewiesen werden, die sich über einen Zeitraum von rund 300 Jahren erstreckten. Während dieser langen Zeit veränderten sich zwar Anzahl und Standort der Häuser, aber nicht die Struktur des Dorfes. Stets blieb Wülfingen ein Reihendorf aus West-Ost gerichteten, ebenerdigen Holzhäusern mit zugehöri-

1 G.P. Fehring, Grabungen in Siedlungsbereichen des 3. bis 13. Jahrhunderts sowie an Töpferöfen der Wüstung Wülfingen am Kocher. Château Gaillard 3 (1969) 48 ff. – Ders., Wüstung Wülfingen, Gem. Forchtenberg, Kr. Öhringen. Nachrichtenbl. Denkmalpfl. Baden-Württemberg 13, 1970, 101 f. – Ders., Zur Erforschung mittelalterlicher Dorfwüstungen in Südwestdeutschland. Zeitschr. Agrargesch. u. Agrarsoziologie 21, 1973, 4 ff. – Ders., Wüstung Wülfingen. Führer zu vor- und frühgeschichtlichen Denkmälern 24 (1973) 188 ff.

2 E. Kost, Wülfingen, ein alamannisch-fränkischer Edelsitz im Kochertal. Schwäbische Heimat 3, 1952, 106 ff. – Der Landkreis Öhringen. Amtl. Kreisbeschreibung 2 (1968) 180.

3 Vgl. die Kartierung des Phosphatsgehalts im Boden durch P.A. Abt (Ders., Beiträge zur Methodik der topographischen Lokalisation von Ortswüstungen. Diss. Zürich [1968] Karte 3. – M. Schulze, Die Wüstung Wülfingen in Nordwürttemberg. Offa 39, 1982, 235 ff. Abb. 3).

4 M. Schulze, Die mittelalterliche Keramik der Wüstung Wülfingen am Kocher, Stadt Forchtenberg, Hohenlohekreis. Forsch. u. Ber. der Archäologie des Mittelalters in Baden-Württemberg 7 (1981) 5 ff.

5 R. Koch, Germanen der römischen Kaiserzeit im hohenloher Limesvorland. Führer zu vor- und frühgeschichtlichen Denkmälern 24 (1973) 29 ff.

6 E.E. Stengel, Urkundenbuch des Klosters Fulda. Veröff. Hist. Komm. Hessen u. Waldeck 10,1 (1958) 86 Nr. 52.

7 M. Schulze, Die Wüstung Wülfingen am Kocher. Jahrb. RGZM 23/24, 1976/77, 154 ff. – Dies. (Anm. 4) 5 ff. – Dies. (Anm. 3) 235 ff.

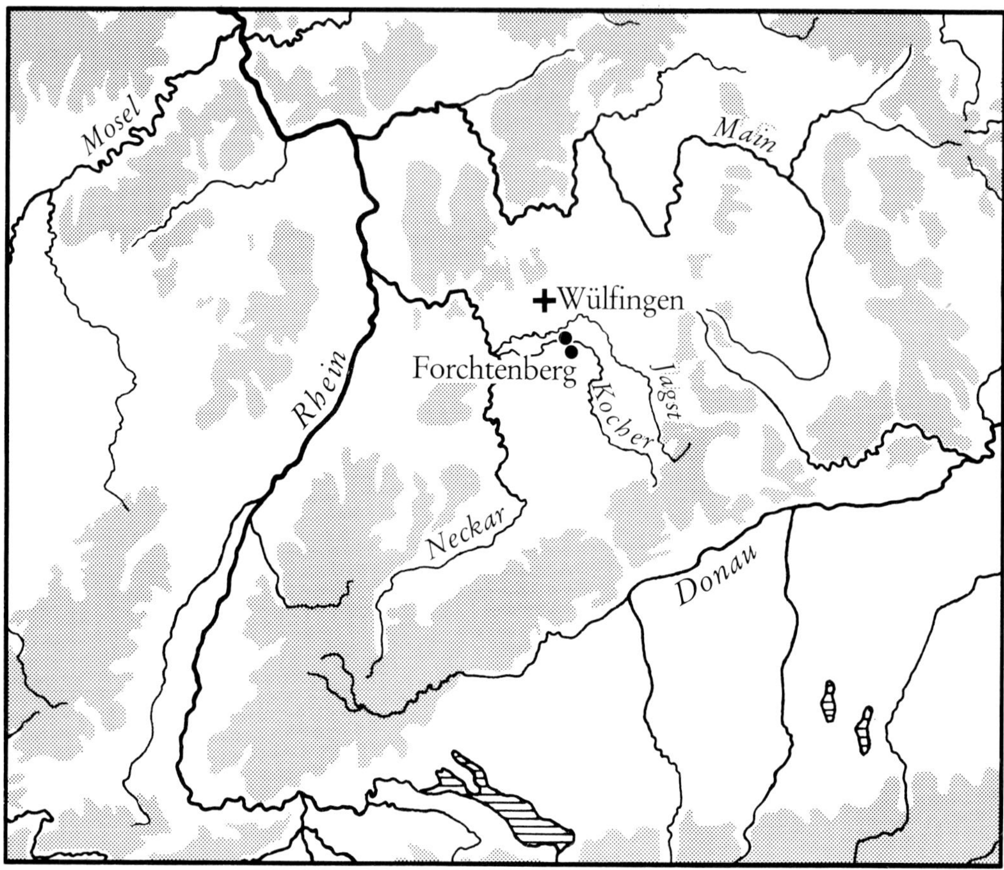

Abb. 1 Die Lage der Wüstung Wülfingen, Stadt Forchtenberg, Hohenlohekreis.

gen kleinen Speichern und Grubenhütten, die als Webkammern dienten. Bei den unterschiedlich großen Holzhäusern, die als Wohnräume, Scheunen oder Ställe genutzt wurden, handelte es sich immer um zweischiffige Firstsäulenbauten.

Im Laufe des späten 9. und des 10. Jahrhunderts ist das ergrabene Gelände am Dorfrand vorübergehend nicht bebaut worden. Deshalb hoben sich die beiden letzten, hochmittelalterlichen Siedlungsphasen des 11. und 12. Jahrhunderts stratigraphisch sehr deutlich von der älteren Siedlungsschicht ab, welche sowohl die spätkaiserzeitlichen als auch alle frühmittelalterlichen Bauspuren enthielt.

Mit der Neubesiedlung des Areals im 11. Jahrhundert veränderte sich das Bild des Dorfes grundlegend. Die Bebauung bestand nun nur noch aus zwei Hofkomplexen, von denen der eine im Zentrum des Grabungsschnittes, der andere in ca. 80 m Entfernung am Rande des Wülfinger Baches lag (Abb. 5).

Der inmitten des Grabungsgeländes freigelegte Hof umfaßte mehrere Gebäude von ganz unterschiedlicher Bauweise, Größe und Funktion, welche sich um einen kleinen Platz mit einem Steinbrunnen gruppierten.

Ganz außergewöhnlich ist der Grundriß des am Nordrand des Platzes errichteten, Südwest-Nordost gerichteten Hauses I von 17 m Gesamtlänge (Abb. 6). Es besitzt einen ebenerdigen, dreischiffigen Hauptraum mit einer abgerundeten Nordwestecke, dessen hölzerne Wände zum Teil auf einem Steinfundament standen, sowie einen an die östliche Schmalseite angebauten rechteckigen Keller mit einem Treppenzugang von Süden her. Der Verlauf des 0,7 m bis 1,2 m breiten Steinfundaments aus zweischaligem, in Lehm gesetzten Trockenmauerwerk zeigt deutlich, daß es niemals den gesamten Hauptraum umzogen hat (Abb. 7). Es unterstützte lediglich die Nordwand und faßte die beiden Schmalseiten nur zu jeweils vier Fünftel ihrer Länge ein. Die Südwand des dreischiffigen Raumes besaß kein Steinfundament,

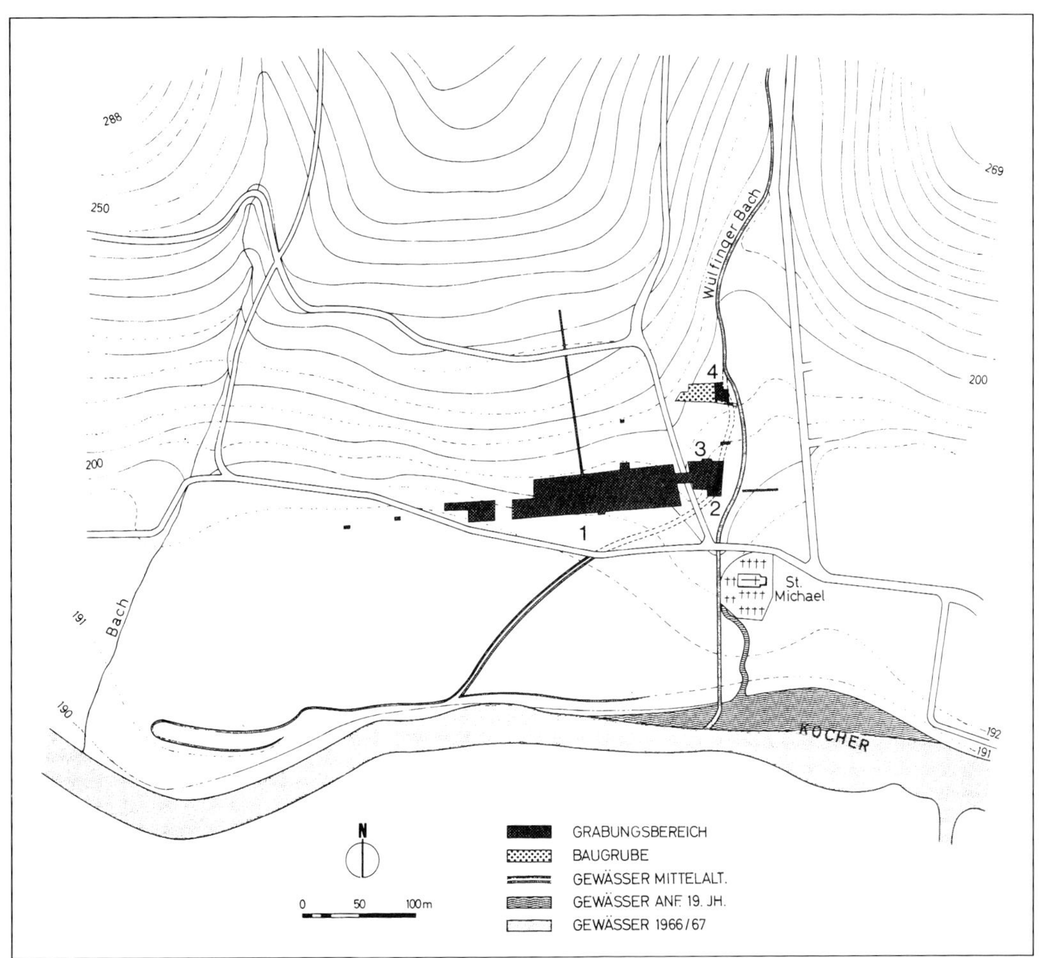

Abb. 2
Die Lage der Grabungsschnitte im Gelände der Wüstung Wülfingen und der ehemaligen Wülfinger Pfarrkirche St. Michael.

Abb. 3
Ansicht der ehem. Wülfinger Pfarrkirche St. Michael von Westen (Foto: Landesdenkmalamt Baden-Württemberg, Stuttgart).

Abb. 4 Gesamtplan der archäologischen Befunde in den Grabungsschnitten 1 bis 3 am nördlichen Rand der Wüstung Wülfingen.

Abb. 5 Plan der hochmittelalterlichen Bebauung Wülfingens im 11. bis frühen 12. Jahrhundert.

sondern wurde von vier parallel zur Nordwand gesetzten Holzpfosten markiert. Der annähernd quadratische Innenraum von 10,55 m x 10,0 m Größe war im Norden von einem Fundamentgraben, in dem sechs dünne Pfosten standen, und im Süden durch zwei sehr dicke und auffällig tief in den Boden eingegrabene Holzsäulen in ein 5,5 m breites Mittelschiff und zwei Seitenschiffe von je 2 m Breite unterteilt worden. Der Fundamentgraben der nördlichen Zwischenwand, die wohl aus verputztem Fachwerk bestanden hat, zog nicht ganz bis an die Westwand des Hauses heran, sondern ließ dort ebenfalls einen 2 m breiten Durchgang frei. Dieser war durch sehr dünne Pfosten vom Mittelschiff abgetrennt.

Unmittelbar an die nördliche Zwischenwand stieß eine ovale Feuerstelle mit verziegeltem Rand und stangenförmigen Abdrücken in der muldenförmigen Sohle (Abb. 8,2), die von einem Metallrost stammen dürften. Wahrscheinlich diente diese Feuerstelle als Röstherd, also zum Erhitzen von Metallbrocken, die in dem benachbarten Tiegelschmelzofen weiterverarbeitet werden sollten. Dieser in der Mitte des Raumes gelegene Tiegelschmelzofen (Abb. 8,1) besaß eine Feuergrube im Westen, von der aus die Hitze durch einen schräg ansteigenden Fuchs unter dem Schmelztiegel hindurchgeführt und am Ende nach oben abgeleitet wurde. Von dem tellerförmigen Tiegel fanden sich nur noch die lehmverschmierten Abdrücke (Abb. 9), die belegen, daß er einen Durchmesser von 40 cm besessen haben muß. Eine ganz ähnliche mittelalterliche Anlage, in der Blei und Zink geschmolzen wurde und die zur Kupferverarbeitung bestimmt gewesen war, ist unter der Kirche von Esztergom aus dem 11. Jahrhundert gefunden worden[8].

Vor der Mitte der gemörtelten Ostwand des Hauptraumes lag ein Geviert aus losen Kalksteinen von 1,9 m x 1,2 m Seitenlänge. Da hier keine Aschenreste gefunden wurden, kann es sich nicht um eine Esse gehandelt haben. Vermutlich diente diese Rollierung als Unterlage einer Holztreppe, die von der Werkstatt in die über dem Steinkeller gelegenen Räume führte.

Die dreischiffige Gliederung des Hauses und die fehlenden Firstpfosten deuten darauf hin, daß der Hauptraum – ebenso wie zum Beispiel das dreischiffige Holzhaus von Ulm-Eggingen[9] – ein Walmdach getragen hat. Offenbar hängt der eigentümliche Befund, daß die Südwand kein Steinfundament besaß, sondern lediglich von vier Holzpfosten gebildet wurde, mit der Funktion des Raumes als Werkstatt zusammen. Wegen der großen Hitze- und Rauchentwicklung beim Betrieb des Tiegelschmelzofens und des Röstherdes mußte die Südwand offen bleiben, so wie es auch bei der spätkarolingischen Hufschmiede von Assum der Fall gewesen ist[10]. Das schließt aber nicht aus, daß sich in den abgeteilten westlichen und nördlichen Seitenräumen Arbeitsplätze für die Weiterverarbeitung des geschmolzenen Buntmetalls befunden haben könnten.

Die 0,6 m breiten gemörtelten Kalksteinmauern des an die Ostwand der Werkstatt angebauten Kellers bilden ein Rechteck von 5,5 m x 6,7 m Seitenlänge und stehen miteinander im Eckverband. Ein in den Graben der nördlichen Zwischenwand eingeflossenes Mörtelbett beweist, daß der Keller nicht nachträglich, sondern gleichzeitig mit dem dreischiffigen Steinfundamentbau errichtet worden ist. Die massive Bauweise der Kellerwände läßt darauf schließen, daß diese einen mehrgeschossigen Oberbau aus Holz (?) getragen haben, in denen vielleicht die Wohnungen der Handwerker lagen.

Beide Seiten der Kellertreppe waren mit einschaligen Trockenmauern eingefaßt. In diesen Treppenwangen kamen Spuren kleiner Holzpfosten zutage, die eine Holzüberdachung getragen haben dürften. Eine in der Nähe der Kellertür gelegene Feuerstelle belegt, daß dieser Raum bewohnt war. Da der Kellerraum unmittelbar neben dem Grubenhaus Z lag, das als Webstube gedient hatte, könnte er ebenfalls von Frauen – eventuell als Küche – benutzt worden sein.

8 L. Zolnay, Monnayeurs et orfèvres à Esztergom à l'époque romane. Arch. Ért. 92, 1965, 161 f. Abb. 12.

9 E. Schmidt, Ein dreischiffiges Hallenhaus aus der mittelalterlichen Wüstung in Ulm-Eggingen. Denkmalpfl. Baden-Württemberg 13, 1984, 174 ff. Abb. 4.

10 W. Barner, Ein spätkarolingisches Bauerngehöft auf der Wüstung Assum (Feldmark Eime, Kreis Alsfeld). Die Kunde 3, 1935, 113 ff. – H. Ohlhaver, Der germanische Schmied und sein Werkzeug. Hamburger Schr. Vorgesch. u. German. Frühgesch. 2 (1939) 39 f. – M. Schulze, Die Wüstung Assum bei Eime. Führer zu vor- und frühgeschichtlichen Denkmälern 49 (1981) 279 ff.

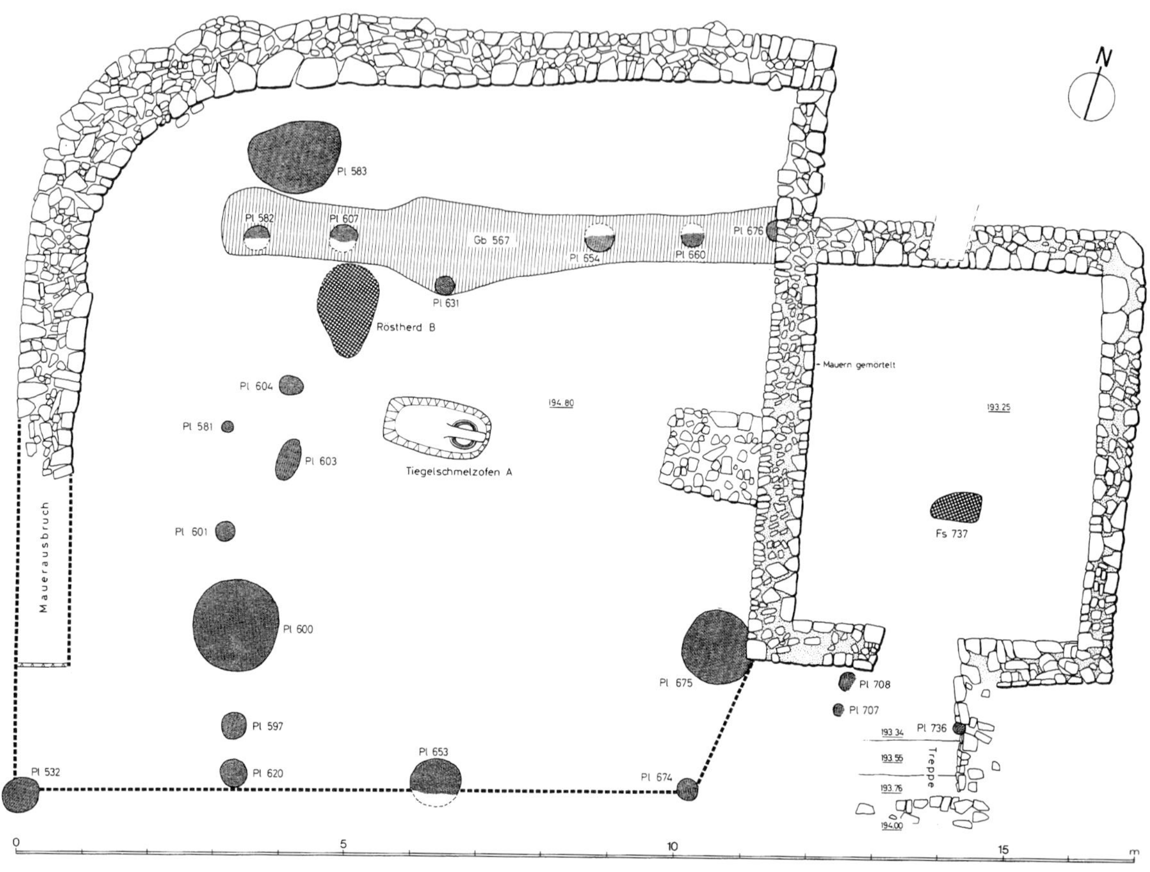

Abb. 6 Grundriß des Wülfinger Steinfundamentbaues I aus dem 11. bis frühen 12. Jahrhundert.

Abb. 7 Ansicht des Wülfinger Steinfundamentbaues I von Westen (Foto: Landesdenkmalamt Baden-Württemberg, Stuttgart).

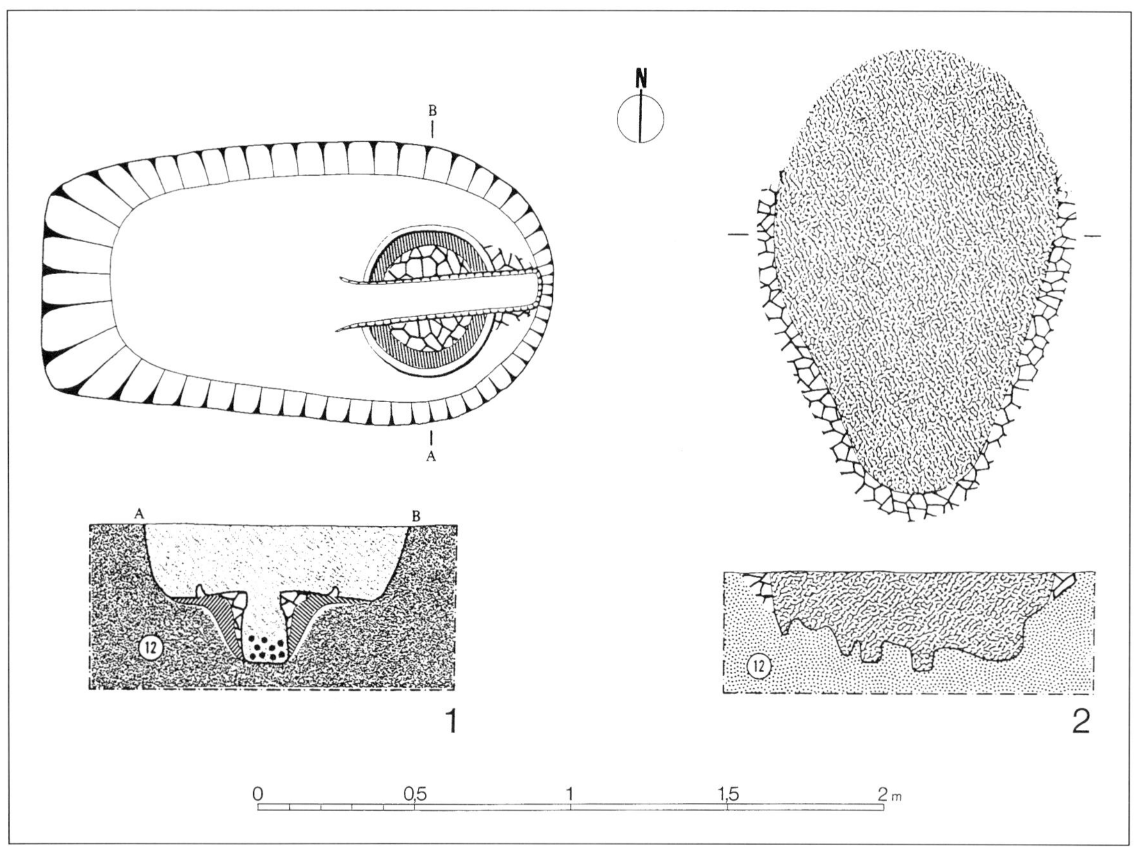

Abb. 8 Aufsicht und Schnitt durch den Tiegelschmelzofen (1) und den Röstherd (2) im Steinfundamentbau I.

Abb. 9 Ansicht des Tiegelschmelzofens im Wülfinger Steinfundamentbau I von Westen (Foto: Landesdenkmalamt Baden-Württemberg, Stuttgart).

Abb. 10 Wülfingen, Stadt Forchtenberg, Hohenlohekreis. – 1 Ulmer Pfennig des 11. Jahrhunderts aus der Kellerfüllung des Wülfinger Steinfundamentbaues I. – 2 Bronzescheibe mit dem Bild einer Navicella aus der Versturzschicht des Wülfinger Steinfundamentbaues I. – M = 1:1.

Das Alter des Steinfundamentbaues I läßt sich anhand der Stratigraphie und der Funde recht gut bestimmen. Er ist zweifellos jünger als das im 9. Jahrhundert aufgelassene spätkarolingische Grubenhaus Y (vgl. Abb. 4), denn die Südwestecke der Werkstatt wurde über dessen Einfüllung errichtet. Daß der Steinfundamentbau I während des 11. und der ersten Hälfte des 12. Jahrhunderts bestanden hat, beweist das Vorherrschen der nachgedrehten Keramik Gruppe B (vgl. Abb. 16), die für diese Zeitspanne charakteristisch ist[11]. In der Kellerfüllung fand sich zudem ein Ulmer Pfennig des 11. Jahrhunderts (Abb. 10,1) und in der Versturzschicht des ebenerdigen Hauptraumes eine Bronzescheibe mit dem Bild einer Navicella (Abb. 10,2), das dem der Bronzescheibenfibel des 11. Jahrhunderts von Weideroda[12] auffällig ähnelt. Einige Scherben von nachgedrehter Keramik der Gruppe C, Ser. 1 aus der zweiten Hälfte des 12. Jahrhunderts[13], die in der Kellerfüllung und in der Versturzschicht der Werkstatt lagen, zeigen an, daß das Gebäude gegen Mitte des 12. Jahrhunderts verfallen ist.

Ganz dicht neben dem gemörtelten Keller des Steinfundamentbaues I stand das 5,3 m x 3,75 m große Grubenhaus Z (Abb. 11). Mit seinen je drei, zum Teil sogar doppelten Pfosten an den Schmalseiten und je einem Pfosten in der Mitte der Langseiten gehört es zu den Grubenhäusern vom Achtpfostentyp, die in Wülfingen zum ersten Mal während der Karolingerzeit errichtet wurden[14]. Auf seinem Boden fanden sich zwei Feuerstellen und die aufgeweichten Lehmgewichte eines Webstuhls, die beweisen, daß dieser Raum zur Herstellung von Stoffen diente. Da es sich bei den Scherben in der Einfüllung überwiegend um nachgedrehte Keramik Gruppe B und um imitierte Pingsdorfer Keramik handelte (vgl. Abb. 15–16), muß das Grubenhaus Z gleichzeitig mit dem Steinfundamentbau I bestanden haben.

Das gilt auch für den 12 m südlich des Steinfundamentbaues I gelegenen Brunnen, dessen Schacht von 2 m Durchmesser aus unbehauenen Kalksteinen gesetzt war, die weder vermörtelt noch mit Lehm verstrichen worden sind (Abb. 12). Die jüngsten Scherben in seiner Füllung stammen von Gefäßen aus nachgedrehter Keramik der Gruppe B, die in das 11. und die erste Hälfte des 12. Jahrhunderts zu datieren ist.

Im Gelände um den hochmittelalterlichen Steinbrunnen herum wurden zahlreiche Pfostenlöcher erfaßt, die zur jüngsten Siedlungsschicht gehören. Gemeinsam mit anderen Pfostenlöchern, deren Schichtzugehörigkeit nicht so eindeutig feststellbar war, konnten sie den Grundrissen von vier ebenerdigen Firstpfostenhäusern zugeordnet werden (vgl. Abb. 4), die an der West-, Ost- und Südseite des kleinen Platzes vor dem Steinfundamentbau I standen. Hinweise auf die Funktion dieser Bauten von unterschiedlicher Größe fanden sich nicht. Das Alter der vier Holzhäuser ist natürlich nicht so genau zu

11 Schulze (Anm. 4) 22 ff. Abb. 21, 11–15; 22, 1–12, 15–16; 80.

12 H.-J. Vogt, Die Wiprechtsburg Groitzsch (1987) 174 Abb. 133.

13 Schulze (Anm. 4) 28 ff. Abb. 22; 80.

14 Schulze (Anm. 7) 209.

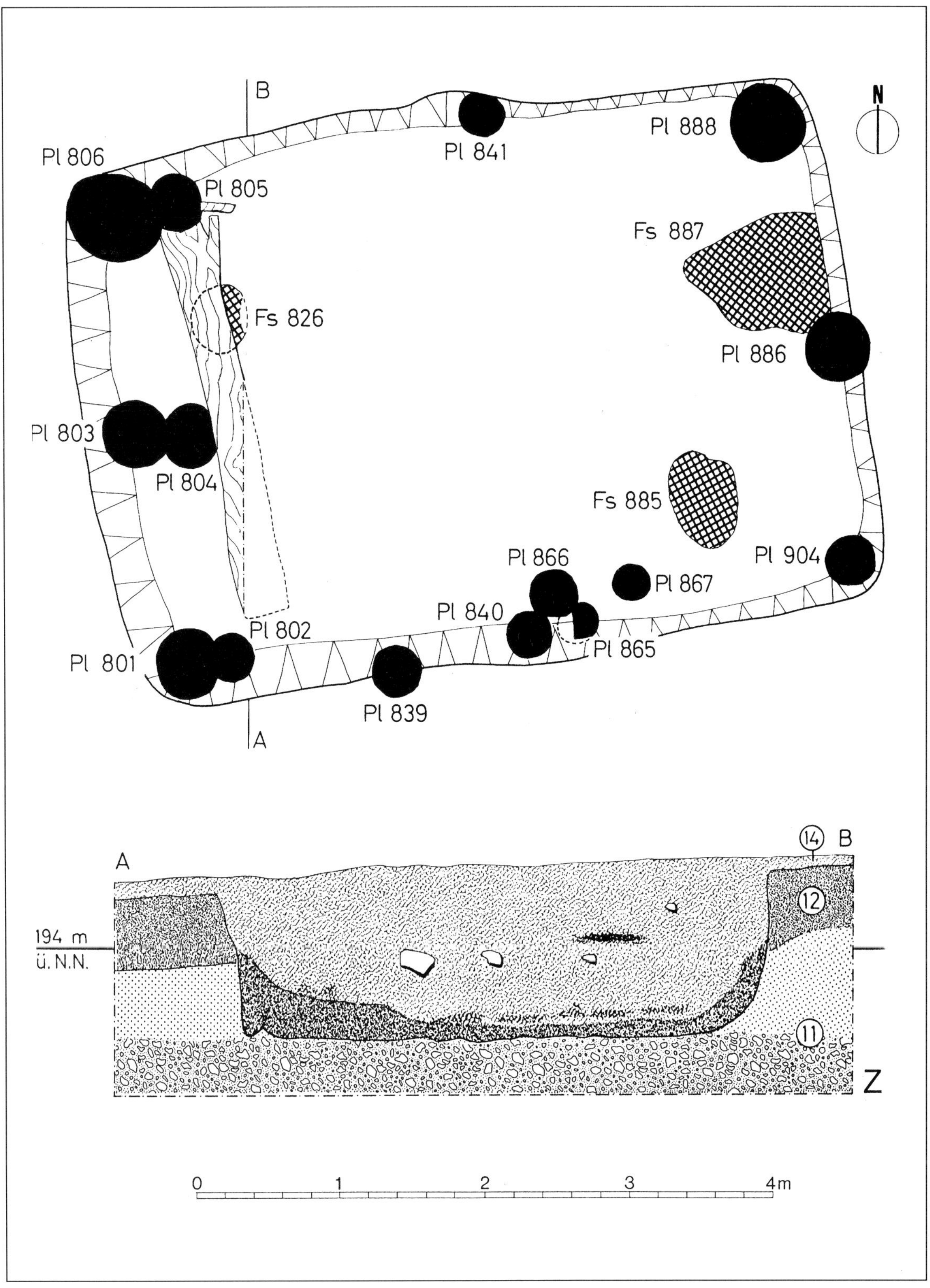

Abb. 11 Grundriß und Schnitt des Wülfinger Grubenhauses Z aus dem 11. und frühen 12. Jahrhundert.

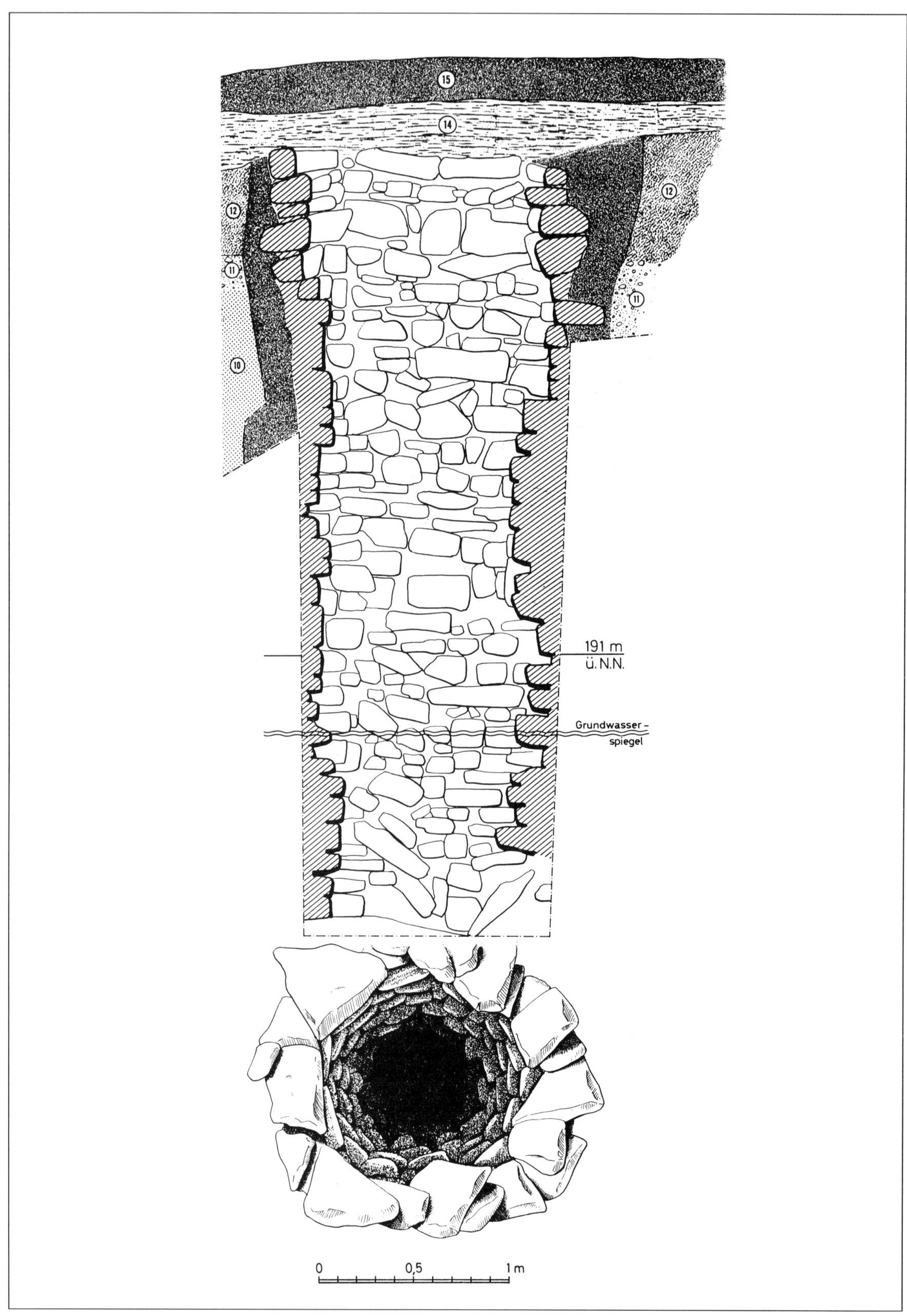

Abb. 12 Aufsicht und Schnitt des Wülfinger Steinbrunnens D aus dem 11. bis frühen 12. Jahrhundert.

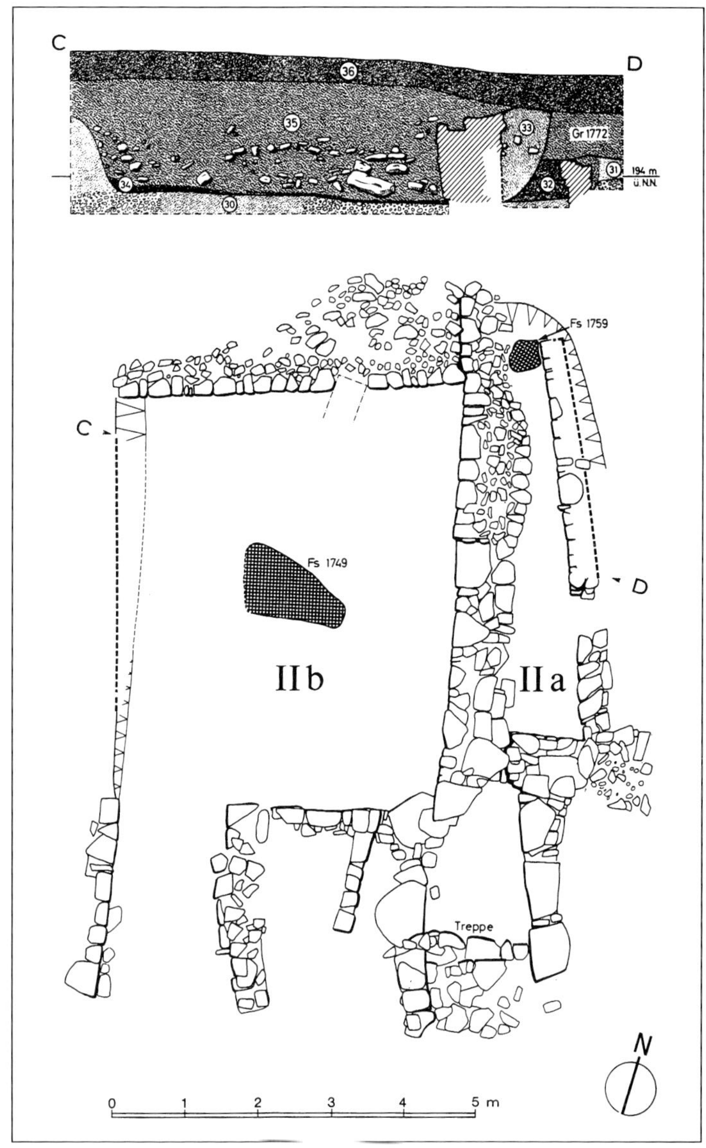

Abb. 13
Grundriß und Querschnitt der Wülfinger Steinkeller IIa und IIb aus dem 11. und 12. Jahrhundert.

bestimmen wie das des Steinfundamentbaues und des Grubenhauses, doch läßt die gleiche Orientierung aller Bauten immerhin vermuten, daß sie zur selben Zeit bestanden haben.

Gleichzeitig mit diesem großen Gehöft im Zentrum der Grabungsfläche existierte am Wülfinger Bach ein zweiter Gebäudekomplex (vgl. Abb. 5), von dem die Reste eines Steinfundamentbaues mit angebautem Steinkeller IIa und das zugehörige Grubenhaus G noch erfaßt werden konnten. Lange vor Beginn der Freilegung war der Steinfundamentbau bis auf ein winziges Mauerstück abgegraben und sein westlich vorgelagerter Keller IIa durch den Neubau des Steinkellers IIb weitgehend zerstört worden (Abb. 13). Der Nordwest-Südost gerichtete Keller IIa von 5,65 m Länge besaß Trockenmauern aus Kalksteinen, die gegen die offene Baugrube gesetzt worden waren. Eine ebenfalls mit Trockenmauerwerk eingefaßte Steintreppe führte von Südosten her in den Keller hinein. Die in der Nordostecke aufgefundene Feuerstelle belegt, daß er als Wohn- oder Arbeitsraum diente. Darauf, daß sich östlich des Kellers noch ein ebenerdiges Gebäude mit einem Steinfundament befunden haben muß, deutet der Ansatz einer Trockenmauer hin, die von der Südostecke des Kellers nach Osten abzweigt.

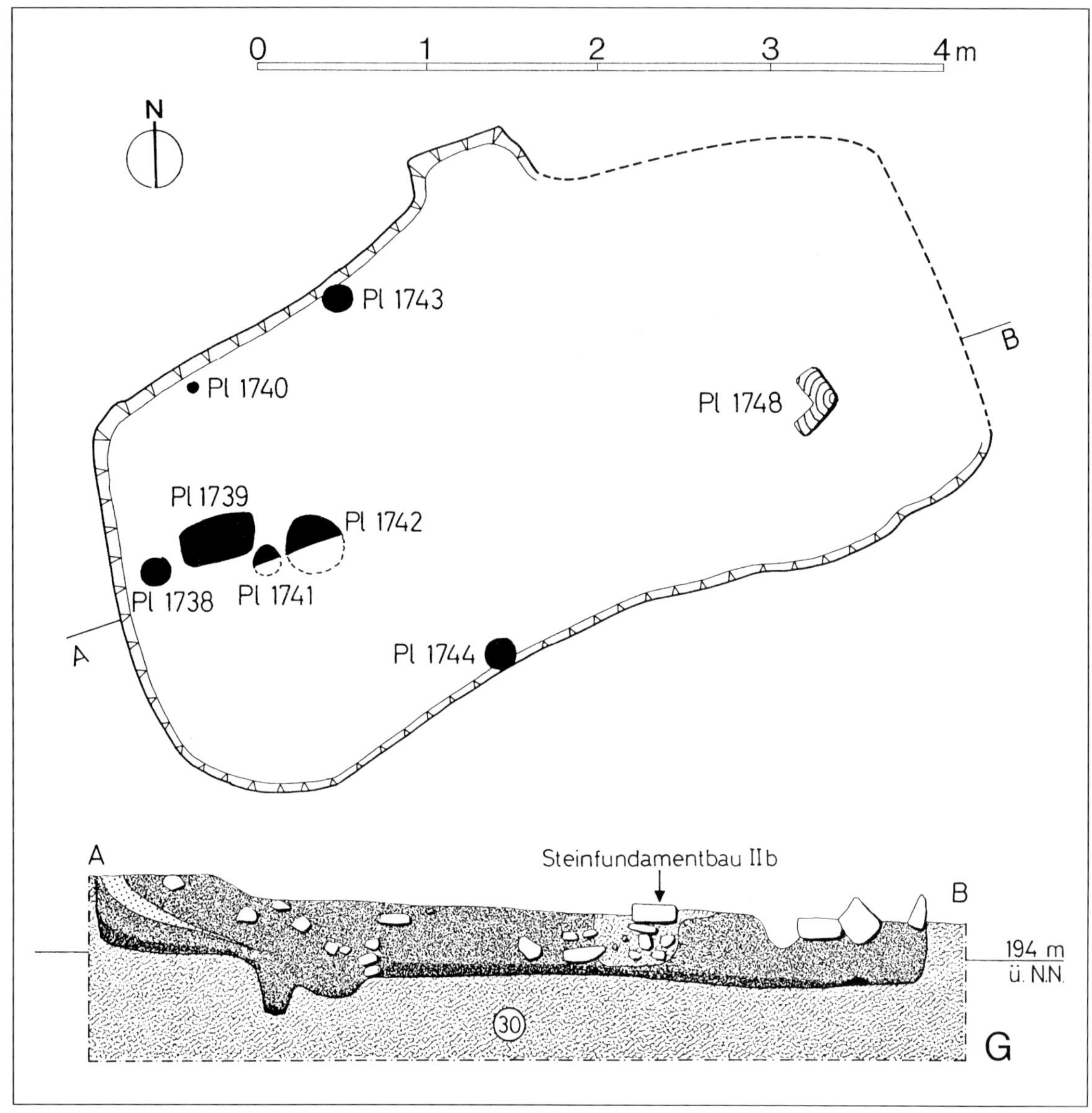

Abb. 14 Grundriß und Querschnitt des Wülfinger Grubenhauses G aus dem 11. und frühen 12. Jahrhundert.

Westlich neben dem Kellereingang lag das Südwest-Nordost ausgerichtete Grubenhaus G von 4,85 m Länge und 2,4 m Breite (Abb. 14), dessen Nordostecke von dem jüngeren Steinkeller IIb gestört worden ist. Von seiner Konstruktionsweise her gehört es zu den Grubenhäusern vom Vierpfostentyp mit zwei kleinen Pfosten in der Mitte der Langseiten und zwei Firstpfosten. Die Westhälfte des Grubenhauses wurde durch drei Mittelpfosten in zwei kleine Kammern unterteilt. Im Osten war eine Mittelstütze auf den Boden gesetzt worden, die offenbar verbrannt ist (Abb. 14, Pl. 1748). Einer kleinen Wandausbuchtung nach zu schließen, befand sich der Eingang in der Mitte der nördlichen Längswand. Im Innern des Hauses kamen weder Feuerstellen noch Spuren eines Webstuhls zutage. Scherben der nachgedrehten Keramik Gruppe B und von imitierter Pingsdorfer Keramik[15] beweisen, daß das Grubenhaus G gleichzeitig mit dem Steinfundamenthaus I und dem benachbarten Grubenhaus Z bestanden hat, nämlich im 11. und frühen 12. Jahrhundert.

15 Schulze (Anm. 4) 22 ff.; 40 ff. Abb. 21, 1–7; 80.

Gegen Mitte des 12. Jahrhunderts wurde nicht nur der große Gebäudekomplex in der Mitte des Grabungsareals, sondern auch der Steinfundamentbau IIa mit dem Grubenhaus G aufgegeben. An seiner Stelle ist allerdings ein neuer Steinkeller IIb erbaut worden (vgl. Abb. 13), dessen Treppe die Nordostecke des Grubenhauses G zerstörte. Drei Wände des in den älteren Keller hineingesetzten 5,54 m x 4,4 m großen neuen Kellers IIb errichtete man aus einschaligem Muschelkalk- und Sandsteinmauerwerk, das zuunterst in Lehm, in den oberen Lagen jedoch in Mörtel gesetzt wurde. Das Südende der neuen Ostwand endete in der Tür des Vorgängerbaues, so daß ein besonders großer Stein der älteren Treppenwange in die Südostecke des neuen Kellers einbezogen werden konnte. In den Keller führte eine neu angelegte Rampe, deren Wände mit Trockenmauern verschalt waren. Eine große Feuerstelle inmitten des Kellers zeigt an, daß er als Wohn- oder Arbeitsraum gedient hat.

Eine südöstlich der beiden Steinkeller gelegene, mit Eisenschlacken gefüllte Grube schneidet die Ausbruchsgrube des Steinfundamentbaues IIa, kann also erst von den Bewohnern des Steinkellers IIb als Ausheizherd für Eisenerz verwendet worden sein (vgl. Abb. 4).

Bauzeit und Zerstörung des Steinkellers IIb sind mit Hilfe der Keramikscherben recht gut zeitlich bestimmbar. In seiner Baugrube (vgl. Abb. 13 oben Nr. 33) lagen noch viele Scherben der nachgedrehten Keramik Gruppe B, aber schon doppelt so viele der nachgedrehten Keramik Gruppe C, Ser. 1 aus der zweiten Hälfte des 12. und dem beginnenden 13. Jahrhundert[16] sowie einige Scherben der imitierten Pingsdorfer Keramik, die sogar in der Ostwand des Kellers gefunden wurden (Abb. 15,2). Der Keller muß also in der zweiten Hälfte des 12. Jahrhunderts angelegt worden sein. Dagegen kamen in der Zerstörungsschicht des Kellers IIb (vgl. Abb. 13 oben Nr. 35) überwiegend Scherben der nachgedrehten Keramik Gruppe C, Ser. 1 (Abb. 17) und schon einige Scherben der nachgedrehten Keramik Gruppe C, Ser. 2 vor, die in Wülfingen erst seit dem Beginn des 13. Jahrhunderts produziert worden ist[17]. Die geringe Anzahl dieser Scherben deutet darauf hin, daß der Steinkeller IIb schon um 1200 verfiel, noch bevor die Keramikproduktion in den etwas weiter nördlich am Wülfinger Bach gelegenen drei Töpferöfen des 13. Jahrhunderts richtig einsetzte. Das verödete Siedlungsgelände wurde danach offenbar nur noch landwirtschaftlich genutzt.

Bei der Rettungsgrabung in Wülfingen ist zwar lediglich ein schmaler Randstreifen des salierzeitlichen Dorfes erfaßt worden, doch sind die freigelegten Befunde für unsere Kenntnis der mittelalterlichen Dorfentwicklung in Südwestdeutschland dennoch sehr wichtig. Immerhin konnte nachgewiesen werden, daß sich die besiedelte Fläche im 11. Jahrhundert reduzierte, weil an die Stelle des ausgedehnten frühmittelalterlichen Reihendorfes nun vereinzelte Gehöfte traten. In diesen standen Bauten unterschiedlicher Konstruktionsweise. Neben den herkömmlichen, ebenerdigen Firstpfostenhäusern gab es noch einzelne Grubenhäuser, ein Bautyp, der wegen der Verlagerung der Weberei in städtische Betriebe aus dem mittelalterlichen Dorfbild allmählich ganz verschwand.

Besonders erstaunlich ist die Tatsache, daß in Wülfingen schon im 11. Jahrhundert Häuser mit einem Steinfundament und Steinkeller aus Trocken- oder sogar Mörtelmauern erbaut wurden, obwohl solche aufwendigen Gebäude in den Städten zumeist erst im 13. Jahrhundert errichtet worden sind[18]. Da Steinkeller und Steinfundamenthäuser im 11. Jahrhundert noch fast ausnahmslos in den Burgen des Adels standen[19], ist anzunehmen, daß die Bauten in Wülfingen zum Hof eines adeligen Herren gehörten.

16 Schulze (Anm. 4) 27ff. Abb. 24; 80.

17 Schulze (Anm. 4) 29ff. Abb. 25–26; 80.

18 G.P. Fehring, Städtischer Hausbau des Hochmittelalters in Mitteleuropa. In: Siedlungsforschung – Archäologie – Geschichte – Geographie 5, 1987, 60f.

19 Vgl. die Bauten in der Pfalz Tilleda (P. Grimm, Tilleda, eine Königspfalz am Kyffhäuser 1 [1968] 118 Abb. 48–59), im Burgstall von Romatsried (L. Ohlenroth, Romatsried, Gemeinde Eggental, Landkreis Kaufbeuren. Schwabenland 7, 1940, 303ff. Abb. 34–36) oder in der Befestigungsanlage auf dem Glauberg (F.-R. Herrmann, Der Glauberg am Ostrand der Wetterau. Arch. Denkm. Hessen 51 [1985]). – Steingebäude des 11./12. Jahrhunderts fanden sich allerdings kürzlich auch in der Siedlung Werbach-Gamburg, die in Zusammenhang mit dem Bau der Burg Gamburg zu Beginn des 13. Jahrhunderts wüst geworden ist (G. Bund u. U. Gross, Mittelalterliche Siedlungsbefunde in Werbach-Gamburg, Main-Tauber-Kreis. Archäologische Ausgrabungen in Baden-Württemberg 1988, 272ff. Abb. 200).

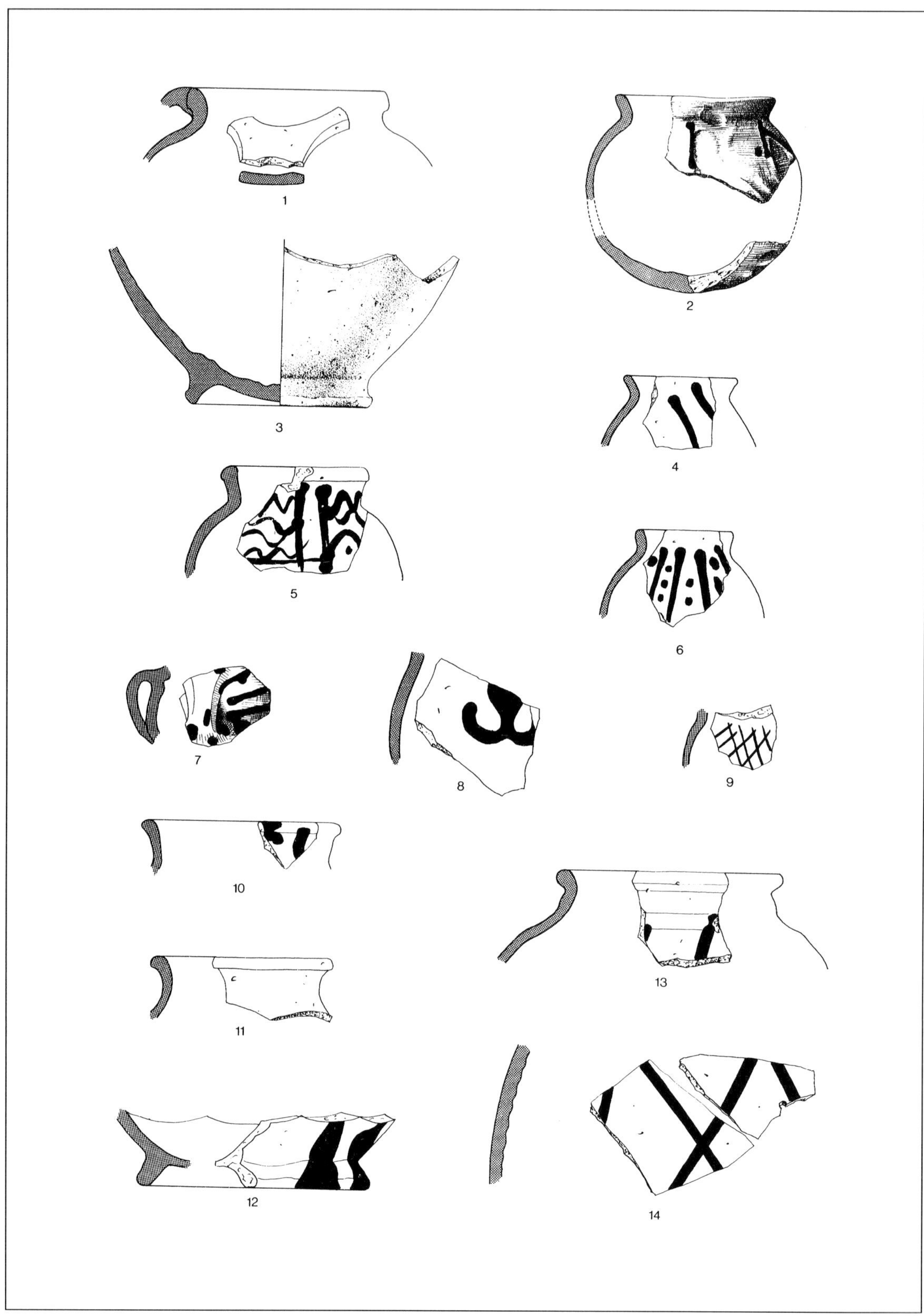

Abb. 15 Auswahl Wülfinger Keramikscherben des Hochmittelalters: 1–12 imitierte Pingsdorfer Keramik. – 13–14 bemalte, gelb gebrannte Drehscheibenkeramik. – 1.3–12 aus Grubenhaus Z. – 2 aus der Ostwand des Steinkellers IIb. – M = 1:3.

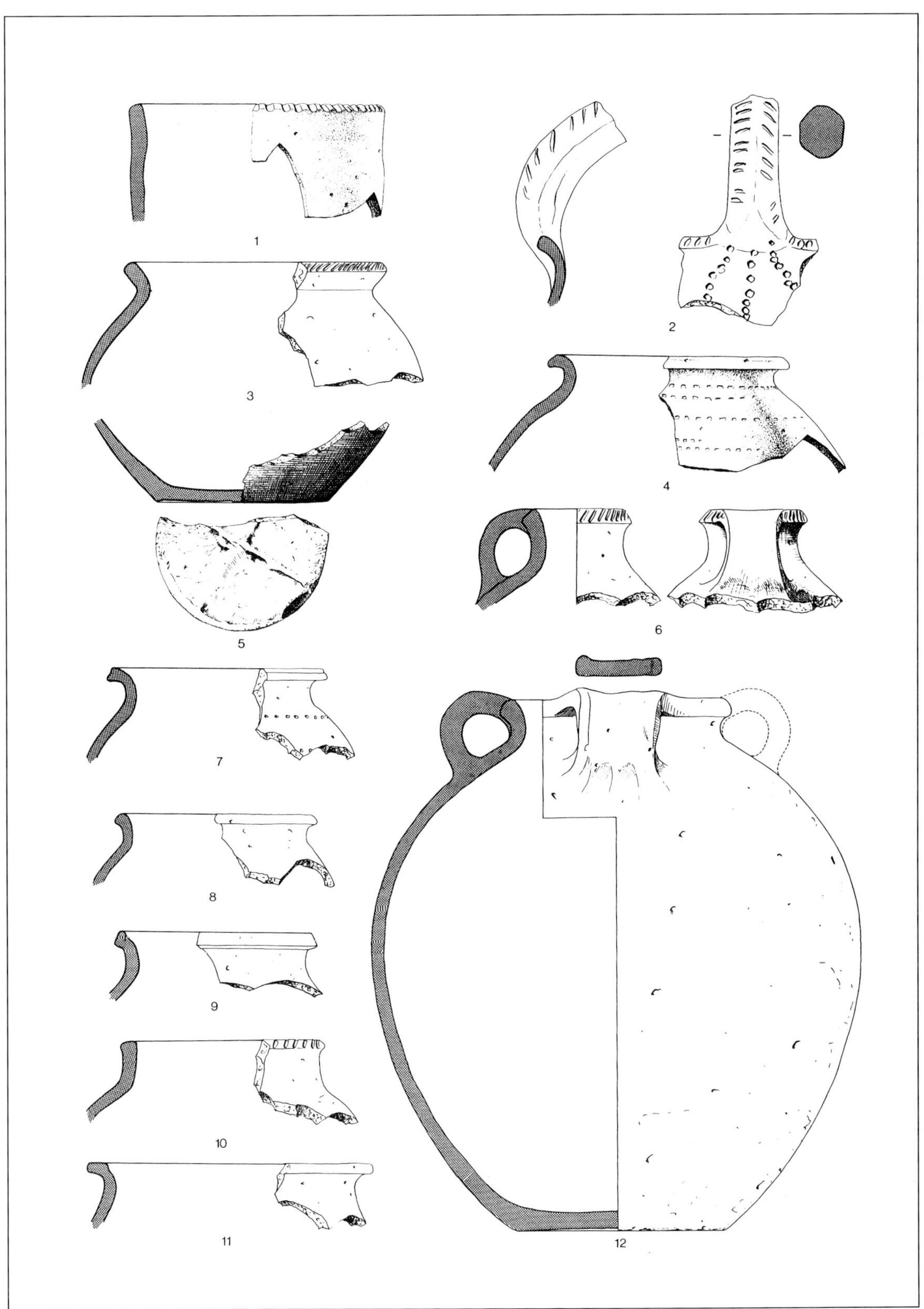

Abb. 16 Auswahl Wülfinger Keramikscherben des Hochmittelalters: Nachgedrehte Keramik Gruppe B. – 1.4.5.8.12 aus Grubenhaus Z. – 2 aus der Versturzschicht des Steinfundamentbaues I. – 3.9 aus der Versturzschicht des Steinkellers IIb. – M = 1:3.

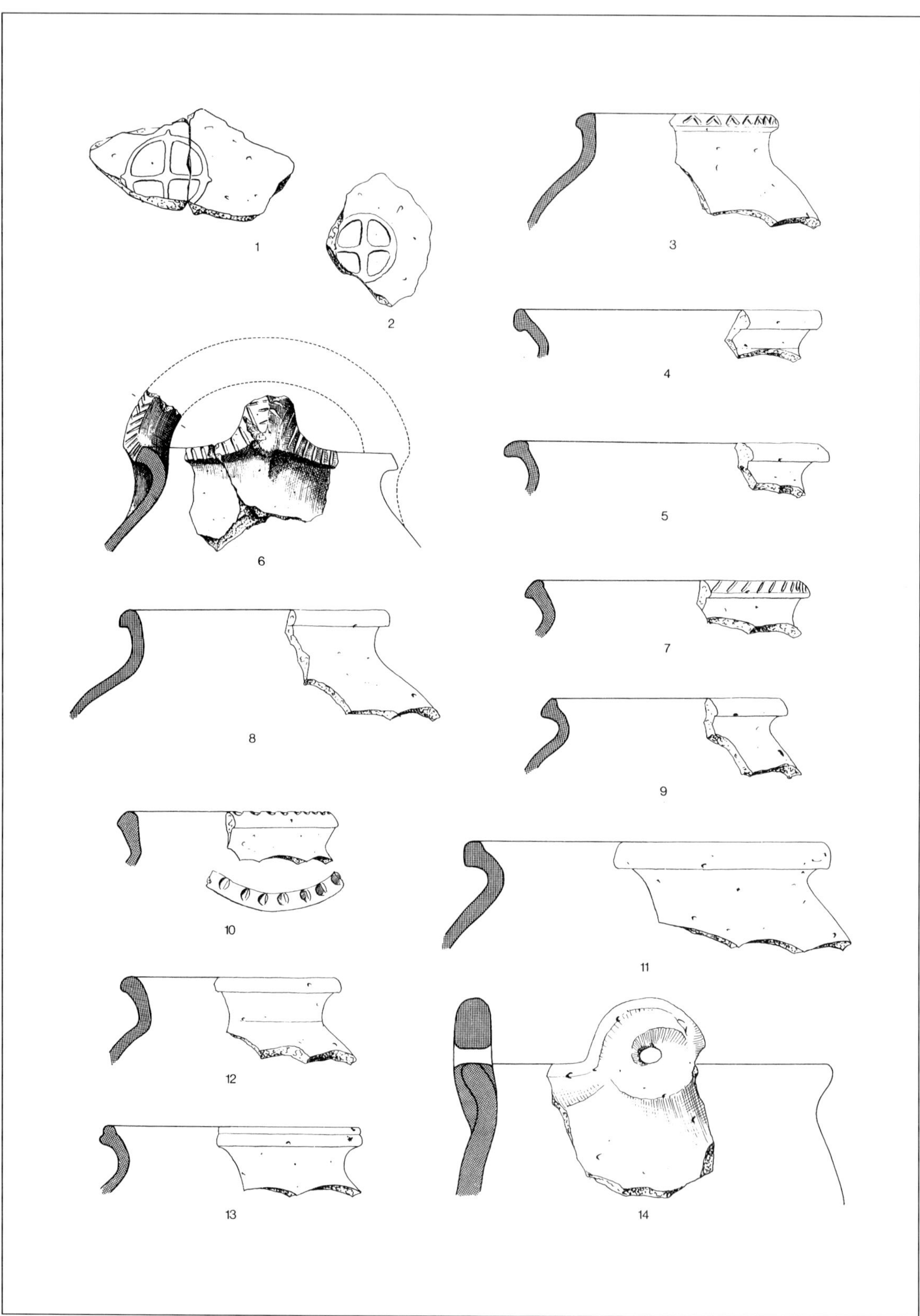

Abb. 17 Auswahl Wülfinger Keramikscherben des Hochmittelalters: Nachgedrehte Keramik Gruppe C, Ser. 1. – 2.10.11.13 aus der Baugrube des Steinkellers IIb. – 1.6 aus der Versturzschicht des Steinkellers IIb. – M = 1:3.

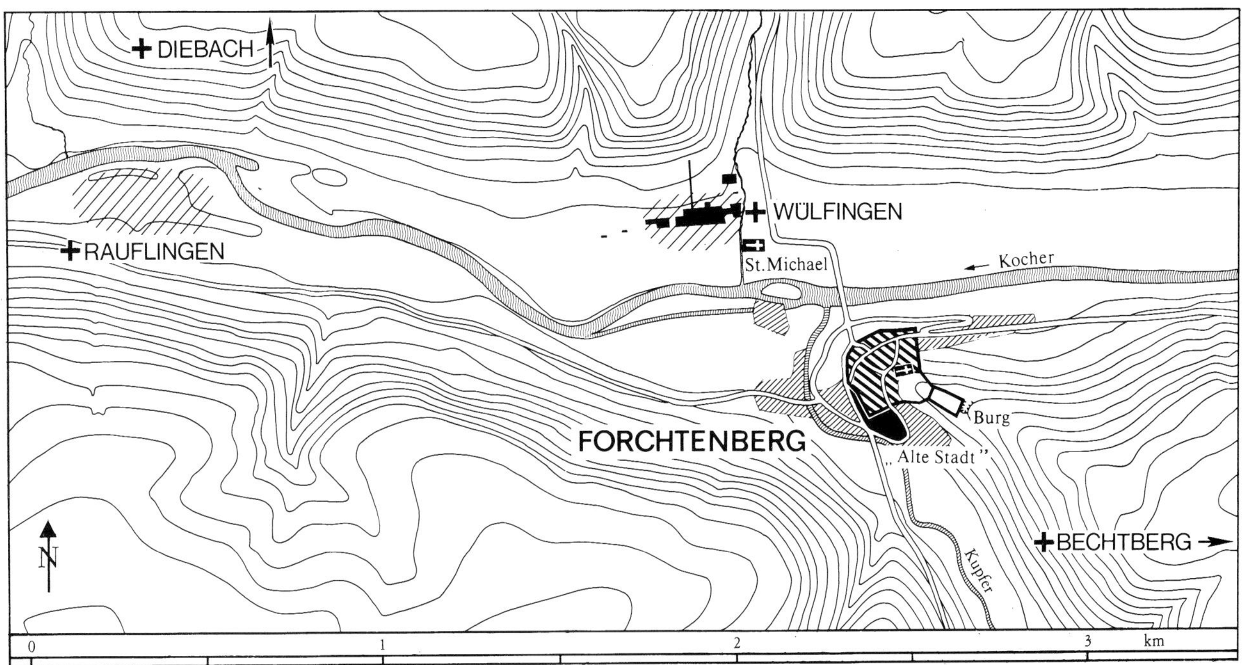

Abb. 18 Historische Topographie von Forchtenberg und den umliegenden Wüstungen.

Darauf deutet auch die Existenz einer Werkstatt für Buntmetallverarbeitung, eines Ausheizherdes für Eisenerz, der Betrieb von Töpferöfen, der relativ hohe Anteil (7,35 %) an Wildtierknochen[20] und an importiertem, feinen, bemalten Tafelgeschirr, das heißt von imitierter Pingsdorfer Keramik, hin. Auch der Neubau der steinernen Pfarrkirche St. Michael im 11./12. Jahrhundert, einer Saalkirche mit abgesetztem Rechteckchor und einem für diese Region ganz ungewöhnlichen, runden Westturm (vgl. Abb. 3)[21], könnte diesem Grundherrn zu verdanken sein.

Daß Wülfingen im 11. Jahrhundert wohl eine gewisse überörtliche Bedeutung besessen hatte, belegt die am 3. Januar 1042 ausgestellte Urkunde[22], in der König Heinrich III. der bischöflichen Kirche zu Würzburg konfiszierte Güter in mehreren Orten des Kochergaues übergab und zwar mit dem Hinweis, daß sie *»in pago Cochengowe in comitatu Heinrici comitis ad Woluingun«*, also in der Grafschaft des Grafen Heinrich bei Wülfingen, lägen. Auch wenn Wülfingen wohl kaum als Zentralort des gesamten Kochergaues[23] zu bezeichnen ist, der sich immerhin von der Ohre im Westen bis zum Mittellauf des Kocher südlich von Schwäbisch Hall erstreckte[24], könnte es doch Vorort der regensburgischen Besitzungen im Kochergau[25] gewesen sein. Die endgültige Auflassung von Wülfingen gegen Ende des 12. Jahrhunderts stand jedenfalls in ursächlichem Zusammenhang mit der Gründung von Burg und Dorf Forchtenberg (Abb. 18 u. 19) durch die Herren von Dürn, den Lehnsleuten des Regensburger Hochstifts, zu Beginn

20 M. Hartl, Die Tierknochenfunde aus der Wüstung Wülfingen I. Die Nichtwiederkäuer. Diss. vet. med. München (1971).

21 E. Bachmann, Kunstlandschaften im romanischen Kleinkirchenbau Deutschlands. Zeitschr. dt. Ver. Kunstwiss. 8, 1941, 170 ff.

22 Mon. German. Hist. DD. Heinrich III., 116 Nr. 89.

23 Kost (Anm. 2) 106 ff.

24 H. Jänichen, Bezirksnamen des 8. bis 12. Jahrhunderts. Historischer Atlas von Baden-Württemberg IV, 5, 1. Lieferung (1972).

25 K. Weidemann, Hof, Burg, Stadt – Siedlungsformen des frühen und hohen Mittelalters im Hohenloher Land. Führer zu vor- und frühgeschichtlichen Denkmälern 24 (1973) 87.

Abb. 19 Ansicht der Stadt Forchtenberg von Nordwesten. Im Vordergrund St. Michael und das Gelände der Wüstung Wülfingen. Lithographie von F. Mayer, 1825 (nach M. Schefold, Alte Ansichten aus Württemberg [1957] 145 Abb. 71).

des 13. Jahrhunderts[26]. Wie bei solchen planmäßigen Siedlungsverlegungen üblich, diente die Wülfinger Michaelskirche den Forchtenbergern noch einige Zeit lang als Pfarrkirche, bevor sie – nach dem Neubau einer Kirche in Forchtenberg gegen Ende des 13. Jahrhunderts – in eine Friedhofskapelle umgewandelt wurde.

Ebenso wie Wülfingen wurden wahrscheinlich auch andere Ortschaften in seiner Nachbarschaft – wie Raufingen, Kupfer(-hausen), Diebach und Bechtberg (vgl. Abb. 18)[27] – zu Wüstungen, weil die Neugründung Forchtenbergs, das sich bis gegen Ende des 13. Jahrhunderts schon zu einer kleinen Stadt entwickelt hatte, im relativ dünn besiedelten Kochertal zwangsläufig zu einer Siedlungskonzentration führen mußte.

26 Beim Abbruch der »Alten Kelter« in Forchtenberg unterhalb der im Jahre 1240 zum ersten Mal erwähnten Burg »Vohrdenberg« kamen 1969 Siedlungsreste des frühen 13. Jahrhunderts zutage (Fundakten des Landesamtes für Denkmalpflege Stuttgart vom 14. 6. 1969).

27 G. P. Fehring, Zur archäologischen Erforschung mittelalterlicher Dorfsiedlungen in Südwestdeutschland. Zeitschr. Agrargesch. u. Agrarsoziologie 21, 1973, 7. – Ders., Wüstung Wülfingen. Führer zu vor- und frühgeschichtlichen Denkmälern 24 (1973) 191. – Weidemann (Anm. 25) 87ff.

WERNER MEYER

DIE HOCHMITTELALTERLICHE SIEDLUNGSENTWICKLUNG IM ZENTRALEN ALPENRAUM – DIE ERSCHLIESSUNG MARGINALEN LANDES IN SALISCHER ZEIT

Wie groß das Interesse der Römisch-Deutschen Herrscher am Alpenraum tatsächlich gewesen ist, bildet noch heute eine ungelöste Streitfrage. Als gesichert aber kann gelten, daß direkte Interventionen der Könige und Kaiser im Innern der alpinen Gebirgswelt stets nur den Paßübergängen, den Verbindungen zwischen Italien und den deutschen Landen, gegolten haben[1]. Auf die Prozesse der Siedlungsentwicklung und der Herrschaftsbildung haben im Alpenraum weder die Ottonen noch die Salier noch die Staufer in nennenswertem Maße eingewirkt[2]. Was vor der Jahrtausendwende in Rätien an Reichsgut noch verfügbar war, hatten die ersten Ottonen dem Bischof von Chur übertragen, so wie König Rudolf III. der Faule von Burgund 999 die Grafschaftsrechte im Wallis an den Bischof von Sitten abgetreten hatte[3]. Hausgut, auf dessen Grundlage eine stärkere Machtstellung hätte aufgebaut werden können, besaßen die hochmittelalterlichen Herrscherdynastien im Alpenraum nicht.

In Einzelfällen bereits in der Karolingerzeit, mit zunehmender Dichte seit der Wende vom 10. zum 11. Jahrhundert, setzen die Belege für Kloster- und Adelsherrschaften in den Alpentälern ein[4]. Schriftliche Nachrichten über Burgen, die befestigten Mittelpunkte weltlicher Güter- und Herrschaftskomplexe, liegen seit dem späten 11. Jahrhundert vor; archäologische Befunde lassen jedoch erkennen, daß der Burgenbau im Alpenraum schon im 10. Jahrhundert begonnen haben muß und daß einzelne Burgen in kontinuierlicher Belegung aus spätantiken-frühmittelalterlichen Wehranlagen herausgewachsen sind[5].

Umfang und Struktur der inneralpinen Herrschaftskomplexe sind aus hochmittelalterlichen Quellen nur sehr lückenhaft zu erschließen. Dies gilt auch für kirchlich-klösterliche Güter und Rechte, obwohl diese im allgemeinen besser dokumentiert sind als die weltlichen Grundherrschaften, über deren Ausdehnung oft erst für das Spätmittelalter genauere Angaben vorliegen[6]. Die insgesamt doch recht spärliche Überlieferung des Hochmittelalters läßt erkennen, daß die erst seit dem 14. Jahrhundert deutlicher faßbare Agrarform der alpinen Mischwirtschaft, geteilt in einen talgebundenen Acker- und Gartenbau sowie eine zwischen Talsiedlung und Alpregion pendelnde Viehhaltung mit Milchverwertung, bereits in karolingischer Zeit voll ausgebildet gewesen sein muß[7]. (Auf die Entwicklungen und Wandlungen des Spätmittelalters, die in weiten Teilen der Alpen den Ackerbau zugunsten der Großviehhaltung schrumpfen ließen, ist hier nicht einzugehen). In nur sehr verschwommenen Umrissen aber lassen sich die Zusammenhänge zwischen Herrschaftsbereichen und landwirtschaftlichen Nutzungszonen ahnen. Die Urbare, schon vor der Jahrtausendwende einsetzend, vermitteln zwar präzise Angaben über

1 A. Schulte, Geschichte des mittelalterlichen Handels und Verkehrs zwischen Westdeutschland und Italien mit Ausschluß von Venedig (2 Bde.; 1900). – Die Alpen in der europäischen Geschichte des Mittelalters. Reichenau-Vorträge 1961–62. Vorträge und Forschungen 10 (1965).

2 H. Büttner, Zur politischen Erfassung der Innerschweiz im Hochmittelalter. Deutsches Archiv für Geschichte des Mittelalters 6 (1913).

3 R. Poupardin, Le royaume de Bourgogne (1907) 265 ff. – O. P. Clavadetscher, Das Schicksal von Reichsgut und Reichsrechten in Rätien. Vierteljahresschrift für Sozial- und Wirtschaftsgeschichte 54, 1967, 46 ff.

4 O. P. Clavadetscher, Herrschaftsbildung in Rätien. In: Die Alpen in der europäischen Geschichte des Mittelalters (Anm. 1) 141 ff.

5 W. Meyer, Die Ausgrabungen der Burgruine Schiedberg. Schweizer Beiträge zur Kulturgeschichte und Archäologie des Mittelalters 4, 1977, 51 ff.

6 O. P. Clavadetscher u. W. Meyer, Das Burgenbuch von Graubünden (1984).

7 F. Glauser, Von alpiner Landwirtschaft beidseits des St. Gotthards 1000–1350. Der Geschichtsfreund 141, 1988, 7 ff.

zinspflichtige Güter, diese aber ergeben auf der Landkarte keinen flächendeckenden Besitzkataster, sondern lassen viele »weiße Flecken« offen, über deren Besitz- und Rechtsverhältnisse wir nichts wissen[8]. Früher hat man derartige Zonen, die in der schriftlichen Überlieferung nicht faßbar sind, als unbesiedelte und ungenutzte »Leerräume« gedeutet und aus ihrer Verteilung über die Landkarte gleich Schlüsse auf die Ausdehnung und Entwicklung von Siedlungsräumen gezogen[9]. Nachdem nun aber die archäologische Forschung den Nachweis erbracht hat, daß Alpregionen, die erst im 14. oder gar im 16. und 17. Jahrhundert erstmals in der schriftlichen Überlieferung auftauchen, schon vor der Jahrtausendwende bestoßen (mit Vieh zur Weidenutzung aufgesucht) worden sind, dürfen aus dem Schweigen der Schriftquellen keine Schlüsse auf Siedlungsverhältnisse mehr gezogen werden[10]. Umgekehrt könnte das sehr reichliche Auftreten von Knochenabfällen alpgängiger Tiere – von Schafen und Rindern – bei Burgengrabungen an eine Einbindung von Alpweiden in burggestützte Grundherrschaften denken lassen, auch wenn die urkundliche Bestätigung fehlt[11].

Sehr schwer durchschaubar wird die Siedlungsproblematik im Alpenraum, wenn die Frage der Bevölkerungsdichte an die schriftliche und archäologische Überlieferung herangetragen wird. Flur- und Ortsnamen, aus denen – wenn auch mit viel Vorsicht und Vorbehalt – auf siedlungs- und sprachgeschichtliche Vorgänge geschlossen werden kann, vermitteln kaum Informationen über Bevölkerungszahlen[12], und auch aus dem Netz von Kirchen und Kapellen lassen sich nicht so einfach zwingende Angaben über Bevölkerungsverhältnisse ableiten, denn der Kirchenbau des Mittelalters hing ja nicht bloß von der Siedlungsdichte ab, sondern auch von den Herrschaftsverhältnissen und von wirtschaftlichen Voraussetzungen[13]. In Graubünden muß es im 11. Jahrhundert schon recht viele Gotteshäuser gegeben haben, während diese in den kaum weniger dicht besiedelten Seitentälern des Wallis noch sehr dünn gesät waren[14]. Somit kann auch die Kirchenarchäologie, der es im Alpenraum nicht selten gelingt, den Ursprung eines Gotteshauses bis in ottonische, wenn nicht gar in karolingische oder merowingische Zeit zurückzuverfolgen, zur Frage der Bevölkerungsdichte im Mittelalter nur wenig beitragen[15]. Immerhin darf der Nachweis einer Kirche für eine bestimmte Zeit doch als schlüssiger Beleg für eine Besiedlung mindestens der nächsten Umgebung gelten. Dies ist besonders für Gegenden bedeutungsvoll, über die wir keine schriftliche Kunde aus älterer Zeit besitzen. Stellvertretend für ähnliche Fälle, die sich über weite Teile des Alpenraumes verteilen, könnte Göschenen unterhalb der Schöllenenschlucht im Urner Reußtal genannt werden, wo die Ausgrabungen in der Kirche ein erstes Gotteshaus für die Jahrtausendwende nachgewiesen haben, während der Ort urkundlich erst um 1290 bezeugt ist[16]. Daß im Alpenraum die Errichtung von Filialkirchen nicht bloß auf Bevölkerungsverdichtungen zurückzuführen ist, sondern etwa auch auf den zunehmenden Widerstand der Kirchgenossen gegen risikoreiche, lange Wegstrecken zwischen Gotteshaus und Wohnstätten, wird durch schriftliche Nachrichten bestätigt[17].

Für siedlungsgeschichtliche Überlegungen im Gebirge ist stets die Kleinräumigkeit von Klima-, Boden- und Vegetationsunterschieden zu berücksichtigen. Im Unterschied zum Flachland mit seinen weiten

8 Quellenwerk zur Entstehung der Schweiz. Eidgenossenschaft. Abt. II, Urbare und Rödel, 1–4 (Hrsg. P. Kläui; 1941–1957).

9 W. Röllin, Siedlungs- und wirtschaftsgeschichtliche Aspekte der mittelalterlichen Urschweiz bis zum Ausgang des 15. Jahrhunderts. Geist und Werk der Zeiten 22 (1969) 15ff.

10 S. unten Anm. 16.

11 A. von den Driesch, Viehhaltung und Jagd auf der mittelalterlichen Burg Schiedberg bei Sagogn in Graubünden. Schriftenreihe des Rätischen Museums Chur 16 (1973).

12 M. Bundi, Zur Besiedlungs- und Wirtschaftsgeschichte Graubündens im Mittelalter (1982).

13 P. Kläui, Bildung und Auflösung der Grundherrschaft in Uri. Mitteilungen der Antiquarischen Gesellschaft in Zürich 43/1, 1965, 76ff.

14 H. Büttner u. I. Müller, Frühes Christentum im schweizerischen Alpenraum (1967).

15 H. R. Sennhauser, Spätantike und frühmittelalterliche Kirchen Churrätiens. In: Von der Spätantike zum frühen Mittelalter. Vorträge und Forschungen 25 (Hrsg. J. Werner u. E. Ewig; 1979) 193f.

16 H. J. Lehner, Provisorischer Bericht über die Ausgrabungen in der Kirche von Göschenen (Gemeindeverwaltung Göschenen, Mskr. 1988).

17 Vgl. die Erwähnung der Gefahren beim Kirchgang in der Stiftungsurkunde für die Filialkirche von Spiringen (1290 März 29). Quellenwerk zur Entstehung der Schweizerischen Eidgenossenschaft. I/1 Urkunden (Hrsg. T. Schiess; 1933) Nr. 1620.

Ebenen und sanften, niedrigen Hügeln, wo sich über weite Strecken die natürlichen Lebensbedingungen nicht ändern, können in den Alpen innerhalb kürzester Luftliniendistanzen die unglaublichsten Umweltunterschiede auftreten: Zwischen Obstgärten in den Talniederungen und Firnfeldern mit ewigem Schnee spannen sich oft nur wenige Kilometer, und wenn in Hochtälern an der Sonnseite auf dem ausgeaperten Boden bereits die Frühlingsblumen blühen, liegt die zwei- bis dreihundert Meter entfernte Schattseite noch unter einer tiefen, geschlossenen Schneedecke[18]. Auch grenzen einladende, vor Steinschlag, Lawinen und Überschwemmungen geschützte Terrassen hart an die Lawinenzüge und Wildbachrunsen an, die als Gefahrenzonen alljährlich Tod und Verderben bringen. Die Siedlungsentwicklung erfolgte im Alpenraum deshalb nicht als gleichmäßige flächenhafte Erweiterung des bewohnten Landes, sondern sie hielt sich zunächst an die oft eng begrenzten, kammerartigen Gunstzonen, übersprang dabei siedlungsfeindliche Bereiche wie Schluchten, felsige Bergwälder oder Geröllfelder und erfaßte erst nach und nach, wenn das gute Land bereits besetzt war, auch die Marginalzonen wie Schattseiten, Felsterrassen oder windexponierte Talschultern[19]. Siedlungen in ungünstigem Gelände sind somit für die Zeit ihrer Entstehung Indikatoren für eine bereits weit fortgeschrittene Bevölkerungsverdichtung. Derartige Vorgänge wissenschaftlich zu erfassen bleibt Aufgabe der Archäologie, da sich in den Schriftquellen – wie bereits angedeutet – nur ausnahmsweise die Anfänge einer Siedlung erfassen lassen. Den Möglichkeiten der Bodenforschung kommt der Umstand entgegen, daß während der Klimaverschlechterung in der »Kleinen Eiszeit« (ca. 1560–1700) viele Siedlungsplätze in ausgesprochener Marginallage aufgegeben worden sind und sich bis heute als Wüstungen erhalten haben, in denen sich wesentlich komplettere Grabungsbefunde erarbeiten lassen als in den von moderner Bautätigkeit gestörten Zonen der heute noch bewohnten Siedlungen[20].

Für die Siedlungsentwicklung im Alpenraum ist schließlich auch das Phänomen der frühen Bestoßung höchstgelegener Weideflächen zu beachten. Die wohl in prähistorisch-römische Zeit zurückreichende »Transhumanz«, die jahreszeitlich bedingte Wanderbewegung zwischen Dauersiedlung im Tal und sommerlicher Temporärsiedlung in der Alpregion, pendelte ursprünglich bis in den Bereich der hochalpinen Magerwiesen oberhalb der natürlichen Waldgrenze hinauf[21]. Erst bei zunehmendem Bedarf an Weideland und Heuwiesen begann man, die Alpflächen von oben nach unten durch Rodung zu erweitern, wodurch die Waldgrenze stellenweise ganz erheblich nach abwärts, oft bis an die Geländekante der Trogtäler, zurückgedrängt wurde[22]. Daraus ergibt sich, daß die ältesten Siedlungsplätze im Alpenraum teils auf den vom Klima begünstigten Talböden und Hangterrassen, teils in den allerhöchsten Lagen der Alpweiden zu suchen sind.

Wo sich die Zonen der ganzjährig benützten Dauersiedlungen und der sommerlichen Temporärsiedlungen im Mittelalter berührt haben, läßt sich nicht mit völliger Sicherheit feststellen. Sicher ist, daß bis um 1300 am ländlich-bäuerlichen Hausbau sich Dauer- und Temporärsiedlung nicht unterscheiden lassen und daß sich in den mehrheitlich klimagünstigen Epochen des Hochmittelalters mehr ganzjährig bewohnbare Siedlungsplätze bis in höhere Lagen hinauf verbreitet haben als heute[23]. Als recht schlüssiges Unterscheidungsmerkmal zwischen Dauer- und Temporärsiedlung erweisen sich bei archäologischen Befunden gewisse Fundkategorien: In den nur zur Sommerzeit benützten Alpstafeln (Almsiedlung) treten neben die Knochen von Haustieren, insbesondere von Schafen, Ziegen und Rindern, in überraschend hohen Anteilen (bis 40 %) die Reste von Jagdwild auf, vor allem von Gemsen, während die Knochen der Hausschweine sowie die Fragmente von Kochtopfkeramik vollständig fehlen, die ihrerseits als Indikatoren für eine Dauersiedlung gelten können[24].

18 Dokumentation im Archiv der Arbeitsgemeinschaft für alpine Siedlungsarchäologie der Schweiz AGASAS, Historisches Seminar der Universität Basel.

19 Bundi (Anm. 12) 149ff.

20 Chr. Pfister, Klimageschichte der Schweiz 1525–1860 (2 Bde.; 1984).

21 R. Weiss, Das Alpwesen Graubündens (1941). – Glauser (Anm. 7).

22 W. Meyer, Hochalpine Wüstungen in der Schweiz. Château Gaillard 9/10 (1982) 483ff.

23 B. Furrer, Die Bauernhäuser des Kantons Uri. Die Bauernhäuser der Schweiz 12 (1985) 39ff.

24 W. Meyer, Die Wüstung »Spilplätz« auf der Charetalp SZ. Der Geschichtsfreund 136, 1983, 159ff.

Abb. 1 Wüstung Giätrich, Kt. Wallis. Trocken gemauerter Hausgrundriß aus dem frühen 11. Jahrhundert. Auf der Längsachse des Innenraumes ist die runde, bodenebene Feuerstelle zu erkennen.

Abb. 2 Wüstung Giätrich, Kt. Wallis. Basis eines Lawinenkeils aus dem Hochmittelalter. Rechts im Hintergrund die Reste des tiefer gelegenen Einraumhauses.

Abb. 3 Bergeten, Kt. Glarus. Kleiner Siedlungsplatz aus der Zeit um 1100. Rechts die Fundamente eines trulloartigen Rundbaues mit Feuerstelle. Zwischen den Felsblöcken die Reste eines Milchkellers.

Für die siedlungsgeschichtliche Entwicklung des Alpenraumes bietet sich – soviel dürfte aus den bisherigen Ausführungen ersichtlich sein – als wesentlicher Aspekt die etwas komplexe Frage dar, wann in den einzelnen Tälern das gute Siedlungs- und Nutzland so stark belegt war, daß ein Ausweichen auf marginalen Boden erforderlich wurde. Für alle Teile der Alpen läßt sich die Frage beim derzeitigen Forschungsstand nicht beantworten. Erschwert wird das Problem durch das Phänomen der Auswanderung, der inneralpinen Migration[25]. Zwischen dem 11. und dem 15. Jahrhundert haben nämlich ganze Gruppen bäuerlichen Standes ihre angestammten Wohnstätten verlassen und sich in weit entfernten, dünn oder gar nicht besiedelten Tälern festgesetzt[26]. Zu den bekanntesten Erscheinungen dieser Art gehören die sogenannten Walserwanderungen. Deren Erforschung aus siedlungs-, wirtschafts- und kulturgeschichtlicher Sicht steckt noch tief in den Anfängen, insbesondere fehlen archäologische Untersuchungen weitestgehend[27].

Im Sommer 1989 haben Grabungen im Lötschental die Möglichkeiten der Bodenforschung eindrücklich aufgezeigt. Der untersuchte Platz, eine mehrteilige Wüstung, »Giätrich« geheißen, liegt auf einer Höhe von ca. 1550 m über Meer[28]. Die Sondierungen erbrachten den Nachweis von Einraumhäusern (Abb. 1) und Pferchanlagen aus grobblockigem Trockenmauerwerk. Die an sich eher spärlichen Kleinfunde datierten den Anfang der Siedlung in das frühe 11. Jahrhundert und ihre Auflassung in die Zeit um 1300. Die Bedeutung dieses – noch nicht endgültigen – Befundes ergibt sich aus dem Standort der Wüstung

25 Bundi (Anm. 12) 170ff. und 363ff.

26 Bundi (Anm. 12) 309ff. und 653ff.

27 H. Kreis, Die Walser (2. Aufl. 1966). – P. Zinsli, Walser Volkstum in der Schweiz, in Vorarlberg, Liechtenstein und Piemont (1968).

28 Zum Siedlungsplatz Giätrich und seinen Sagen vgl. P. Werlen, Von den schurten Dieben. Walliser Jahrbuch 1986, 63ff.

Abb. 4 Wüstung Blumenhütte, Kt. Uri. Kleine, teilweise ausgemauerte Höhle, wohl als Vorratsraum benützt.

»Giätrich«: Dieser erstreckt sich nämlich über eine stark geneigte Hangterrasse auf der Schattseite des Lötschentales und wird von mehreren Lawinenzügen durchschnitten. Bei den Hauptgrundrissen sind deshalb auch folgerichtig Reste von bergseitigen Lawinenkeilen zum Vorschein gekommen (Abb. 2), die einst Schutz vor Steinschlag und Schneerutschen geboten hatten[29].
Die wohl ältesten heute noch bewohnten Dörfer des Lötschentals, allen voran das Pfarrdorf Kippel, liegen, umgeben von den altertümlichen Kleinstäckern, auf der Sonnseite des Tales, gegenüber dem schattigen Wüstungsplatz »Giätrich«[30]. Dessen geradezu exempelhaft marginaler Standort läßt den Schluß zu, daß im 11. Jahrhundert das Lötschental schon sehr dicht bevölkert und landwirtschaftlich übernutzt war, als mit der Okkupation des Platzes »Giätrich« bereits auf die letzten, ausgesprochen ungünstigen Landreserven zurückgegriffen werden mußte.
Analoge Erscheinungen muß es auch in der Innerschweiz gegeben haben, wo nicht nur archäologische Befunde (Abb. 3–7), sondern auch schriftliche Zeugnisse vorliegen[31]: Im Raume Sattel - Mythen - Ibergeregg, auf der Grenzscheide zwischen dem Talkessel von Schwyz und dem Klostergebiet von Einsiedeln, waren im 11. Jahrhundert die Schwyzer Landreserven offenbar weitgehend erschöpft. Denn um 1100 entwickelten die Schwyzer gegen des Klosters Besitz einen massiven Siedlungsdruck, indem sie unter der Schirmherrschaft der Grafen von Lenzburg rodend auf Einsiedler Boden vordrangen, um sich neuen Lebensraum anzueignen. Dem Kloster, dessen Besitzstand durch Diplome der salischen Herrscher garantiert war, wurde so ein letztlich hoffnungsloser Rechtsstreit aufgezwungen, der erst im

29 Die Grabungen auf Giätrich sind 1989 erst angelaufen. Ein Vorbericht ist in Arbeit. Dokumentation im Archiv der AGASAS (Anm. 18).

30 Der erste urkundliche Beleg für die Kirche von Kippel und das Lötschental überhaupt datiert von 1233: J. Gremaud, Documents relatifs à l'histoire du Valais 1 (1875) Nr. 390.

31 Röllin (Anm. 9) 24 ff.

Abb. 5 Wüstung Blumenhütte, Kt. Uri. Hausgrundriß aus dem 13. Jahrhundert, angelegt über den Fundamenten eines älteren Baues aus dem 11. Jahrhundert.

Abb. 6 Wüstung Blumenhütte, Kt. Uri. Inneres eines unregelmäßigen Gebäudes. Am oberen Bildrand der Eingang, rechts davon die aus Platten gefügte Feuerstelle. Unten links Pfostenlöcher als Reste der Schlafstelle.

Abb. 7 Wüstung Spilplätz auf der Charetalp, Kt. Schwyz. Quadratischer Hausgrundriß mit dicken Mauern und kleinem Innenraum. Wohl 10./11. Jahrhundert.

Jahre 1350 seinen Abschluß – mit einem Sieg der Schwyzer – bringen sollte[32]. Daß im 11. Jahrhundert der Boden auf der Schwyzer Seite tatsächlich knapp geworden sein muß, zeigen die Ausgrabungen auf dem Wüstungsplatz Balmis ob Illgau[33]. Die Sondierungen förderten Reste eines Weilers zutage, der auf einem felsig-karstigen Geländesporn im frühen 11. Jahrhundert angelegt worden war. Umgeben von einem für Getreidebau kaum geeigneten Boden von zweit- bis drittrangiger Qualität, verrät der Standort unverkennbar marginalen Charakter und damit für das 11. Jahrhundert eine hohe Siedlungsdichte im Raume der Ibergeregg[34].

Auch in Uri erreichte der Landesausbau schon im 11. Jahrhundert die Marginalzonen der unwirtlich steilen Talflanken und der schneereichen Seitentäler (Abb. 4–6). Wohl um 1100 drangen Urner Siedler über den Klausenpaß vor und okkupierten das Weideland östlich der Paßhöhe, den sogenannten »Urner Boden«. Für dieses Gebiet fehlen einstweilen archäologische Untersuchungen[35]. Aufschlußreiche Ergebnisse haben aber die Grabungen in dem kleinen Siedlungsplatz »Harzbrennibalm« ob Ried bei Amsteg erbracht[36]. Inmitten eines wilden, zerklüfteten und bewaldeten Felsgeländes befindet sich eine kleine Balm (Felsdach), in der bis um 1800 Baumharz gesotten wurde. Die Grabungen führten zur überraschenden Feststellung, daß die Balm schon im 11. Jahrhundert als Wohn- und Werkplatz benützt

32 A. Riggenbach, Der Marchenstreit zwischen Schwyz und Einsiedeln und die Entstehung der Eidgenossenschaft. Geist und Werk der Zeiten 15 (1966). – P. J. Brändli, Mittelalterliche Grenzstreitigkeiten im Alpenraum. Mitteilungen des Historischen Vereins des Kantons Schwyz 78, 1986, 19 ff.

33 W. Meyer, Wüstung Illgau/Balmis SZ. Mitteilungen des Historischen Vereins des Kantons Schwyz 80, 1988, 83 ff.

34 Eine große Zahl von Wüstungsplätzen (»Heidenhäuschen«) muß auf Illgau im 19. Jahrhundert noch sichtbar gewesen sein. Vgl. D. C. Gemsch, Die Heidenhäuschen auf Illgau, Canton Schwyz. Anzeiger für Schweizerische Altertumskunde 1869, 11 ff.

35 Quellenkunde (Anm. 17) Nr. 196.

36 W. Meyer, Harzgewinnung in Amsteg-Silenen. Der Geschichtsfreund 140, 1987, 5 ff.

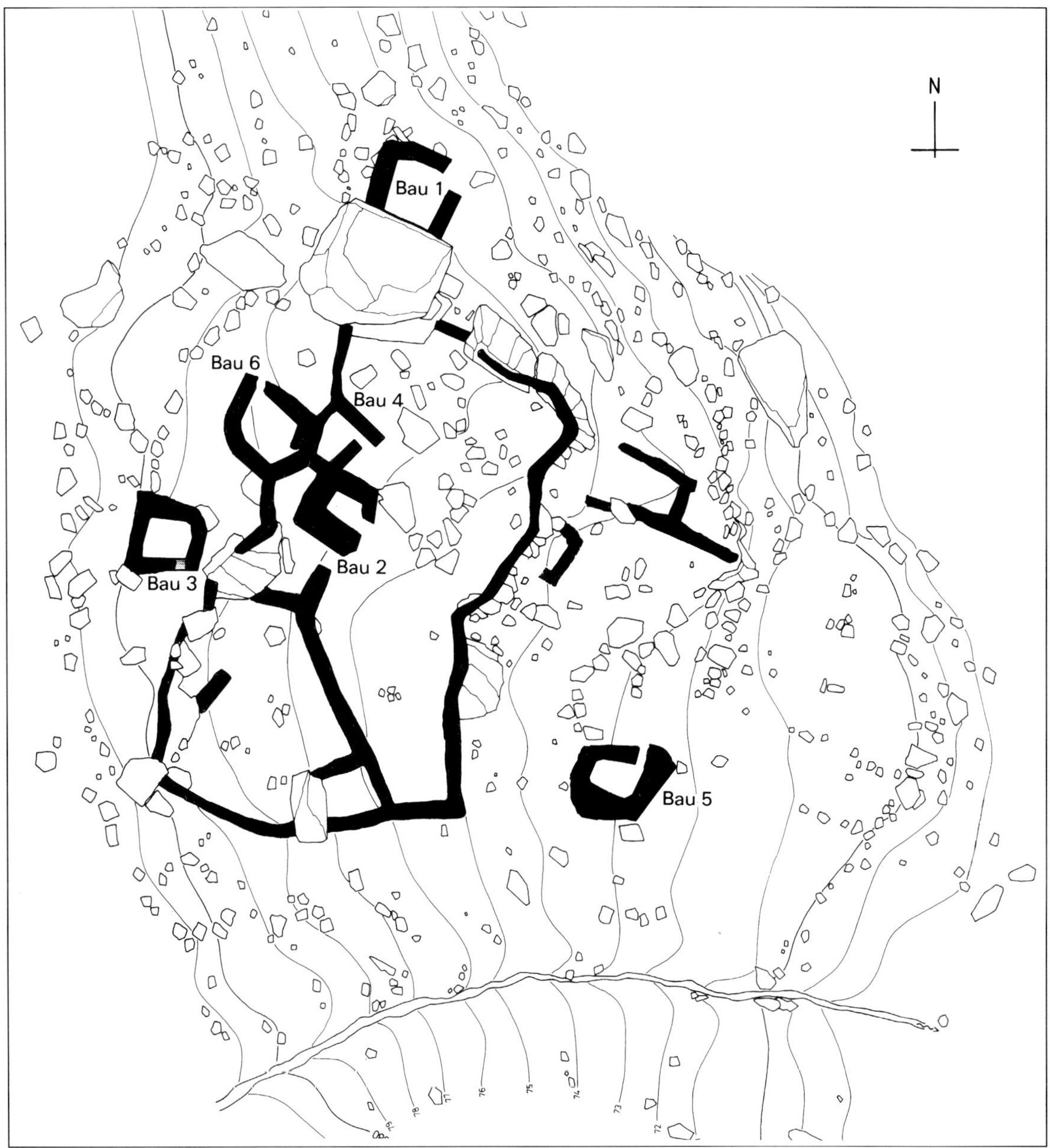

Abb. 8 Wüstung Schafpfärch ob Elm, Kt. Glarus. Der Situationsplan zeigt ein mehrfach unterteiltes Pferchsystem mit angehängten Einraumhäusern.

war. In Verbindung mit weiteren Bauten, deren Reste in der Umgebung der Balm noch erkennbar sind, wird für uns somit ein im 11. Jahrhundert entstandener Siedlungsplatz faßbar, dessen Unwirtlichkeit kaum mehr übertroffen werden kann und somit als Beleg für die Okkupation marginalen Landes in Uri für die salische Zeit zu werten ist.

Bauliche Reste, die bei den Ausgrabungen in alpinen Wüstungsplätzen des Hochmittelalters zum Vorschein kommen, bestehen vorwiegend aus Trockenmauerwerk[37]. Unterscheiden können wir Pferche und Pferchsysteme (Abb. 8–9) sowie einräumige Hausgrundrisse mit einer Innenfläche von

37 Meyer (Anm. 33) 88f.

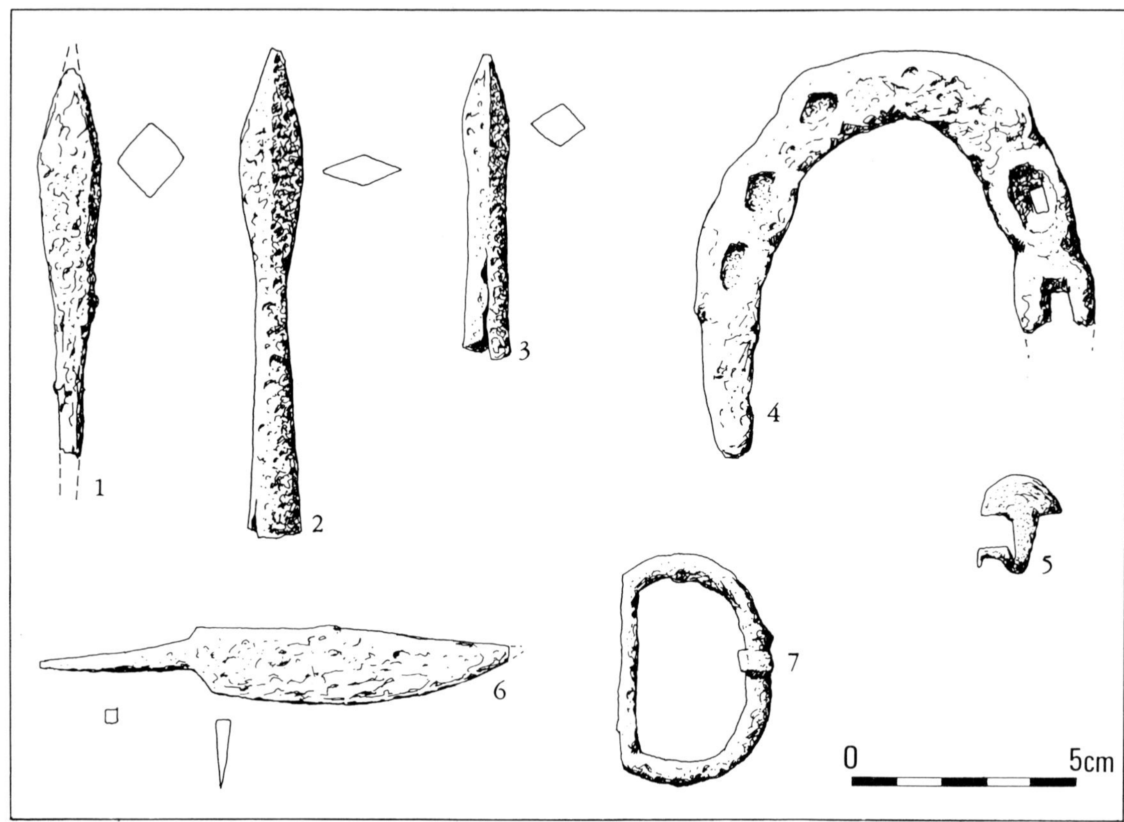

Abb. 9 Kleinfunde aus der Wüstung Schafpfärch ob Elm, Kt. Glarus (Auswahl): 1–3 Pfeilspitzen. – 4 Hufeisen. – 5 Hufnagel. – 6 Messer. – 7 Schnalle.

wenigen Quadratmetern. Bewohnbare Bauten sind an bodenebenen, in einer Ecke untergebrachten Mehrzweckfeuerstellen erkennbar (vgl. Abb. 1). Als charakteristische Hausformen des 11. und wohl auch noch 12. Jahrhunderts können unregelmäßige Grundrisse gelten, in deren Mauerwerk natürliche Felsblöcke einbezogen sind (vgl. Abb. 3; 4 u. 6), ferner quadratische Bauten mit Mauerstärken von 1,5 bis 2 m (vgl. Abb. 7). Wahrscheinlich hat man sich über dieser starken Fundamentbasis eine Steinkonstruktion mit einem Kraggewölbe vorzustellen[38]. Typisch für den hochmittelalterlichen Hausbau des Alpenraumes ist somit die Verwendung von Trockenmauerwerk, hinter dem die Wand- und Dachkonstruktionen aus Holz deutlich zurücktreten.

Für bestimmte Alpentäler zeichnet sich aus der schriftlichen Überlieferung ab – die archäologische Bestätigung steht allerdings noch aus –, daß eine intensivere Besiedlung erst im 12. Jahrhundert oder noch später erfolgt ist. Dies trifft etwa für das Urserntal, das Valsertal, das Safiental oder das Aversertal zu – man beachte, daß alle diese Täler von Walsern in Besitz genommen worden sind[39]. Ebenso steht aber auch fest, daß in weiten Teilen des Alpenraumes in der Zeit der salischen Kaiser eine Bevölkerungsverdichtung eingetreten ist, die eine Erschließung marginalen Landes zu Wohn- und Nutzungszwecken unumgänglich machte[40].

38 Dokumentation über alpine Kragkuppelbauten, die bis ins 20. Jahrhundert hinein intakt geblieben sind, im Archiv der Aktion Bauernhausforschung der Schweiz, Basel.

39 Kreis (Anm. 27).

40 Zu Konfliktsituationen, die aus der stellenweisen Übervölkerung und Übernutzung der Alpentäler herausgewachsen sind, vgl. Brändli (Anm. 32).

HEIKO STEUER

ERZBERGBAU IM SCHWARZWALD ZUR SALIERZEIT

I. Die Urkunde von 1028

Im Jahre 1028 verleiht Kaiser Konrad II. der Kirche zu Basel Silbergruben im Breisgau. Diese Urkunde ist in einer Abschrift aus dem 14. Jahrhundert (Chartularium Basiliense) erhalten (Abb. 1); sie wurde 1073 durch König Heinrich IV. und 1131 durch König Lothar III. bestätigt[1] und hat wohl als Entscheidungshilfe König Heinrichs VII. im Jahr 1234 im Streit um die Silbergruben zwischen dem Bischof von Basel, den Grafen von Urach und den Markgrafen von Baden vorgelegen[2]. Dieses Dokument bezeugt nicht nur einen bedeutenden Bergbau im Schwarzwald vom frühen 11. bis ins 13. Jahrhundert, sondern gibt auch präzise Ortsangaben.

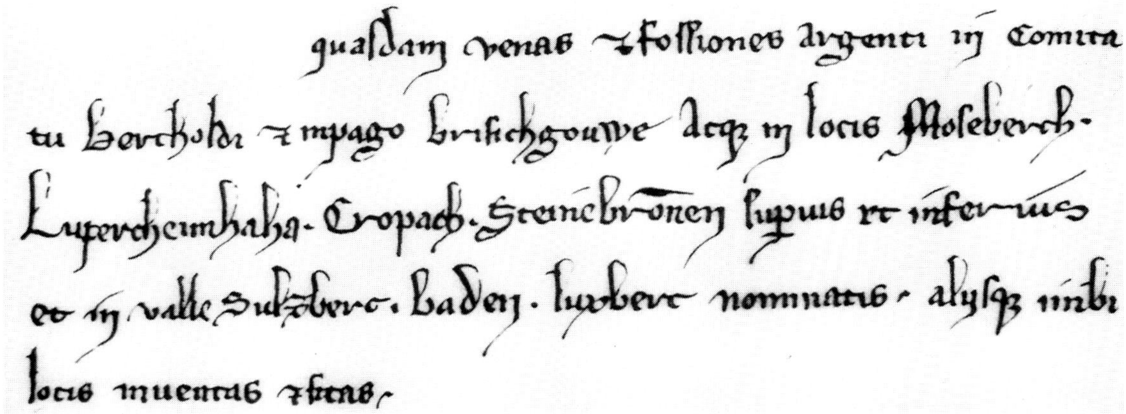
quasdam venas et fossiones argenti in comita
tu Bertholdi et in pago Brisichgouwe atque in locis Moseberch.
Lupercheimhaha. Cropach. Steinebronnen superius et inferius
et in valle Sulzberc. Baden. Luxberc nominatis. aliisque inibi
locis inventas et sitas.

Abb. 1 Ausschnitt aus der königlichen Schenkungsurkunde von 1028 mit der Nennung der wichtigsten Silberbergwerke.

Der entscheidende Abschnitt der Urkunde lautet: »*quasdam venas et fossiones argenti in comitatu Bertholdi et in pago Brisichgouwe atque in locis Moseberch, Lupercheimhaha, Cropach, Steinebronnen superius et inferius et in valle Sulzberc, Baden, Luxberg nominatis aliisque inibi locis inventas et sitas*«. Erzadern *(venas)* und Silberbergwerke *(fossiones argenti)* gibt es also 1028 bei oder in den Orten Moseberch, Lupercheimhaha, Cropach, Steinebronnen superius und inferius sowie im Tal von Sulzberc, in Baden und Luxberg, außerdem an weiteren nicht näher mit Namen bezeichneten Orten.

Diese nicht geringe Anzahl von Plätzen läßt sich zumeist lokalisieren[3], womit das Areal des frühen Bergbaus umrissen werden kann; denn Orte mit Namen Kropach, Steinenbronnen, Sulzburg und Baden

1 J. F. Böhmer u. H. Appelt, Regesta Imperii III/1: Salisches Haus. Die Regesten des Kaiserreiches unter Konrad II. 1024–1039 (Graz 1951) Nr. 138. – H. Breßlau, Jahrbücher des Deutschen Reichs unter Konrad II., Bd. 1 (1897, Neudruck Berlin 1967) 259. – H. Schadek u. K. Schmid (Hrsg.), Die Zähringer. Anstoß und Wirkung. Veröff. zur Zähringer-Ausstellung II (Sigmaringen 1986) 47 Nr. 22 und 23.

2 Die Zähringer II (Anm. 1) 47 Nr. 23.

3 Kartierungen bei: F. Kirchheimer, Das Alter des Silberbergbaus im südlichen Schwarzwald (Freiburg 1971) 5 Abb. 2; Die Zähringer II (Anm. 1) Abb. 33 in Kartentasche – Entwurf A. Zettler; H. Steuer, Zur Frühgeschichte des Erzbergbaus und der Verhüttung im südlichen Schwarzwald. Literaturübersicht und Begründung eines Forschungsprogramms. In: H. U. Nuber, K. Schmid, H. Steuer, Th. Zotz (Hrsg.), Archäologie und Geschichte des ersten Jahrtausends in Südwestdeutschland Bd. 1 (Sigmaringen 1990) 387–415, hier 393 Abb. 2. – Neue Lokalisierung von Moseberg bei A. Schlageter, Zur Geschichte des Bergbaus im Umkreis des Belchen. In: Der Belchen. Geschichtlich-naturkundliche Monographie des schönsten Schwarzwaldberges. Die Natur- und Landschaftsschutzgebiete Baden-Württembergs 13 (Karlsruhe 1989) 127–309, hier 136.

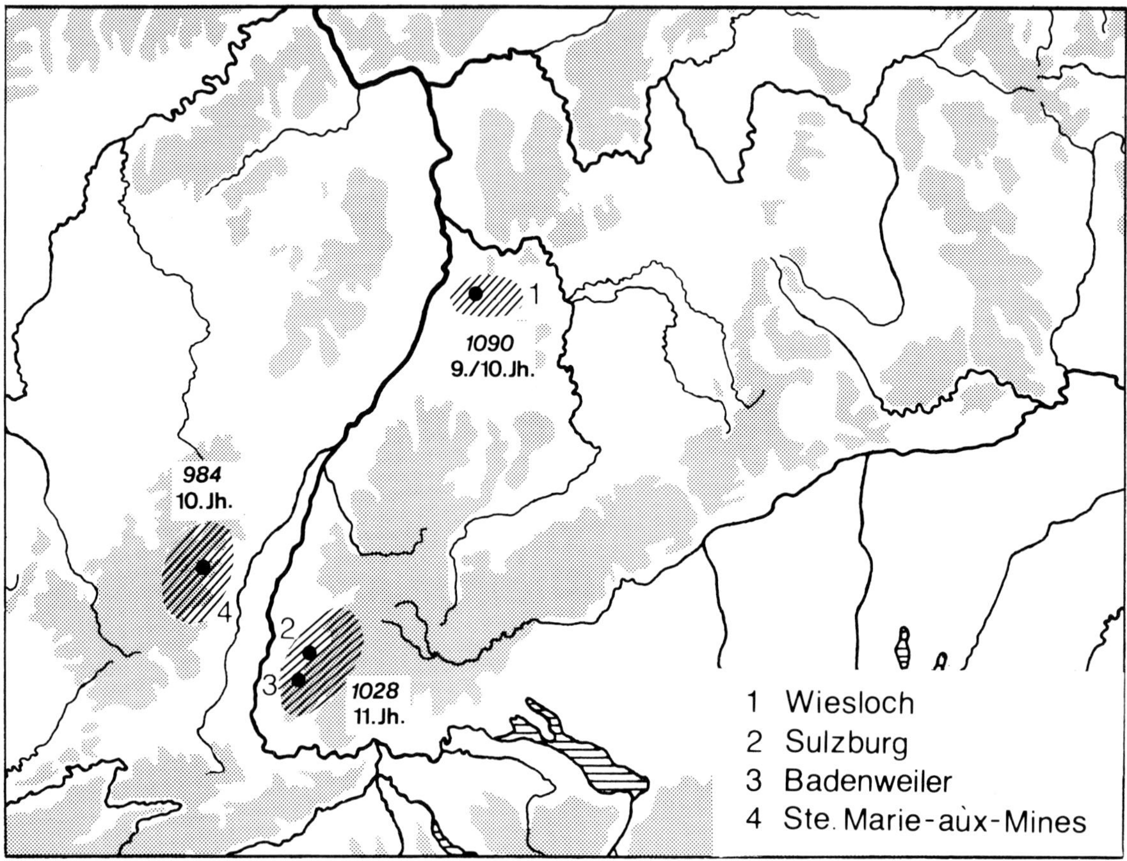

Abb. 2 Älteste urkundliche (kursive Zahlen) und archäologische Nachweise des mittelalterlichen Bergbaus im Schwarzwald und in den Vogesen.

existieren noch heute, und für die übrigen gibt es Hinweise auf ihre Lage, die sich aus der Nennung der Namen in geographischer Reihenfolge ergibt (Abb. 2 und 3).

Alle Plätze liegen am Schwarzwaldrand nahe der Oberrhein-Ebene in den vom Breisgau aus leicht zugänglichen Ost–West verlaufenden Taleinschnitten bzw. in diesen zum Breisgau hin sich öffnenden Tälern, d. h. die Erschließung hat offensichtlich von der Rhein-Ebene her eingesetzt. Der größte Teil der hydrothermal gebildeten Erzgänge im Gneis-Grundgebirge streicht in Nord–Süd-Richtung und wird denn auch von den Bachtälern durchschnitten und somit aufgeschlossen, was sie für die Prospektion leicht zugänglich machte[4]. Ausdrücklich werden in der Urkunde von 1028 Silbergruben erwähnt, d. h. es ging um die Gewinnung des Silbers, enthalten in Bleierzen, zumeist Bleiglanz (Galenit, PbS). Der Silbergehalt soll zwischen 100 und 1500 g pro Tonne gelegen haben, vielleicht im Mittel bei 0,08 %, also 800 g pro Tonne Erz. In den oberflächennahen Bereichen, in der sog. Oxidationszone, kann der Silbergehalt noch wesentlich höher gewesen sein, und das Metall hat auch gediegen vorgelegen[5]. Für das Erzrevier des Harzes wird zum Jahr 968 in der Sachsengeschichte Widukinds von Corvey beiläufig

4 R. Metz, M. Richter u. H. Schürenberg, Die Blei-Zink-Erzgänge des Schwarzwaldes. Beihefte zum Geologischen Jahrbuch 29 (Hannover 1957) Taf. 15 Kartenbeilage.

5 Angaben über den Silbergehalt: R. Metz, Die Geschichte des Blei-Silber-Zinkbergbaus im Schwarzwald. In: Metz, Richter u. Schürenberg (Anm. 4) 214 (400–600 g/t, Durchschnitt 500 g/t); H. Schürenberg, Erz- und Mineralgänge im Belchengebiet. In: Der Belchen (Anm. 3) 327–367, hier 328 (500 bis 2000 g/t); Die Zähringer II (Anm. 1) 47 Nr. 21 (100–1500 g/t, Durchschnitt 800 g/t). – Schätzungen der Gesamtausbeute an Silber sind kaum möglich. Immerhin errechnet R. Metz, Gewinnung von Bodenrohstoffen im Schwarzwald. Historischer Atlas von Baden-Württemberg Erläuterungen, Beiwort zur Karte XI,10 (Stuttgart 1985) 3 für das 13./14. Jahrhundert aus den Revieren des südlichen Schwarzwalds eine Silbermenge von 4000 bis 5000 Mark (937 bis 1171 kg).

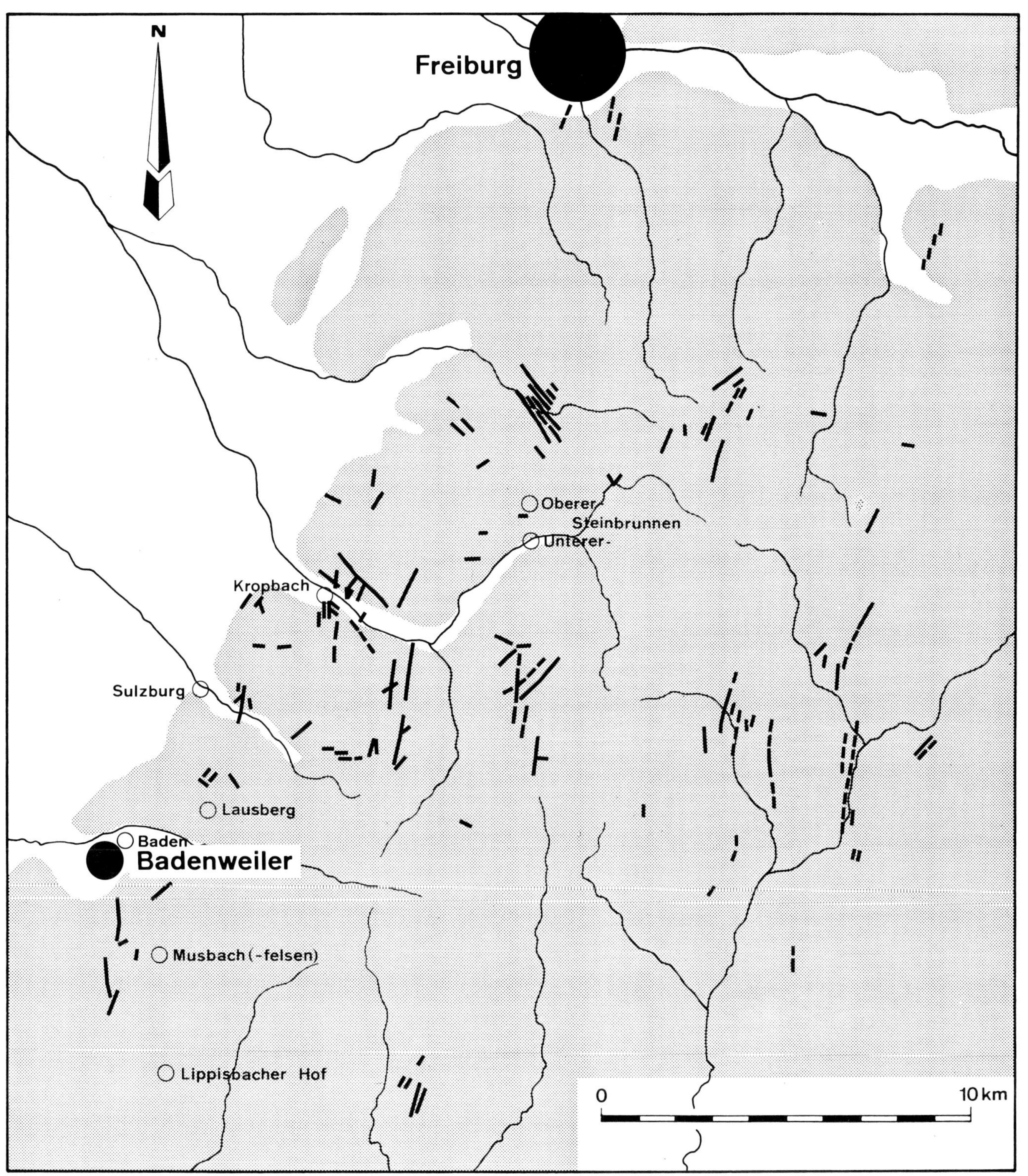

Abb. 3 Lage der Erzgänge und der in der Urkunde von 1028 genannten Silbergruben.

erwähnt, daß *»terra Saxonia venas argenti apuerit«*, daß also Silberbergwerke eröffnet worden seien[6]. Am Rammelsberg bei Goslar wurde jedoch vor allem Kupfererz abgebaut, wofür auch die archäologische Forschung schon für das 4. und ebenfalls für das 10. Jahrhundert Beweise erbringen konnte[7]. Der Bericht des Annalista Saxo nennt denn auch die drei Metalle nebeneinander, Silber, Kupfer und Blei *(venas metallorum argenti, cupri seu plumbi)*[8]. Die jüngeren schriftlichen Nachrichten zur Erzgewinnung im schlesischen Bytom/Beuthen sprechen dagegen in erster Linie von Bleigewinnung und erwähnen das aus diesem Bleierz ebenfalls zu gewinnende Silber sekundär, obwohl aus dortigem Silber auch Münzen geschlagen wurden, und schon die erste Quelle aus dem Jahr 1136 nach Silber suchende Bergleute nennt[9].

Man kann deshalb wohl von einer gewinnträchtigen Silbergewinnung zu Beginn der Salierzeit im Schwarzwald sprechen. Allgemein werden die Gründung Freiburgs – die Marktrechtsverleihung 1120 – und die Errichtung des prächtigen Münsters mit der reichen Silberausbeute verbunden. Es ist verwunderlich, daß in der wissenschaftlichen Literatur der Schwarzwald fast nie als Erzrevier genannt wird, neben den anderen Revieren in Europa, die nur wenig ältere Erstnennungen für den Bergbau haben, dem Harz (968) und den Vogesen (984), und den jüngeren Nennungen, dem Erzgebirge mit Freiberg in Sachsen (1168), dem Kupferbergbau im Mansfeldischen (1199), Schlesien (1156) oder Trient (1185)[10]. Für Ostthüringen wird salierzeitlicher Silberbergbau indirekt erschlossen[11]. Die Quellenlage für den Schwarzwald und auch für die Vogesen sowie den Kraichgau ist insgesamt spärlich. Hingewiesen sei auf zwei Urkunden aus dem Codex Laureshamensis für die Zeit um 1090, in denen für das Gebiet im Kraichgau mit Wiesloch vielleicht indirekt Bergbau bezeugt wird, nämlich über Zinsabgaben »aus einem Berg, wo Silber gegraben wird«[12], wobei die Lokalisierung nicht gegeben ist.

Für die Vogesen wird immer wieder das Datum 984 genannt. Ertragreiche Blei-Silber-Erzlager gibt es in den mittleren Vogesen, und über ein »kompliziertes Geflecht von Kombinationen« läßt man den Bergbau mit dem Jahr 984 beginnen, das A. Zettler jüngst wieder entflochten hat[13]: In einer Urkunde

6 H. W. Böhme, Der Erzbergbau am Rammelsberg. Führer zu vor- und frühgeschichtlichen Denkmälern 35 (Mainz 1978) 169–180, hier 170. – Ders., Der Erzbergbau im Westharz und die Besiedlung des Oberharzes seit dem frühen Mittelalter. Führer zu vor- und frühgeschichtlichen Denkmälern 36 (Mainz 1978) 59–126, hier 65.

7 Düna/Osterode – ein Herrensitz des frühen Mittelalters. Arbeitshefte zur Denkmalpflege in Niedersachsen 6 (Hannover 1986). – Berichte zur Denkmalpflege in Niedersachsen 9/2, 1989, 62–120.

8 F. Irsigler, Über Harzmetalle, ihre Verarbeitung und Verbreitung im Mittelalter – Ein Überblick. In: C. Meckseper (Hrsg.), Stadt im Wandel. Kunst und Kultur des Bürgertums in Norddeutschland 1150–1650, Bd. 3 (Stuttgart-Bad Cannstatt 1985) 315–321, hier 315. – Annalisto Saxo, hrsg. v. G. Waitz, in MGH SS VI (Hannover 1844, Nachdruck Stuttgart/Nendeln 1968) 660. – Die Silbergehalte in den Rammelsberger Erzen waren recht gering, nur 150g/t; vgl. Böhme, Erzbergbau im Westharz (Anm. 6) 70 und Anm. 9.

9 J. Szydlowski, Bytom-Pradzieje i Początki Miasta. Rocznik Muzeum Górnośląskiego w Bytomiu Archeologia, Zeszyt Nr. 4 (Bytom 1966) 59: *1136 – Item villa ante Bitom que Zversov dicitur cum rusticis argentifossoribus et cum duabus tabernis nonnisi ad archiepiscopi pertinet iurisdictionem«*. Archäologische Spuren weisen auf den Beginn des Bergbaus im 11. Jahrhundert.

10 K. Blaschke, s. v. Bergbau. Lexikon des Mittelalters I (München-Zürich 1980) Sp. 1947. – Weitere frühe Daten findet man bei E. Kraume, Die Metallischen Rohstoffe, ihre Lagerungsverhältnisse und ihre wirtschaftliche Bedeutung, 44. Bd.: Kupfer (Stuttgart 1964) 61 ohne nähere Quellenangaben: Erstes Bergwerk im Erzgebirge bei Biensdorf 922 eröffnet, Trappenhauer bei Frankenberg seit 927 in Betrieb. – Diese Daten sind nicht korrekt. Zum Treppenhauer vgl. z. B. W. Schwabenicky, Montanarchäologische Untersuchungen auf dem Treppenhauer bei Frankenberg. Neue Bergbautechnik 18/1, 1988, 35–38, hier 35 mit Anm. 4: Der Bergbau begann im 13. Jahrhundert, die Angaben zum 10. Jahrhundert basieren auf einer Fälschung aus dem 18. Jahrhundert. Auch Ders., Zur Geschichte des Erzbergbaus im Zschopautal bei Frankenberg und Mittweida in Sachsen. Der Anschnitt 36, 1984, 7 f.; Ders., Die mittelalterliche Bergbausiedlung auf dem Treppenhauer bei Sachsenburg (Kr. Hainichen). Arbeits- u. Forschber. sächs. Bodendenkmalpfl. 32, 1988, 237–266, hier 238; O. Wagenbreth u. E. Wächtler (Hrsg.), Der Freiberger Bergbau. Technische Denkmale und Geschichte (Leipzig 1986) 119 ff.

11 H. Pfeiffer, Ostthüringische Silbergruben der Rixa von Niederlothringen als Rohstoffquelle ihrer um 1050 zu Saalfeld geprägten Hochrandpfennige. Zeitschr. f. Arch. 20, 1986, 51–63.

12 L. Hildebrandt, Der mittelalterliche Blei-Zink-Silber-Bergbau im nordwestlichen Kraichgau südlich Heidelberg. In: Archäometallurgie der Alten Welt. Beiträge zum Internationalen Symposium »Old World Archaeometallurgy« Heidelberg 1987. Der Anschnitt, Beiheft 7 (Bochum 1989) 241–246, hier 244 mit Anm. 9: Codex Laureshamensis Urkunden 139 und 3670, um 1090 n. Chr.

13 A. Zettler, Die historischen Quellen zum Bergbaugeschehen (Römerzeit bis 13. Jahrhundert). In: Zur Frühgeschichte des Erzbergbaus im südlichen Schwarzwald. Freiburger Universitätsblätter Heft 109, 1990.

König Ottos III. wird dem lothringischen Bistum Toul der Besitz von Vogesenklöstern – Saint-Dié und Moyenmoutier – bestätigt. Dem Kloster Saint-Dié stehen Zehnte aus einer Silbergrube zu *(decimasque minae argenti)*, ähnliche Einkünfte hatte Moyenmoutier. Von Moyenmoutier ist die Zelle Eckerich/Échery abhängig, gelegen mitten im Erzrevier von Sainte-Marie-aux-Mines. Im 13. Jahrhundert wird nun berichtet, daß man im 10. Jahrhundert im Zuge der Erzgewinnung auch den Ort gegründet habe. Die Erzgewinnung im Elsaß ist also für das 10. Jahrhundert nur indirekt erschlossen, und die Lokalisierung der Abbauorte bleibt bis zum archäologischen Nachweis Vermutung. Für den Nachweis von Erzbergbau schon Mitte des 9. Jahrhunderts im Elsaß, aber ebenso im Schwarzwald, wird immer wieder Otfried von Weißenburg herangezogen. Das Evangelienbuch dieses alamannischen, aber rheinfränkisch schreibenden Mönchs aus dem Elsaß besingt in den Einleitungsstrophen Bergbau auf Kupfer, Eisen und Silber und die Goldwäscherei [14].

II. Das Alter des Bergbaus im Schwarzwald

Die Verleihung der Silbergruben an den Bischof von Basel durch Kaiser Konrad II. bezeichnet ebensowenig wie die erste urkundliche Nennung der Silbergewinnung im Harz – der Rammelsberg selbst wird nicht genannt – den Beginn der Erzgewinnung. Die Urkunde nennt für den südlichen Schwarzwald nicht irgendwelche Täler oder Landschaften, sondern Ortschaften, die bestehen und die bekannt waren, da man sie unmittelbar aufzählen konnte. Auffällig ist zudem, daß die Namen nichts mit Bergbau direkt zu tun haben, aber einen besonderen Lautstand aufweisen.

Zwar hat man versucht, über den Namen Cropach eine Datierung für das 8. Jahrhundert zu gewinnen [15]. Die althochdeutschen Namensteile cropa – Grube und aha – Bach hätten die Lautverschiebung zu gruoba nicht mitgemacht. Aber dies ist sprachgeschichtlich nicht sicher zu beweisen, und Grubenbach muß auch nicht eine Bezeichnung aus dem Umfeld des Bergbaus sein. Dennoch sind die Namen auffällig. Lupercheimhaha wäre im 11. Jahrhundert nicht mehr in dieser Form gebildet worden, Steinenbronnen statt -brunnen ist keine alemannische, eher eine fränkische Bildung. Moseberch und Sulzberc haben wohl beide schon einen Namenswandel erfahren: In Mosebach und Sulzbach ist der Bestandteil -bach durch -berg ersetzt worden, und zwar nachdem an diesen Orten Erz gefunden worden ist. Auch später gibt es noch zahlreiche derartige Namensänderungen im südlichen Schwarzwald. Sulzbach – Sulzberc heißt übrigens später Sulzburg, nachdem die Adelsburg am Ort entscheidend geworden war; der Namenswandel von Sulzbach zu Sulzberg schon im 9. Jahrhundert könnte auf Bergbau in dieser Zeit deuten [16].

Die Urkunde von 1028 – so hat A. Zettler [17] jüngst wahrscheinlich gemacht – ist nicht erst das Ergebnis politischer Überlegungen unter Konrad II., dem Salier, sondern sie geht auf Entwicklungen zurück, die schon unter Kaiser Heinrich II. wirksam geworden sind. Dabei hat die Vermehrung der Münzstätten eine entscheidende Rolle gespielt, die für die Ottonenzeit zu registrieren ist. Die Argumente A. Zettlers sprechen für einen Silbererzbergbau, der deutlich vor 1028, »spätestens« im 10. Jahrhundert im südlichen Schwarzwald eingesetzt hat.

Es wäre von Interesse zu wissen, woher die »fränkischen« Bergleute kommen, die im Harz und vielleicht auch im Schwarzwald mit dem Erzabbau begonnen haben sollen. Eine Erzählung bei Annalisto Saxo berichtet, daß unter Heinrich II. (1002/14–1024) fränkische Bergleute ins Land geholt worden seien, um den Bergbau im Harz in Gang zu bringen [18]. Es gibt denn auch bei Goslar neben dem Bergdorf ein

14 Zettler (Anm. 13). – A. Schlageter, Zur Geschichte des Bergbaus im Umkreis des Belchen. In: Der Belchen (Anm. 3) 127–309, hier 130.

15 G. Albiez, Bergbau-Flurnamen im Schwarzwald. Der Anschnitt 18, 1966, 3–35. – Ders., Geschichte des Bergbaus im Münstertal (Südschwarzwald). Badische Heimat 53, 1973, 111–127, hier 118.

16 Zur Änderung von -bach zu -berg vgl. Schlageter, Belchen (Anm. 3) 133. – Sulzburg heißt in der Mitte des 9. Jahrhunderts Sulzibergeheim: Handbuch der historischen Stätten Deutschlands Bd. 6, Baden-Württemberg (Stuttgart, 2. Aufl. 1965) 782: 840 zuerst erwähnt.

17 Zettler (Anm. 13).

18 Irsigler (Anm. 8) 315.

Frankenberg als Berg- und Hüttensiedlung[19]. Otfrid von Weißenburg aus dem fränkischen Unterelsaß lobt um 870 die Kunstfertigkeit seiner Landsleute im Bergbau[20].

Eine Königsurkunde Ottos III. aus dem Jahr 993 – als Abschrift aus dem 12. Jahrhundert erhalten – stattet die Kirche St. Cyriak in der villa Sulziberg auf Bitten des Grafen Birchtilo mit den Gütern aus, die der König in valle Sulziberch besaß[21]. Mörtel im Mauerwerk dieser Kirche enthält Reste von weingelbem Fluorit aus dem benachbarten Riestergang, eines bis in die Neuzeit vielfach abgebauten Erzganges, und im Turm wurde Holz einer 996 gefällten Tanne verbaut, wie der dendrochronologischen Bestimmung zu entnehmen ist. Gangmaterial ist also vor dem Jahr 1000 als Mörtelmagerung verwendet worden und belegt somit indirekt den Abbau von Blei-Silber-Erz auf dem Riestergang. Ebenso enthält Mörtel im Mauerwerk der 1122 zuerst erwähnten, sicher aber früher erbauten Burg Badenweiler *(in castro zuo Baden)* Haldenreste aus dem sog. Quarzriff, einem silberführenden Erzgang[22]. Hier in Badenweiler, aber auch im Tal von Sulzburg, haben ältere archäologische Untersuchungen und Mörtelanalysen in den römischen Bauwerken Hinweise ergeben, daß im südlichen Schwarzwald schon zur römischen Zeit Bergbau auf Blei und Silber betrieben wurde[23].

Doch nicht nur Silber-, sondern auch Eisenerzgänge gibt es im Schwarzwald, zum einen in der Nähe der Verwerfungszone am Rand zum Oberrheingraben, zum anderen aber auch im Innern des Mittelgebirges. Eisenerz liegt in hydrothermal gebildeten gangförmigen Lagerstätten im kristallinen Grund- und Deckgebirge als Brauneisengänge im Buntsandstein aufsetzend, oder als Eisensteingänge im Granit oder Gneis aufsetzend. Diese sekundären Brauneisenvererzungen sind im späteren Mittelalter und in der Neuzeit im Suggental, auch im Möhlintal bei St. Ulrich und wohl auch am Zähringer Burgberg ausgebeutet worden. Im mittleren und nördlichen Schwarzwald gibt es ganz erhebliche Eisenerzlagerstätten. Über die Ausbeutung in hochmittelalterlicher oder älterer Zeit ist nichts Sicheres bekannt. Dagegen ist für die Erzlagerstätten im Rheintal selbst von Offenburg im Norden bis Müllheim im Süden vielfache Ausbeutung nachzuweisen, so daß man hier von römischer Zeit bis ins Mittelalter und darüber hinaus von kontinuierlicher Nutzung sprechen kann. Die Bohn- und Doggererzlagerstätten sind hochprozentig und leicht zu verhütten, liegen zudem im Altsiedelland, so daß ein Abbau der Gangerze nicht notwendig war[24].

Weiterhin darf nicht vergessen werden, daß auch Kupfererze im Schwarzwald anstehen, die in neuerer Zeit abgebaut worden sind. Zu nennen sind die Kupferfahlerze bei Neubulach und Freudenstadt, Kupferkies im Wildschappachtal, auch im Suggental, im Münstertal und im Hotzenwald bei Gersbach.

19 Böhme, Erzbergbau am Rammelsberg (Anm. 6) 171.

20 Vgl. Anm. 14. Wenn der südrheinfränkische Otfried seine Heimat meint, dann könnte die Herkunft fränkischer Bergleute aus den nördlichen Vogesen angenommen werden, die von dort in den Schwarzwald und in den Harz gezogen sind.

21 Die Zähringer II (Anm. 1) 50 Nr. 29.

22 Kirchheimer (Anm. 3); Steuer (Anm. 3) 394. – Das einzelne C-14-Datum von einer Feuersetzstufe über der 4. Sohle der Grube Teufelsgrund auf dem Schindlergang im Untermünstertal sollte nicht mehr als Datierungshinweis für salierzeitlichen Bergbau genommen werden. Einerseits entspricht dem Datum 1015 ± 660 vor heute nach Kalibration eine Spannweite vom späten 10. bis ins frühe 12. Jahrhundert, zum anderen wird heute eine einzelne Messung nicht mehr als akzeptabel angesehen, da zu viele Unwägbarkeiten zu Abweichungen von einem echten Datum geführt haben können; vgl. H. Steuer, Bergleute: Bergbau auf Silber im südlichen Schwarzwald. In: Die Zähringer II (Anm. 1) 43 oder auch Schlageter, Belchen (Anm. 3) 131 mit Abb. 2 und Anm. 6. – Keinesfalls darf diese Messung als Nachweis für Bergbau in der Mitte des 10. Jahrhunderts genommen werden, wie das vielfach in Anlehnung an F. Kirchheimer (Anm. 3) immer noch geschieht.

23 H. Maus, Römischer Bergbau bei Sulzburg. Der Aufschluß 28, 1977, 165–175. – S. Martin-Kilcher, H. Maus u. W. Werth, Römischer Bergbau bei Sulzburg ›Mühlematt‹, Kreis Breisgau-Hochschwarzwald. Fundber. Baden-Württemberg 4, 1979, 170–203. – Kirchheimer (Anm. 3). – Ders., Bericht über Spuren römerzeitlichen Bergbaus in Baden-Württemberg. Der Aufschluß 27, 1976.

24 Zur Eisenerzgewinnung im Schwarzwald: R. Metz, Geologische Landeskunde des Hotzenwaldes (Lahr 1980). – M. Bliedtner u. M. Martin, Erz- und Minerallagerstätten des mittleren Schwarzwaldes (Freiburg 1986). – R. Metz, Mineralogisch-landeskundliche Wanderungen im Nordschwarzwald (Lahr, 2. Aufl. 1977). – Ders., Gewinnung von Bodenrohstoffen im Schwarzwald. Historischer Atlas von Baden-Württemberg. Karte XI, 10 (Stuttgart 1985) mit Erläuterungen – die Oberrheinebene mit den Bohn- und Doggererzlagern ist berücksichtigt. – Neue archäologische Forschungen haben in der Oberrheinebene begonnen: G. Gassmann, Ausgrabungen an einem frühmittelalterlichen Schmelzplatz in Kippenheim, Ortenaukreis. Arch. Ausgr. in Baden-Württemberg 1989 (Stuttgart 1990) 247–249.

Beachtliche Mengen an gediegen Kupfer wurden im Revier von Rippoldsau gewonnen. Es heißt, unter den von 1709 bis 1714 geförderten 36,4 Tonnen seien immerhin 1,05 Tonnen gediegen Kupfer gewesen, und gediegen Kupfer »wächst nach«. Leicht zu verhüttende karbonatische Malachit- und Azuriterze – aber auch Rotkupfererz – sind aus mehreren Tälern des südlichen Schwarzwaldes bei neueren Prospektionen bekannt geworden. Es steht also zu erwarten, daß auch älterer Abbau auf Kupfer im Schwarzwald entdeckt wird[25].

Blei-Zink-Silber-Erzlagerstätten gibt es auch nördlich des Schwarzwaldes im Kraichgau mit Zentrum bei den Orten Leimen, Mauer, Bruchsal und Wiesloch. Während sich die Erzgänge im Schwarzwald im Grundgebirge aus Gneis gebildet haben, stehen die Erze im Kraichgau im Muschelkalk an. Zinkblende und Bleiglanz bilden die Haupterze, wobei der Bleiglanz im Durchschnitt 300 bis 400 g, z. T. über 900 g Silber pro Tonne enthält[26]. Über die Untersuchung von Bleiisotopie an Münzen und Erzen ist versucht worden, hier keltischen Bergbau nachzuweisen[27]. Römischer Bergbau mit Stollen ist anhand von Münzen für die Zeit zwischen 69 und 244 n. Chr. zu belegen[28]. Inzwischen konnte südlich von Heidelberg in Leimen karolingischer Bergbau des 9. Jahrhunderts indirekt nachgewiesen werden[29], und zwar über die Datierung von Schlackenhalden. Verhüttungseinrichtungen oder Abbauspuren selbst sind bisher nicht entdeckt worden.

III. Zur Besiedlung des südlichen Schwarzwaldes

Während der Kraichgau als Senke zwischen Odenwald und Schwarzwald ein durch Lehm- und Lößbedeckung fruchtbares, weitgehend erschlossenes hügeliges Altsiedelland ist, ebenso wie der Breisgau im Oberrheintal, wird angenommen, daß der Schwarzwald in ur- und frühgeschichtlicher Zeit unbewohnt war und erst im Zuge des in die Berge vordringenden Bergbaus aufgesucht und auch landwirtschaftlich genutzt wurde. Die wenigen über Pollenanalysen und Orts- bzw. Flurnamenauswertung gewonnenen Hinweise auf eine ältere Besiedlung vor dem hohen Mittelalter[30] werden nicht allgemein akzeptiert. Auch der archäologische Fundniederschlag erfaßt zwar im Westen die Taleingänge, im Osten von der Hochebene her die Ausläufer des Gebirges, aber der Hoch-Schwarzwald ist fundleer, entweder weil es tatsächlich keine Besiedlung gab oder deshalb, weil man nicht danach gesucht hat. (Inzwischen konnte ein wahrscheinlich neolithischer Tagebau auf Hämatit durch Ausgrabungen untersucht werden)[31].

25 Zu den Kupfererzlagerstätten auch im Schwarzwald vgl. R. Krause, Überlegungen zur Rohstoffversorgung der frühbronzezeitlichen Kupfer- und Bronzemetallurgen von Singen a. H. Tübinger Beitr. z. Vor- und Frühgesch. 2. Opuscula, Festschr. Franz Fischer (Tübingen 1987) 23–33 mit Karte Abb. 1 (Grundlage nach H. Maus, Freiburg); Ders., Die endneolithischen und frühbronzezeitlichen Grabfunde auf der Nordstadtterrasse von Singen am Hohentwiel. Forsch. u. Ber. z. Vor- und Frühgesch. in Baden-Württemberg 32 (Stuttgart 1988) 215 ff. mit den Karten Abb. 92–93. – Zur Kupfergewinnung vgl. Lit. in Anm. 24 und R. Metz, Der frühere Bergbau im Suggental und der Urgraben am Kandel im Schwarzwald. Alemannisches Jahrbuch 1961, 281–316, hier 313 f. mit Abb. 7 und 8 mit Eintragung der Kupfergrube; weiterhin Metz, Richter u. Schürenberg (Anm. 4) 172 ff. (die Ganggruppe G); Schlageter, Belchen (Anm. 3) 162, 222, 225, 228, 235, 248 Karte; R. Slotta, Technische Denkmäler in der Bundesrepublik Deutschland 4/II. Der Metallerzbergbau (Bochum 1983) 1138 ff.

26 Hildebrandt (Anm. 12) 241.

27 U. Zwicker, N. Gale u. Z. Stos-Gale, Keltisches Münzsilber aus dem Blei-Silber-Erz von Wiesloch? Lapis 12, 1985, 45–47.

28 L. Hildebrandt u. H. Mohr, Der Bergbau bei Wiesloch. Über 2000 Jahre Silber-, Blei- und Zinkgewinnung. Lapis 12, 1985, 15–22. – Hildebrandt (Anm. 12) 241.

29 Hildebrandt (Anm. 12) 241. – Ders. u. U. Groß, Frühmittelalterliche Erzverhüttung in Leimen, Rhein-Neckar-Kreis. Arch. Ausgr. in Baden-Württemberg 6, 1987 (Stuttgart 1988) 311–314.

30 W. Kleiber, Auf den Spuren des voralemannischen Substrats im Schwarzwald. Zeitschr. Gesch. d. Oberrheins 108, 1960, 305–371. – Ders., Zwischen Antike und Mittelalter. Das Kontinuitätsproblem in Südwestdeutschland im Lichte der Sprachgeschichtsforschung. Frühmittelalterliche Studien 7, 1973, 27–52. – B. Frenzel, Postglaziale Klimaschwankungen im südwestlichen Mitteleuropa. In: Ders. (Hrsg.), Dendrochronologie und postglaziale Klimaschwankungen in Europa. Erdwissenschaftliche Forschungen 13 (Wiesbaden 1977) 297–322, hier 312: beginnende Rodungen im Hochschwarzwald 1200–800 v. Chr.

31 G. Goldenberg u. U. Zimmermann, Bergbau auf Hämatit im Münstertal-Rammelsbach, Kreis Breisgau-Hochschwarzwald. Arch. Ausgr. in Baden-Württemberg 1989 (Stuttgart 1990) 226–230.

Abb. 4 Im Text erwähnte Orte zur Besiedlung des Schwarzwaldes im hohen Mittelalter: 1 Städte; 2 Städte, wüst gefallen; 3 Klöster; 4 Burgen; 5 Siedlungen; 6 Siedlungen, erwähnt in der Urkunde von 1028; 7 Grenze des mittelalterlichen Breisgaus. – *Städte:* 1 Freiburg; 2 Todtnau; 3 Schönau; 4 Grafenhausen; 5 Sulzburg. – *Städte, wüst gefallen:* 6 Münster; 7 Prinzbach. – *Klöster:* 1 St. Trudpert; 2 St. Cyriak; 3 St. Ulrich; 4 St. Blasien; 5 St. Peter; 6 St. Margarethen; 7 Tennenbach; 8 St. Georgen. – *Burgen:* 1 Wiesneck im Dreisamtal; 2 Zähringer Burgberg; 3 Schloßberg in Freiburg; 4 Grüneck; 5 Alt Waldeck; 6 Neu Waldeck; 7 Stockberg; 8 Etzenbacher Höhe; 9 Rödelsburg; 10 Scharfenstein; 11 Kybfelsen; 12 Staufen; 13 Nimburg; 14 Badenweiler; 15 Schwarzenberg; 16 Hochgeroldseck; 17 Keppenbach; 18 Falkenstein; 19 Brandenburg; 20 Wilde Schneeburg; 21 Birchiburg bei St. Ulrich; 22 Heidenschloß; 23 Altenstein; 24 Kastel. – *Siedlungen:* 1 Willnau; 2 Breitnau; 3 Suggental; 4 Bleibach. – *Nach der Urkunde von 1028:* 5 Moseberch; 6 Lupercheimhaha; 7 Cropach; 8 Steinebronnen superius; 9 Steinebronnen inferius; 10 Sulzberc; 11 Baden; 12 Luxberc; 13 Bernau. ▷

Wie hat sich die Besiedlung im Innern des Schwarzwaldes entwickelt, wer waren die Träger des Landesausbaus, und hat diese Binnenkolonisation im hohen Mittelalter mit der Suche nach Erzen etwas zu tun? Dies sei im folgenden für den südlichen Schwarzwald erläutert (Abb. 4).

1. Die Klöster

Nach der schriftlichen Überlieferung sind es zuerst Klöster, die in Schwarzwaldtälern gegründet werden und die Besiedlung somit in das Gebirge hineinschieben. Ob die Klöster jedoch Anteil an der Organisation des frühen Bergbaus hatten, ist unbekannt und hängt nicht zuletzt von der bergrechtlichen Lage ab. Während im frühen Mittelalter die Bergleute noch in die grundherrschaftliche Ordnung eingebunden waren, änderte sich ihre soziale Stellung in der nachsalischen Zeit mit Gründung der Bergstädte und dem Aufschwung des Erzbergbaus im späten 12. und 13. Jahrhundert. Sie bekamen die gleichen Rechte und Freiheiten wie die Bürger. Es bestand also eine direkte Beziehung zwischen dem Regalherrn, d. h. dem König oder dem von ihm mit dem Regal Belehnten, und den Grubenarbeitern[32]. Zur Zeit der Salier werden am ehesten noch die alten Verhältnisse geherrscht haben, da die Phase der Städtegründungen erst später einsetzte. Doch ist gerade dieser Übergang anhand der Quellen nicht befriedigend zu fassen, denn die aufgezeichneten Bergrechte gehören ins späte 12. und 13. Jahrhundert: als erster Beleg ist der Vertrag zwischen dem Bischof von Trient und den Silberbergleuten, den *silbrarii*, als organisierte Gesamtberggemeinde von 1185 zu nennen, später dann die Bergordnungen von Trient 1208[33] oder von Massa Marittima aus dem Jahr 1225[34].

Erzabbau erscheint also bis ins 11. Jahrhundert oft als Zubehör auch nichtköniglicher Grundherrschaften[35], was für Eisenerz generell die Regel war, während sich die Verhältnisse für Edel- und Buntmetalle in dieser Beziehung wandelten. Somit wäre eigentlich zu erwarten, daß die Klöster als Grundherrschaften neben dem Landesausbau allgemein auch bei der Erzgewinnung im Schwarzwald bis ins 12. Jahrhundert hinein eine Rolle gespielt hätten. Doch finden sich dafür keine direkten Hinweise in den Quellen[36].

Wenn der Bischof von Basel 1028 von Konrad II. die Königsrechte an den genannten und weiteren unbenannten Gruben verliehen bekam – darunter das Tal von Sulzberg, das Kloster war ihm schon 1008 zugefallen[37] –, dann hieß das noch nicht, er habe die Berghoheit im späteren Sinne des 12. Jahrhunderts

32 R. Willecke, sv. Bergrecht. Lexikon des Mittelalters I (München-Zürich 1980) Sp. 1957f. – Schlageter, Belchen (Anm. 3) 133.

33 D. Hägermann u. K.-H. Ludwig, Europäisches Montanwesen im Hochmittelalter. Das Trienter Bergrecht 1185–1214 (Köln-Wien 1986).

34 R. Willecke, Das Bergrecht von Massa Marittima (1225–1335) und seine Abstammung vom ältesten deutschen Bergrecht. Der Anschnitt 31, 1979, 124–132 (mit dem ältesten deutschen Bergrecht ist das von Trient der Jahre 1185/1208 gemeint). – Vgl. auch N. C. di Caprio u. A. Storti, »Ordinamenta Super Arte Fossarum Rameriae Et Argenteriae Civitatis Massae« – the mining Statute of Massa Marittima (Grosseto, Italia), an early 14th century act of the Miners' corporation. In: B. G. Scott u. H. Cleere (Hrsg.), The Crafts of the Blacksmith. Essays presented to R. F. Tylecote 1984 (o. O., o. J.) 149–152.

35 Willecke (Anm. 32) Sp. 1957.

36 Zettler (Anm. 13): Die Klöster haben wenig mit dem frühen Bergbau zu tun; nur über die weltliche Klosterherrschaft und die Vogtei sind später die Klöster mit dem Bergbaugeschehen verknüpft.

37 Die Zähringer II (Anm. 1) 51.

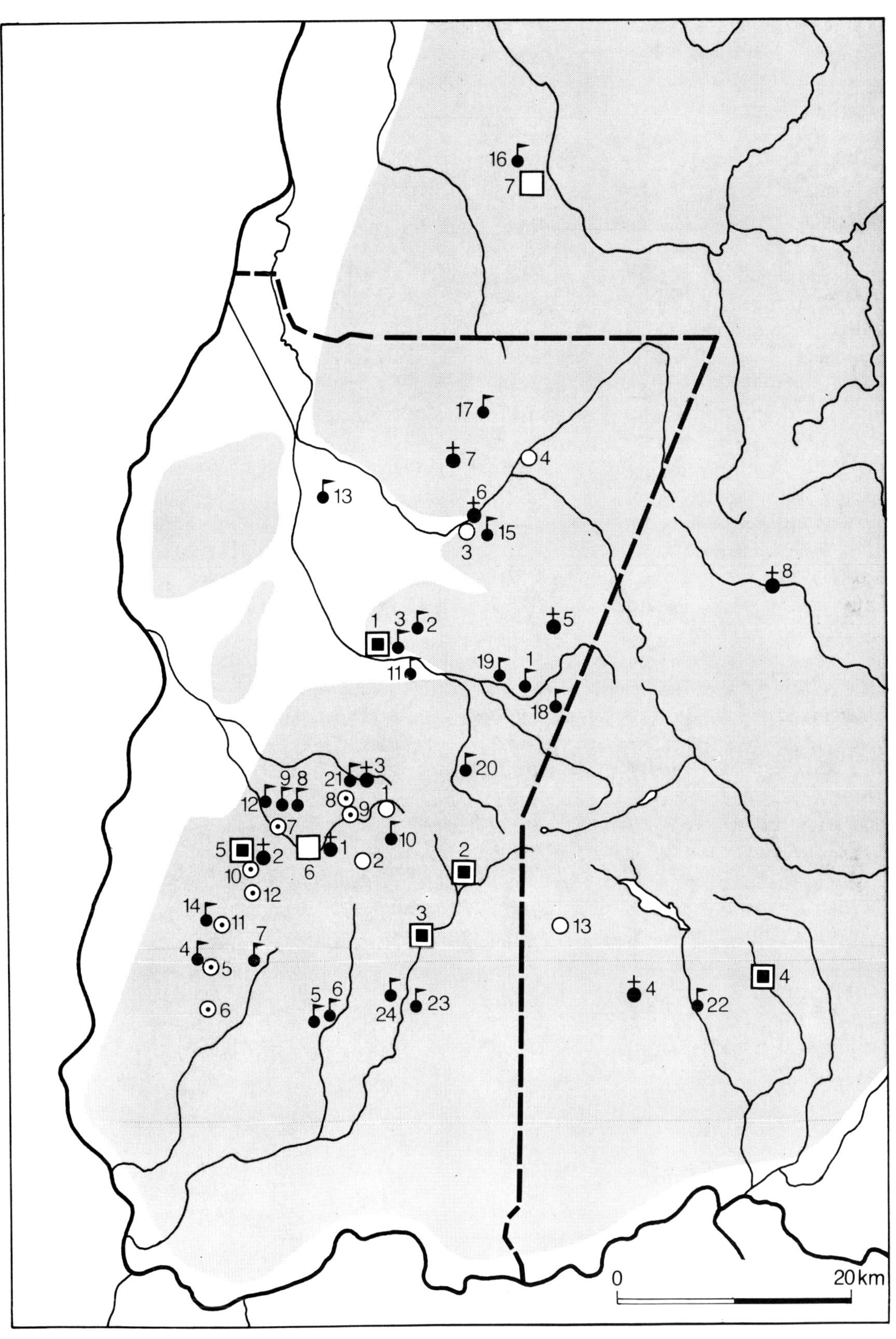

1. 2. 3. 4. 5. 6. 7.

erlangt, sondern nur den bisher dem König zufließenden Bergzehnten. Die den Klöstern oder anderen Grundherren unterstehenden oder von ihnen betriebenen Bergwerke hätten den Zehnten dann nicht mehr dem König, sondern dem Bischof von Basel und später den Zähringerherzögen zu zahlen, denen die Rechte als »Lehen« überlassen worden waren bzw. die sie sich genommen hatten[38].

In den Erzrevieren liegen Klöster. Hinten im Münstertal, im Tal des Neumagen, etwa 10 km vom Schwarzwaldrand entfernt, nahe der 1028 erwähnten Orte Steinebronnen inferius und superius, wird in der ersten Hälfte des 7. Jahrhunderts eine Einsiedelei gegründet, woraus im 9. Jahrhundert das Benediktinerkloster St. Trudbert wird[39].

Am Eingang zum nächsten Tal im Süden, dem Sulzbachtal, besteht – wie erwähnt – im 10. Jahrhundert das Kloster St. Cyriak, dem König Otto III. 993 die Talschaft schenkt.

Im nächst benachbarten größeren Tal im Norden, im Möhlintal, liegt das Kloster St. Ulrich, gegründet mit Unterstützung der Zähringer 1087 als Cluniazenserpriorat an der Stelle des ehemaligen, erstmals 868 erwähnten Wilmarszell[40].

Von Süden, vom Hochrhein her, wird im Schwarzwald im Tal der Alb das Kloster St. Blasien gegründet, eine Zelle des Klosters Rheinau seit der Mitte des 9. Jahrhunderts und Abtei im 11. Jahrhundert, die später erhebliche Einkünfte aus der Erzgewinnung zieht[41].

Im Jahr 1093 verlegte der Zähringerherzog Berthold II. das Kloster aus Weilheim unter Teck nach St. Peter im Schwarzwald, wo es Hauskloster und Grabstätte des Zähringergeschlechts wurde, aber keinerlei direkte Beziehungen zum Bergbau hatte[42].

Doch spielte der Gewinn aus dem Silbererzbergbau für die Zähringer Herzöge durchaus eine zentrale Rolle, nach Ausdehnung ihrer Herrschaft in den Breisgau (etwa seit 1079) und nach Übernahme des Rechts am Zehnten vom Basler Bischof. Die alte heimatkundliche Literatur bringt zudem dieses Ausgreifen in den Breisgau in direkten Zusammenhang mit dem Wunsch nach Zugriff auf die Silberlagerstätten und ging auch davon aus, daß die namengebende Burg auf dem Zähringer Burgberg – erbaut wohl etwa 1080 – wegen der Erzadern auf diesem Schwarzwaldrandberg errichtet worden sei[43].

In diesem Rahmen ist noch das Kloster St. Margarethen in Waldkirch im Tal der Elz zu nennen, ein im frühen 10. Jahrhundert gegründetes Frauenkloster. Es hat wohl kaum etwas mit Bergbau zu tun, wenn es auch benachbart zum Suggental liegt, das wegen der Silbererze und der Bergwerke berühmt war, die in der Montanliteratur des 19. Jahrhunderts auch immer mit den Zähringern in Verbindung gebracht werden. Berthold II. hat danach 1092 hier erste Gruben anlegen lassen[44].

Die Klöster im südlichen Schwarzwald haben der landwirtschaftlichen und auch politischen Erschließung des Schwarzwaldes gedient, so wie auch nördlich von Emmendingen um 1160 das Kloster Tennenbach im Zuge der zähringischen Politik gegründet worden ist. Zur Zeit der Salier bestehen also Klöster im Schwarzwald nahe den Erzrevieren, aber sie verdanken ihre Gründung nicht der Suche nach Silbererz, sondern sie errangen erst in der Folgezeit ihren Anteil am Gewinn aus diesen Bodenschätzen[45].

38 Zettler (Anm. 13).

39 Handbuch der historischen Stätten (Anm. 16) 691 f. – Vgl. Anm. 36; dagegen meint Schlageter, Belchen (Anm. 3) 133, daß St. Trudpert die Münstertaler Gruben selbst betrieb.

40 D. Geuenich, Der Landesausbau und seine Träger (8.–11. Jahrhundert). In: Archäologie und Geschichte (Anm. 3) 207–218, hier 210. – Handbuch der historischen Stätten (Anm. 16) 692 f.

41 H. Ott, Studien zur Geschichte des Klosters St. Blasien im hohen und späten Mittelalter. Veröff. der Kommission für geschichtliche Landeskunde in Baden-Württemberg B 27 (Stuttgart 1963). – Metz, Hotzenwald (Anm. 24) 171 ff. Landesausbau und Rodung im Hotzenwald mit Karte Abb. 65: St. Blasien liegt inmitten des erst seit dem 12. Jahrhundert gerodeten Gebietes.

42 Die Zähringer II (Anm. 1) 123 ff.

43 Zum Zähringer Burgberg: Die Zähringer II (Anm. 1) 23 ff. Nr. 12. – H. Steuer, Der Zähringer Burgberg bei Freiburg im Breisgau, eine Höhensiedlung des 4./5. Jahrhunderts. Arch. Korrbl. 19, 1989, 169–184, zum möglichen Bergbau 182.

44 Zum Kloster: Handbuch der historischen Stätten (Anm. 16) 847 (sv. Waldkirch). – Zum Bergbau im Suggental: Metz (Anm. 25), vgl. auch Anm. 51 und 67 (Burg Schwarzenberg).

45 Kartierung der Klöster und Erzreviere bei R. Metz in Metz, Richter u. Schürenberg (Anm. 4) 210 Karte Abb. 107.

Die Klöster St. Ulrich und St. Trudpert mühten sich um die Erzreviere am Schauinsland. Sie stritten um die Zugehörigkeit der Bergleutesiedlung Willnau am Stohren, 1184 erstmals erwähnt, die gemäß einer Entscheidung von 1213 bei St. Trudpert verbleiben sollte[46].

Anhand der Ortsnamenschichten ist abzulesen, daß im 8./9. Jahrhundert – nachdem die Besiedlung des Altsiedellandes abgeschlossen war – die Taleingänge besetzt wurden, worauf die Namen auf -weiler hinweisen. Etwa in das 10. Jahrhundert gehören die Orte mit Namen auf -kirch und -zell, die schon in den Tälern liegen: Waldkirch mit dem Kloster St. Margarethen im Elztal oder Wilmarszell an Stelle des späteren Klosters St. Ulrich im Möhlintal. Etwa zeitgleich sind nach D. Geuenich die Siedlungen mit Namenbestandteilen nach dem Gelände, also Namen mit -bach und -tal. Darunter sind die Orte Bleibach im Elztal und Suggental, die vom Namen her oder aufgrund anderer Hinweise mit Bergbau zu tun hatten.

In der Karolingerzeit waren die Klöster die Träger des Landesausbaus. Doch dieser wurde keinesfalls systematisch betrieben. Dann waren es die kleinen adligen Familien, die in »Einzelaktionen voneinander unabhängiger Kräfte« den Schwarzwald seit dem 8./9. Jahrhundert kolonisierten[47]. Im 10. Jahrhundert war das alamannische Herzogtum beteiligt, wenn monastische Neugründungen erfolgten, nur wenige im Vergleich zur Karolingerzeit. Darunter ist das Margarethenkloster in Waldkirch, das, vor 926 gegründet, neben einem umfangreichen Besitz im nördlichen Breisgau auch über einige Siedlungen im Elztal verfügen konnte, wie einer Urkunde von 1178 zu entnehmen ist, deren Bestimmungen aber auf die Gründungszeit zurückdatiert werden können[48]. Zu diesen Orten zählt auch Bleibach, dessen Namen auf Erzgewinnung deutet.

Im fortgeschrittenen 11. Jahrhundert entstehen oder werden durch Umbildung älterer monastischer Gemeinschaften die sog. Reformklöster gebildet, die Träger des weitergehenden Landesausbaus sind; denn sie liegen auf den Höhen des Schwarzwaldes (St. Georgen, St. Peter, St. Blasien u. a. m.). Der hohe Adel schafft um diese Eigenklöster straff organisierte Grundherrschaften, die planmäßig kolonisieren[49]. Von 1100 bis 1218 waren es die Zähringer als Herzöge, die Rodung und Erschließung auch des Schwarzwaldes für den politisch-organisatorischen Ausbau ihrer Landesherrschaft betrieben.

Für die Erschließung der Erzlagerstätten waren aber die frühen Klöster und kleinen Adligen wichtiger, die im 9. und sicher noch im 10. Jahrhundert die Schwarzwaldtäler so weit gerodet und besiedelt hatten, daß die Orte sich entwickeln konnten, die am Ende des 10. und nach der Urkunde von 1028 am Anfang des 11. Jahrhunderts Schauplätze des frühen Bergbaus waren, aus dem im südlichen (und mittleren) Schwarzwald vor allem die Bischöfe von Basel (und Straßburg), die Herzöge der Zähringer (bis 1218) und einige Grafengeschlechter wie die Nimburger Gewinn zogen.

46 R. Metz, Zur Geschichte des Bergbaus am Schauinsland. In: Der Schauinsland. Der Schwarzwald in Einzeldarstellungen Bd. 1 (Lahr 1966) 80–141. – P. Priesner, Die Geschichte der Gemeinde Hofsgrund (Schauinsland). Teil I: Der Bergbau im Schauinsland von 1340 bis 1954 (Freiburg 1982).

47 Geuenich (Anm. 40) 215f. – A. Schlageter, Besiedlungsgeschichte im Umfeld des Belchen. In: Der Belchen (Anm. 3) 87ff. mit den Karten Abb. 2, 5 und 6.

48 Geuenich (Anm. 40) 216. – Th. Zotz, Der Breisgau und das alemannische Herzogtum. Vorträge und Forschungen Sonderband 15 (Sigmaringen 1974) 83.

49 Geuenich (Anm. 40) 217. – Daß die Rodung und Erschließung der höheren Lagen im Schwarzwald während der Salierzeit weit vorangetrieben worden war, deuten einige Daten an: *Schon 1025* wird in einer Urkunde König Konrads II. der Hof Tottenouua/Tottnau erwähnt, der mit anderen Orten dem elsässischen Kloster Murbach zurückgegeben wird, gelegen mitten in einem reichen Erzrevier, vgl. A. Schäfer, Geschichte des Dorfes Todtnauberg (Todtnauberg 1966) 31f.; Handbuch der historischen Stätten (Anm. 16) 795. Todtnau gehört seit 1154 zum Kirchspiel Schönau. *Im Jahr 1095* erhielt das Kloster Allerheiligen in Schaffhausen die Gebiete östlich von St. Blasien von den Grafen von Nellenburg zur Rodung, vgl. Handbuch der historischen Stätten (Anm. 16) 263 s. v. Grafenhausen. *Erst seit 1114* hat St. Blasien im oberen Wiesental Besitz, und es bestanden die Talvogteien Schönau und Todtnau. Die Vogtei über St. Blasien ging übrigens 1125 an die Zähringer über. – R. Metz, Bergbau, Hüttenwesen und gewerbliche Unternehmen. In: Das tausendjährige St. Blasien Bd. 2 (1983) 67–86, hier 72. – Schlageter, Besiedlung. In: Der Belchen (Anm. 3) 94f. mit Karte Abb. 5: Zwischen 1100 und 1160 hat St. Blasien den größten Teil der »silva Sconouua«/Schönau erworben, wo aber die Rodungen schon bald nach 1000 eingesetzt haben.

2. Burgen

Seit dem 11. Jahrhundert werden Burgen im Schwarzwald errichtet, als Rodungsburgen[50], als adlige Wohnsitze, zur Sicherung der in den Schwarzwald ausgeweiteten Territorien und sicherlich wohl auch zum Schutz der Erztransportwege und der Verhüttungsanlagen (Abb. 4)[51]. Wie die frühen Anlagen ausgesehen haben, ist unbekannt. W. Meyer hat in der Schweiz einige Burgen archäologisch untersucht und nachweisen können, daß sie schon im 10. Jahrhundert errichtet worden sind, und zwar bestand der Baukörper aus einer Ansammlung von Holzgebäuden. Zu diesen frühen Anlagen zählen in der Nordschweiz die Frohburg und der Salbüel, die uns eine Vorstellung vom Aussehen dieser Burgen geben können[52]. Der Forschungsstand zu den älteren Adelsburgen ist im Breisgau und im südlichen Schwarzwald, im Gegensatz zum Elsaß und zur Schweiz, noch äußerst ungenügend[53], so daß zur Frage Burg und Bergbau nur einige Andeutungen möglich sind.

Als die Zähringer sich militärisch des Breisgaus bemächtigten, zerstörten sie 1079 die Burg Wiesneck im hinteren Dreisamtal am Beginn des Schwarzwaldüberganges. Wie die frühe Burg ausgesehen hat, ist unbekannt[54]. Sie errichteten – oder übernahmen – dann eine Burg auf dem »Zähriger Burgberg« südlich von Freiburg, die ihre namengebende Burg wurde, etwa um das Jahr 1080, und nicht viel später folgte, wohl noch vor 1100, die Burg auf dem Freiburger Schloßberg[55].

Doch gibt es noch einige Hinweise auf salierzeitliche Burgen inmitten des Schwarzwaldes und der Erzreviere.

Für eine Burganlage, die Grüneck bei Lipburg an der Westflanke des Blauen, mit Resten eines mächtigen Wohnturms, erschließt W. Meyer eine Holz-Erde-Burg des 10./11. Jahrhunderts, die erst im 13. Jahrhundert zur Steinburg umgebaut worden sei[56]. Schriftliche Nachrichten fehlen; vielleicht war sie im Besitz des Hauses Kaltenbach, das um 1150 ausgestorben ist. Die Burg liegt oberhalb eines ausgedehnten Pingenfeldes als Ergebnis eines intensiven Bergbaus. Kienspanreste aus einem Stollen (Schallsinger Höhle) in diesem Berg konnten über die C-14-Methode in das 8./9. Jahrhundert datiert werden. In der Ruine selbst wurden Keramik des 13. Jahrhunderts und der Rest eines Tiegels mit anhaftenden Silbertropfen geborgen. Über den Beginn des Bergbaus an diesem Ort kann jedoch bisher noch nichts Sicheres gesagt werden.

Die Grüneck gehört zu einer Gruppe früher Burgengründungen im Südschwarzwald, zu der nach W. Meyer anhand von Lesefunden die Burgen Alt- und Neu-Waldeck und Stockberg zählen. Keramikscherben stammen aus dem 10. Jahrhundert (Alt-Waldeck), aus dem 10. und 11. Jahrhundert (Neu-Waldeck) und aus dem späten 10. bis 12. Jahrhundert (Stockberg)[57]. Die Burg Stockberg liegt am

50 W. Meyer, Rodung, Burg und Herrschaft. In: W. Janssen u. a. (Hrsg.), Burgen aus Holz und Stein (Olten-Freiburg 1979) 43–80. – W. Janssen, Die Bedeutung der mittelalterlichen Burg für die Wirtschafts- und Sozialgeschichte des Mittelalters. In: Das Handwerk in vor- frühgeschichtlicher Zeit, Teil II. Abh. Akad. Wiss. Göttingen, Phil. Hist. Kl. Dritte Folge 123 (Göttingen 1983) 261–316, 268ff.: Burg und Rodung.

51 In der landeskundlichen Literatur begegnet diese Begründung für den Burgenbau im Schwarzwald immer an erster Stelle. So von mir übernommen: Steuer (Anm. 3) 398. Vgl. auch H. Bender, K.-B. Knappe u. K. Wilke, Burgen im südlichen Baden (Freiburg 1979) 44, 88; Metz, Suggental (Anm. 25) 283: Die abseitige und ungewöhnlich hohe Lage der zwischen 1112 und 1152 errichteten Burg Schwarzenberg erklärt sich u. a. aus der Aufgabe, die Silberbergwerke im Suggental zu schützen; A. Zettler, Die Burgen im mittelalterlichen Breisgau. Ein Forschungsprojekt der Abteilung Landesgeschichte am Historischen Seminar. In: Archäologie und Geschichte (Anm. 3) 219–256, hier 254.

52 W. Meyer, Frühe Adelsburgen zwischen Alpen und Rhein. Nachr. d. Schweizerischen Burgenvereins 57, 1984, 70–79, wieder abgedruckt in J. Fleckenstein (Hrsg.), Das ritterliche Turnier im Mittelalter (Göttingen 1985) 571–587, bes. 579f.

53 Zettler (Anm. 51).

54 K. Schmid, Die Burg Wiesneck und die Eroberung des Breisgaus durch Bertold II. im Jahr 1079. In: Kelten und Alemannen im Dreisamtal (Freiburg 1989) 115–139. – Die Zähringer II (Anm. 1) 23 Nr. 11.3.

55 H. Keller, Die Zähringer und die Entwicklung Freiburgs zur Stadt. In: Die Zähringer. Eine Tradition und ihre Erforschung. Veröff. zur Zähringer-Ausstellung I (Sigmaringen 1986) 17–29, hier 22.

56 W. Meyer, Burgen von A bis Z. Burgenlexikon der Regio (Basel 1981) 15.

57 Meyer (Anm. 52) 580 mit Anm. 50. – Ders. (Anm. 56) 9, 23, 35. – Die Erschließung der Schwarzwaldtäler von Süden erläutert jetzt A. Schlageter, Besiedlungsgeschichte im Umfeld des Belchen. In: Der Belchen (Anm. 5) 87–121, hier 94f. mit Karte Abb. 5 mit Eintragung einiger Burgen.

Übergang von Badenweiler zum hinteren Kandertal auf der Nordostseite des Blauen. Bergbauspuren sind hier nicht bekannt. Nördlich von Tegernau im kleinen Wiesental gibt es einige Erzgänge bei Wies[58] mit Abbauspuren in Gestalt von Pingen. Aber ob eine Beziehung zu den Burgen Alt- und Neu-Waldeck besteht, kann nicht gesagt werden.

Es ist zu bedenken, daß die frühen Adelsburgen ausschließlich vom hohen Adel errichtet worden sind. Während jenseits des Schwarzwaldes eine große Zahl von Grafengeschlechtern über Territorien verfügte, gab es im Breisgau nur ein Geschlecht, die Zähringer, die zudem schon zum herzoglichen Rang aufgestiegen waren[59]. Gegen Ende des 11. Jahrhunderts ist noch das Grafengeschlecht der Nimburger zu nennen, einziges Beispiel gräflicher Vasallen der Zähringer im Breisgau[60]. Für das 11. und frühe 12. Jahrhundert kann daher eigentlich nur mit einer geringen Zahl von Burgen gerechnet werden. Nach der militärischen Übernahme des Breisgaus werden die frühen Burgen der Ministerialen der Zähringer zuerst einmal im Altsiedelland, also in der Rheinebene, entstanden sein, als Turmhügelburgen oder Niederungsburgen. Auf welchen Schwarzwaldkuppen dann die ersten Burgen errichtet wurden, ist noch unbekannt. A. Zettler diskutiert die Lage der fiktiven »Habsburg« und »Altenburg«, deren Namen auf Vogelschauansichten des 16. und 17. Jahrhunderts über Schwarzwaldkuppen eingetragen sind. Er weist auf die Etzenbacher Höhe mit der »Horburg« bzw. dem »Alten Schloß«, auf die »Rödelsburg« und auf die Kuppe der Obermünstertäler Burg Scharfenstein hin, letztere von den Herren von Staufen im 13. Jahrhundert errichtet[61].

Ähnliche sagenhafte Überlieferungen, die mit der angeblichen Herkunft der älteren Kiburger Grafen aus dem Breisgau zusammenhängen und hier nicht näher berücksichtigt zu werden brauchen, beziehen sich auf den Kybfelsen zwischen dem Dreisam- und dem Günterstal südlich von Freiburg. Hier hat in 820 m NN Höhe eine Burg bestanden, von der wenige Reste geblieben sind. Neue Begehungen durch H. Wagner haben eine größere Menge an Scherbenmaterial erbracht, das noch in das 12. und vielleicht sogar in das späte 11. Jahrhundert gehört. Die Lage gegenüber dem Freiburger Schloßberg und am Talausgang läßt keine direkte Beziehung zu Silbererzlagern erkennen, wenn auch die Entfernung zum Kappeler Tal zu Füßen des Schauinsland mit den reichen Erzvorkommen gering ist[62].

Die Burg Staufen, auf dem eindrucksvollen Inselberg am Ausgang des Münstertales außerhalb des Schwarzwaldes errichtet, hatten seit Anfang des 12. Jahrhunderts die Herren von Staufen als Ministeriale der Zähringer Herzöge inne. Sie verfügten später als Vögte über das Kloster St. Trudpert und die Silbergruben im Münstertal[63].

Die Nimburg der seit 1094 bezeugten Grafen von Nimburg liegt ebenfalls in der Breisgau-Ebene; sie wird 1052 erstmals als Nuemburc erwähnt. Die Nimburger waren gleichfalls Zähringer Vasallen und verfügten zeitweilig über das Kloster St. Ulrich und die dortigen Silberbergwerke[64].

Mitten im 1028 erwähnten Erzrevier von Baden liegt die Burg von Badenweiler, als Burg »Badin« 1122 im Besitz der Zähringer überliefert und seit 1130 im Besitz eines Ministerialengeschlechts, das sich nach der Burg benennt[65].

58 Metz, Richter u. Schürenberg (Anm. 4) 68f. – Metz, Hotzenwald (Anm. 24) 396 nennt im Schwarzatal umfangreiche Verhaue und Spuren alten Bergbaus und erwähnt dazu eine Kleinburg, heute als »Heidenschloß« bezeichnet. – Vgl. auch Metz, Bergbau (Anm. 49) 68.

59 Zettler (Anm. 51) 236.

60 Zettler (Anm. 51) 243.

61 Zettler (Anm. 51) 239. – Zum Scharfenstein: Schlageter, Belchen (Anm. 3) 150f., nur für das 13. und 14. Jahrhundert belegt.

62 H. Wagner, Neue Funde vom »Kybfelsen« bei Freiburg i. Br. Arch. Nachr. aus Baden 42, 1989, 21–26. – Zettler (Anm. 51) 238f.

63 Bender, Knappe u. Wilke (Anm. 51) 176–180. – Handbuch der historischen Stätten (Anm. 16) 750. – Die Zähringer II (Anm. 1) 59.

64 Handbuch der historischen Stätten (Anm. 16) 577. – Die Zähringer II (Anm. 1) 53ff. (A. Zettler). – Zettler (Anm. 51) 243f.

65 Handbuch der historischen Stätten (Anm. 16) 58f. – Die Zähringer II (Anm. 1) 54f. mit Karte der Zähringer Ministerialen insgesamt (A. Zettler).

Die Burg Keppenbach, Gem. Freiamt im Landkreis Emmendingen, auf exponierter Höhe errichtet, liegt in unmittelbarer Nähe zu Silbervorkommen, die im hohen oder späten Mittelalter auch ausgebeutet worden sind. Die Herren von Keppenbach werden 1161 als Ministeriale der Zähringer genannt[66]. Die Burg Hohengeroldseck und ihre kleinere Vorgängeranlage auf dem sog. Rauhkasten liegen nur wenige Kilometer von den Silberlagerstätten entfernt, über denen im 13. Jahrhundert die Bergbaustadt Prinzbach entstanden ist. Geroldsecker werden seit der zweiten Hälfte des 11. Jahrhunderts genannt, eine hochadlige Familie, die auch Bischöfe von Straßburg gestellt und nach der Überlieferung am Gewinn aus den Silberbergwerken partizipiert hat[67].

Alle diese Burgen wurden noch unmittelbar auf Höhen am Schwarzwaldrand erbaut. Über die im Schwarzwald selbst recht abgelegen errichteten Burgen ist fast nie etwas Genaues bekannt. Zu diesen gehören die anfänglich unter archäologischem Gesichtspunkt genannten Anlagen und einige nun noch zu erwähnende Burgen.

Eine Burg Falkenstein, die im Zusammenhang mit dem Aufstand Herzog Ernsts von Schwaben zum Jahr 1030 erwähnt wird, ist die älteste schriftlich überlieferte Anlage[68], deren Lokalisierung jedoch nicht sicher ist, da es nicht wenige Burgen Falkenstein gibt. Eine davon liegt hinten im Höllental an der Falkensteige im Schwarzwald und bewacht einen wichtigen Verkehrsweg. Außerdem gibt es immerhin im Mörtel einer »Warte«, eines Turms auf einem benachbarten Berg, Splitter von Schlacken als Magerungsmaterial und in der südlichen Nachbarschaft Bergbauspuren[69]. Die Reste der Burg gehören wohl in den Anfang des 12. Jahrhunderts und zu einem zähringischen Ministerialengeschlecht.

Weiter vorn im Dreisamtal liegt in der Nähe zur 1079 erwähnten Wiesneck auch die Burgstelle Brandenberg am Galgenbühl, die einen altertümlichen Zuschnitt erkennen läßt und wie der Rest einer Turmhügelburg auf einem Bergsporn aussieht. Die Wilde Schneeburg im Tal von Oberried zu Füßen des Schauinsland oder die erwähnte Burg Scharfenstein im obersten Münstertal, ebenfalls auf dem Weg zum Schauinsland, sind Befestigungen, die wohl zur Phase der spätesten Rodungsburgen gehören[70].

Als letztes Beispiel sei noch auf die Birchiburg im Tal von St. Ulrich hingewiesen, gelegen am Hang des von Bergbauspuren vollständig bedeckten Birkenbergs. Im Streit um die Silbergruben zwischen der Stadt Freiburg und der Familie Snewlin wird sie 1379 zerstört[71].

In das späte 12. und 13. Jahrhundert gehören auch die Burgen im Südschwarzwald, die R. Metz in einer Karte zusammengestellt hat[72]. Sie sind in die Täler der zum Hochrhein entwässernden Flüsse geschoben und weisen alle Merkmale der Rodungsburg auf.

Vor dem Hintergrund dieses Überblicks wird man davon ausgehen können, daß es verschiedene Burgenbauphasen gegeben hat. Welche Burgengründungswelle weniger mit Rodung und mehr mit Schutz des Bergbaus zu tun hatte, ob es die salierzeitliche war, muß in Zukunft stärker ins Blickfeld der Burgenforschung rücken.

66 Zettler (Anm. 51) 255. – Bender, Knappe u. Wilke (Anm. 51) 85 ff. Die Burg liegt im Ortsteil »Reichenbach«, ein auf Erzlagerstätten weisender Name.

67 Bender, Knappe u. Wilke (Anm. 51) 42 ff. – Handbuch der historischen Stätten (Anm. 16) 252 f. – Zur Burg Schwarzenberg, die zwischen 1112 und 1152 errichtet worden sein soll, vgl. Handbuch der historischen Stätten (Anm. 16) 848 (s. v. Waldkirch) und Metz, Suggental (Anm. 25) 283 sowie hier Anm. 51. – Zur Rolle der Herren von Schwarzenberg im Rahmen des Landesausbaus Geuenich (Anm. 40) 217 mit Lit.

68 Zettler (Anm. 51) 254 Anm. 157.

69 Metz, Richter u. Schürenberg (Anm. 4) 165 (Ganggruppe E 27).

70 Schlageter, Belchen (Anm. 3) 151.

71 H. Nehlsen, Die Freiburger Patrizier-Familie Snewlin. Rechts- und sozialgeschichtliche Studien zur Entwicklung des mittelalterlichen Bürgertums. Veröff. aus dem Archiv der Stadt Freiburg im Breisgau 9 (Freiburg 1967).

72 Metz, Hotzenwald (Anm. 24) 240 Abb. 95. – Schlageter, Besiedlung. In: Der Belchen (Anm. 3) 95 und Karte Abb. 5 mit Eintragung einiger Burgstellen.

3. Städte

Unmittelbar dem Bergbau verdanken die meisten Städte im südlichen Schwarzwald ihre Entstehung (Abb. 4). Aber auch diese Phase der Stadtentstehung setzt erst am Ende der Salierzeit mit der Verleihung von Markt- und anderen Rechten an Freiburg 1120 ein. Älter ist Sulzburg, 840 als Sulzibergeheim erstmals erwähnt, 993 mit dem Kloster St. Cyriak überliefert, vom Breisgau-Grafen Bezelin 1008 mit dem Sulzbergtal an die Kirche von Basel übergeben und in der Urkunde von 1028 aufgeführt. Seit 1000 entwickelt sich wohl eine Marktsiedlung neben dem Kloster; für 1004 ist eine Marktrechtsverleihung überliefert. Doch erst in der zweiten Hälfte des 13. Jahrhunderts gründen die Herren von Üsenberg eine Stadt. Als ältestes deutsches Stadtsiegel mit Bergbaumotiv ist der Abdruck an einer Urkunde von 1283 erhalten[73].

Die wüst gewordenen Bergbaustädte mit massiv gebauten Befestigungsanlagen gehören ins 13. Jahrhundert, Münster im Münstertal 1258 erstmals genannt[74], Prinzbach im mittleren Schwarzwald, gegen 1262 erwähnt[75].

Im Inneren des südlichen Schwarzwalds liegen die Städte Schönau, als vielleicht schon dünn besiedelte Tallandschaft – *silva Scoennouua* – im 10. Jahrhundert erwähnt, als Siedlung in den 1150er Jahren genannt, um 1260 eigenes Amt, im 14. Jahrhundert dann Stadt, weiterhin Todtnau, als Hof Tottenouua 1025 erwähnt und nach der Entdeckung der Silbererze gegen 1280 als Marktsiedlung genannt[76].

So wie die Stadt Sulzburg als Siedlung wesentlich älter ist, hat die Stadtarchäologie für Freiburg jüngst nachgewiesen, daß lange vor der Marktrechtsverleihung von 1120 – oftmals als älteste Stadtgründung auf deutschem Boden unabhängig von einer römischen Vorgängersiedlung bezeichnet – »städtische« Steinbebauung am Ort existierte, verbunden mit umfangreichen Spuren handwerklicher Tätigkeit auf dem Felde der Metallurgie[77].

Für den Kraichgau und seine Erzreviere ist auf Wiesloch zu verweisen, erstmals 802 erwähnt, schon 965 mit Marktrecht ausgestattet, aber erst 1288 als Stadt genannt[78]. Die städtische Entwicklung im Schwarzwald gehört also insgesamt in nachsalische Zeit[79].

4. Zum Besiedlungsgang

Betrachtet man die Namen der in der Urkunde von 1028 genannten Orte und ihre Lage, so kann von einer Besiedlung der Schwarzwaldtäler bis zu einer gewissen Höhe im frühen 11. Jahrhundert ausgegangen werden. Sie ist als existent bezeichnet, und andere urkundliche Nennungen sprechen für die beginnende Kolonisation des Schwarzwaldes im 10., wenn nicht gar im 9. Jahrhundert.

Auch erste Burganlagen können im späten oder frühen 11. Jahrhundert im Schwarzwald errichtet worden sein. Noch früher ist die Erschließung der Schwarzwaldtäler durch Klostergründungen anzusetzen, die in der späten Karolingerzeit beginnt.

Von Bergbau sprechen die älteren Quellen nicht. Landwirtschaftlich ausgerichtete Gehöfte haben im Schwarzwald bestanden, bei denen dann später Erzadern erschlossen werden konnten. Ob diese Höfe vorwiegend auf Viehhaltung und Weidewirtschaft ausgerichtet waren oder ob auch Ackerbau betrieben

73 Die Zähringer II (Anm. 1) 50ff. Nr. 29–31.

74 G. Albiez, Geschichte des Bergbaues im Münstertal (Schwarzwald). Badische Heimat 53, 1973, 111–127, hier 114f.

75 A. Ammann u. R. Metz, Die Bergstadt Prinzbach im Schwarzwald. Alemannisches Jahrb. 1956, 283–313. – Handbuch der historischen Stätten (Anm. 16) 636.

76 Schlageter, Belchen (Anm. 3) 146ff.

77 Keller (Anm. 55) 21 und neue unpublizierte Ausgrabungsbefunde Sommer 1990 (M. Untermann).

78 Hildebrandt (Anm. 12) 244. – Handbuch der historischen Stätten (Anm. 16) 886.

79 Kartierung der durch den Bergbau entstandenen Städte bei R. Metz in: Metz, Richter u. Schürenberg (Anm. 4) 210 Abb. 107 (Städte vor dem Jahr 1300), 212 Abb. 108. – Metz, Hotzenwald (Anm. 24) Abb. 69 (mittelalterliche Städte für den gesamten Schwarzwald kartiert). – J. Oexle, Mittelalterliche Stadtarchäologie in Baden-Württemberg. In: D. Planck (Hrsg.), Archäologie in Württemberg (Stuttgart 1988) 381–411, 382 Kartierung aller Städte mit Entstehungszeiten, nach Historischer Atlas von Baden-Württemberg, Blatt IV, 4 (1973).

wurde, ließe sich nur durch systematische Pollenanalysen erschließen. Es muß jedoch berücksichtigt werden, daß die klimatischen Verhältnisse im 11. und 12. Jahrhundert günstiger waren als gegenwärtig, daß also dem Vordringen in die Berge geringere Probleme entgegenstanden als zu anderen Zeiten.

5. Weitere Hinweise auf Bergbau zur Salierzeit

Immerhin ist für das 12. Jahrhundert eine Höhensiedlung am Stohren, dem Südbereich des Schauinsland überliefert, genannt in einer Urkunde des Papstes Lucius II. von 1144. Der Platz liegt weit oberhalb des Klosters St. Trudpert, auch oberhalb von Steinenbronnen im obersten Münstertal. Für das Jahr 1184 wird eine Besitzbestätigung durch Papst Lucius III. für St. Ulrich im benachbarten Möhlintal urkundlich überliefert, in der von *»curtem in Wildenouua cum appendiciis suis«* gesprochen wird, vielleicht dieselbe Siedlung, die inzwischen an St. Ulrich gekommen war und als Meierhof charakterisiert wird. Sie liegt in 1000–1150 m Höhe, entweder noch in urwaldartiger Wildnis oder vielleicht doch schon in landwirtschaftlich erschlossenem Gebiet. In seiner Nähe hat es eine Bergmannssiedlung und unmittelbar dabei Erzgewinnung gegeben; bis heute sind Bergbauspuren erhalten. Als Grundherren kommen die Grafen von Nimburg, Konkurrenten der Zähringer, in Frage[80], die St. Ulrich gefördert haben. Nun liegt St. Ulrich im Möhlintal inmitten eines reichen Erzreviers aus zahlreichen dicht nebeneinander verlaufenden Erzgängen, das heute durch verschiedenartige und zahlreiche Spuren mittelalterlichen Bergbaus gekennzeichnet ist. St. Ulrich wird, weil andere Besitzverhältnisse herrschten, in der Urkunde von 1028 nicht genannt. Da das Erzrevier des Brizzenberges/Stohren am Schauinsland jedoch zu Anfang des 12. Jahrhunderts von St. Ulrich aus erschlossen worden ist, könnte man darin Indizien dafür sehen, daß im Tal von St. Ulrich selbst schon vorher – auch im 11. Jahrhundert – Bergbau »umging«, wenn auch erst für 1291 überliefert ist, daß die Gruben im Bau standen.

Für das Revier im Suggental nördlich des Zähringer Burgbergs bei Freiburg nennt die wissenschaftliche Literatur bis zum vorigen Jahrhundert immer wieder frühe Daten, die den Bergbau mit den Zähringern in Verbindung bringen. Es heißt, Berthold II. habe 1092 die Gruben anlegen lassen, im Jahr 1099 sei die Silber- und Bleigrube bei der Martinskapelle aufgetan und ein Schmelzwerk errichtet worden. Nach ihrer Vernichtung durch Feuer wäre eine neue Schmelze am Ausgang des Elztals 1218 gebaut worden. Eine andere Überlieferung berichtet für 1211 von der Entdeckung eines neuen Silberganges. Aber ein nachprüfbares sicheres Datum liefert erst die Urkunde von 1284, in der Graf Egon III. von Freiburg einer Reihe von Bergwerksunternehmern erlaubt, einen Wassergraben, den 15 km langen Urgraben, auszubauen und ihn über die Güter von St. Peter, über die Wasserscheide bis zum Ausgang des Suggentals zu führen[81], im übrigen der erste schriftliche Hinweis auf Wasserkünste und Mühlen für Pochwerke im Schwarzwald-Bergbau.

80 Schlageter, Belchen (Anm. 3) 130ff. 138.

81 Metz, Suggental (Anm. 25). – Für das Hochtal von Bernau erschließt Metz, Hotzenwald (Anm. 24) 669 und Ders., St. Blasien (Anm. 58) 68 Bergbau im 12. Jahrhundert aus der Kirchenweihung von Bernau-Hof im Jahr 1157, und schon ab 1114 faßt St. Blasien Fuß im Bergbaurevier des oberen Wiesentals (Schönau, Todtnau); Metz, St. Blasien (Anm. 58) 72. – Vgl. auch K. v. Gehlen, Erzgänge und Bergbau zwischen Schönau im Schwarzwald und Belchen. Berichte der Naturforschenden Gesellschaft zu Freiburg i. Br. 43, 1953, 93–120, hier 102.

IV. Archäologische Ergebnisse

Im wesentlichen galt der Bergbau im Schwarzwald dem Silber, enthalten in den Bleierzen, und Blei-Silber-Erzlagerstätten sind in dichter Lage im südlichen und mittleren Schwarzwald erfaßt. Aber es darf nicht vergessen werden, daß auch Kupfererze anstehen, worauf oben schon näher eingegangen worden ist.

Seit 1987 führt das Institut für Ur- und Frühgeschichte der Universität Freiburg im Rahmen des Forschungsverbundes »Archäologie und Geschichte des ersten Jahrtausends« (wobei sich das erste Jahrtausend bis zur Entstehung der Städte im Breisgau erstreckt) ein Projekt »Zur Frühgeschichte des Erzbergbaus und der Verhüttung im südlichen Schwarzwald« durch[82], und zwar in Zusammenarbeit mit dem Geologischen Landesamt Baden-Württemberg (Dr. H. Maus) und dem Forschungsinstitut für Edelmetalle und Metallchemie (Prof. Dr. Chr. Raub, Dipl. Ing. D. Ott). Es ist als Prospektionsunternehmen angelegt, mit dem die Reste frühgeschichtlichen Bergbaus im Schwarzwald aufgespürt und datiert werden. Mit archäologischen Methoden, unter Einsatz der Lagerstättenkunde und der Erz- und Schlackenanalysen, wird angestrebt, den gesamten Prozeß von der Aufspürung der Lagerstätten über die Erzgewinnung bis zur Verhüttung und Weiterverarbeitung zu erschließen. Als Quellen im Gelände stehen die Relikte des alten Bergbaus, ausgebeutete Lagerstätten, Pingen (kleine Tagebaue und zugefallene Schächte), Verhaue (größere Tagebaue, die künstliche Schluchten und Kerben am Berg hinterlassen haben), Schächte und Stollen, Halden, Pochplätze sowie Reste von Bergschmieden in unmittelbarer Nachbarschaft zu den Erzgängen zur Verfügung, außerdem Überreste von Erzwäschen, Schmelzöfen und Schlackenhalden im Bereich der Verhüttung in den Tälern an den Rändern der Bäche. Archäologisches Fundmaterial erlaubt Aussagen zur Betriebsorganisation des Bergbaus, die zur Salierzeit nicht aus größeren Gewerkschaften, sondern aus Familien bestanden hat.

Als Ausgangsbasis[83] standen landes- und lagerstättenkundliche Schriften zur Verfügung, die das Ergebnis systematischer Geländebegehungen registriert haben, überwiegend die Abbauspuren: Verhaue, Pingen und Halden. War aus dem Archivmaterial kein Hinweis auf das Alter des Bergbaus zu gewinnen, so wurde allgemein »mittelalterlich« vermerkt. Da Bodenschätze in manchen Revieren im Schwarzwald bis in die 1950er Jahre abgebaut worden sind, entstanden in vielen Revieren über Jahrhunderte hin Abbauspuren, die jeweils die älteren zerstört, überdeckt oder verändert haben, was die Abgrenzung und zeitliche Einordnung der frühen Spuren sehr erschwert.

Mit Hilfe der vorliegenden Kataloge konnte gezielt in den Tälern gesucht werden. Systematisch wurden alte Bergbaureviere abgegangen, Halden und Pingenreihen neu kartiert – die dann den Verlauf der Erzgänge widerspiegeln – und Schlacken für die Analysen sowie Keramik für die Datierung gesucht (Abb. 5 und 6). Während bisher nur Karten mit »alten« Bergbauspuren gezeichnet werden konnten, liegen jetzt erste Übersichten über verschieden alte Abbaue, über Schlackenplätze der Bergschmiede und

82 H. Steuer, Zur Frühgeschichte des Erzbergbaus und der Verhüttung im südlichen Schwarzwald. Literaturübersicht und Begründung eines Forschungsprogramms. Archäologie und Geschichte Bd. 1 (Anm. 3) 387–415. – *Bisher erschienene Vorberichte:* H. Steuer, G. Goldenberg u. U. Zimmermann, Untersuchungen zur Frühgeschichte des Erzbergbaus und der Verhüttung im südlichen Schwarzwald. Arch. Ausgr. in Baden-Württemberg 1987 (Stuttgart 1988) 328–336 (Grabungen im Revier von St. Ulrich). – Dies., Montanarchäologische Untersuchungen im südlichen Schwarzwald. Arch. Ausgr. in Baden-Württemberg 1988 (Stuttgart 1989) 194–202 (Grabungen im Revier von Sulzburg). – Dies. u. A. Brunn, Zum Fortgang der montanarchäologischen Untersuchungen im südlichen Schwarzwald. Arch. Ausgr. in Baden-Württemberg 1989 (Stuttgart 1990) 226–241; darin: G. Goldenberg u. U. Zimmermann, Bergbau auf Hämatit im Münstertal-Rammelsbach, Kreis Breisgau-Hochschwarzwald, S. 226–230; U. Zimmermann u. G. Goldenberg, Mittelalterlicher Kupferbergbau und Kupferverhüttung in Münstertal-Süßenbrunn, Kreis Breisgau-Hochschwarzwald, S. 230–235; U. Zimmermann, G. Goldenberg u. A. Brunn, Bergbauarchäologische Untersuchungen in Prinzbach, Gemeinde Biberach, Ortenaukreis, S. 235–241.

83 R. Metz, M. Richter u. H. Schürenberg, Die Blei-Zink-Erzgänge des Schwarzwaldes. Beihefte zum Geologischen Jahrbuch 29 (Hannover 1957). – M. Bliedtner u. M. Martin, Erz- und Minerallagerstätten des mittleren Schwarzwaldes (Freiburg 1986). – Bergbau auf Staufener Gemarkung. In: Staufen im Breisgau. Geschichte und Gegenwart (Freiburg 1989) 39–53 (H. Wetzler).

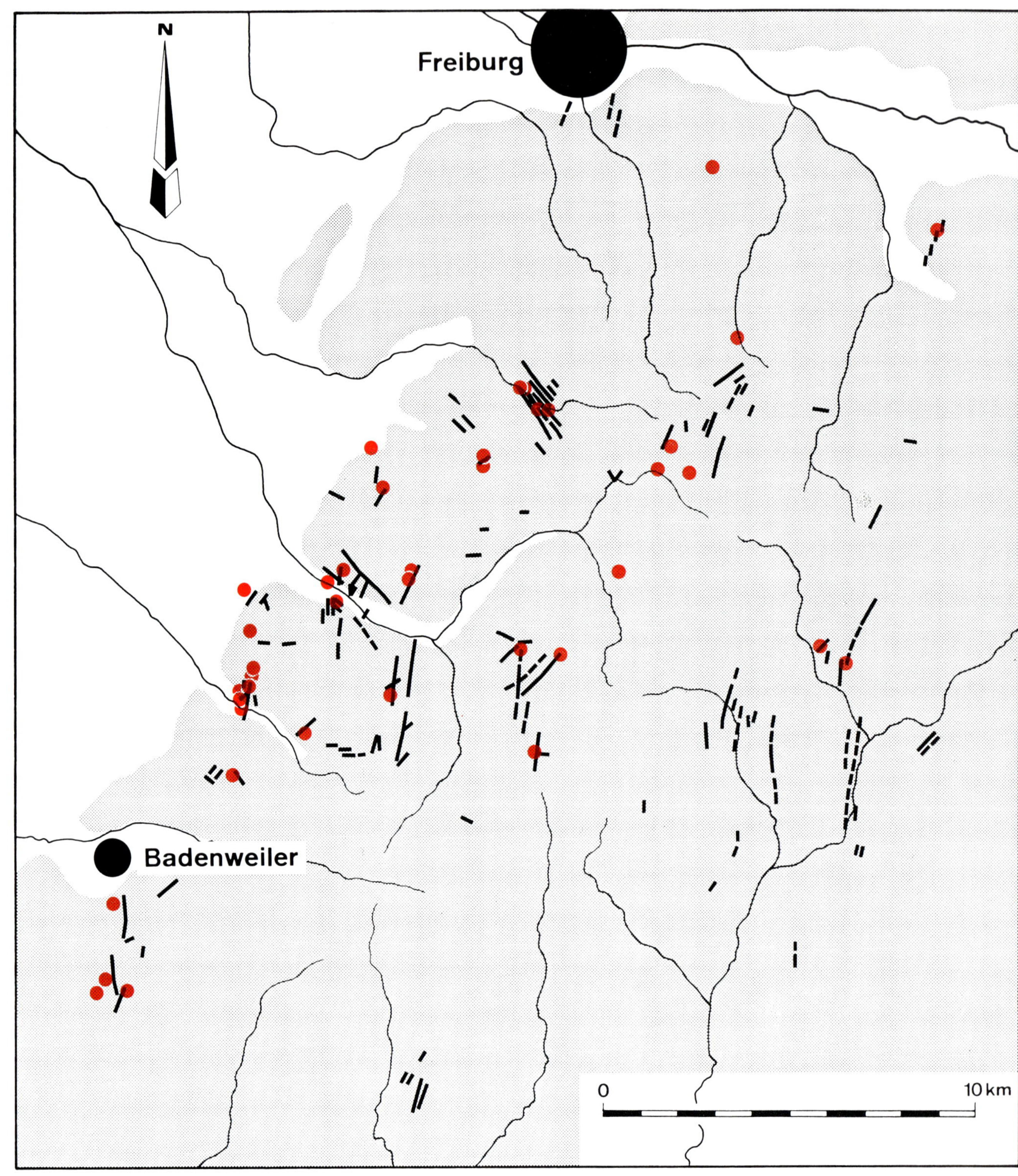

Abb. 5 In den Jahren 1987 bis 1989 registrierte Keramikfundplätze in den Erzrevieren des Südschwarzwaldes (nach G. Goldenberg).

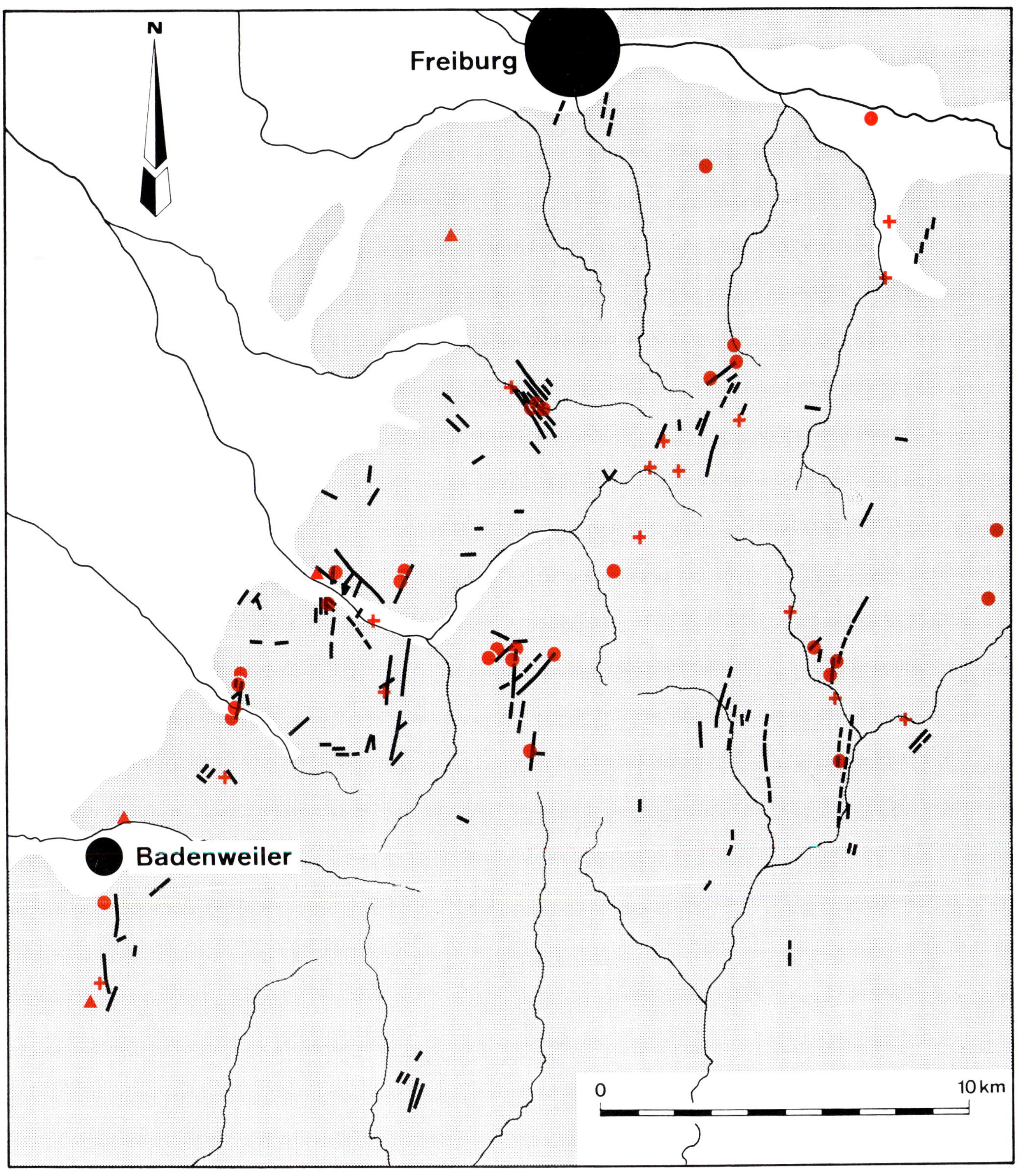

+ 1. ● 2. ▲ 3.

Abb. 6 In den Jahren 1987 bis 1989 registrierte Schlackenfundplätze in den Erzrevieren des Südschwarzwaldes (nach G. Goldenberg): 1 Schlackenfundplätze (oder andere metallurgische Rückstände) im Zusammenhang mit der Gewinnung von Blei, Silber, Kupfer, Antimon (Buntmetallverhüttung). – 2 Schlackenfundplätze in Zusammenhang mit Eisenverarbeitung (Schmieden). – 3 Schlackenfundplätze im Zusammenhang mit Eisengewinnung (Eisenverhüttung).

der Verhüttung sowie Keramik von den Betreibern, den Bergleuten samt ihrer Familien vor. Die Mehrheit der frühen Belege kennzeichnet – wie den schriftlichen Quellen zu entnehmen – auch archäologisch das 13. Jahrhundert als einen Höhepunkt des Bergbaus im Schwarzwald.
Aber auch der Nachweis älterer Erzgewinnung, vor allem des 11. Jahrhunderts, der Salierzeit, ist gelungen, und nicht nur an den Orten, die in der Urkunde von 1028 genannt werden, auch wenn die Geländeprospektion diesen Orten ihre besondere Aufmerksamkeit gewidmet hat.
Die größten in Deutschland erhaltenen Abbauspuren, sog. Verhaue, mächtige Tagebaue mit Breiten von mehr als 5 m und Tiefen bis zu 15 m sind heute noch im Revier von Kropach erhalten (Abb. 7)[84]. Ihre Datierung ist bisher nicht gelungen. Indizien (s. u.) weisen auf die römische Zeit hin. Wenn römischer Tagebau in größerem Umfang und an mehreren Stellen im Schwarzwald umgegangen sein sollte, dann hätten die Prospektoren zur Karolinger- oder Salierzeit diese alten Bergbaue als Ausgangspunkt nehmen können.

1. Ausgrabungen im Revier von Sulzburg

Bei Sulzburg, etwa 35 km südlich von Freiburg, im 9. Jahrhundert erwähnt und wieder in der Urkunde von 1028 genannt, kreuzt ein Blei-Silber-Erzgang in Nord–Süd-Richtung das Tal, im Norden Riestergang genannt, im Süden Himmelsehre. Der gesamte Gangverlauf ist begleitet von alten Bergbauspuren, neuzeitlichen Stollenmundlöchern dicht über der Talsohle, aber auch am Hang, dann vor allem von aufgereihten Pingen und mächtigen Tagebauen, an die sich künstliche Terrassen aus Abraummaterial, also Halden anschließen. Keramikfunde auf diesen Terrassen, neben Schlacken und Resten von Schmiede- und Schmelzöfen, gehören in das 13. und ins 11. Jahrhundert (Abb. 8). Die oberste Terrasse, etwa 150 m über der Talsohle und offensichtlich in den natürlichen Berg eingeschnitten, wurde archäologisch untersucht. Dabei zeigte sich – und das gilt für viele untersuchte Terrassen –, daß auf diesen künstlichen Plattformen vielfältige, über längere Zeit verteilte Arbeitsvorgänge abgelaufen sind, wodurch erst die heutige Gestalt mit vielen Metern dicken Schichten entstanden ist. Oben auf dieser obersten Terrasse am Riestergang liegen mächtige Schichten aus Holzkohle, die Reste verschiedener Meiler sind und ins 13. Jahrhundert gehören. Darunter folgen schwarze »Kulturschichten« mit Schmiedeherden und anderen in das Haldenmaterial eingetieften Arbeitsgruben, die durch Keramik in das 11. Jahrhundert datiert werden. Dieses Schichtenpaket deckt einen verfüllten Tagebau ab, der oben 7 bis 10 m breit war, mehrere Abbauphasen erkennen läßt, und bis über 5 m Tiefe ausgeräumt worden ist (Abb. 9). Insgesamt muß er noch wesentlich tiefer gewesen sein, was aus Sackungserscheinungen, abgebrochenen und heruntergestürzten Gangpartien und anderen Indizien folgt. Die senkrechten talseitigen Wände des Tagebaus zeigen deutlich Spuren von Schlägel- und Eisen-Arbeit sowie regelmäßig eingeschlagene Vertiefungen, Widerlager für Holzverstrebungen zum Einbau von Arbeitsbühnen im Tagebau. Römische Keramik datiert die Zufüllung des Tagebaus (Abb. 10). Am Hang des Berggipfels, wo der Erzgang sichtbar gewesen sein muß, wurde im 2./3. Jahrhundert das Blei-Silber-Erz im Tagebau gewonnen, wodurch ein Einschnitt in den Berg entstand, der später während weiterer Erzgewinnung wieder mit Abraum verfüllt wurde (Abb. 11), und zwar noch in römischer Zeit. Spätestens im 11. Jahrhundert haben Bergleute diesen alten Abbau wieder aufgesucht und in der Nachbarschaft Erz gewonnen (Abb. 12). Die Abbauspuren, Pingen und größere Bergeinschnitte vor heute zugefallenen Stollenmundlöchern sind in unmittelbarer Nähe vorhanden. Die Bergschmieden, in denen täglich das Gezähe der Bergleute neu geschärft wurde und aus denen Keramikscherben des 11. Jahrhunderts geborgen werden konnten, hatte man auf der Terrasse errichtet, die erst durch Zuschüttung eines römischen Tagebaus entstanden war. Noch auf weiteren Arbeitsflächen im Verlauf des Riesterganges wurde Keramik des 11. Jahrhunderts gefunden. Wahrscheinlich haben also kleine Gruppen von Bergleuten an verschiedenen Plätzen gearbeitet und Blei-Silber-Erz gewonnen, das dann irgendwo im Tal verhüttet worden ist. Die Entdeckung dieser Verhüttungsplätze ist noch nicht gelungen.

84 Slotta (Anm. 25) 1304 mit Abb.

Abb. 7 Tagebau (sog. Verhau) bei Kropach, Kr. Breisgau-Hochschwarzwald.

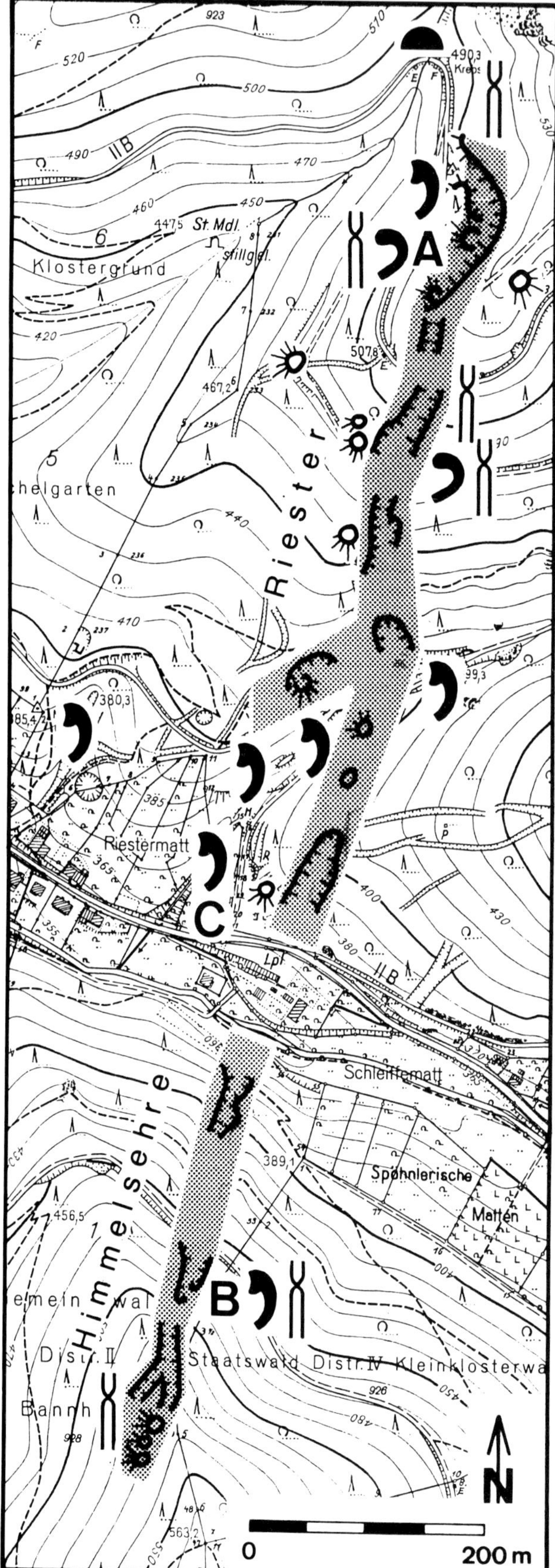

Abb. 8
Sulzburg. Der Blei-Silber-Erzgang »Riester« bzw. »Himmelsehre« und die Bergbauspuren und Oberflächenfunde des 11. und 13. Jahrhunderts (nach G. Goldenberg 1989).

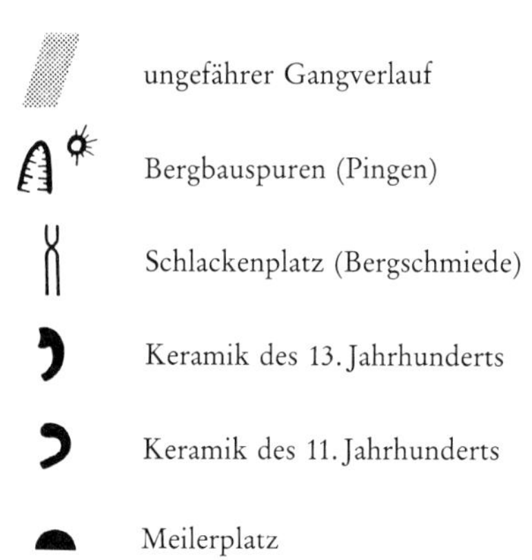

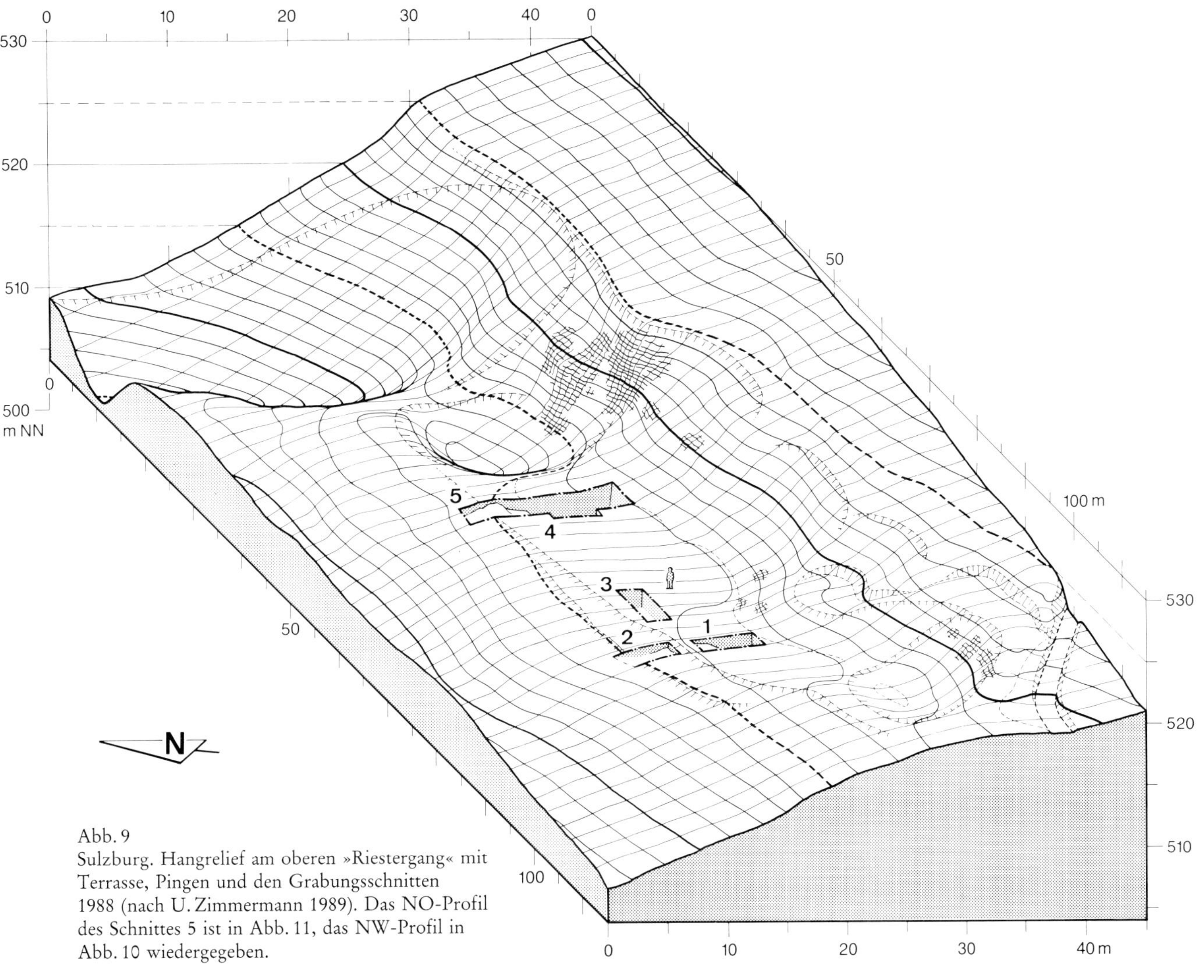

Abb. 9
Sulzburg. Hangrelief am oberen »Riestergang« mit Terrasse, Pingen und den Grabungsschnitten 1988 (nach U. Zimmermann 1989). Das NO-Profil des Schnittes 5 ist in Abb. 11, das NW-Profil in Abb. 10 wiedergegeben.

2. Ausgrabungen im Revier des Münstertales

In einem Seitentälchen des Münstertales, 20 km südlich von Freiburg, mit Namen Süßenbrunn wurde eine ähnliche Arbeitsterrasse im Verlauf eines Erzganges mit Quarz, Eisenspat, Schwerspat, Zinkblende und Kupferkies archäologisch untersucht[85]. Der Gang ist leicht zu verfolgen, da auch neuzeitliche Abbauspuren noch sichtbar sind. Die Halde am Steilhang brachte oberflächlich dichte Schlackenfunde und Keramikscherben des 13. Jahrhunderts. Auch dieser Schuttkegel besteht nicht einfach nur aus Abraum, sondern die Halde ist nach und nach im Zuge verschiedener sich ablösender Arbeitsvorgänge entstanden (Abb. 13). Abraum, holzkohlehaltige Schichten, Schlackenlagen und Schüttungen aus abgebauten Kupfererzen decken einen kleinen Tagebau, einen nur 0,70 m breiten Verhau zu, bei dem es sich auch um den Zugang zu einem verstürzten Stollenmundloch handeln kann. Nachfolgende Abbaumaßnahmen in der unmittelbaren Nachbarschaft haben dann zur Verschüttung dieser älteren Anlage geführt (Abb. 14). Während oberflächlich Keramikscherben des 13. Jahrhunderts gefunden

85 Metz, Richter u. Schürenberg (Anm. 83) 176 ff. (Ganggruppe G 11 Süßenbrunn). – Dazu auch Schlageter, Belchen (Anm. 3) Register: Süßenbrunn.

Abb. 10
Spuren von Schlägel- und Eisenarbeiten im verfüllten und durch Ausgrabung freigelegten Tagebau von Sulzburg »Riestergang«, Kr. Breisgau-Hochschwarzwald (rechts neben der Mitte der Meßlatte), sowie Löcher von Balkenwiderlagern von römerzeitlichen Arbeitsbühnen (links neben der Meßlatte in der unteren Bildhälfte).

wurden, stammen Scherben mehrerer Gefäße des 11. Jahrhunderts aus einer Arbeitsfläche in etwa einem halben Meter Tiefe unter der heutigen Oberfläche. Zu dieser gehören hangabwärts lagernde Erzschichten, im wesentlichen Kupferkies, und durch Brandeinwirkung durchglühte Flächen ehemaliger Ofen- oder Röstflächen. Die Verfärbung eines vergangenen Holztroges mit einer Ofencharge als Inhalt, einer Mischung aus Kupferkies, Quarz, Brauneisen, Eisenspat, Schwerspat und Malachit bzw. Azurit wurde freigelegt, also einer Mischung aus Kupfererzen und schlackenbildenden Zuschlägen. Überdeckt war der Arbeitsplatz durch ein etwa 3,50 m breites Dach, von dem zwei Pfosten nachgewiesen sind, als Pfostenlöcher mit Verkeilsteinen. Die Schlackenzusammensetzung belegt, daß an dieser Stelle nicht nur Kupfererz gewonnen, sondern auch verhüttet worden ist, wovon Reste der Wandungen von Schmelz- oder Probieröfen bzw. der Blasebalgkonstruktionen stammen. Temperaturen bis zu 1150 Grad sind erreicht worden. Die Aktivitäten des 11. Jahrhunderts überlagern Schichten, die einen älteren Bergbau bezeugen, der bisher nicht näher datiert werden kann.
Doch ist im Tal von Süßenbrunn Bergbau und Verhüttung zur Salierzeit erstmals archäologisch nachgewiesen worden, der zudem nicht dem Silber, sondern dem Kupfer gegolten hat.

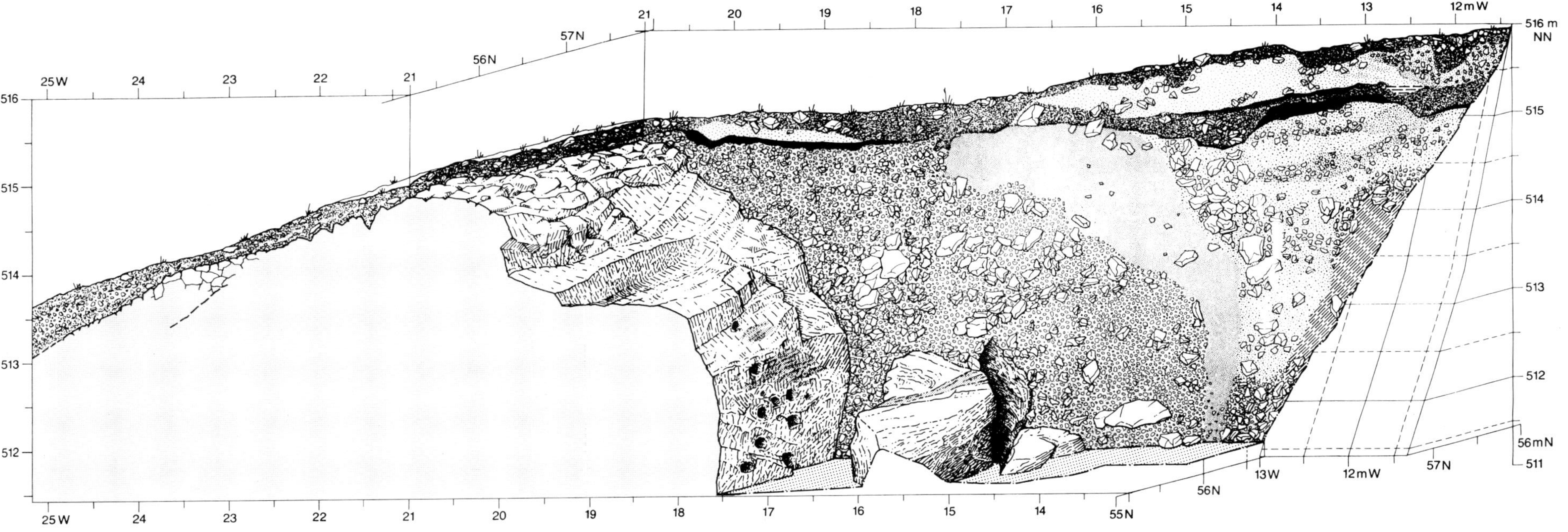

Abb. 11 Blick in den verfüllten Tagebau mit schwarzer Kulturschicht des 11. Jahrhunderts. Sulzburg »Riestergang«, Kr. Breisgau-Hochschwarzwald. Die Kulturschicht deckt in etwa 515 m NN den römerzeitlichen Tagebau ab. Spuren von Schlägel- und Eisenarbeiten sowie Löcher für Balkenwiderlager von römerzeitlichen Arbeitsbühnen oberhalb der Maßangabe 17 m W.

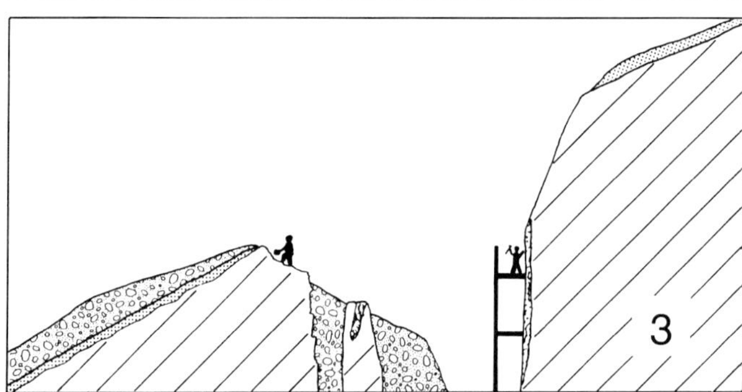

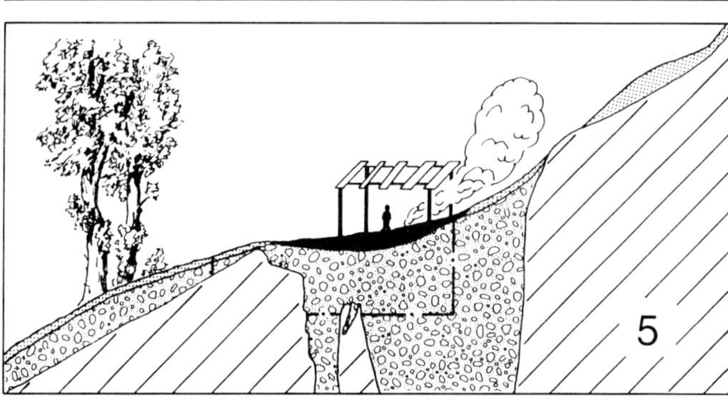

Abb. 12
Sulzburg. Rekonstruktionsmodell zum Bergbau der Römerzeit und des 11. Jahrhunderts (nach U. Zimmermann 1989).

1 Römerzeitlich
Prospektion und Entdeckung des Erzvorkommens

2 Römerzeitlich
Anlage eines schmalen Verhaus und Erzabbau

3 Römerzeitlich
Verbreiterung des Verhaus, Erzabbau und Verfüllung mit Versatz

4 bis 11. Jahrhundert
Wiederbewaldung und Verdichtung des Versatzes

5 11. Jahrhundert
Anlage einer Bergschmiede

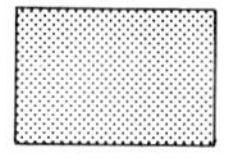
Humus

Gneis

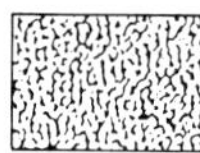
Erzgang

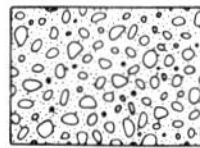
Versatz, Haldenmaterial

—·—· Grabungsgrenzen 1988 (Schnitt 5)

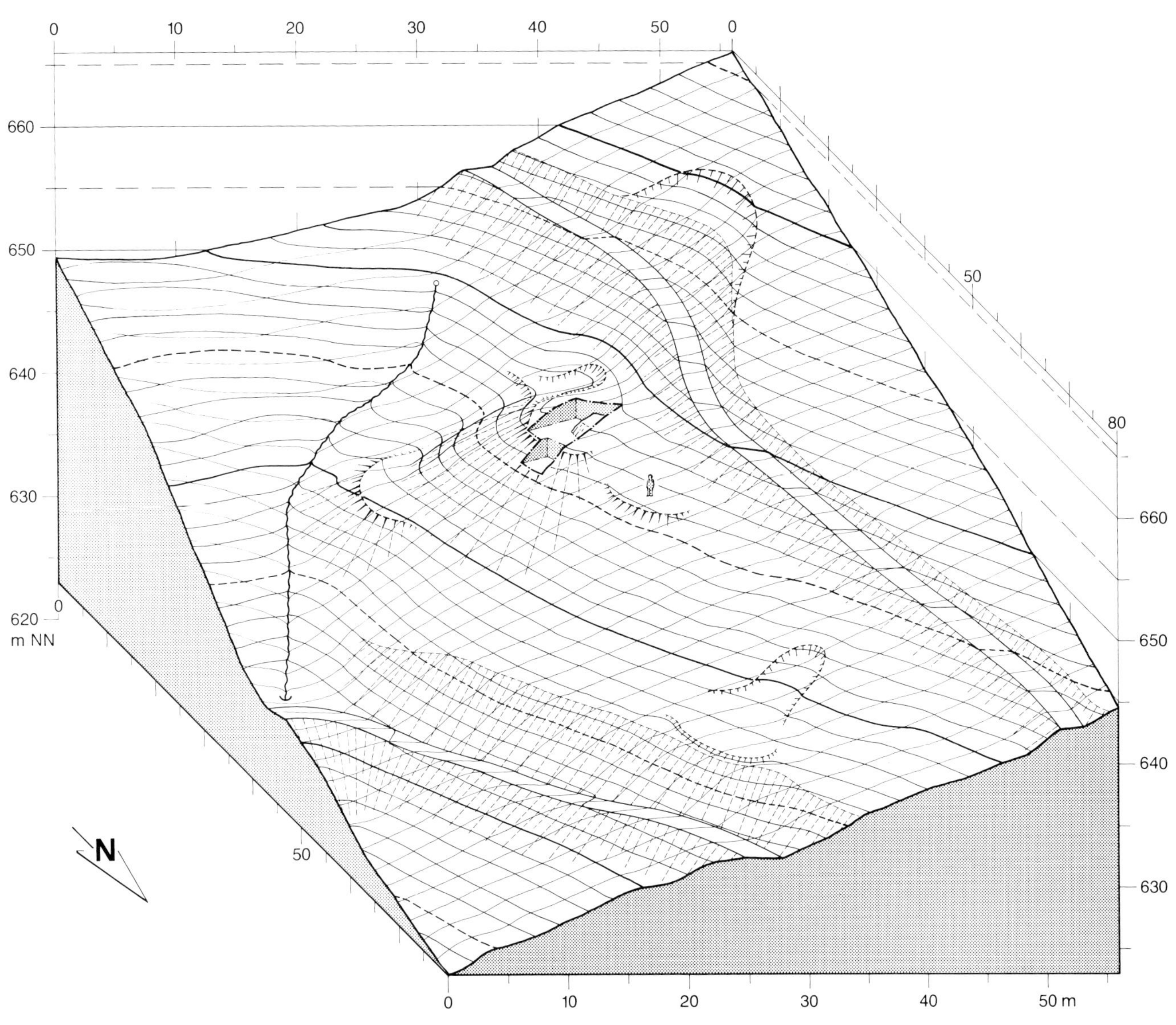

Abb. 13 Münstertal. Süßenbrunn. Topografie des Geländes mit Schuttkegel, Halden und Grabung beim Kupfererzabbau (nach G. Goldenberg und U. Zimmermann 1990).

3. Ausgrabungen im Revier von St. Ulrich

Im Tal von St. Ulrich, 10 km südlich von Freiburg, hat das Bündel der bis zu acht parallel laufenden Erzgänge zu jahrzehntelangem Bergbau geführt. Pingenreihen markieren den Verlauf der Erzadern. Terrassen und Plattformen bedecken, an diese Pingenreihen angeschlossen, den gesamten Hang des Birkenberges. Tiefe Verhaue eines Tagebaus sind für eine Burganlage, die sog. Birchiburg des 13./14. Jahrhunderts, als Gräben verwendet worden. Eine breite Staumauer aus Steinen mit sorgfältig gesetzter Front zur Talseite sowie Reste eines Hangkanals, einst zur Mühle eines Pochwerkes gehörend, ergänzen die Geländebefunde. Eine der Terrassen, die archäologisch untersucht worden ist, hat wiederum zahlreiche Spuren unterschiedlicher Tätigkeiten freigelegt, die erst zur Ausbildung der viele Meter mächtigen Terrasse geführt haben. Schmiedeöfen, Erzwaschanlagen und andere Einrichtungen gehören ins 13. Jahrhundert und werden überdeckt von jüngeren Meilerplätzen. Die Funde spiegeln eine nach Familien zusammengesetzte Bewohnerschaft, die den Bergbau betrieben und dort auch gewohnt hat. Neben den Werkzeugen und der Gefäßkeramik wurden vor allem Kachelreste eines Ofens

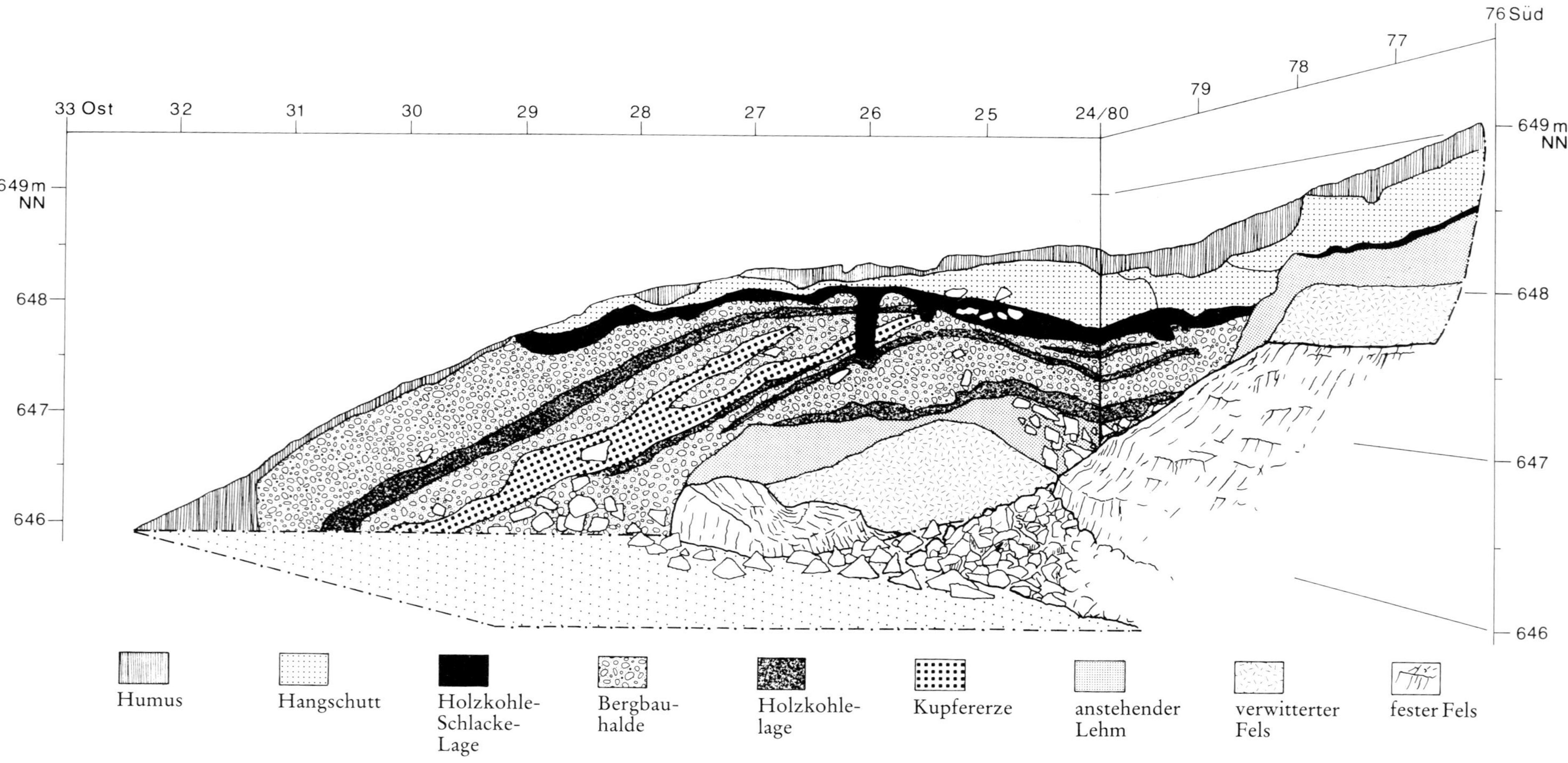

Abb. 14 Münstertal, Süßenbrunn. Verlauf der Schichten am Nord- und Westprofil mit dem verfüllten Eingang eines Verhaus oder Stollenmundlochs (nach G. Goldenberg und U. Zimmermann 1990).

Abb. 15 Prinzbach bei Biberach. Verfüllter und von einer Halde zugedeckter Schacht.

gefunden, weiterhin Spinnwirtel und Kinderspielzeug. Die gemischten Positionen der unterschiedlichen Arbeitsgänge in einem Erzrevier sind noch im 15. und 16. Jahrhundert für zahlreiche Bergbaureviere im Bild belegt, zugleich mit dem Nachweis, daß Männer und Frauen hier gearbeitet haben: Untertageabbau mit Schächten und Haspeln, überdachte Schächte und Pochplätze, Erzwaschanlagen, Schmiedeplätze, Schmelzöfen und gar Münzprägung am Ort bilden den Umfang eines Reviers. Ein Ausschnitt davon konnte in St. Ulrich archäologisch erschlossen werden, datiert ins 13. Jahrhundert und ältere Schichten überlagernd, für die eine Datierung bisher nicht möglich war. Es wurde erörtert, daß der Bergbau im Tal von St. Ulrich schon im 11. Jahrhundert eingesetzt haben wird, wie sich aus der schriftlichen Überlieferung zu ergeben scheint. An anderen Stellen in diesem Revier konnten bei Testgrabungen Hinweise auf Bergbau gewonnen werden, die in karolingische oder ältere Zeit weisen.

4. Ausgrabungen im Revier Prinzbach

Im mittleren Schwarzwald, etwa 60 km nördlich von Freiburg, liegt in einem Seitental der Kinzig die wüste Stadt Prinzbach am gleichnamigen Bachlauf. Die Stadt gehört ins 13. Jahrhundert, war einst von einer mächtigen Mauer umgeben und liegt direkt auf dem Erzgang, dessen Verlauf die Reihen von Pingen und Halden angeben. Archäologische Ausgrabungen sollten das zeitliche Verhältnis der Stadtmauer zu den Abbauspuren klären. Wieder zeigte sich bei den Grabungen im Scheitelbereich der halbkreisförmig verlaufenden Mauer um die am Hang liegende Stadt, daß vielfache und unterschiedliche Aktivitäten zur Aufhöhung des Areals geführt haben. Künstlich planierte Arbeitsflächen mit durch Hitzeeinwirkung verhärteten Partien, datiert durch Keramik und Metallfunde ins 13. Jahrhundert, decken eine Halde ab, deren Richtung auf eine benachbarte Pinge weist, die also vorher entstanden ist. Diese Halde überdeckt nun ihrerseits einen Schacht, der davor schon verfüllt gewesen war, ehe die Halde sich darüber ausbreiten konnte (Abb. 15). Noch war es nicht möglich, diese relative Abfolge zu datieren. Funde aus dem weiteren Stadtareal und aus ihrem Umfeld sowie die geringe Entfernung zum Kinzigtal, durch das zur Römerzeit die wichtige Straße über den Schwarzwald verlief, könnten auf römischen Bergbau im Prinzbachtal hindeuten. Ebenfalls ist dann nicht ausgeschlossen, daß vor dem 13. Jahrhundert hier Silber gewonnen wurde, wenn auch die Stadt erst später entstanden ist.

5. Untersuchungen im Kraichgau

Auf den karolingerzeitlichen Bergbau im Kraichgau bei Wiesloch wurde hingewiesen. Im Bereich der kilometerlangen Schlackenhalden – rund 300 000 Tonnen hochmittelalterlicher Erzschlacken mit bis zu 4 m Mächtigkeit – längs des Leimbaches bei der Stadt Wiesloch konnten kleine Ausgrabungen[86] Hinweise auf Bergbau der Salierzeit gewinnen. Die datierenden Funde sind eine Silbermünze Heinrichs IV. aus dem oberen Teil der Halden, ein dendrochronologisch bestimmter Eichenbalken mit einem Fällungsdatum zwischen 1057 und 1072 sowie C-14-Daten aus dem späten 10. Jahrhundert und schließlich Keramikscherben des 10./11. Jahrhunderts. Nach den Befunden wird entlang des Leimbaches eine große Verhüttungsanlage mit Wasch- und Pochwerken sowie Schmelzöfen gearbeitet haben. Die zugehörigen Bergwerke liegen wahrscheinlich etwa 2 km entfernt, wo ausgedehnte Pingenfelder und Stollensysteme mehrere Quadratkilometer bedecken. Untersuchungen im Jahr 1969 haben Verzimmerungen in Stollen freigelegt, deren dendrochronologische Einordnung von 1184 bis 1227 reicht. Salierzeitliche Abbauplätze konnten bisher nicht entdeckt werden.

6. Untersuchungen in den Vogesen

Für die Vogesen gibt es erste, noch nicht publizierte archäologische Hinweise, datiert mit Hilfe der C-14-Methode, auf Abbauspuren im 10./11. Jahrhundert, so daß auch hier salierzeitliche Erzgewinnung nachgewiesen ist[87].

V. Schlußbemerkung

Aus dieser Übersicht zum Besiedlungsablauf in den südlichen Schwarzwaldbergen folgt, daß die Erschließung der Tallandschaften in der karolingischen Zeit einsetzte und einen ersten Ausbaugrad in der ottonischen Zeit erreichte. Ottonische Währungspolitik ließ spätestens im ausgehenden 10. Jahrhundert einen Bergbau auf Silber entstehen.

Dieser erlebte in der anschließenden Zeit der Salier unter der expandierenden Politik der Zähringer Herzöge eine erste Blütezeit, die zahlreiche Spuren im Gelände hinterlassen hat. Auf diese Weise gelang es, den Bergbau auf Silber und auf Kupfer für das 11. Jahrhundert nachzuweisen.

Wenn auch erst wenige archäologische Hinweise vorliegen – neben einer nicht minder geringen Zahl von urkundlichen Quellenbelegen –, so reichen diese doch aus, für die Salierzeit eine erste Welle von Burgengründungen auch im Schwarzwald zu registrieren.

Ob diese Burgen zum Schutz der Bergwerksreviere oder im Rahmen von Rodung, Landesausbau und territorialer Sicherung errichtet worden sind, müssen zukünftige Forschungen zeigen.

86 Hildebrandt (Anm. 12) 242ff. mit Zeittabelle Abb. 28.3.

87 B. Ancel u. P. Fluck, L'aventure des mines (Obernai 1989) 10: Hinweis auf archäologische Befunde aus dem 10. Jahrhundert.

HANSJÖRG GRAFEN

DIE SPEYERER IM 11. JAHRHUNDERT

ZUR FORMIERUNG EINES STÄDTISCHEN SELBSTVERSTÄNDNISSES IN DER SALIERZEIT

INHALT

I. Zur Fragestellung

Das Ziel der vorliegenden Studie ist streng im Sinne des Titels zu verstehen. Gerhard Dilcher hat vor 17 Jahren den Typus der »ausgebildeten mittelalterlichen Stadt« in Mitteleuropa, mit dessen Auftreten er ganz allgemein für die Zeit um das Jahr 1100 rechnete, aus rechtshistorischer Sicht durch die vier Elemente: städtischer Frieden, städtische Freiheit, Stadtrecht und Stadtverfassung charakterisiert[1]. Wenn auch diese Merkmale für die Stadt Speyer, um die es hier geht, erst um die Wende des 12. und dann vermehrt im 13. Jahrhundert in ein helleres Licht der Quellen treten, weshalb eine eigentliche Geschichte dieser Stadt im Hinblick auf ihre Verfassung sowie ihre Bewohner und deren im Sinne konkreter politischer und sozialer Situationen motiviertes Handeln als zeitlich und räumlich geschlossene Geschehenserzählung erst von der späteren Stauferzeit an geschrieben werden kann[2], so wird doch an einem im Sinne Dilchers urbanen Charakter Speyers bereits für das ganze 12. Jahrhundert niemand ernstlich zweifeln wollen[3].

Es versteht sich von selbst, daß die Elemente einer solchen »ausgebildeten Stadt« für ihre Herausbildung einer Voraussetzung bedürfen, die notwendig älter sein muß als sie selbst, und daß die Entstehung dieser Vorbedingung ein eigenes Kapitel einer Stadtgeschichte darstellt, das es zu schreiben gilt[4]: Es war eine Gruppe von Menschen notwendig, die, an den Ort gebunden, ein Gemeinschaftsgefühl entwickelten, Menschen, die sagen konnten: »Wir sind die Speyerer; wir wollen hier bleiben; wir wollen gemeinsam leben.« Das Stadtrecht braucht, um zu bestehen, Menschen, die dieses als gerecht empfinden, der städtische Frieden Menschen, die ihn ersehnen und achten, die städtische Freiheit Menschen, die sie sich erkämpfen, und die Stadtverfassung Menschen, die sie in einer ihnen gemeinsamen Konzeption vom Zusammenleben und vom Umgang miteinander ausfüllen. Wenn sich eine solche Gruppe von Menschen an einem Ort, der die notwendigen politischen und ökonomischen Gegebenheiten aufweist, zusammengefunden hat, dann ist die Grundlage für die Entstehung einer Stadtgemeinde vorhanden[5].

Vom Morgenrot einer solchen von einem gemeinsamen Selbstverständnis getragenen Gruppe soll der vorliegende Essay nun handeln. Dabei fällt in methodischer Konsequenz die Untersuchung anderer

1 Dilcher, Rechtshistorische Aspekte 15ff.

2 Hier ist vor allem Voltmer, Reichsstadt zu nennen; vgl. auch Ders., Bischofsstadt. – Die auf die vor- und frühmittelalterlichen Verhältnisse und Ereignisse bezogenen Arbeiten – aus der neueren Literatur seien hier nur Bernhard, Speyer in der Vor- und Frühzeit, und Staab, Speyer im Frankenreich genannt – befassen sich dementsprechend in erster Linie mit anderen Themen, nämlich der Archäologie, der Kirche und der Einbindung Speyers in die frühmittelalterliche Adels- und Reichsherrschaft. – Über Forschungen zur Topographie siehe unten 98ff.

3 Voltmer, Reichsstadt 18ff. – Ders., Bischofsstadt 264ff.

4 Vgl. z. B. Bosl, Regensburg 97ff.

5 Vgl. Dilcher, Rechtshistorische Aspekte 27ff., besonders 31. – Zu den frühen Stadtgemeinden: Jakobs, Stadtgemeinde 14ff.

Bereiche, die ebenso zur Frühgeschichte des hier im Mittelpunkt des Interesses stehenden mittelalterlichen Speyer gehören, aus dem Kreis der Erkenntnisziele heraus, so etwa die Position und das Handeln seiner Bischöfe im reichs- und kirchengeschichtlichen Rahmen[6], die Entwicklung, Struktur und die geistlichen Beziehungsfelder des Domkapitels[7] sowie die wirtschaftliche Entwicklung und die Außenbeziehungen der Speyerer in Handel und Verkehr[8]. Dagegen bedarf die Herausbildung einer rechtlichen Begrifflichkeit der Stadt und ihrer Bewohner einer eingehenden Untersuchung, wenn auch nicht im Sinne der klassischen rechtshistorischen Forschung, die der Entstehung und Weiterentwicklung einzelner Rechtssätze und Institutionen auf der Spur zu bleiben gewohnt ist, sondern hier insbesondere im Hinblick auf die Bewußtseinslage der Träger des neuen Rechtes.
Der für Speyer in besonders argem Maße zu konstatierende Mangel an autochthonem Quellenmaterial aus dem 11. Jahrhundert – eine bislang nur wenig genutzte Chance liegt in der Memorialüberlieferung des Domstiftes – zwingt zu neuen Wegen in der Methodik, wobei es teilweise nicht ohne die Anwendung von theoretischen Ansätzen ging, auch nicht ohne Heranziehen von Analogien zur Nachbarstadt Worms, die uns zumindest für den Bereich des Rechtes eine etwas ergiebigere Überlieferung bietet. All dies soll nun hier erörtert und zur Diskussion gestellt werden.

II. Der Ort

Eine genaue Beschreibung der Lage und der topographischen Struktur des früh- und hochmittelalterlichen Speyer kann und soll nicht zu den Zielen der vorliegenden Ausführungen gehören. Dennoch mag es für die Anschaulichkeit dieser Abhandlung von einigem Nutzen sein, den räumlichen Rahmen der sich herausbildenden Strukturen an dieser Stelle kurz zu umreißen; dabei ist insbesondere auf die schon 1954 erschienene, in erster Linie aus historischem Material und den alten Stadtplänen geschöpfte Studie des Speyerer Archivars Anton Doll hinzuweisen, die im großen und ganzen immer noch dem heutigen Forschungsstand entspricht, während die seitdem intensivierte Speyerer Stadtarchäologie eine Vertiefung und teilweise Revision der Erkenntnisse zu wichtigen Einzelheiten erbrachte[9].
Die Verkehrslage[10] des mittelalterlichen Speyer war nicht ungünstig und zur Ausbildung einer ortsansässigen Fernhändlergruppe[11] geeignet. Zum einen war die Stadt eine wichtige Etappenstation auf der verkehrsreichen Nord-Süd-Achse des Rheintales, deren Handel und Wandel teils über den bedeutenden, sich an eine alte Römerstraße anlehnenden linksrheinischen Uferweg, der Speyer von alters her berührte, und teils auf dem Wasserweg über den Strom selbst abgewickelt wurde; auf die Bedeutung des Rheinhafens für die städtische Entwicklung ist in der Forschung mehrfach hingewiesen worden[12]. Zum anderen wurde Speyer durch zwei Flußübergänge zum vermittelnden Knotenpunkt zwischen dem Rheinweg und zwei Ost-West-Straßen, deren unbedeutendere von einer nördlich der Stadt bei Ketsch

6 Hierzu noch immer unentbehrlich: Remling, Bischöfe; künftig: Staab, Spira. – Siehe auch Heidrich, Beobachtungen; Dies., Bischöfe. – Weitere Literatur bei Bohlender, Dom und Bistum.

7 Glasschröder, Frühgeschichte. – Duggan, Bishop and Chapter. – Schieffer, Domkapitel 264ff. – Grafen, Diss., bes. Kap. 2.1ff. – Heidrich, Bischöfe zu Anm. 142ff. – Ich danke Frau Prof. Heidrich (Bonn) für die freundliche Überlassung des Manuskriptes zu diesem Aufsatz.

8 Hier ist die Arbeit von Borchers, Untersuchungen zu nennen; bei der bestehenden Quellenlage ist von historischer Seite – zumindest für die Frühzeit – nicht viel weiterzukommen, eher noch wird die Archäologie in der Lage sein, neue Erkenntnisse zu bringen.

9 Das Problem des römischen Speyer ist hier ganz beiseite gelassen; vgl. dazu Bernhard, Speyer in der Vor- und Frühzeit 31ff.; Doll, Frühgeschichte. – In Details ergänzend: Doll, Altpörtel und Ders., Historisch-Archäologische Fragen. – Vgl. auch Herzog, Ottonische Stadt 197ff. – Der neueste Forschungsstand bei Engels, Topographie.

10 Zur Verkehrslage der Stadt: Borchers, Untersuchungen 124ff., besonders 133ff.; Doll, Frühgeschichte 136ff.; Ders., Rheinübergänge. – Ders., Speyer als Königspfalz 90; Herzog, Ottonische Stadt 197f.; Bernhard, Speyer in der Vor- und Frühzeit 58f.; Staab, Speyer im Frankenreich 172f.; Voltmer, Bischofsstadt 261f. Vergl. auch Engels, Topographie 504ff.

11 Siehe unten 107f. u. 137.

12 Doll, Frühgeschichte 165f. – Herzog, Ottonische Stadt 206. – Engels, Topographie 499 (der Fischmarkt am Hafen als alter Fernhandelsplatz).

zu suchenden Fähre jenen mit der Odenwälder Bergstaße und dem Neckartal verband, während die südliche Rheinhäuser Fähre Speyer an die wichtige Handelsstraße anband, die über das seit 1056 dem Hochstift gehörende Bruchsal[13] und Ulm nach Augsburg führte, von wo aus die Donauländer und die Ostalpenpässe erreichbar waren. Der Verkehr vom Rhein nach Westen bevorzugte indessen im Hochmittelalter die Nachbarstädte Worms und Straßburg, wenngleich alte Verbindungen auch von Speyer nach Oberlothringen und Frankreich führten. Dabei muß allerdings die vorteilhafte Verkehrslage der Stadt im früheren Mittelalter eher als eine noch weitgehend ungenutzte Entwicklungschance denn als ein tatsächlich aktives ökonomisches Potential betrachtet werden, denn ein aus persönlicher Kenntnis der Örtlichkeit schöpfendes zeitgenössisches Zeugnis betont den agrarischen Charakter der vorsalischen Siedlung, indem der spätere Bischof Walther von Speyer (1004–1027) in seiner Jugend den Ort als *vaccina* – Kuhdorf – bezeichnete[14]; der im letzten Jahrzehnt des 11. Jahrhunderts schreibende Biograph Bischof Bennos II. von Osnabrück (1068–1088), Abt Norbert von Iburg, der noch aus den persönlichen Erinnerungen seines vor 1082 als Baumeister in Speyer tätigen Helden berichten konnte, erzählt, daß sich die *urbs Spira* in der vorsalischen Zeit in einem recht heruntergekommenen Zustand befunden habe[15].

Die Frage nach dem inneren topographischen Aufbau der Stadt vor den salischen Erweiterungen kann hier weitgehend auf sich beruhen, zumal durch neuere archäologische Untersuchungen die Forschungsdiskussion zu nicht wenigen Einzelfragen wieder eröffnet ist; da die nicht sehr zahlreichen Schriftquellen, die uns hier Auskünfte geben können, zum Teil bereits mehrfach ausgedeutet worden sind, kann wohl nur durch weitere Arbeit der Stadtarchäologie zu präziseren Ergebnissen gelangt werden[16].

Im Einklang mit der von mir zitierten Literatur, zuvörderst den Arbeiten von Doll, Herzog und Engels, sei hier nur festgehalten, daß die Stadt Speyer um die Wende des 10. Jahrhunderts aus zumindest zwei topographischen Großeinheiten bestanden hat: 1) einer befestigten Domimmunität im Bereich des Domhügels, die außer der Hauptkirche und der Stephanskirche die Wohn- und Wirtschaftsgebäude des Bischofes sowie der Stiftsgeistlichkeit enthielt und vielleicht auch schon eine Judensiedlung beherbergte[17], sowie 2) einer dem Immunitätsbereich westlich vorgelagerten Kaufleutesiedlung, die sich an den, die im Mittelalter sehr breite Speyerbachmündung nutzenden, Rheinhafen im Norden angelehnt zu haben scheint[18]. Hinzu kommt noch das weit außerhalb der frühmittelalterlichen *civitas* gelegene, eine knappe halbe Wegesstunde vom Domhügel entfernte Kloster St. German; die beiden Stifte St. Guido und Allerheiligen entstanden erst im Laufe des 11. Jahrhunderts[19].

13 DH.III 370 (Goslar 1056 Mai 6). – Vgl. Schwarzmaier, Bruchsal 209ff. u. 227 sowie Königspfalzen 3, 1, 63ff., besonders 75.

14 Prologus in Scolasticum 12; dazu Vossen, Libellus 10f. – Zur Identität des Dichters Walther von Speyer mit dem späteren Bischof: Strecker, Walther 796ff.; Vossen, Libellus 31f.; Voltmer, Bischofsstadt 258f. und 269; Heidrich, Bischöfe zu Anm. 106ff.

15 Vita Bennonis 4f. Zu dieser Quelle Wattenbach und Holtzmann 2, 578ff. und 3, 166*; Schmid, Der Stifter. – Vgl. wegen dieser Stelle auch Herzog, Ottonische Stadt 202f.; Engels, Topographie 497f. – Zum Speyerer Handel auch Borchers, Untersuchungen 134.

16 Engels, Topographie 494ff. mit Hinweisen auf die vorangehende Literatur.

17 Zu den Speyerer Juden siehe unten 137ff.

18 Vgl. die von Engels, Topographie erläuterten Kartenbeilagen zur Geschichte der Stadt Speyer 2 und den Plan bei Herzog, Ottonische Stadt 199.

19 Kaiser, Das Kloster St. German; das Kloster wurde durch Bischof Johannes I. (1090–1104) um das Jahr 1100 in ein Kanonikerstift umgewandelt. Aus der Klosterzeit sind praktisch keine Quellen mehr vorhanden: Ißle, St. German 2f. – St. Guido wurde, zunachst als St. Johannes Evangelist, durch König Konrad II. gegründet; Breßlau, Konrad II. 2, 383f. mit Anm. 2; Remling, Bischöfe 1, 259f.; Weber, St. Guido 7ff.; Debus, St. Guido 1; Doll, Überlegungen 9. – Den Patrozinienwechsel veranlaßte sein Sohn Heinrich III. durch die Übertragung der Leiche des heiligen Abtes Guido von Pomposa nach Speyer; Herimannus Augiensis 127 zu 1047; Necrolog Speyer II fol. 284 zum 5. 10.; Steindorff, Heinrich III. 2, 8; Remling, Bischöfe 1, 277; Weber, St. Guido 10f. – Allerheiligen/St. Trinitatis ist eine Gründung des Speyerer Bischofes Sigebod I. (1039–1051): Remling Bischöfe 1, 276 und 281 Anm. 514. Die an letzterer Stelle zitierte Handschrift eines Necrologes von Allerheiligen ist verschwunden, hat aber wohl existiert, da das bei Remling erwähnte Zehntrecht des Stiftes in Herxheimweyer – im Mittelalter oft nur *Wilre* oder *Bruchwilre* genannt – tatsächlich nachweisbar ist. Hier danke ich Herrn Archivdirektor Anton Doll (Speyer) für einen brieflichen Hinweis. – Simonis, Historische Beschreibung 43 scheint noch ein (Stifter?-)Grab in der Mitte des Chores der Stiftskirche gesehen zu haben (vor 1608).

Äußerst schwer zu beurteilen bleibt das Problem der Existenz einer eigentlichen Königspfalz in Speyer[20]. Fest steht, daß der bis zur Stadtzerstörung an Pfingsten 1689 im Norden der Kathedralkirche innerhalb der Domimmunität gelegene Palast der Speyerer Bischöfe, ein aus der ersten Hälfte des 17. Jahrhunderts stammendes Renaissancebauwerk, auf einen romanischen Pfalzbau zurückgeht[21], jedoch grenzt die in den topographischen Angaben recht genaue Immunitätsverleihung Kaiser Ottos des Großen an das Speyerer Bistum vom 4. Oktober des Jahres 969[22] keinen königlichen Bezirk aus dem damals neu definierten bischöflichen Rechtsgebiet aus; daß sich aber eine reichskirchliche Immunität über eine Königspfalz ausgedehnt hätte, erscheint mir nicht als wahrscheinlich, und ein gemeinsames Eigentum von Herrscher und Hirte hätte doch gerade hinsichtlich der Gerichtshoheit einer besonderen urkundlichen Regelung bedurft, von der wir weder in der Immunitätsverleihung noch in einer ihrer Nachfolgeurkunden etwas hören[23]. Unter diesen Umständen muß zumindest in Erwägung gezogen werden, daß mit dem seit dem letzten Jahrzehnt des 11. Jahrhunderts einige Male genannten *palatium regis et episcopi*, dem »Palast des Königs und des Bischofs«, nichts anderes gemeint ist als eine Bischofspfalz, die der üblichen Nutzung des Reichskirchengutes durch die Herrscher im Sinne des *servitium regis* unterzogen wurde[24].

III. Das Recht

Eine Stadt kann vom rechtlichen her definiert werden, ohne daß in dieser Aussage der Anspruch enthalten wäre, das historische Gesamtphänomen »Stadt« von allen Seiten her zu beleuchten[25]. Es muß sogar einschränkend hinzugefügt werden, daß die rechtliche Seite des Stadtbegriffs keineswegs eine universalgeschichtliche Konstante darstellt, sondern vielmehr ein Spezifikum der abendländisch-europäischen Stadt, aus der Tradition der griechisch-römischen Antike erwachsen, und diese von anderen möglichen Typen, so der sogenannten orientalischen Stadt, unterscheidend[26].

Wie bereits gesagt, ist die »ausgebildete mittelalterliche Stadt als Typus« aus rechtshistorischer Sicht charakterisiert worden »durch die vier Elemente städtischer Friede, städtische Freiheit, Stadtrecht und Stadtverfassung«; daran hatten wir die Feststellung angeschlossen, daß es zur Herausbildung dieser Elemente einer personalen Trägerschaft bedurfte[27], deren Erforschung nun notwendig nicht mehr mit rein rechtshistorischer Methodik in Angriff genommen werden kann. Bevor im letzten Kapitel die Herkunft und Zusammensetzung dieser Gruppe für Speyer im personengeschichtlichen Sinne[28] beleuchtet werden, soll hier auf den Mechanismus und die Voraussetzungen der Entstehung des städtischen Rechtskreises eingegangen werden. Dabei gibt es ein Problem zu überwinden: Für kaum eine deutsche Stadt verfügen wir über eine Quellenlage, die uns einen Einblick in derartige Vorgänge bereits im 11. Jahrhundert gewähren könnte, und für Speyer gilt dies ganz besonders[29]. Wenn nun also der in der

20 Doll, Frühgeschichte 158ff. – Ders., Speyer als Königspfalz. – Sprater, Königspfalz, ist veraltet.

21 Doll, Speyer als Königspfalz 80ff. – Kubach und Haas, Dom, Textband 74 und 463, Bildband Abb. 10, Tafelband Tafel 95.

22 DO.I 379. – Doll, Frühgeschichte 168f. mit Anmerkung 138 und 141. – Köbler, Städtewesen 6f.

23 DO.II 94. – DO.III 57. – DH.II 52.

24 Doll, Schriftquellen Nr. 64, 108, 111f., 149. – Ders., Speyer als Königspfalz 79f. und 82ff., wo er darlegt, daß die zu 1146 genannten *capella episcopi* und *capella regis* die gleiche Kapellenanlage im romanischen Pfalzbau meinen. – Vgl. zum allgemeinen: Brühl, Fodrum 132ff. und 160f.; Metz, Quellenstudien 2, 213ff.; Heidrich, Bischöfe zu Anm. 225ff.

25 Hier müssen wenige Hinweise aus der Fülle der Literatur genügen: Haase in der Einleitung zu: Die Stadt des Mittelalters 2,1; vgl. die in diesem Sammelband enthaltenen Einzelbeiträge. Siehe auch Dilcher, Rechtshistorische Aspekte; Köbler, Städtewesen, sowie die in der Reihe Städteforschung. Veröffentlichungen des Instituts für vergleichende Städteforschung in Münster, herausgegebenen Arbeiten. Siehe auch Voltmer, Reichsstadt 168f.

26 Weber, Stadt 51ff. – Vgl. Jakobs, Stadtgemeinde 14f.

27 Dilcher, Rechtshistorische Aspekte 15; siehe oben 97.

28 Zum Begriff der Personengeschichte: Tellenbach, Personenforschung; Schmid, Verhältnis; Ders., Programmatisches.

29 Zur (für die Stadtgeschichte nur zum Teil auswertbaren) urkundlichen Überlieferung Remling, Urkundenbuch. – Nachweise für seine handschriftlichen Grundlagen in Ders., Bischöfe 1, in den laufenden Fußnoten; Hilgard, Urkunden; die einschlägigen Stücke werden im folgenden jeweils an ihrer Stelle herangezogen. – Vgl. auch Acht,

Tradition der deutschen Mittelalterforschung seit einem Jahrhundert im Grunde genommen – und dies gewiß meistenteils mit vollem Recht – verbindliche »quellennahe« Zugang zu unserer Fragestellung weitgehend verwehrt ist, so erscheint es dennoch als ein reizvolles Wagnis, den ins Auge gefaßten Problemkreis nicht mit einem *non liquet* zur Seite zu legen und sich anderen, von der Überlieferung breiter abgedeckten Themen zuzuwenden, sondern auf synthetisch-induktivem Wege – mit Hilfe eines aus einem anderen Bereich der Wissenschaften vom Menschen übernommenen theoretischen Ansatzes – einen neuen Zugang zu suchen[30]. Dies gilt um so mehr, als ein erneutes Ausklammern eines in einem unleugbaren Überlieferungsschatten liegenden Fragenkreises nur die Gefahr vergrößert, daß, wenn die bislang meist unter einer Vielzahl von größtenteils getrennt betrachteten Einzelaspekten betriebene Erforschung der mittelalterlichen Stadt Mitteleuropas – auch die vorliegenden Zeilen können hier nichts anderes bieten – einmal zu einer darstellerischen Synthese gefunden haben wird, wir ein schiefes, weil »quellenlastiges« Bild erhalten haben werden[31]. Gerhard Köbler bezieht sich wohl auf nichts anderes, wenn er schreibt, eine eigentliche rechtshistorische Beschäftigung mit der Erscheinung »Stadt« könne erst dann einsetzen, wenn die städtischen Institutionen und ein eigener städtischer Rechtskreis in den Quellen namhaft gemacht wurden, ein Stadium, das er allgemein mit dem Ende der Salierzeit erreicht sieht[32]; indessen blieben die Geschehnisse der vorangehenden Zeit dann gleichsam »Ungeschichte«, indem sie nicht Bestandteil unseres Geschichtsbewußtseins werden könnten.

Der theoretische Ansatz, mit dessen Hilfe hier der Zugang zu den Vorgängen in Speyer während des 11. Jahrhunderts gesucht werden soll, sind die rechtsanthropologischen Thesen des in Nordamerika tätigen Gelehrten Leopold Pospíšil; dies mag auf den ersten Blick insofern als etwas befremdlich erscheinen, als daß Pospíšils Buch sich in erster Linie nicht mit Material aus der europäischen, schon gar nicht der mittelalterlichen Geschichte befaßt, sondern mit rezenten, sogenannten archaischen Kulturen, die dieser Autor in den 50er und 60er Jahren in verschiedenen Weltteilen bereiste und beobachtete[33]. Indessen weist Pospíšils Werk einen so hohen Abstraktionsgrad auf, daß es als eine echte Theoriebildung aufzufassen ist[34] und nicht etwa als eine Darstellung bestimmter Kulturen, was sich auch darin zeigt, daß er seine Theorie stets im Vergleich mit den betrachteten Kulturen überprüfte und sie auch an unserer eigenen abendländisch-technischen Zivilisation erproben konnte. Es wird im folgenden also gewiß nicht darum gehen, daß Rechtssätze etwa von den Kapauku-Papua auf das hochmittelalterliche Speyer übertragen würden; vielmehr wird eine Theorie über die Entstehung, Veränderung und Auswirkung von Recht, die unter anderem aus der Beobachtung jenes Volkes gewonnen wurde, für unsere Fragestellung angewendet.

Für Pospíšil ist Recht nicht eine gegebene Entität, die er untersucht, sondern eine methodische Konzeption des menschlichen Geistes zur Beschreibung sozialer und politischer Phänomene, durch welche eine Kontrolle über die Mitglieder einer gegebenen Gemeinschaft ausgeübt werden kann[35]. Diese unter dem Begriff des Rechtes zusammengefaßten Phänomene bestehen jeweils aus einem System von Regeln, die durch die folgenden vier Merkmale gekennzeichnet sind:

a) Sie sind durch eine politische Autorität bestimmt worden, deren Einsetzung sowohl formell wie auch informell erfolgt sein kann[36].
b) Sie tragen die Intention allgemeiner Geltung in sich, was bedeutet, daß die Autorität, die sowohl durch eine als auch durch mehrere Personen gebildet werden kann, beim Fällen einer bestimmten

Älteste Urkunden. – Die erzählenden Quellen versagen für Speyer vollständig: Wattenbach und Holtzmann, Geschichtsquellen 1, 213f. und 2, 453ff.; siehe auch Voltmer, Bischofsstadt 256f.

30 Vgl. Spörl, Verlust 441.

31 Zu dieser Problematik: Esch, Überlieferungs-Chance, bes. 543ff. 558f. und 569: »Was kann der Historiker also tun? Wahrscheinlich nicht viel mehr, als sich dieses Problem wenigstens ins Bewußtsein zu heben und der Versuchung zu widerstehen, sich ganz von seinen Quellen leiten zu lassen, sich selbst und den Gutachtern als *case study*, als *exemplarisch* auszugeben, was doch nur einfach *übrig* geblieben ist: Das erinnert an Kinder, die um den Zufallstreffer herum nachträglich die Zielscheibe malen.«

32 Köbler, Städtewesen 13.

33 Pospíšil, Anthropologie.

34 Dies wird im englischen Titel des Buches: »Anthropology of law. A comparative theory« deutlicher als im Deutschen.

35 Pospíšil, Anthropologie 9f.

36 Pospíšil, Anthropologie 65ff.; zur Autorität 71ff.

Entscheidung intendiert, über alle in der Zukunft auftretenden gleichartigen Fälle solle in gleicher Weise entschieden werden[37].

c) Sie definieren die Beziehung zwischen den jeweils an einem Rechtsgeschäft (häufig: Rechtsstreit) beteiligten Parteien, als »eine Beziehung, die sowohl das Recht als auch die korrespondierende Rechtspflicht bei den Streitparteien umfaßt und die durch das rechtswidrige Handeln des Beklagten geschaffen wird«; dies ist das Merkmal der *obligatio*[38].

d) Sie sind mit einer Sanktion versehen, das heißt, es existiert die Möglichkeit von Zwangsmaßnahmen, die gegen die unterliegende Prozeßpartei entweder zur zwangsweisen Durchsetzung des Urteils oder zum Zweck der Sühne ergriffen werden können, wobei die Palette solcher Maßnahmen von übelster physischer Gewalt bis hin zu recht subtilem psychologischem Druck reichen kann[39].

Besonderen Wert legt Pospíšil auf das Merkmal der Autorität, wobei er betont, daß der Fall eines Rechtes ohne Autorität schon deswegen nicht auftreten könne, weil es keine menschlichen Gemeinschaften ohne Autoritäten gebe[40]; wenn andere Autoren solche Fälle mit vermeintlichen Beispielen zu belegen versuchten, so liege ihr Irrtum darin, daß sie für den Begriff der Autorität ein zu hohes Maß an Absolutheit und Förmlichkeit voraussetzten: Für Pospíšil stellt nämlich »die Tatsache, daß die Entscheidungen und der Rat einer Autoritätsperson von den übrigen Gruppenmitgliedern befolgt werden, das einzig wichtige Kriterium für das Vorhandensein von Autorität dar«[41].

Während das Merkmal der Sanktion für unseren Zusammenhang keiner eingehenden Erläuterung mehr bedarf, da sich die Frage nach seinem Vorhandensein bei der Diskussion des mittelalterlichen Rechtes in der Regel nicht stellt[42], führen die Intention allgemeiner Geltung und die *obligatio* zu einem Problem: Nämlich einerseits der Frage, zwischen welchen Personen durch das jeweilige Rechtssystem eine rechtlich verpflichtende Bindung entstehen kann oder, anders gewendet, in welchem personenverbandlichem Rahmen die jeweilig gleichartigen Fälle eintreten können, auf die eine einmal gesetzte Rechtsregel wiederholt angewendet werden soll. Denn es ist ja offenbar, daß eine rechtsetzende Autorität gerade innerhalb der sich aus der bekannten Vielzahl von Rechtskreisen zusammensetzenden mittelalterlichen Gesellschaft keine Geltung ihrer Jurisdiktion für ein soziales Ganzes, etwa ein *regnum* intendiert haben kann; selbst den Königen setzten hier die Immunitäten gewisse Grenzen. Hier bietet Pospíšil sein Modell von den »Ebenen des Rechtes« an, indem er feststellt: »Innerhalb einer gegebenen Gesellschaft gibt es so viele Rechtssysteme, als funktionierende soziale Einheiten in ihr vorhanden sind... Folglich ist eine Person gewöhnlich mehreren Rechtssystemen gleichzeitig unterworfen, und zwar genauso vielen Systemen, als es Untergruppen gibt, denen sie als Mitglied angehört«[43]. Diese durch empirische Forschung gewonnene Feststellung resultiert daraus, daß auch die Untergruppen einer Gesellschaft über Autoritäten verfügen, aus deren Entscheidungen Regeln abgeleitet werden, die für die Angehörigen der Untergruppe verbindlich sein sollen[44]; wegen der Unterschiedlichkeiten dieser Autoritäten und der Zielsetzungen oder sonstigen Strukturen der Untergruppen sind die einzelnen innerhalb einer Gesellschaft vorhandenen Rechtssysteme notwendig voneinander mehr oder weniger verschieden[45]. Aus den Konflikten, die unvermeidlich sind, wenn ein und dieselbe Person, mehreren Untergruppen angehörend, dem Zugriff sich möglicherweise widersprechender Rechtssysteme ausgesetzt ist, entwickelt Pospíšil die Konzeption des »Zentrums rechtlicher Macht«, das ist »jene Ebene des Rechts, deren Autoritäten Entscheidungen fällen, die in Konfliktsituationen entsprechenden Entscheidungen vorangehen, die durch Autoritäten von Gruppen anderer Ebenen erlassen werden«[46]. Selbstverständlich unterliegen

37 Pospíšil, Anthropologie 113ff.

38 Pospíšil, Anthropologie 117ff.; das Zitat 119.

39 Pospíšil, Anthropologie 125ff.

40 Pospíšil, Anthropologie 32ff. und 71ff.

41 Pospíšil, Anthropologie 74; vgl. 92ff. – Vgl. auch Tellenbach, Libertas 15f.; Voltmer, Reichsstadt 167f.

42 Davon bleibt es unberührt, daß die sehr häufig nach politischen Prozessen vom königlichen Gericht insbesondere gegen Fürsten verhängten Strafen auf dem Gnadenwege nicht vollstreckt oder zumindest nach einiger Zeit wieder ausgesetzt wurden; vgl. Mitteis, Politische Prozesse.

43 Pospíšil, Anthropologie 137ff.; das Zitat 170.

44 Siehe oben Anmerkung 40.

45 Pospíšil, Anthropologie 148.

46 Pospíšil, Anthropologie 158ff.; das Zitat 158.

diese Ebenen des Rechts, wie auch das Zentrum rechtlicher Macht, einer ständigen Veränderung in der Zeit, indem die Autoritäten wechseln, neue Untergruppen sich bilden und vorhandene sich auflösen können[47]; auch ist damit zu rechnen, daß auf gesamtgesellschaftlicher Ebene wirksame Faktoren, die geeignet sind, eine Änderung des Rechtszustandes herbeizuführen, auch die Rechtssysteme der Untergruppen mit umgestalten[48].

Es springt ins Auge, daß Pospíšil hier ein Modell geschaffen hat, das sich vorzüglich zur Beschreibung der mittelalterlichen Rechtskreise eignet, auch wenn ihm selbst, der sein Material im wesentlichen aus der Beobachtung rezenter Kulturen zog, eine solche Bestätigung seiner Thesen nicht als zentrales Anliegen erscheint[49].

Die Veränderung von Rechtszuständen sieht er als ein Wechselspiel von Internalisierungsvorgängen – also der Anerkennung von bestimmten Regeln durch die Gruppenmitglieder, die am Ende dazu führt, daß diese Regeln als »gerecht« empfunden werden – und den gesetzgeberischen Aktivitäten von Autoritäten[50]. Es kann sowohl dadurch Recht entstehen, daß eine – möglicherweise willkürliche – Entscheidung eines Gesetzgebers im Laufe der Zeit von den Gruppenmitgliedern internalisiert wird[51], was bedeutet, daß sie die neue Regel mit der Zeit so sehr verinnerlichen, daß ihnen eine Alternative zu ihr nicht mehr als vorstellbar erscheint, als auch dadurch, daß eine von den Leuten schon lange akzeptierte Regel, die Pospíšil dann als Sitte bezeichnet[52], dadurch den Rang von Recht erhält, daß eine Autorität sie einer Entscheidung zugrunde legt. Beide Vorgänge sind auch umgekehrt vorstellbar; dann verschwindet eine Rechtsregel oder sie wird zur Sitte.

Durch dieses Modell ist der Gang der Untersuchung nun vorgezeichnet. Soll der entstehende städtische Rechtskreis als eine Ebene des Rechts im Sinne Pospíšils betrachtet werden, so ist zuerst nach der Autorität zu fragen, die hier rechtsetzend tätig wurde, sodann nach den Verinnerlichungsvorgängen, die dem zunächst autoritätsgesetzten Recht zur Anerkennung durch die städtische Bevölkerung verhalfen und schließlich danach, ob, und inwieweit, sich bis zum Ende des betrachteten Zeitraumes innerhalb des neuen Rechtssystems neue Autoritäten hervortaten, die selbst gesetzgeberisch tätig werden konnten und somit mit den alten Autoritäten, auf deren Initiative der neue Rechtskreis ursprünglich entstanden war, in Konkurrenz traten.

Die älteste Quelle, die uns einen Einblick in die Sozialstruktur und die rechtlichen Verhältnisse der mittelalterlichen Stadt – nicht Kirche! – Speyer ermöglicht[53], ist eine Urkunde Konrads des Roten, damals Herzog von Lothringen, für die Speyerer Kirche unter Bischof Reginbald I. (941–949)[54] aus dem Jahre 946. Während von inhaltlicher Seite schwerlich Bedenken gegen die Echtheit des Stückes vorgetragen werden können[55], fehlt bislang eine diplomatische Untersuchung; diese Forschungslücke soll im Folgenden nur insoweit geschlossen werden, als es zur Stützung der Echtheitsvermutung notwendig ist. Eine Untersuchung der äußeren Merkmale muß, wie so oft, entfallen, da diese Urkunde nur abschriftlich in einem Kopialbuch des späteren 13. Jahrhunderts überliefert ist[56].

Aus der Schlußformel kennen wir den Verfasser des Textes: Es war Bischof Reginbald, den Konrad, der sicherlich nicht über eigenes Kanzleipersonal verfügte, mit der Ausfertigung betraut hatte, oder vielleicht

47 Pospíšil, Anthropologie 163 ff.

48 Vgl. Pospíšil, Anthropologie 163 ff. und 248 ff.

49 Durch sein Studium der Werke Ottos von Gierke war ihm der Zusammenhang sicherlich bekannt, Anthropologie 143. – Für uns, die wir in der Tradition des römischen Rechtes stehen, welches einen starken Staat stets als das Zentrum der rechtlichen Macht sieht, ergibt sich aus den Thesen Pospíšils, daß das Vorhandensein von »Rechtskreisen« keineswegs eine besondere Eigenart des mittelalterlichen Rechtes darstellt, sondern ein ganz universales Phänomen, das sich auch in unserer eigenen Zivilisation findet; Anthropologie 137 f., besonders 154 f.

50 Pospíšil, Anthropologie 248 ff.

51 Ein besonders eindruckvolles Beispiel eines solchen Vorgangs bringt Pospíšil, Anthropologie 276 ff.

52 Pospíšil, Anthropologie 113 f.

53 Die im Reichenauer Verbrüderungsbuch pag. 8 überlieferte Namenliste, an deren Spitze Bischof Gebhard I. von Speyer (um 850–vor 888) steht, kann hier solange nicht herangezogen werden, bis die geistliche Gemeinschaft »St. Maximus« identifiziert ist; vgl. Staab, Speyer im Frankenreich 178, 210 mit Abb. 8; Geuenich, Frühmittelalterliche Listen (im Druck). – Zur Bedeutung der Urkunde von 946: Voltmer, Reichsstadt 18.

54 Hilgard, Urkunden 3 ff. Nr. 4.

55 Siehe unten 107 f.

56 Codex Minor fol. 22.

auch ein von dem Oberhirten beauftragter Kleriker; wir können in jedem Falle von einer Empfängerausfertigung sprechen[57]. Der bemerkenswerteste Bestandteil der Urkunde ist jedoch das Protokoll: Während das Fehlen einer Invocatio und Intitulatio möglicherweise dem spätmittelalterlichen Kopisten zur Last gelegt werden kann, der auch die Zeugenliste im Eschatokoll nach zwei Namen mit *et cet.* abgekürzt hat – das Wörtchen *etenim* zu Beginn des ersten Satzes des überlieferten Textes erweckt den Eindruck, als habe zuvor noch etwas gestanden –, ist es doch recht auffällig, daß hier gleich zwei Promulgationen vorhanden sind, deren erste nicht, wie üblich, den dispositiven Teil, sondern die Arenga ankündigt, während die zweite dann die gewohnte Funktion hat: *Unus quisque etenim nostrum ex relacione fidelium intelligendo cognoscit, si aliquid de re propria ad loca sanctorum tradere cupimus, eterna nobis premia deo remunerante non deesse, qui dicit, centuplum accipietis et vitam eternam possidebitis. Quapropter celsitudo nobilium aliorumque hominum mentis intelligencia conperiat, qualiter ego Chůnradus dux, Wernharii comitis filius* (...). – »Es soll nämlich ein jeder aus dem Kreis unserer Getreuen einsichtsvoll zur Kenntnis nehmen, daß, wenn wir etwas von unserem Eigen an die Stätten der Heiligen schenken wollen, die ewige Belohnung durch den vergeltenden Gott nicht fehlen wird, der sagt: Du wirst hundertfach empfangen und das ewige Licht besitzen. Deswegen soll die Hoheit der Adligen und die Geisteskraft der übrigen Menschen genau erfahren, daß ich, Herzog Konrad, der Sohn des Grafen Wernher...« Singulär ist diese Erscheinung indessen nicht; vielmehr ergab eine Durchsicht der Diplome des deutschen Reiches aus dem 10. Jahrhundert, daß ein derartiger Aufbau gerade in Königsurkunden, die das nördliche Oberrheingebiet betreffen, noch einige Male wiederkehrt. Die erste dieser Urkunden ist DO.I 151 für Worms, ausgestellt am 26. Juni 952 in Merseburg. Das Diplom beinhaltet die Bestätigung einer Schenkung Konrads des Roten an die Wormser Kirche; auch hier liegt eine Empfängerausfertigung durch den Presbyter *Geroh* vor[58]. Der Text der Urkunde zeigt allerdings über die in Rede stehende formularmäßige Besonderheit hinaus nur sehr geringe Anklänge an die Herzogsurkunde von 946, so in der Wendung von der *eterne (beatitudinis) premia* in der Arenga, deren Gedankengang dem in der des älteren Stückes gleicht, und im Beginn der zweiten Promulgatio mit *Quapropter comperiat;* derartige Ausdrücke sind in den ottonischen Diplomata insgesamt recht häufig anzutreffen[59]. Eine inhaltliche Verbindung zwischen der Speyerer und der Wormser Urkunde liegt in der Person des salischen Stammvaters und seinen Schenkungen.

Vergleichbare Merkmale des Diktats zeigt die ebenfalls mit einer doppelten Promulgatio versehene und am 4. Oktober 969 bei Siena erfolgte Verleihung der Immunität an die Speyerer Bischofskirche[60]. Theodor Sickel schrieb das Diplom dem Diktator It. C zu, wobei er an die Verwendung mehrerer älterer Vorurkunden dachte, was auch von daher gut möglich wäre, daß der Petent, Bischof Otger von Speyer (961–970), den Kaiser auf dessen ganzem dritten Italienzug begleitet hat[61] und möglicherweise einen passenden Moment abwartete, um Otto seine Urkunden zur Bestätigung vorzulegen. Da It. C die Form der die Arenga einrahmenden doppelten Promulgatio sonst nicht anwendete, könnte auch die Schenkung von 946 in seinen Händen gelegen haben: In diesem Falle wäre an ihrer Authentizität kaum mehr zu zweifeln; von einer Vorurkunde im engeren Sinne sollte jedoch nicht gesprochen werden[62].

Als dritte Königsurkunde wäre noch das stark interpolierte DO.II 15, die Immunitätsverleihung an das elsässische Reichskloster Weißenburg vom 25. Oktober 967 zu nennen, in welchem jedoch gerade das Protokoll auf ein echtes ottonisches Diplom zurückzugehen scheint[63]. Auch hier liegt wieder der gleiche Gedankengang der durch eine zusätzliche Promulgatio angekündigten Arenga vor, die im übrigen der

57 (...) *qui (Chůnradus dux) hanc tradicionem fecerat ac apostolice sedis Reginboldum episcopum litteris eam confirmare rogabat.*

58 *Iussimus quoque (...) ipso Geroho cartam tuitionis firmitatis gratia conscribi* (...). Anders Stengel, Diplomatik 339f., der eine spätere Überarbeitung nach DO.II 15 annimmt.

59 Die Verwendung von *comperiat* in der Promulgatio, die der karolingischen Urkundensprache sehr geläufig war, wird unter Otto I. seltener, nimmt aber unter seinem Sohn und Nachfolger wieder zu; in der Kanzlei Ottos III. geht sie wieder zurück.

60 DO.I 379. Vgl. auch DO.I 23 für Speyer, 940 Februar 12 (ohne Arenga), das in einigen Wendungen Vorbild für die Herzogsurkunde gewesen sein könnte.

61 Auer, Kriegsdienst 367ff.

62 Siehe unten 109.

63 Sickel in der Vorbemerkung zu DO.II 15.

von DO.I 151 mit Beurkundungsbefehl und Corroboratio fast wörtlich gleicht; die zweite Ankündigungsformel beginnt wieder mit *quapropter compereat*. Der – wenn auch wegen des verfälschten Kontextes vorläufig noch unklare – Bezug dieser Königsurkunde zu den frühen Saliern dürfte darin bestehen, daß dieses Geschlecht im späteren 10. Jahrhundert eine »Art Schutzherrschaft oder Eigenkirchenherrschaft« über die Abtei Weißenburg ausübte, »für die sogar durchaus die Billigung der Reichsgewalt vorlag«[64]. Auch Verbindungen nach Speyer, in dessen Diözese das Kloster lag, und nach Worms sind für Weißenburg im 10. Jahrhundert erkennbar[65]. Es muß darauf hingewiesen werden, daß die genannten wörtlichen Anklänge in diesen Urkunden nur einen äußerst geringen Anteil des Wortbestandes ausmachen und daher als Argument für einen Zusammenhang nicht herangezogen werden könnten.

Nicht unerwähnt bleiben dürfen hier DO.II 118[66] und DO.III 226[67], die beide ebenfalls einen derartigen Aufbau des Protokolls aufweisen. Während sich das erstgenannte leicht aus dem hier besprochenen Zusammenhang ausscheiden läßt, da genau nach der ersten Promulgatio mit der Arenga die Benützung der Vorurkunde DO.I 295 einsetzt und die Besonderheit des Formulars daher als ein bloßes Schreiberversehen anzusehen ist, bleibt das Verhältnis des jüngeren aus der italienischen Kanzlei stammenden Stückes zu den obengenannten oberrheinischen Urkunden unklar; es sei indessen darauf hingewiesen, daß seine Sprache eine andere ist als die der oberrheinischen Stücke und auch der Gedankengang der Arenga, der dort stets auf den Erwerb des ewigen Lebens durch den Aussteller abhebt, hier ein völlig anderer ist, indem nur auf die alte Sitte frommer Kaiser hingewiesen wird, worin die Kanzlei Ottos III. einem Diplom Berengars I. folgte[68].

Die Beobachtung, daß die behandelten Urkunden von 946, 952, 967 und 969 im Hinblick auf die doppelte Promulgatio und die Arenga offenbar so etwas wie eine formulargeschichtliche Gruppe bilden, könnte angesichts des gegebenen räumlichen Zusammenhanges der Empfänger den Verdacht nahelegen, daß es sich bei ihnen um eine irgendwie zusammengehörende Fälschungsgruppe handele, jedoch gibt es dagegen gewichtige Argumente. Zum einen ist es die in den MGH-Ausgaben festgestellte Unterschiedlichkeit der jeweiligen Urkundenverfasser[69]: Die Urkunde Herzog Konrads und DO.I 151 sind Empfängerausfertigungen, DO.I 379 stammt von It. C und das interpolierte DO.II 15 von erkennbar verschiedenen Notaren – gerade die oben festgestellte Geringfügigkeit der wörtlichen Übereinstimmungen kann hier als ein Hinweis auf die Unabhängigkeit der Stücke gesehen werden. Keines der Diplome ist dem durch Johann Lechner als geschickten Urkundenfälscher entlarvten, in Worms beheimateten Kanzleibeamten Hildibald B zuzuschreiben, der am Ende des 10. Jahrhunderts eine ganze Reihe angeblicher Diplome für seinen Herrn, Bischof und Reichskanzler Hildibald von Worms (979–998), herstellte[70]. Insbesondere sah sich Lechner bei seiner eingehenden Untersuchung der Wormser Königsurkunden nicht veranlaßt, das in unsere Gruppe gehörende und für Worms ausgestellte DO.I 151 zu beanstanden[71]. DO.I 379, das eindeutig der italienischen Kanzlei entstammt, kann schwerlich als eine Speyerer Fälschung angesehen werden; daß ausgerechnet in diesem Schriftstück, das inhaltlich als eine Bestätigung der Urkunde Konrads des Roten aufgefaßt werden kann[72], die Figur der die – auch hier auf den Gewinn des ewigen Heils durch den Empfänger abhebende – Arenga einrahmende doppelte Promulgatio wieder auftaucht, legt den Verdacht nahe, It. C könne diese aus der ihm vorgelegten Herzogsurkunde übernommen haben. Ein späterer Fälscher hätte aber im Interesse der Unauffälligkeit seines Machwerks schwerlich einen so ungewöhnlichen Aufbau für sein Formular gewählt.

64 Metz, Das erste Weißenburger Necrolog 73ff. – Werle, Obervogtei 334ff.

65 Metz, Das erste Weißenburger Necrolog 77. – Voltmer, Reichsstadt 19 Anm. 26.

66 975 September 9, für Magdeburg.

67 996 September 11, für Concordia.

68 Hausmann und Gawlik, Arengenverzeichnis 230 Nr. 1333.

69 Für die Königsurkunden siehe jeweils die Vorbemerkungen zu den einzelnen Stücken in DDO.I, DDO.II und DDO.III. – Zur Verfasserschaft der Herzogsurkunde vgl. oben 103f.

70 Lechner, Königsurkunden, besonders 401ff. Lechner hat später seine Ergebnisse gegen manche Einwände erfolgreich verteidigt; siehe Ders., Beurteilung; vgl. auch Böhmer/Mikoletzky, RI Nr. 625.

71 Lechner, Königsurkunden 572.

72 Siehe unten 109. – Zum »italienischen« Charakter von DO.I 379 vgl. Stengel, Diplomatik 171.

Auch die übrigen Eigenheiten des Formulars und des Diktats unserer Urkunde geben keinen Anlaß zu Bedenken. Der Ausdruck der ersten Promulgatio *nostrum ex relacione fidelium,* der den Diplomata sonst zumindest im 10. Jahrhundert nicht geläufig ist, kommt immerhin in zwei Echternacher Urkunden vor[73]. Das Raisonnement der Arenga über Gott, *qui dicit, centuplum accipietis et vitam eternam possidebitis* ist zwar in der Urkundensprache ebenso selten[74], aber dennoch unverdächtig, da die Stelle fast wörtlich aus dem Matthäusevangelium übernommen wurde[75]. Auch die Subjektwörter der zweiten Promulgatio fallen zwar aus dem Rahmen des üblichen, lassen sich aber dennoch nicht gegen die Echtheit der Urkunde verwerten. Für *celsitudo* in diesem Zusammenhang konnte ich zumindest aus dem 10. Jahrhundert keine weiteren Belege namhaft machen, aber es findet in dem gleichartig verwendeten *magnitudo* einer Reihe von Diplomen eine semantische Entsprechung[76]. *Intelligencia* kommt in DO.II 175 vor[77] und korrespondiert inhaltlich vollkommen mit den in den ottonischen Promulgationen an dieser Stelle sehr häufigen Wörtern *sollertia* und *sagacitas.*

Schließlich gibt auch das Eschatokoll kaum Anlaß, die Urkunde als Fälschung zu verdächtigen. Der Aufbau von Actum und Datum mit der Angabe des Wochentages[78] und der zwischen Tages- und Jahresangabe eingeschobenen Anwesenheits- und Zeugenformel gleicht dem in der Beurkundung eines Tausches zwischen Bischof Gottfried I. von Speyer (um 950–961) und einem Adligen namens Rudolf: hier *Acta est autem huius tradicionis actio in urbe Spira vel Nemeta vocata, III idus Marcii, sub die Veneris, coram predicto presule et clero ac toto populo, qui presens affuerat inibi et testibus subnotatis Adelbraht, Ceizzolf et cet., anno autem dominice incarnacionis DCCCCXLVI, indictione IIII, regnante rege Otdone anno XII, sub comite et duce Chůnrado* (...), dort *Acta est autem publice hec tradicio in civitate Spira ante ianuas domus domini in mense Aprili in ipsa V feria, que cena domini et dies indulgencie vocatur, coram populo et clero et testibus subnotatis Ratbodo, Bernihart etcetera, anno autem incarnacionis DCCCCLVII, indictione XV, regnante vero rege invictissimo Ottone anno XXIIII, sub comite, qui vocatur Altduom, et presule predicto*[79]. In beiden Urkunden stimmt das Inkarnationsjahr zur Indiktion; in der Herzogsurkunde von 946 außerdem noch der Wochentag zum Jahr und dem Monatstag, so daß wir an der Korrektheit der Datierung auf Freitag, den 13. März 946 kaum zweifeln können, während die Regierungsjahre Ottos I. in beiden Urkunden aus nicht mehr nachvollziehbaren Gründen von den übrigen Jahresdaten abweichen, 946 um zwei und 957 um drei Einheiten[80]. Statt einer Schreiberunterschrift, wie sie nicht nur in Speyerer Urkunden dieser Zeit noch üblich war[81], findet sich am Ende des Eschatokolls die Bitte des Herzogs an den Bischof, die Urkunde für ihn auszufertigen. Im Anschluß an diese Erörterungen können wir die Urkunde Konrads des Roten für das Bistum Speyer vom 13. März 946 als diplomatisch unbedenklich ansehen.

Kommen wir nun also zur Beurteilung des Rechtsinhaltes. Die Urkunde stellt eine Kombination von Schenkung, Lehensauftragung und Lehensvergabe dar:

Zunächst verschenkte der Herzog der Kirche der heiligen Maria in Speyer unter Bischof Reginbald alles, was er in der Stadt Speyer aus dem Erbe seiner Eltern oder Vorfahren[82] besessen hatte, wobei er Wert auf

73 DO.II 217. – DO.III 90.

74 Sonst ist nur je ein Beleg aus einer gefälschten Karolingerurkunde und aus der Stauferzeit nachweisbar: Hausmann und Gawlik, Arengenverzeichnis 241 Nr. 2475 und 572 Nr. 3465.

75 Matth. 19, 29.

76 DO.I 423 (Fälschung mit echter Vorlage); DO.II 27, 71 und 160 (Fälschung mit echter Vorlage). Vgl. Marculfi Formulae I 11 Nr. 6.

77 Wiederholt in DO.III 191.

78 Vgl. Breßlau, Urkundenlehre 2, 403 f.

79 Codex Minor fol. 49. – Acht, Älteste Urkunden 356 ff., der vorschlägt, die Monatsangabe in *mense Aprili* zu emendieren.

80 Das ebenfalls nur im Codex Minor fol. 22' überlieferte DO.I 379 hat die damals in der Reichskanzlei übliche, um eine Einheit zu hoch angesetzte Zählung; dazu Sickel in der Vorbemerkung; vgl. Ders. zu DO.I 95; *LIII* statt richtig *IIII* Codex Minor fol. 50' in dem auch als Original überlieferten DO.I 23 ist wohl ein Lesefehler des Kopisten. Die Speyerer Bischofsurkunde Remling, Urkundenbuch 1, 13 ff. Nr. 14 (Codex Minor fol. 48') wurde mit Zustimmung des Königs ausgestellt und hat das Inkarnationsjahr 960 mit dem Regierungsjahr 26, was für die erste Jahreshälfte um zwei und für die zweite um eine Einheit zu hoch ist. Otto könnte eher im Frühjahr 960 in Speyer gewesen sein, Böhmer/ Ottenthal RI 2,1, 136 ff. Nr. 274 c ff. Epochentag ist der 8. August 936.

81 Remling, Urkundenbuch 1, 15 Nr. 14, 18 Nr. 17 und 25 Nr. 24; dazu Acht, Älteste Urkunden 358 ff.

82 Die Urkunde gebraucht stets das Wort *parentes,* worunter Schreibmüller, Ahnen 205 ausschließlich »Vorfahren« verstehen will.

die Feststellung legte, daß es sich dabei um seinen persönlichen Erbteil handelte, der ihm nach dem Tod der Eltern *cum consensu et unanimitate fratrum meorum,* mit Zustimmung und Einmütigkeit seiner Brüder, zufiel; im einzelnen zählte er auf[83]:

- Das Recht, Diebe zu verhaften und festzuhalten sowie das Diebesgut einzuziehen, was sich wohl gegen die sofortige Hinrichtung eines Diebes durch ein Notgericht richtete; es sollte wahrscheinlich sichergestellt werden, daß die Verurteilung und Einforderung der Gerichtsgefälle vor dem gebotenen Ding des bischöflichen Vogtes erfolgte[84].
- Das Recht, fremden und einheimischen Kaufleuten die Benutzung des Rheinhafens zu erlauben (und daher wohl auch zu verbieten; sicherlich war hier auch die Möglichkeit einer Gebührenerhebung, möglicherweise auch ein Stapelrecht, impliziert).
- Die Münze.
- Die Hälfte des Zolles, dessen übriger Teil bereits dem Bischof gehörte.
- Vier weitere Geldabgaben, nämlich Salz-, Pech- und Weinpfennig, wohl Handelsabgaben auf die entsprechenden Waren, sowie den Pflichtpfennig, wohl eine allgemeine Handelsabgabe, die wie die drei anderen nicht von den ortsansässigen, sondern nur von auswärtigen Händlern eingefordert werden sollte; hierbei dürfte es sich um eine Maßnahme zum Schutz der einheimischen Wirtschaft gehandelt haben.
- Des Herzogs Hörige in der Stadt samt ihrer Nachkommenschaft, außer einer Frau *Virrela,* die er der Wormser Domkirche übertrug.
- Ein nicht näher bezeichnetes Grundstück in der Stadt.
- Vier Hufen in Altlußheim, welches rechtsrheinisch oberhalb Speyer liegt.

Alles bis jetzt genannte hätten seine Eltern und er aus königlicher Übertragung zu erblichem Eigen besessen; dies alles sei jedoch, so fuhr Konrad (durch die Feder des Urkundenverfassers[85]) fort, für die Erlangung des Seelenheils sehr wenig. Deshalb hatte er mit dem Bischof Reginbald auf dessen Vorschlag und den Rat des Bischofes Richigowo von Worms (914–949/50) hin noch die folgenden Vereinbarungen getroffen:

- Den Ort Rödersheim bei Bad Dürkheim, der bislang ihm selbst gehörte, erhielt er nun mit den Hörigen, dem Vieh, 18 Hufen sowie einer Kirche, deren Zehnt den Speyerer Domkanonikern zufallen soll, vom Bischof als Lehen auf Lebenszeit[86].
- Dazu erhielt der Herzog in (heute Bad) Dürkheim die früheren Lehen des bischöflichen Vasallen *Nodinc* und eines gewissen *Widegowo,* dazu noch 11 Hufen und die Kirche ohne den Zehnten, der wieder dem Speyerer Domkapitel zufallen sollte;
- und schließlich in dem in der Nähe gelegenen Erpolzheim 3 Hufen und eine Mühle.

Alle diese Lehen sollten nach dem Tode Konrads an die Speyerer Bischofskirche zurückfallen, ohne daß irgendjemand ein Einspruchsrecht dagegen haben sollte, ein Erbrecht an den Lehen war also ausdrücklich verneint.

Insbesondere wegen des Münzrechtes, welches der salische Stammvater in Speyer besessen zu haben scheint, ist diese Urkunde in der älteren Literatur verschiedentlich angezweifelt worden. Ohne daß hier jetzt auf die Frage des herzoglichen Münzrechtes eingegangen werden müßte – Konrad war Herzog von Lothringen, Speyer aber lag nach dem Verständnis des frühen und hohen Mittelalters in Franken[87] –

83 Zu den Brüdern Konrads Werle, Erbe 218ff.; Ders., Münster-Dreisen 325; Böhn, Salier 89ff. – Die einzelnen Verfügungen sind hier nach Sachgruppen geordnet, was eine teilweise Abweichung von der Textanordnung in der Urkunde mit sich bringt.

84 Hirsch, Hohe Gerichtsbarkeit 115. – Doll, Frühgeschichte 162 sieht in dieser Verfügung *pars pro toto* die gesamte hohe Gerichtsbarkeit.

85 Also des Bischofes selbst oder eines diesem zugeordneten Klerikers, siehe oben 103f.

86 Werle, Erbe 233 scheint die Verfügung anders zu verstehen.

87 Auffällig ist, daß Konrad mit der Formulierung *sub comite et duce Chůnrado* den Herzogstitel hinter den Grafentitel zurückstellte; vgl. Werle, Titelherzogtum 239ff.; Kienast, Herzogstitel 324f.

kann dieser Einwand als erledigt betrachtet werden, seitdem eine Münze Konrads des Roten aus Bingen bekannt geworden ist[88].

Die in der Urkunde aufgezählten Bestimmungen über Handelsabgaben sind für das mittlere 10. Jahrhundert als durchaus zeitgemäß anzusehen, so daß sich auch von ihnen her kein Verdacht gegen die Echtheit der Urkunde ergeben kann[89].

Der Schlüssel für die Einordnung dieser Urkunde in einen historisch-politischen Zusammenhang liegt in dem Satz, mit dem der Herzog den zweiten Teil der Dispositio, der die lehensrechtlichen Bestimmungen enthält, einleitete: *Hec vero omnia ad prenominatum altare a me firmiter tradita, quamvis pro eterno munere sint perpauca* – »Aber all dieses, was ich an den vorgenannten Altar rechtskräftig übertragen habe, ist für den ewigen Lohn noch sehr wenig«. Sind doch die nachfolgenden Bestimmungen, mit denen Konrad offenbar den hier angesprochenen Mangel zu beheben suchte, nach den Vorstellungen der Bischöfe von Speyer und Worms gestaltet worden: Es entsteht der Eindruck, als habe dem Erwerb des Seelenheils für sich und die Vorfahren eine besondere Schuld des Saliers gegenüber der Speyerer Kirche im Wege gestanden; da der Urkundentext in keiner Weise bemüht ist, diesen Eindruck zu verwischen, dürfte es sich um eine Schuld gehandelt haben, die den Zeitgenossen nicht unbekannt war und deren Begleichung allgemein erwartet wurde, sozusagen *nulla persona contradicente* zeitgemäß war. Es ist der modernen Geschichtswissenschaft freilich längst bekannt, welches Übel hier zwischen den Geschäftsparteien vorlag: 33 Jahre zuvor hatte der Graf Wernher, der im Protokoll und in der Schlußformel der Urkunde genannte Vater des Herzogs, den Bischof Einhard I. von Speyer (um 900–918) – in einem mit allen Mittel geführten Kampf um die Vorherrschaft im Speyerer Raum – geblendet[90], ein Verbrechen, das den Speyerer Domherren in so verabscheuender Erinnerung geblieben war, daß ihrer Tradition zufolge ihr Bischof damals ermordet worden sei[91]. Seit dieser Untat kam im salischen Geschlecht der bis dahin fast stets vom Chef de famille getragene Leitname Wernher nicht mehr vor, ein Zeichen für das schlechte Gewissen, das hier bestand und sicherlich auch den Herzog Konrad zu seiner Sühneleistung motivierte[92]. Indessen wird ein gewichtiger Grund dafür auch in der hohen Politik zu suchen sein: 944 war Konrad von König Otto I. zum Herzog von Lothringen erhoben worden, 947 heiratete er die Königstochter Liudgard[93]. Ein Mann, der eine solche Vertrauensposition beim Herrscher einnahm, mußte aber integer sein, was für die Ordnung der offenen Speyerer Angelegenheit ein hinreichender Grund gewesen sein dürfte. Dazu paßt, daß in der Urkunde von 946 Bischof Richigowo von Worms die Vereinbarung zwischen seinem Speyerer Amtsbruder und Konrad regeln half; Richigowo war aber bereits 916 auf der Altheimer Synode mit der Untersuchung des Verbrechens beauftragt worden[94] und wird schon damals nach einer politischen Lösung gesucht haben, da die Salier offenbar nicht mit Gewalt bezwungen werden konnten. Bezeichnenderweise blieb die Wormser Machtposition des Geschlechtes

88 Menadier, Binger Hälbling. Wegen des Münzrechtes mit Angabe der vorangehenden Literatur Doll, Frühgeschichte 159f.; Gelbach, Verfassungsgeschichte 43 mit Anm. 1; Kienast, Herzogstitel 419 Nr. 2; Ehrend, Münzgeschichte 35.

89 Borchers, Untersuchungen 134f. – Doll, Frühgeschichte 162.

90 Remling, Bischöfe 1, 227 kannte noch nicht alle Quellen. Schreibmüller, Ahnen 200; Haffner, Bischöfe 353f.; Staab, Speyer im Frankenreich 212f. sowie Voltmer, Bischofsstadt 268 und Heidrich, Bischöfe zu Anm. 24. – Das Zeugnis der Totenannalen von Fulda scheint mir das entscheidende Zeugnis für das Todesjahr 918 (gegen 913) zu sein: Klostergemeinschaft Fulda 1, 321 und 2,1,328 Kommentar B 43.

91 Metz, Necrolog des Speyerer Domstiftes 203. – Grafen, Spuren 404 und 416 Kommentar B 25. – Necrolog Speyer II fol. 175' zum 29. 6.: *Einhardus Spirensis episcopus interfectus obiit.*

92 Werle, Münster-Dreisen 330 mit Anm. 49. – Staab, Speyer im Frankenreich 212f.

93 Köpke und Dümmler, Otto der Große 131f. und 158 mit Anm. 3. – Böhmer/Ottenthal, RI Nrn. 115b und 148a. – Schreibmüller, Ahnen 204. – Althoff und Keller, Heinrich I. und Otto der Große 2, 144f. – Vielleicht gewinnt hier auch die Übertragung der Hörigen *Virrela* an die Wormser Kirche ihre besondere Bedeutung: Es könnte sich bei ihr um eine Konkubine Konrads gehandelt haben, deren Position durch die bevorstehende Eheschließung des Herzogs natürlich auf das äußerste gefährdet gewesen wäre, und die er so vor den Nachstellungen seiner neuen königlichen Verwandten unter den Schutz des Kirchenrechtes stellen wollte, denn in Worms blieb seine Stellung unangestastet; vgl. Schulz, Zensualität 102 mit Beispielen für derartige Fälle. Siehe auch Thietmar, Chronicon II, 39, 88f., wonach die Ehe Liudgards mit Konrad nicht besonders glücklich war.

94 Synodus Altheimensis cap. XXXI; vgl. dazu die oben Anm. 90 genannte Literatur.

946 noch völlig unangetastet – es ging also tatsächlich nur um die Bereinigung des Speyerer Konfliktes[95]. Hans Werle hat dies insofern richtig gesehen, als er bei der Urkunde von 946 »weniger von einer Schenkung als vielmehr von einer Resignation auf verschiedene Regalien« sprach, für deren Besitz weniger das Recht als eher »die Machtverhältnisse am Mittelrhein in den ersten vier Jahrzehnten des 10. Jahrhunderts (...) ausschlaggebend« gewesen seien. Wenn er jedoch die damit vorgenommene »Räumung der Stadt Speyer durch die Salier« wegen ihrer Gegensätzlichkeit zur später noch hartnäckig verteidigten Wormser Position anzweifelte, so verkannte er den besonderen Charakter der Schenkung als eine Sühneleistung[96], wie sie in Worms in dem Moment eben nicht notwendig war.

Damit dürften auch keine inhaltlichen Bedenken mehr gegen die Urkunde zu erheben sein. Diese Übertragung von Rechten und Besitz kann nun als der Grundbestand einer Immunität des Speyerer Bischofes gegenüber dem zuständigen Grafen gesehen werden, denn dieses Amt übte Konrad, wie er im Eschatokoll vermeldet, ja in Speyer aus. Insbesondere ist hier die Übertragung von Hochgerichtsrechten und der Hörigen des Saliers von Bedeutung, denn mit diesen geriet ein großer Teil der damaligen Bewohner Speyers in die bischöfliche *familia* und damit auch unter die Niedergerichtsbarkeit Reginbalds[97]. Da hier nun keine eigentliche Immunitätsverleihung, also keine durch den Herrscher vorgenommene Privilegierung der Speyerer Sedes gegenüber Dritten vorliegt, sondern eine Resignation dieses »Dritten« auf solche Rechte, die einer Immunität de facto im Wege standen, ist diese Urkunde nun auch nicht unter die ihren eigenen diplomatischen Gesetzen folgenden Immunitätsprivilegien zu zählen[98]: So kann bedacht werden, daß die Herzogsurkunde von 946 bei der »offiziellen«, am 4. Oktober 969 durch Kaiser Otto gewährten Immunitätsverleihung der Reichskanzlei vorgelegen haben könnte, ohne dadurch zur Vorurkunde im diplomatischen Sinne zu werden.

Durch diese beiden Rechtsakte ist jeder auswärtige, also nicht-städtische Mächtige aus der Speyerer Gerichtsbarkeit und aus wichtigen weiteren Herrschaftsrechten in Stadt und Gemarkung Speyer[99] ferngehalten worden; Gerhard Köbler hat festgestellt, daß die Stadt genau dann zum Gegenstand rechtshistorischer Forschung werden kann, wenn ein solcher exemter Rechtsbezirk vorhanden ist, wenn »für bestimmte, flächenmäßig abgegrenzte Siedlungen ein Recht entstanden ist, das sich von dem übrigen Recht ausschließlich abhebt«[100]. Bevor hier nun auf den tatsächlichen Rechtszustand in der Stadt eingegangen wird, ist in Anwendung des Pospíšil'schen Modells nach den Autoritäten zu fragen, die das Recht der Immunität hier gesetzt haben: 946 waren es der Herzog Konrad und die beiden Bischöfe Reginbald und Richigowo, die gemeinsam eine Entscheidung fällten, und 969 Kaiser Otto zusammen mit Bischof Otger, der als Bittsteller auftrat und sicherlich dem mit den genauen örtlichen Verhältnissen schwerlich vertrauten Herrscher die Einzelheiten der Regelung vorgeschlagen haben dürfte.

In dem Raum, der ihm durch diese Immunität geschaffen wurde, war aber von nun an der Bischof von Speyer die rechtliche Autorität[101]. Da sich der meist ferne König Speyer gewinnt erst unter Heinrich III. einige Bedeutung als Itinerarort[102] –, der sich selbst sicherlich im Rahmen der Reichskirchenherrschaft in einer Position gesehen hat, die dem »Zentrum rechtlicher Macht« im Sinne von Pospíšils Theorie entsprach, vorerst noch kaum in die inneren Verhältnisse der *civitas* eingemischt hat, war der Bischof von nun an derjenige, von dem jede Weiterentwicklung des inneren Rechtszustan-

95 Zur Wormser Position der Salier siehe unten 110ff.

96 Werle, Erbe 231f. – Vgl. dagegen Voltmer, Bischofsstadt 268.

97 Siehe oben 106f. die einzelnen Bestimmungen der Urkunde. Den Beginn einer effektiven Speyerer Immunität in diesen Verfügungen sieht Gelbach, Verfassungsgeschichte 42f.; vgl. Lechner, Königsurkunden 562f. und Voltmer, Reichsstadt 18f.

98 Stengel, Diplomatik besonders 130ff., 265ff. und 391f. – Breßlau, Urkundenlehre 1, 57.

99 DO.I 379 definiert genau den örtlichen Umfang der Speyerer Immunität; dazu Köbler, Städtewesen 6; Voltmer, Bischofsstadt 259f.

100 Köbler, Städtewesen 4f.; das Zitat 5.

101 Pospíšil, Anthropologie 40ff., besonders 56ff. fordert, einen Rechtszustand nicht aus normativen Texten (»abstrakten Regeln«), sondern aus juristischen Entscheidungen – Urteilen – abzuleiten. Da uns keine weiteren, die Speyerer Immunität betreffenden Gerichtsurteile vorliegen, sind wir hier aber auf die normativen Texte der Urkunden angewiesen; das Fehlen von Prozessen kann auch *ex silentio* als Hinweis auf ein ungestörtes und daher wirkliches, »lebendes« Recht hinweisen, vgl. Pospíšil, Anthropologie 51f.

102 Brühl, Fodrum 134f. – Metz, Städte 35. – Heidrich, Bischöfe zu Anm. 228ff.

des zu erwarten war, und in der Tat sehen wir ihn jetzt für lange Zeit ungestört im Besitz der Autorität[103].

Inwieweit die Speyerer Bischöfe des 11. Jahrhunderts nun selbst rechtsschöpferisch tätig wurden, läßt sich anhand der wenigen einschlägigen Quellen nur in einigen Punkten beleuchten. Bevor hier nun das dürre Faktenmaterial vorgeführt werden wird, soll am Beispiel der Nachbarstadt Worms gezeigt werden, auf welche Weise bischöfliche Autorität eine neue Ebene des Rechtes schaffen konnte, und auch Hinweise darauf werden sich dort finden, wie und warum diese hochstiftische Rechtsebene von den Wormsern rasch angenommen wurde, internalisiert im Sinne Pospíšils, was bedeutet, daß dieses Recht, obgleich neu, von ihnen als »gerecht« anerkannt wurde[104]. Denn anders als in Speyer, wo sich der Bischof, wie wir oben sahen, seit der Mitte des 10. Jahrhunderts in der Folge einer offensichtlich niemals angefochtenen vertraglichen Regelung in das Zentrum der rechtlichen Macht stellen konnte, mußten sich die Wormser Oberhirten eine entsprechende Position in ihrer Stadt über Jahrzehnte gegen den erbitterten Widerstand der salischen Herzöge erkämpfen. Dieser lange Kampf hat nun eine deutliche Widerspiegelung in den Quellen gefunden, deren Fehlen für Speyer – wie für viele andere Bischofsstädte auch – uns die Einschätzung der dortigen Vorgänge so schwer macht.

Wie oben bereits gesagt, war die Machtposition der Salier in der Stadt Worms in ottonischer Zeit unangetastet geblieben, ja sie bildete sogar den eigentlichen Herrschaftsmittelpunkt des Geschlechtes, so daß Konrad, der Urenkel Konrads des Roten und jüngere Vetter Kaiser Konrads, noch »Wormser Herzog der Franken« *(Wormatiensis dux Francorum)* genannt wurde, als die Position bereits verloren war[105]. Im Wormser Dom befand sich die Grablege des Hauses über vier Generationen[106]. Die Wormser Machtstellung setzte sich aus den folgenden Rechten zusammen: Einem Drittel der Zoll- und Banneinkünfte als Lehen des Reiches bis zum Jahre 979[107], sodann den aus dem Grafenamt heraus ausgeübten Hochgerichtsrechten[108] und erheblichem Grundbesitz, darunter eine feste, aus Steinen erbaute und mit Türmen bewehrte Burganlage[109].

Der Kampf der Wormser Bischöfe gegen die Salier in der Stadt zerfällt in zwei Phasen. Zuerst war es Bischof Hildibald (979–999), der sich bemühte, durch den Erwerb königlicher Privilegierungen das Herzogshaus aus der Stadt herauszudrängen. Nachdem er im Jahre 979 einen Teilerfolg erzielt hatte, indem ihm Kaiser Otto II. das dem Grafen – also dem Salier Otto, Sohn Konrads des Roten – zustehende Drittel an Zoll und Bann zusprach[110], griff er zu dem von ihm auch im Kampf gegen konkurrierende Rechtsansprüche der Reichsabtei Lorsch nicht verschmähten Mittel der Urkundenfälschung, um die angestrebten Rechte in seine Hand zu bekommen[111]. Dabei mögen ihm die seit 946/69 vorliegenden Speyerer Verhältnisse als politisches Vorbild gedient haben. Indessen konnte eine solche, auf die Autorität der Reichsgewalt gestützte Politik nur solange Erfolg haben, wie es dem Königtum für richtig erschien, den Salier Otto mit anderen Würden zu entschädigen; als dieser um 985 auf das ihm übertragene Herzogtum Kärnten verzichten mußte[112], versuchte er wieder, seinen Wormser Herrschaftsmittelpunkt

103 Erst am Ende des 11. Jahrhunderts treten Reibungen zwischen Städtern und Bischof auf, siehe unten 139f. Vgl. auch oben Anm. 101.

104 Zu solchen Prozessen: Pospíšil, Anthropologie 249ff. und 306ff., besonders 344ff.

105 Zum Herrschaftsmittelpunkt: Werle, Erbe 30ff.; Ders., Hausmachtpolitik 263ff.; Ders., Titelherzogtum 253f. – Zum herzoglichen Rang: Titelherzogtum 239ff.; Kienast, Herzogstitel 323ff. Anders als häufig zu lesen wird Otto, der Sohn des roten Konrad in DO.II 279 (982 August 18) nicht als Herzog von Worms tituliert; die Stelle lautet: *in comitatu Uurmacensis Ottonis* – ohne Nennung des Herzogtitels; die Bezeichnung nach Worms dient hier nur der Unterscheidung von Herzog Otto von Schwaben und Bayern. – Die zitierte Titulierung Konrads des Jüngeren bei Wiponis Gesta Chuonradi 13 cap. 1.

106 Kautzsch, Dom 346ff. und Tafelband 2, 155ff. – Schmid, Salier 681ff. und 716ff.

107 DO.II 199 (979 ohne Monats- und Tagesdatum). – Vgl. Büttner, Stadtentwicklung 398f.

108 DH.II 319 (1014 Juli 29).

109 DH. II 20 (1002 Oktober 3). – Vita Burchardi 107 cap. 7 und 110 cap. 9.

110 Wie Anm. 83.

111 Zu diesem Komplex der Wormser Fälschungen: Lechner, Königsurkunden, besonders 382ff. – Vgl. Ders., Beurteilung 91ff.

112 Verschiedene Autoren setzen den Verzicht mit dem Veroneser Reichstag Ende Mai/Anfang Juni 983 (vgl. Böhmer/Mikoletzky, RI Nr. 891bff.) in Verbindung, so auch Lechner, Königsurkunden 563; tatsächlich ist der Zeitpunkt nicht genau zu bestimmen; Kienast, Herzogstitel 323.

auszubauen[113]. Nach Hildibalds Tod am 5. August 999, scheint es der Wormser Kirche nur wenig genützt zu haben, daß Otto seit 995 wieder Herzog von Kärnten war[114]; es waren wohl seine inzwischen herangewachsenen Söhne, Heinrich und Konrad, die nun für ihren im fernen Südosten des Reiches tätigen Vater die Wacht am Rhein hielten[115]. Offenbar nutzten die Salier die beklagenswerte Kurzlebigkeit von Hildibalds Nachfolgern Franko, Erpho und Razo (alle drei 999 ernannt und gestorben[116]) dazu aus, wieder die ganze Macht in Worms an sich zu reißen. Dies war der Zustand, den Bischof Burchard I. (1000–1025) bei seinem Amtsantritt vorfand und der in den Kapiteln 6 und 7 seiner Vita mit eindringlichen Worten beschrieben ist[117]. Danach waren die Wormser Stadtbefestigungsanlagen weitgehend zerstört[118], so daß es den Saliern sicherlich leichter fiel, eine Kontrolle über die Stadt auszuüben; bezeichnenderweise heißt es in der Vita, daß Menschen, die versuchten, die Mauern zum Schutz vor wilden Tieren zu reparieren, mit nächtlichen Überfällen terrorisiert worden seien, denn eine Schar von Räubern habe sich die Situation zunutze gemacht. In dieser Lage hätten die *cives* die Stadt oder das, was von ihr noch übriggeblieben war, verlassen, um sich auf dem Land zu verbarrikadieren. Diese Räuber – *latrones* – nun, so fährt die Vita fort, hätten in der festen Burg des Herzogs Otto und seines Sohnes Konrad eine stets sichere Zuflucht gehabt. Deswegen sei diese Burg ein großes Hindernis für die Bemühungen des Bischofes Burchard gewesen, die Zustände in der Stadt zu bessern.

Die Vita Burchardi, wahrscheinlich von dem Wormser Domschulmeister und Kustos Ebbo verfaßt, ist sicherlich »eine hagiographische Quelle mit allen dieser literarischen Gattung eigenen Zügen« und muß daher für das Faktenwissen mit großer Vorsicht benützt werden[119]. Dennoch läßt sich aus den Kapiteln 6 und 7 der Vita ein rechtsgeschichtlich relevanter Kern herausschälen. Das *refugium tutissimum,* »die sichere Zuflucht«, die die Räuber in der Salierburg genossen, ist nämlich am leichtesten dann zu erklären, wenn wir es lehensrechtlich interpretieren: Es ist nichts anderes als der materielle Ausfluß der Schutz- und Treuepflicht des Herrn gegenüber seinen Vasallen[120]. Diese *latrones* waren also Lehensleute der Salier, die mit der eigentlichen Herrschaftsarbeit in der Stadt Worms betraut waren; der Terror, den sie gegen die *cives* ausübten, war wohl einerseits die Verwirklichung von Herrschaftsrechten des Geschlechtes in dessen Auftrag, und zum anderen die Eintreibung der Gefälle aus ihren Lehen, was die Rigorosität ihres Vorgehens begreiflich machen mag. Auch die Zerstörung der Stadtbefestigung und das Verbot ihres Wiederaufbaus sind lehensrechtlich zu erläutern: Offensichtlich betrachtete sich Herzog Otto als im Besitz des Befestigungsregals, eines an sich königlichen Rechtes – schon der rote Konrad hatte 946 Wert auf die Feststellung gelegt, die Speyerer Hoheitsrechte, die er von seinen Vorfahren geerbt hatte, seien *ex regali tradicione,* »durch königliche Verleihung«, an diese gelangt[121] –, und seine Vasallen waren auch mit der Durchführung dieser Rechte belehnt worden, die sie im vorauszusetzenden Einverständnis mit ihrem Herrn gewissermaßen negativ ausübten, indem sie eine Neuanlage von Mauern verhinderten[122]. Eine solche Interpretation der in der Vita Burchardi beschriebenen Herrschaftspraxis steht nicht im geringsten Widerspruch zu dem, was über den Aufbau des weitgehend lehensrechtlich organisierten »Wormser Herzogtums« Ottos bekannt ist[123]. Diese Deutung steht auch nicht im Gegensatz zu den Ausführungen von Georg Friedrich Böhn, der im Anschluß an Überlegungen von Hans Werle das 1913 von Heinrich Baldes aufgestellte System der von den Saliern belehnten »Untergrafen« anzweifelte und

113 Lechner, Königsurkunden 563 ff. – Büttner, Stadtentwicklung 399.

114 Zum Tod des Bischofs: Klostergemeinschaft Fulda 2,1, 336 Kommentar B 95; Schreibmüller, Ahnen 207; Kienast, Herzogstitel 323.

115 Sie stimmen schon 987 einer Stiftung ihres Vaters zu, waren also damals bereits volljährig: Stauber, Lambrecht 207; Werle, Erbe 235 für die Einreihung der Urkunde zu 987 (gegen 977) ist überzeugend.

116 Hauck, Kirchengeschichte 3, 991.

117 Vita Burchardi 106 ff. cap. 6 und 7. – Vgl. auch Hirsch, Heinrich II. 1, 486 ff. und Boos, Städtekultur 1, 244 ff. – Büttner, Stadtentwicklung 399 f.

118 Zur frühmittelalterlichen Stadtbefestigung vgl. Büttner, Stadtentwicklung 395 ff.

119 Boos in der Einleitung zur Vita XXVI ff. – Wattenbach und Holtzmann, Geschichtsquellen 1, 212. – Schmidt, Kaiser Konrads Jugend 312 f. (zweites Zitat). – Zu Ebbo vgl. auch unten 122 mit Anm. 225.

120 Vgl. Mitteis, Lehnrecht 534 ff. – Ganshof, Lehnswesen 98 ff.

121 Hilgard, Urkunden 4. – Vgl. oben 107 ff.

122 Mitteis, Lehnrecht 620 ff.

123 Baldes, Salier, besonders 28 ff. – Werle, Erbe 30 ff. – Ders., Hausmachtpolitik 263 ff. – Ders., Titelherzogtum 260 ff. – Gelbach, Verfassungsgeschichte 29 ff.

für den Fall der Emichonen schlüssig zu widerlegen verstand[124]. Denn zum einen können die in der Vita beschimpften Räuber in der Lehnspyramide weit unterhalb des gräflichen Ranges gestanden haben, und andererseits ist es für unseren Zusammenhang nicht von sonderlicher Bedeutung, ob die Lehen dieser Leute mit der verfassungsgeschichtlichen Konzeption »Grafschaft« in irgendeiner Verbindung standen oder nicht; es könnte sich auch um allodiale Rechte oder, wie wohl im Falle des Befestigungsrechtes, um usurpierte Regalien gehandelt haben.

So betrachtet, brauchen Kapitel 6 und 7 der Vita Burchardi nicht mehr nur als »übertrieben«[125], gleichsam als der hagiographische Topos des »düsteren (...) Hintergrunds«, vor dem »sich das segensreiche Wirken des begnadeten Gottesmannes um so deutlicher abheben« konnte[126], eingestuft zu werden. Es handelt sich hier vielmehr auch um eine natürlich parteiische Schilderung einer konkurrierenden Ebene des Rechtes durch einen Berichterstatter, für den das Zentrum der rechtlichen Macht eben nicht in der Autorität des Herzoges Otto, sondern in der des Bischofes Burchard lag und der daher den rechtlichen Charakter jener Ebene (absichtlich?) verkannte[127]. Der Bischof selber scheint die Dinge hier doch etwas schärfer gesehen zu haben als sein Biograph, denn in der Einleitung zu dem von ihm erlassenen Wormser Hofrecht schrieb er nicht von Verbrechern, sondern von *diversa leges,* »unterschiedlichen Rechtsordnungen« also, die die *familia sancti Petri,* den Hörigenverband des Wormser Bistums, quälten[128]. Auch er beanspruchte also das Zentrum der rechtlichen Macht für sich, leugnete aber die Rechtsqualität der konkurrierenden Ebene nicht, wie ja die Konzeption der lehensrechtlich organisierten Adelsherrschaft im Denken der Zeit selbstverständlich allgemein präsent war und von einem Herrschaftsträger wie einem Reichsbischof, der im politischen System des Mittelalters seinen Platz hatte, schwerlich negiert werden konnte. Gerade bei dem rechtskundlich sehr bewanderten Burchard von Worms dürfen wir hier die Fähigkeit und Neigung zum analytischen Denken voraussetzen[129].

Eine gedanklich durchaus vergleichbare Polemik gegen das Lehnsystem bei der adligen Herrschaftsausübung bringt das achte Kapitel der ebenfalls aus dem reichskirchlichen Umfeld entstammenden Lebensbeschreibung Kaiser Heinrichs IV. Hier ist die Rede von Leuten, die ihr Hab und Gut an *milites* ausgegeben hatten und in Verarmung stürzten, als der Mainzer Reichslandfrieden von 1103 diese Investition in eine kriegerische Mannschaft wertlos werden ließ, *dum sibi licentia rapinarum erepta est* – »solange ihnen die Lizenz zum Rauben entrissen ist«[130]. Den rechtlichen Charakter der herzoglichen Herrschaft in Worms betonte auch die Reichskanzlei Heinrichs II., als dieser mit kaiserlicher Autorität endgültig aufgehoben wurde, indem sie von einer *legem iniustam* (...) *familie sue* (scil. *Burchardi episcopi*) *ecclesie tali presumpcione impositam,* einer »ungerechten Gesetzesordnung, die dem Hörigenverband seiner (nämlich des Bischofs Burchard) Kirche mit solcher Vermessenheit auferlegt wurde«, sprach[131].

Burchard nahm sogleich den Kampf gegen die salische Stadtherrschaft auf, indem er neue Stadtmauern und weitere Gegenbefestigungen bauen ließ, die seinen Leuten Schutz vor den herzoglichen Vasallen boten[132]. Entscheidend für die weitere Entwicklung der Dinge war nun die Parteinahme des Wormser Bischofes für die Thronkandidatur des Bayernherzogs Heinrich im Jahre 1002[133]. Als Gegenleistung schenkte Heinrich dem Bischof den salischen Besitz in der Stadt einschließlich der Burg; diesen hatte er

124 Böhn, Salier 72ff.

125 Lechner, Königsurkunden 565.

126 Schmidt, Kaiser Konrads Jugend 312.

127 Vgl. Pospíšil, Anthropologie 154f.

128 Lex familie Wormatiensis 40. – Dazu: Theuerkauf, Burchard 154f.

129 Theuerkauf, Burchard 151ff. – Beumann, Sigebert 10f.

130 Vita Heinrici IV. 28 cap. 8. Der Verfasser der Vita Heinrici war nach der communis opinio der Bischof Erlung von Würzburg (1105–1121). Dazu zuletzt: Beumann, Verfasserfrage 305ff.; anders neuerdings: Freise, Äbte und Konvent 101, der Abt Pabo von St. Emmeram in Regensburg (1095–1105/06) als Verfasser vorschlägt. – Vgl. zur sozialen Problematik des Lehnsystems auch Frutolf 118 zu 1099.

131 DH.II 319 (1014 Juli 29). – Theuerkauf, Burchard 154.

132 Vita Burchardi 107f. cap. 6f. – Vgl. auch unten 139.

133 Lechner, Königsurkunden 565. – Zur Thronbesteigung Heinrichs II.: Hirsch, Heinrich II. 1, 193ff.; Böhmer/Graff, RI Nr. 1ddff.; Althoff, Adels- und Königsfamilien 105f. – Zu Burchards Haltung auch Tellenbach, Libertas 123.

zuvor von Herzog Otto im Tausch gegen den Königshof Bruchsal erworben[134]. Burchard ließ die Burg noch vor den Augen des Herzogs sofort niederreißen – eine eindrucksvolle Demonstration gegenüber den Wormsern – und aus ihren Steinen das Wormser Paulsstift errichten, welches er am 29. Juni 1016 dotierte[135].

Trotz des Verlustes der Burg und des städtischen Grundbesitzes scheinen die Salier ihren Kampf um Worms nicht aufgegeben zu haben, denn die Immunitätsbestätigung Heinrichs II. für das Bistum erfolgte ausdrücklich wegen der Übergriffe der Grafen in seine Gerichtsbarkeit; auch jetzt verblieb dem Geschlecht noch ein gewisser Anteil an den Gerichtsrechten der Stadt[136].

Um von der so gewonnenen Position aus nun auch tatsächlich in das Zentrum der rechtlichen Macht einzurücken, was hier bedeutet, für die Bewohner der Stadt zu derjenigen Autorität zu werden, deren Entscheidungen sie im Zweifelsfalle bevorzugt befolgten[137], scheint der Bischof Burchard – anders als die salischen Inhaber der Grafenrechte, die ihre Entscheidungen durch physischen Zwang durchzusetzen versucht hatten[138] – von vornherein die Internalisierung seines Rechtes durch die städtische Bevölkerung angestrebt zu haben, also eine bewußtseinsmäßige Rezeption seiner Entscheidungen durch die Wormser, die am Ende dazu führen konnte, daß jene von diesen als »gerecht« angesehen wurden[139]. Hierfür gibt es gewisse Hinweise in den Quellen. Einmal ist in der Vita Burchardi die Rede davon, daß der Bischof die durch die salische Herrschaftspraxis vertriebenen *cives* wieder in die von ihm neu befestigte Stadt Worms zurückgerufen und daß er ihnen dort den Frieden zu sichern verstanden habe, ein Angebot, das offensichtlich auch angenommen wurde[140]. Als er am 29. Juni 1016 dem Wormser Frauenkloster Nonnmünster eine Anzahl von Hörigen zu Censualenrecht übertrug und deren rechtliche Verhältnisse im einzelnen festlegte, ließ er die Verfügungen von 43 Laien *et pene omnes urbani* bezeugen[141]: Er beteiligte also die Städter, die sich auch darauf einließen, an seinen rechtswirksamen Entscheidungen, die er später im Wormser Hofrecht, der *Lex familie Wormatiensis ecclesie,* im Einverständnis mit seinen Klerikern, seinen Rittern und dem gesamten hofrechtlichen Verband zusammenfassen ließ; die Bestimmung der Urkunde, daß, wenn ein Angehöriger der *familia* des Klosters eine auswärtige Frau geheiratet hatte, zwei Drittel seines Erbes in der Verfügungsgewalt der Äbtissin verbleiben sollten[142], kehrt für den hofrechtlichen Verband des Bistums in § 15 der *Lex* wieder[143]. In jedem Falle ist die *Lex* ein Zeugnis für den Willen Burchards, ein Recht zum Nutzen seiner Untertanen zu setzen: In der Einleitung wendet er sich gegen die *diversa leges,* die den darüber Klage führenden Armen auferlegt worden waren und verkündet sein Recht, damit kein anderer, nicht der Vogt, nicht der Viztum und auch kein anderer seiner Amtsträger Neuerungen einführen möge, *sed una eademque lex diviti et pauperi (...) omnibus esset communis,* »sondern daß ein und dasselbe Recht allen, dem Armen wie dem Reichen, gemeinsam sein solle«[144]. Viele der Paragraphen des Hofrechtes geben nicht vor, altes Recht in der Art eines Weistums schriftlich festzuhalten, sondern sie werden mit den Wendungen *Lex erit, Ius erit, Hec etiam lex erit familie, Et hoc lex erit* eingeleitet, bestimmen somit Gesetze für die Zukunft und gebärden sich also eindeutig als Manifestation neu gesetzten Rechtes[145].

134 Vita Burchardi 110 cap. 9; DH.II 20 (1002 Oktober 3). – Zu Bruchsal: Schwarzmaier, Bruchsal 225 ff.; Königspfalzen 3,1, 74 f. – Heinrich scheint sich zuvor mit Otto in der Thronfolgefrage geeinigt zu haben; Thietmar, Chronicon V, 25, 249. – Eine der ersten Regierungshandlungen Heinrichs war eine Schenkung an Worms mit ausdrücklicher Erwähnung der treuen Dienste Burchards: DH.II 1 (1002 Juni 10); vgl. Böhmer/Graff, RI Nr. 1yy ff.

135 Vita Burchardi 110 cap. 9; Boos, Urkunden Nr. 43. – Der vollständige Abriß der Burg ist archäologisch nachweisbar: Grünewald, Salier, was den Bericht der Vita Burchardi bestätigt.

136 DH.II 319.

137 Pospíšil, Anthropologie 158 ff. – Vgl. oben 102.

138 Siehe oben 111. – Vgl. Pospíšil, Anthropologie 251 ff.

139 Zu Internalisierung und Gerechtigkeit Pospíšil, Anthropologie 248 ff., 306 ff. und besonders 344 ff.

140 Vita Burchardi 107 cap. 6.

141 Boos, Urkunden Nr. 45, die Zeugenliste 37; dazu Schulz, Zensualität 106 ff. – Zum Censualenrecht unten 116 ff.

142 Boos, Urkunden 36 Zeile 23 ff.

143 Lex familie Wormatiensis 42.

144 Vgl. oben 112; auch Lechner, Königsurkunden 571. – Zur Lex im allgemeinen: Boos, Städtekultur 1, 295 ff.; Theuerkauf, Burchard 154 ff.; Zotz, Bischöfliche Herrschaft 95 f.

145 Theuerkauf, Burchard 156 ff., die einzelnen Stellennachweise 158 Anm. 64.

Der ferne Thietmar von Merseburg freute sich im Prolog zum sechsten Buch seiner Chronik über das Glück der Stadt Worms, die nun von der *lex* der salischen Herzöge befreit war, ebenso wie über die Wiedererrichtung seines Merseburger Bistums[146]. Aber ein weiteres Selbstzeugnis des gestalterischen Bewußtseins Burchards ist hier wichtiger: Der Bischof wußte sicher genau, wie seine Wormser die Inschrift auffassen würden, die er an der aus den Steinen der zerstörten Herzogsburg erbauten Paulskirche anbringen ließ, wenn sie sich diese von einem der bischöflichen Kleriker übersetzen lassen würden: *ECCLESIAM OB LIBERTATE CIVITATIS* – »diese Kirche für die Freiheit der Stadt«[147]. Ist doch die Freiheit im Denken des Mittelalters nicht mehr als die Chance verstanden worden, so zu leben, »wie Du es willst«, wie es einst Marcus Tullius Cicero gesehen hatte[148], sondern als ein Eingebundensein in die rechte Ordnung von Welt und Kirche[149]. So ist die Inschrift Burchards als ein Programm zu lesen, das der *civitas* ihren rechten Platz in einer verchristlichten, mit der *ecclesia* durchdrungenen Welt anweist, die ihr gebührende *libertas;* dies gehört in zentraler Weise zum Gedankengut der Kirchenreform des 11. Jahrhunderts, deren frühen Vordenkern Burchard von Worms trotz der konservativen Tendenz seiner *Decretorum libri XX* nicht ganz fern gestanden hat[150]. Die Bürger aber nahmen diesen Platz ein, auf dem sie eine zeitgemäße Freiheit unter der Autorität der Kirche, personifiziert durch Bischof Burchard, erringen konnten[151].

Was können wir nun aus den Wormser Verhältnissen für die Erkenntnis des gleichzeitigen Speyer gewinnen? Wir können sicherlich annehmen, daß der Bischof Walther von Speyer (1004–1027) mit Burchard I. von Worms eines Geistes gewesen ist. Auch er gehörte zur Anhängerschaft Kaiser Heinrichs[152]. Wie jener dürfte er vor seiner Erhebung zur Reichskanzlei gehört haben[153]. Wichtiger ist, daß sich gerade in der Beschäftigung mit rechtlichen Themen Verbindungen zwischen Burchard und Walther feststellen lassen: Die Vita Burchardi berichtet uns, der Speyerer habe seinem Wormser Amtsbruder bei der Herstellung von dessen berühmter Kirchenrechtssammlung, den oben bereits erwähnten zwanzig Büchern der Dekrete, geholfen[154]. Auch Walthers Urkunden, soweit sie überliefert sind, zeigen Spuren der Beschäftigung mit den *canones.* DK.II 41 vom 14. Juli 1025 folgt im Diktat einer nicht erhaltenen Vorlage des Speyerer Bischofes und zitiert einen Satz aus dem Decretum Burchardi mit einer ähnlich falschen Quellenangabe wie dieses[155]; die kirchenrechtliche Notwendigkeit der königlichen Bestätigung eines solchen Tausches folgt ebenfalls einer Verfügung dieser Sammlung[156]. Eine weitere Urkunde Walthers erfüllt durch die Formel *hanc cartam inde conscribi et in synodo coram clero et plebe fecimus recitari* – »darüber haben wir diese Urkunde schreiben und auf einer Versammlung vor den Geistlichen und dem Volk verlesen lassen« – einen weiteren Satz aus dem Decretum Burchardi wegen bischöflicher Verfügungen über Kirchengut[157]. Auch aus dem Bereich des weltlichen Rechtes lassen sich

146 Thietmar, Chronicon VI, 274.

147 Vita Burchardi 110 cap. 9.

148 Cicero, De officiis I, 70: (...) *libertate* (...) *Cuius proprium est sic vivere, ut velis.*

149 Tellenbach, Libertas, besonders 2ff. und 20ff.; Grundmann, Freiheit 23ff. Was Grundmann 34ff. über eine »Freiheit in einem« (angeblich) »ganz anderen Sinne, als politisches oder religiöses Postulat« schrieb, steht nicht im Widerspruch zu der referierten Einschätzung des mittelalterlichen Freiheitsbegriffes, vielmehr lassen sich die von ihm zitierten Quellenstellen auch in Tellenbachs Sinne lesen, als Zeugnis des »Ringens um die rechte Ordnung in der Welt«, vgl. Libertas 1; oder sie zeigen das latente Fortleben antiken Denkens (Zitate!) im Mittelalter und seine Wiedergeburt am Ende desselben.

150 Tellenbach, Libertas 48ff. und 77ff. Hier ist natürlich an Reform im episkopalistischen, nicht – das wäre hier anachronistisch – papalistischen Sinne zu denken; Libertas 165ff. – Zur Reformtätigkeit Burchards: Vita Burchardi 103 cap. 2, 110 cap. 9, 113 cap. 12 und 116 cap. 19; vgl. auch Beumann, Sigebert 10f. und Grafen, Diss. Exkurs I.

151 Vgl. Mitteis, Stadtluft, besonders 194ff., der die Rolle der Immunität und des Stadtherrn bei der Entstehung der städtischen Freiheit betonte.

152 Allgemein: Remling, Bischöfe 1, 251ff. – Walther starb aber schon 1027: Klostergemeinschaft Fulda 1, 355 und 2,1, 356 Kommentar B 229; vgl. auch Breßlau, Konrad II. 1, 465ff.; Hauck, Kirchengeschichte 3, 989; zukünftig Staab, Spira. – Zu den Verdiensten Walthers um die Kaiserkrönung Heinrichs II.: Hirsch, Heinrich II. 2, 419; Böhmer/Graff, RI Nr. 1800b.

153 Fleckenstein, Hofkapelle 2, 99. – Zum Werdegang Walthers auch Strecker, Walther 796ff.

154 Vita Burchardi 111 cap. 10. – Die Literatur zum Decretum Burchardi bei Theuerkauff 151f. Anm. 35; Fransen, Le Décret 1ff.

155 Siehe die Einleitung zu DK.II 41. – Böhmer/Appelt, RI Nr. 42; Decretum Burchardi 707 Lib. 3 cap. 176.

156 Decretum Burchardi 707 Lib. 3 cap. 171.

157 Remling, Urkundenbuch 1, 25 Nr. 25. – Decretum Burchardi 706f. Lib. 3 cap. 170.

Verbindungen aufweisen. Die in DK.II 41 vorausgesetzte Regel, daß Kinder aus standesungleichen Ehen der ärgeren Hand folgen sollen, findet sich auch in § 16 des Wormser Hofrechtes [158]. Wenn die älteste der erhaltenen Urkunden Walthers, die ebenfalls einen Tausch von Speyerer Kirchengut betrifft, von 11 geistlichen und 46 laikalen Personen bezeugt wurde, so erinnert uns das einerseits an das oben zitierte Gebot aus dem Decretum Burchardi, zum anderen an die Urkunde Bischof Burchards vom 29. Juni 1016, die von 43 Laien *et pene omnes urbani* bezeugt wurde [159]. Der Schreiber dieser Urkunde, *Ebo prespiter et magister scolaris,* war möglicherweise ein Wormser Domkleriker [160], wie überhaupt zwischen dem Wormser und dem Speyerer Kapitel im 11. Jahrhundert gewisse Verbindungen erkennbar sind [161].
Über die Vorgänge, die in Speyer – wie auch in Worms – während des salischen Jahrhunderts zur Herausbildung eines städtischen Rechtskreises führten, wissen wir nur sehr wenig; die einzigen direkten Quellen sind nicht sehr zahlreiche Urkunden, insbesondere zwei Diplome der letzten beiden rheinfränkischen Kaiser aus den Jahren 1101 und 1111. Während das Judenprivileg des Bischofs Huzmann von Speyer (1075–1090) vom Jahre 1084 nur eine *communio civium,* Gemeinschaft der Bürger, kennt, die, durch den Zusatz *et habitacio,* also Wohnstatt, in ihrer Begrifflichkeit näher erläutert, wohl nur die auf den Ort bezogene Personengruppe meinte – das den Bürgern hier vorangestellte *ceterorum,* »die übrigen«, schließt sogar die Juden implizit in den hier zugrunde gelegten Bürgerbegriff mit ein! [162] – verdichtet sich der Ausdruck in DH.IV 466, durch welches Heinrich IV. am 10. April 1101 die Rechtsverhältnisse des Domkapitels bestätigte und ordnete, zum *commune ius civium,* zum »gemeinsamen Recht der Bürger«, dem diejenigen Eigenleute der Domherren unterworfen sein sollten, die diesen nicht als Hausdiener im Alltag zur Verfügung standen und die auch nicht bei ihnen, sondern irgendwo in der Stadt wohnten [163]. Die übrigen Diener der Kapitulare zählten aber zum Rechtskreis des Domstiftes und mußten sich auch dann nicht vor dem für die Stadt zuständigen Richter, einem Lehensmann des Bischofes, verantworten, wenn sie sich *contra ius civium iniusticiam,* »eine Ungerechtigkeit gegen das Recht der Bürger«, hatten zuschulden kommen lassen, vielmehr wurde eine Ausgleichsregelung gefunden, die es einem Domherren erlaubte, sein Hauspersonal vor dem Zugriff des weltlichen Armes zu bewahren [164]. Dies gibt zweierlei zu bedenken: Erstens sind die *cives* bereits zu einer so relevanten, dem Bewußtsein der Zeit so präsenten Gruppe geworden, daß ihnen eine eigene Ebene des Rechtes, ein Rechtskreis zugebilligt wurde: Der Kaiser selbst hatte das aus der bischöflichen Autorität gewachsene Bürgerrecht internalisiert, die Stadtgemeinde als funktionierende Untergruppe der Gesellschaft erkannt und gebilligt [165]. Zum anderen ist es interessant zu beobachten, daß die Eigenleute der Domherren, sobald sie aus dem Hof ihres geistlichen Herrn ausschieden und sich im Bereich der Stadt niederließen, dieser Ebene des Rechtes – offenbar ohne Berücksichtigung einer Frist – zugerechnet wurden; wir sehen hier die Stadt rechtlich definiert als ein dynamisches Gebilde, dessen es konstituierende Personengruppe sich durch Zuzug ergänzte. Wenn auch die Stadtluft hier noch nicht in letzter Konsequenz frei machte, indem die hier zu erkennende Untergruppe an Zuzüglern eben im Status von *servientes* der Domkapitulare verblieb, so werden sie doch durch den Wechsel des Gerichtsstandes ein Stück weit von ihren Herren getrennt; ihre *libertas* im Sinne des relativen mittelalterlichen Freiheitsbegriffes wird eine andere [166].
Heinrich Mitteis hat den Weg, der dorthin führen konnte, in seiner berühmten Abhandlung über den Rechtsgrund des Satzes »Stadtluft macht frei« aufzeigen können: Dieser Weg führte über die Immunität der Stadtherren, hier also wieder über die Autorität der Bischöfe, durch die die Neubürger vor einer

158 Siehe unten 130 Anm. 263.

159 Remling, Urkundenbuch 1, 24 f. Nr. 24 von 1020 April 7; das Original GLA Karlsruhe C 2; Remlings Lesungen sind nicht völlig zuverlässig. – Zur Zeugenliste siehe unten 120 ff.; die Wormser Parallelen oben 114 f. und unten 121.

160 Siehe unten 122 mit Anm. 225.

161 Grafen, Diss. Kap. 2.2.2. – Wenn der Bischof Burchard selber keinen Eintrag im Speyerer Domnecrolog erhielt, so mag das daran liegen, daß er vor dessen Erstanlage um 1030 starb; Grafen, Spuren 388 ff.; Ders., Diss. Kap. 1.1 und Exkurs 1.

162 Hilgard, Urkunden Nr. 11, hier 11 Zeile 31. Siehe auch unten 137 ff. – Ein eigentliches Bürgerrecht für Juden gab es erst im 14. Jahrhundert: Roth, Geschichte der jüdischen Gemeinden 83 f.

163 DH.IV 466, hier 631 Zeile 32 f.

164 DH.IV 466, hier 631 Zeile 26 ff.; dazu Doll, Vögte 266.

165 Vgl. oben 102 f.

166 Vgl. die oben Anm. 148 ff. genannte Literatur.

Rückforderung durch ihre alten Herren geschützt werden konnten[167]. Daß in der hier besprochenen Urkunde Heinrichs IV. diese Herren die dem Bischof persönlich wie rechtlich verbundenen Mitglieder des Domkapitels sind, ist ein Spezialfall, der, zunächst den Blick auf den Kern der Sache vielleicht erschwerend, sich in dialektischer Weise um so deutlicher als ein Zeugnis für die allgemeine Situation von Zuzüglern in Speyer zu erkennen gibt, als daß das gleiche Diplom in weiteren Bestimmungen den Endpunkt einer Entwicklung widerspiegelt, die zur vermögensrechtlichen Trennung von Bischofs- und Kapitelsgut führte[168], so daß nun Hörige des Kapitels – wie auch die zum Privatvermögen einzelner Domkanoniker zu zählenden Unfreien – aus dem Herrschaftsbereich des Bischofes heraus als in der Munt fremder Herren stehend betrachtet werden konnten.

Wichtiger noch ist die Urkunde Heinrichs V. vom 14. August 1111, die nicht auf Pergament ausgefertigt und besiegelt, sondern als Inschrift über dem Domportal angebracht wurde[169]. Evident ist, daß auch hier die Rechtsgemeinschaft der Städter durch den Kaiser anerkannt wird; indem sie zum Empfänger des Privilegs gemacht werden, geschieht dies nicht mehr implizit, wie zehn Jahre zuvor, sondern explizit und in aller Öffentlichkeit, was für das Selbstverständnis der Bürger und ihre Stellung im Bewußtsein der Zeitgenossen von allergrößter Bedeutung war. Hinzu kommt, daß jetzt die automatische Aufnahme der Zuzügler in den städtischen Rechtskreis festgestellt wurde[170]. Indem damit der Herrscher als rechtsetzende Autorität auftrat und der Bischof in die Rolle eines Intervenienten hinabgesunken war, hatte sich auch die innere Struktur der Rechtsebene gegenüber ihren Anfängen erheblich verändert[171]. Indessen müssen wir hier beachten, daß der Zeitpunkt 14. August 1111, mit dem uns diese Erscheinungen vor Augen treten, mit dem Zeitpunkt, zu dem sie dem Bewußtsein der Beteiligten präsent wurden, nicht ohne weiteres gleichgesetzt werden darf, denn die Bürger der Nachbarstadt Worms hatten sich bereits 37 Jahre zuvor als privilegienfähig erwiesen, wenn auch in einer politisch ungewöhnlichen Situation, die von dem schwer bedrängten Heinrich IV. auch ungewöhnliche Maßnahmen gefordert haben mag[172].

Klar ist allerdings, daß die hier beobachtete Herausbildung einer neuen Ebene des Rechtes, wie sie in den besprochenen Diplomata von 1074, 1101 und 1111 erkennbar wird, erst im Verlauf der Salierzeit eingetreten sein kann, denn in der für unseren Zusammenhang wichtigsten Rechtsquelle aus dem Anfang des Jahrhunderts fehlt sie noch: Die um 1024 entstandene Lex familie Wormatiensis ecclesie galt gleichermaßen für alle Angehörigen des hofrechtlichen Verbandes, die hier in unterschiedliche Stände eingeteilt erscheinen, ohne daß schon eine Differenzierung zwischen Stadt- und Landbevölkerung vorgenommen worden wäre[173].

Aber auch der dispositive Teil jenes ersten Speyerer Bürgerprivilegs ist erhellend für die Rechtsgeschichte der Stadt[174]. Knut Schulz hat erkannt, daß das Buteil, die Abgabe nämlich, von der die Speyerer durch die Verfügung des letzten Saliers befreit wurden, typisch für einen bestimmten Stand innerhalb der mittelalterlichen Gesellschaft gewesen ist, für die sogenannten Censualen; eine gefälschte Urkunde für Worms enthält ähnliche Bestimmungen[175]. Diese Leute gehörten zwar noch zum hofrechtlichen

167 Mitteis, Stadtluft 192ff. – Vgl. Haase, Anmerkungen 316ff.

168 Schieffer, Domkapitel 264ff. – Heidrich, Bischöfe zu Anm. 146ff. – Vgl. Grafen, Diss., Exkurs I gegen Grafen, Spuren 389.

169 Hilgard, Urkunden Nr. 11; Stumpf 3071 und 3072. Die Eigenheiten der Überlieferung, die in allen ihren Zweigen auf die Inschrift zurückgeht, führte in der älteren Literatur zu der Annahme zweier verschiedener Privilegien, was Müller, Urkundeninschriften 23ff. und 43ff. richtigstellt.

170 Hilgard, Urkunden Nr. 11, hier 18 Zeile 19ff: *omnes, qui in civitate Spirensi modo habitant vel deinde habitare voluerint, undecumque venerint vel cuiuscumque condicionis fuerint (...).*

171 Siehe unten 140f.

172 DH.IV 267 von 1074 Januar 18. – Dazu Meyer von Knonau, Heinrich IV. und Heinrich V. 2, 286ff. besonders 294ff. und 312ff.; Metz, Städte 39ff.

173 Boos, Städtekultur 1, 300ff. – Theuerkauf, Burchard 155.

174 Siehe auch die Zusammenfassung des Rechtsinhaltes bei Heidrich, Bischöfe zu Anm. 197ff.

175 Schulz, Zensualität 87ff. und besonders 121ff. – Das mit ähnlichen Bestimmungen versehene Privileg Heinrichs V. für die Wormser Bürgerschaft von 1114 November 30: Stumpf 3119; Quellen Worms Nr. 62, ist eine Fälschung nach einer echten Vorlage, über deren Entstehungsumstände und Umfang hier noch nichts ausgesagt werden kann; diese bereits von Hausmann, Reichskanzlei 66 und 72 vertretene Auffassung hat mir der Bearbeiter der Urkunden Heinrichs V. für die MGH, Prof. Thiel (Göttingen) brieflich bestätigt, wofür ich ihm an dieser Stelle danken möchte.

Verband einer Kirche, waren aber nicht mehr an die Scholle gebunden und schuldeten ihren Herren auch keine ungemessenen Abgaben und Dienste mehr wie die hörigen Bauern und Knechte, sondern außer dem bereits genannten Buteil, das die Einziehung von zwei Dritteln des Erbes eines mit einer Angehörigen einer anderen *familia* verheirateten Verstorbenen durch seinen Herrn vorsah, um diesen vor Vermögensverlusten durch Ausheirat zu schützen, nur noch einen jährlich zu entrichtenden Kopfzins von ursprünglich zwei Pfund Wachs, später zumindest zwei Pfennige und eine allgemeine Erbschaftssteuer, das sogenannte Hauptrecht. Dafür genossen sie den vollen Rechtsschutz durch ihren geistlichen Herrn und vollständige Freizügigkeit sowie die Freiheit, sich ihren Lebensunterhalt durch ein selbstgewähltes Gewerbe zu ermöglichen; es liegt auf der Hand, daß dieser Rechtsstand den Bedürfnissen einer städtisch wirtschaftenden Bevölkerungsgruppe besonders gute Möglichkeiten geben konnte[176].
So läßt sich erkennen, daß, wie zum Beispiel für Regensburg und andere süddeutsche Städte schon länger bekannt, auch in Speyer das Censualenrecht eine erhebliche Rolle bei der Entstehung der städtischen Freiheit gespielt hat[177]; der Text der Urkunde geht nämlich davon aus, daß »alle« Bewohner Speyers vom Buteil betroffen gewesen wären und mithin eben dem Censualenstand angehörten; daß für Worms das gleiche zu gelten scheint, berechtigt um so mehr zu den oben zwischen den beiden Städten gezogenen Parallelen[178]. Bereits Bischof Walther hatte im Jahre 1025 elf Hörige der Speyerer Kirche zu Censualenrecht freigelassen, was er sich durch König Konrad II. bestätigen ließ[179]; wenn die im beginnenden 16. Jahrhundert geschriebene Speyerer Bistumschronik des Wolfgang Baur berichtet, der von Heinrich V. ernannte Bischof Gebehard II. von Speyer (1105–1107) habe auf Anregung des Königs hin der Stadt Speyer und allen Hörigen, die er dort besaß, die Freiheit gegeben, so mag diese Tradition ebenfalls auf eine Freilassung zu Censualenrecht zurückgehen; daß Baur, der Gebehard eine wesentlich zu lange Regierungszeit beimaß, das Privileg von 1111 auf ihn bezog, ist unwahrscheinlich, schon weil dort der Name von Bischof Bruno (1107–1123) als der eines Intervenienten im Text genannt ist[180]. Ein eigenes Bürgerprivileg ist bei diesem Bischof, der in der Stadt sehr unbeliebt war[181], schwerlich zu unterstellen; eine Freilassung der bischöflichen *mancipia* in den Censualenstand *regio impulsu* könnte als eine vorbereitende Maßnahme Heinrichs V. zur Privilegierung der Speyerer verstanden werden.
Die Kaiserurkunde läßt im übrigen eine erhebliche Veränderung des Rechtsbewußtseins der Städter feststellen. Das Buteil als ein Bestandteil des Censualenrechtes, welches von den in die Stadt ziehenden Menschen doch sicherlich einst als höchst erstrebenswert empfunden worden war, da es ihnen die dortige Niederlassung und die Aufnahme urbaner Lebensgewohnheiten erst ermöglicht hatte[182], wurde nun als eine *lex nequissima et nephanda,* ein »nichtsnutziges und verruchtes Gesetz« bezeichnet[183]. Hier liegt also der Fall eines »Außerkrafttreten(s) einer Rechtsnorm durch ständige Abnahme der Zahl ihrer Befürworter« vor[184], die durch die Entscheidung der kaiserlichen Autorität besiegelt wurde. Der Grund für dieses Außerkrafttreten lag in den Behinderungen, die das Buteil auf den für das städtische Wirtschaftsleben unerläßlichen freien Vermögensverkehr einerseits und auf das Zusammenwachsen der sich aus den Angehörigen unterschiedlicher hofrechtlicher Verbände rekrutierenden Zuzügler mit der Stadtbevölkerung zum anderen ergaben[185].
Alfred Haverkamp hat hervorgehoben, daß die Ablösung des Censualenstatus von den Städten erst dann möglich war, »wenn die Stadtherrschaft – sei es in der Person des Stadtherrn, sei es in der stärker

176 Zum Stand und Recht der Censualen allgemein: Brebaum, Wachszinsrecht; Meister, Entstehung; Tellenbach, Servitus et libertas; Weigel, Wachszinsigkeit; Schulz, Zensualität; Ders., Stadtrecht und Borgolte, Freigelassene.

177 Bosl, Regensburg 126ff. – Haverkamp, Frühbürgerliche Welt 585ff.

178 Vgl. die Quellenstelle oben 114f. – Schulz, Zensualität 126ff. – Vgl. auch Grafen, Diss. Kap. 2.5.

179 DK.II 41 von 1025 Juli 14.

180 Die Stelle aus Baur bei Remling, Bischöfe 1, 346 in Anm. 662: *Gebehardus Nemetum episcopus, dum undique in clerum saevitum esset, civitatem Spirensem cunctaque mancipia, quae ibi habebat, regio impulsu libertate* (sic) *donat, sicque urbs civesque liberi hodie usque imperio Romano subsunt.* Zu dieser Quelle ebd. 8f.

181 Siehe unten 140.

182 Bosl, Regensburg 125ff. – Haverkamp, Frühbürgerliche Welt 585ff. – Schulz, Zensualität 127.

183 Hilgard, Urkunden Nr. 14, hier 18 Zeile 21. Das falsche Wormser Privileg von angeblich 1114, siehe oben Anm. 175, äußert sich in vergleichbarer Weise.

184 Pospíšil, Anthropologie 262.

185 Schulz, Zensualität 124f.

genossenschaftlich orientierten Gemeinde – einen ausreichenden Ersatz« für das censualische Schutzverhältnis »bot, der darüberhinaus nicht mehr persönlich diskriminierte«[186]. Dies wirft erneut die Frage nach den Autoritäten auf. Nachdem die Rollen von Bischof und König bereits beleuchtet worden sind, ist ein Blick auf die Stellung des Speyerer Hochstiftsvogtes zu werfen, der, ein Lehensmann des Bischofes, zugleich das Amt des Stadtpräfekten und Burggrafen ausfüllte; als Inhaber der Hochgerichtsbarkeit im Stadtgebiet traf er Entscheidungen, die für das städtische Rechtsleben von nicht geringer Bedeutung gewesen sein dürften[187]. Jedoch ist hier gleich eine Einschränkung anzubringen. Aus dem Judenprivileg des Bischofes Huzmann geht hervor, daß in zivilrechtlichen Verfahren der Instanzenzug vom bischöflichen Niedergerichtsbeamten, dem *tribunus urbis* – später Schultheiß geheißen – nicht zum Vogt, sondern zum Kämmerer des Stadtherrn führte[188]; damit war der Einfluß des *advocatus* auf den Marktverkehr und das Gewerbe, der ihm durch das kaiserliche Privileg von 1111 weiter beschnitten wurde[189], schon recht begrenzt. Handel und Gewerbe gehörten aber zu den wichtigsten Bereichen des städtischen Lebens. Indessen ist aus der Vogteigeschichte insofern etwas für die zunehmende Bedeutung des städtischen Rechtskreises herauszulesen, als sich in der Titulatur der Vögte seit dem Ende des 11. Jahrhunderts die auf die Stadt bezogenen Funktionsbezeichnungen *praefectus urbis* beziehungsweise *comes urbis*/Burggraf mehr in den Vordergrund schieben[190]; die mit dem Burggrafenamt verbundenen militärischen Kompetenzen, die die Aufsicht über die in der Salierzeit gewaltig erweiterten Befestigungsanlagen[191] einschlossen, mögen zu seiner Autoritätsstellung beigetragen haben; bei der Übergabe der Stadt an den gegen seinen Vater rebellierenden Heinrich V. agierten die Bürger und der Burggraf Heinrich möglicherweise gemeinsam, wobei zu beachten ist, daß damals in Speyer kein Bischof amtierte, denn Johannes I. war am 26. Oktober 1104 gestorben, und die Einsetzung Gebehards II. durch Heinrich V. wurde erst durch diese Übergabe möglich[192]. Allerdings wird von den Vögten eher ein retardierender Einfluß auf die städtische Rechtsentwicklung ausgegangen sein, denn unter den Zuzüglern in die Stadt dürften sich auch Hörige befunden haben, die zu ihren Alloden und Amtslehen gehörten; die Eigengüter des die Vogtei erblich innehabenden Adelsgeschlechtes befanden sich, soweit erkennbar, im Speyerer Raum[193]. Vielleicht steht die ebenfalls in dem Privileg Heinrichs V. enthaltene Verfügung, die Vögte dürften keinen der Bürger vor ein Gericht außerhalb der Stadt zitieren, hiermit in Verbindung; daß der Kaiser hier den Ausdruck *cives nostri,* »unsere Bürger«, gebrauchte, kann auf die Konkurrenz zweier Ebenen des Rechtes hinweisen, nämlich der eigenherrschaftlichen der Vögte und der städtischen, in der sich der Herrscher als im Zentrum der rechtlichen Macht stehend betrachtete[194].

Es bleibt zu überlegen, ob die Speyerer in dieser Zeit bereits über eigene Autoritäten verfügten, etwa im Sinne eines Stadtrates; daß so etwas damals prinzipiell schon möglich war, bezeugen einige Nachrichten zu anderen Städten aus der Zeit um das Jahr 1100[195]. Es ist zu beachten, daß die drei bisher ausgemachten Autoritäten – Bischof, König, adliger Vogt – außerhalb der Bürgergemeinschaft standen; wenn wir diese aber als eine »funktionierende Gruppe« betrachten wollen, wofür nach den bisherigen und im nächsten Kapitel noch folgenden Ausführungen alles spricht, dann ist in ihr ein »Führertum« der Theorie nach als eine »universelle Erscheinung« vorauszusetzen[196]. Hier darf die Beobachtung angeschlossen werden, daß um die Jahrhundertwende in Speyer längst eine ganz erhebliche soziale und ökonomische Differenzierung der Bevölkerung eingetreten war; gerade solche Unterschiedlichkeiten in den Lebensbedingun-

186 Haverkamp, Frühbürgerliche Welt 586.
187 Doll, Vögte 251 ff. und 259 ff.
188 Hilgard, Urkunden Nr. 11, hier 12 Zeile 3 ff. – Doll, Vögte 266.
189 Hilgard, Urkunden Nr. 14, hier 19 Zeile 7 ff. – Doll, Vögte 260.
190 Doll, Vögte 251 ff.
191 Siehe unten 139.
192 Siehe unten 140. – Zum Todesdatum Johannes' I.: Hauck, Kirchengeschichte 3, 990 und Heidrich, Bischöfe zu Anm. 182.
193 Doll, Vögte 255 f.
194 Hilgard, Urkunden Nr. 14, hier 19 Zeile 5 f.
195 Jakobs, Stadtgemeinde 19 ff.
196 Pospíšil, Anthropologie 74. – Vgl. Voltmer, Reichsstadt 167 f.

gen innerhalb einer Gesellschaft begünstigen aber das Aufkommen von Autorität[197]. Die Speyerer Quellen berichten uns aber über dergleichen buchstäblich nichts, ja es gibt sogar ein Indiz gegen die Existenz einer irgendwie institutionalisierten Autorität unter den *cives:* Aus der Überlieferungsgeschichte und dem Formular des Privileges von 1111 läßt es sich erweisen, daß von ihm niemals eine Pergamentausfertigung existiert hatte, die Inschrift über dem Domportal somit gleichsam das Original im diplomatischen Sinne gewesen ist[198]. Der Grund hierfür wird in dem Fehlen einer Stelle zu suchen sein, die eine Pergamenturkunde hätte sicher archivieren können; das bischöfliche Archiv wird wegen des die fiskalischen Interessen des Oberhirten schädigenden Urkundeninhaltes kaum dafür in Frage gekommen sein[199]. Eine Lösung des Problems kann darin gesucht werden, daß die Stellung und Einsetzung der anzunehmenden Autoritätspersonen innerhalb der urbanen Personengruppe in hohem Maße informell gewesen sein muß, so daß es den auf juristisch verwertbare Definitionen und strenge Formalisierung erpichten Urkundenverfassern nicht opportun erschien, darauf einzugehen[200]. Inwieweit solche städtischen Eliten Einfluß auf die Entscheidungen von Bischof und Kaiser nehmen konnten, ist eine andere Frage; das nach einer echten Vorlage gefälschte Privileg Heinrichs V. für die Wormser beinhaltet immerhin keine Intervenientenliste von Reichsfürsten wie sein Speyerer Gegenstück, sondern es berichtet von der Klage, die der *populus* der Stadt vor dem Kaiser geführt habe[201] – die Vorstellung, die Bürger hätten dabei sozusagen als Sprechchor agiert, statt sich einer kleinen Gruppe von Sprechern zu bedienen, dürfte dem 12. Jahrhundert ebenso fremd gewesen sein wie dem unseren. Die Auswahl solcher Sprecher wird aber keinesfalls zufällig erfolgt sein.

Erinnern wir uns an den eingangs zitierten Aufsatz von Gerhard Dilcher[202]: »In der Zeit vor etwa 1100 gibt es weder etwas, das mit dem Stadtrecht, noch etwas, was mit der Stadtgemeinde in ihrem Aufbau und ihrer Ämterorganisation vergleichbar wäre«[203]. Von einem streng formalen Standpunkt aus betrachtet ist das wahrscheinlich richtig. Legen wir aber die von Pospíšil entwickelten Maßstäbe von Recht und Autorität an, die ein nur sehr geringes Maß an Formalität fordern, so verschiebt sich die von Dilcher gesetzte zeitliche Grenze bis tief in das 11. Jahrhundert hinein. In diesem Sinne gab es eine Ebene des Rechtes, die mit dem Geltungsbereich des späteren Stadtrechtes übereinstimmte, und es gab ein System von Autoritäten in der Stadt, wenn diesen auch der formale Charakter von »Ämtern« noch fehlte, insofern sie nicht wie der Burggraf und der *tribunus urbis* vom Bischof eingesetzt waren.

Die rechtliche Entwicklung, die wir in der Stadt Speyer bis zum Ende der Salierzeit beobachten können, ist ein Prozeß der Auflösung und Konkretisierung zugleich. Während zuerst mit dem bischöflichen Stadtherrn nur ein einziges Zentrum rechtlicher Macht existierte und derjenige, der ihm nicht zugeordnet werden konnte, im Grunde genommen ein Fremder in Speyer, *de aliena patria veniens*[204], blieb, und nur die in der Immunität lebende *familia* der Kathedralkirche als ein »Speyerer« Rechtskreis betrachtet werden konnte, erkennen wir am Ende der Epoche einen sich verdichtenden Personenverband, der aus Menschen verschiedenster Herkunft zusammenwuchs; dafür konkurrierten jetzt mehrere Autoritäten um die rechtliche Macht. Welche davon dereinst den Sieg davontragen würde, war in den Tagen des fünften Heinrich noch kaum vorauszusehen; nachdem die Speyerer Rechtsgeschichte am Ende des 10. Jahrhunderts mit der Immunität des Bistums einen trügerischen Endpunkt gefunden hatte, war nun wieder alles offen. Die Geschichte verschnauft nicht.

197 Siehe unten 137. – Pospíšil, Anthropologie 77ff. und 98ff. – Vgl. Jakobs, Stadtgemeinde 21.

198 Müller, Urkundeninschriften 23ff.

199 Vgl. Müller, Urkundeninschriften 29ff.; es ist erstaunlich, wie viele der von Müller gesammelten frühen Urkundeninschriften städtischen Empfängern galten. – Vgl. auch Schulz, Zensualität 122.

200 Vgl. Pospíšil, Anthropologie 74 und 92f.

201 Boos, Urkunden Nr. 62, hier 53 Zeile 34f. – Vgl. wegen der Falschung oben 116 Anm. 175.

202 Siehe oben 97.

203 Dilcher, Rechtshistorische Aspekte 29.

204 Hilgard, Urkunden Nr. 4, hier 4 Zeile 13.

IV. Die Gemeinde

Wenn wir nach den ältesten Quellen Ausschau halten, die uns über Namen und soziale Stellung sowie die geographische Herkunft der frühen Speyerer Stadtbevölkerung Auskunft geben können, so stoßen wir zunächst auf eine am 7. April 1020 im Auftrag des Speyerer Bischofes Walther geschriebene Urkunde[205], deren Rechtsinhalt ein Ringtausch von Gütern darstellte zwischen dem genannten Oberhirten, den Eheleuten *Geila* und *Sahso* sowie einem gewissen *Vvolbrandus,* der wohl ein Angehöriger der bischöflichen *familia* gewesen ist, denn er übertrug bei der Tauschhandlung den von ihm eingebrachten Teil dem Ehepaar *potestative per manum aduocati nostri Egberti,* also durch die Hand des Hochstiftsvogtes[206]. Während der dispositive Teil der Urkunde hier – freilich mit Ausnahme der Personennamen – außer Acht bleiben kann[207], zieht die mit 57 Namensnennungen ungewöhnlich lange Zeugenliste unser besonderes Interesse auf sich[208]:

(1) *Reginger prepositus*
(2) *Ebbo dechanus*
(3) *Bennelin*
(4) *Engilbold*
(5) *Ernust*
(6) *Benno*
(7) *Vvobbelin*
(8) *Ruozelin*
(9) *Godebold*
(10) *Vvolfhart*
(11) *Vvillibraht*
(12) *Egbraht aduocatus et eius filius*
(13) *Egbraht*
(14) *Gumbraht et eius filius*
(15) *Berenger*
(16) *Ratheri*
(17) *Volckeri*
(18) *Azelin*
(19) *Gundelah*
(20) *Volmar*
(21) *Sigebodo*
(22) *Astat*
(23) *Sigebold*
(24) *Iring*
(25) *Ruodolf*
(26) *Zundebold*
(27) *Sigeuuin*
(28) *Landolt*
(29) *Siggelin uillicus*
(30) *Vvinihart*
(31) *Vvasego*
(32) *Miezo*
(33) *item Miezo*
(34) *Vnno*
(35) *Erkanbold*
(36) *Vocco*
(37) *Lono*
(38) *Rabbo*
(39) *Vizecho*
(40) *Zileuuart*
(41) *Mago*
(42) *Dudelin*
(43) *Gozbraht*
(44) *Heimo*
(45) *Ouuuo*
(46) *Noding*
(47) *Siggelin*
(48) *Diethelm*
(49) *Voccelin*
(50) *Regizman*
(51) *Diebraht*
(52) *Ezo*
(53) *Ozo*
(54) *Diezman*
(55) *item Diezmann*
(56) *Ozo*
(57) *Gezo.*

Eine Untergliederung der Zeugenreihe zunächst in Kleriker und Laien kann hier mit Sicherheit angenommen werden, wobei dem mittelalterlichen Brauch gemäß die Geistlichen den Anfang machen und von (A1)*Reginger prepositus* und (A2)*Ebbo dechanus* als den beiden höchsten Dignitären des Domkapitels angeführt werden. Es hat eine sehr große Wahrscheinlichkeit für sich, daß die folgenden neun Namen ebenfalls zu Domkanonikern gehören, die durch die Vertauschung von domstiftischen Gütern auch materiell an dem hier beurkundeten Rechtsakt interessiert waren; die drei Nebenstifte St. German, St. Wido und St. Trinitatis/Allerheiligen existierten damals noch nicht[209]. Die mehr als viermal so lange Reihe der Laien beginnt dann mit (A12)*Egbraht aduocatus* und seinem gleichnamigen Sohn (A13)*Egbraht.* Am Ende des Textes nennt sich der Schreiber der Urkunde, *Ebo prespiter et magister scolaris,* selbst.

205 Siehe oben 115 Anm. 159 zu Überlieferung und Kritik.

206 Zur Stellung der Speyerer Hochstiftsvögte: Doll, Vögte 259ff.

207 Zum Inhalt des Tauschgeschäftes: Remling, Bischöfe 1, 255. – Acht, Älteste Urkunden 361. – Doll, Vögte 260. – Grafen, Diss. Kap. 2.4.1.

208 Im folgenden Abdruck der Zeugenliste werden die Namen durchnumeriert. Wenn im Verlauf der Studie Namen daraus zitiert werden, dann zur Unterscheidung von einer anderen Namenreihe (siehe unten 131) mit der Sigle (A) und der Nummer, also zum Beispiel (1)*Reginger* oder (A39)*Vizecho.*

209 Siehe oben 99 Anm. 19.

Ein erster Verdacht, bei zumindest einem Teil der in der Zeugenreihe aufgeführten Laien könnte es sich um Angehörige der frühen Speyerer Stadtbevölkerung handeln, ergibt sich aus einem Parallelfall aus der Nachbarstadt Worms: Eine am 29. Juni 1016 ausgestellte Urkunde Bischof Burchards I. schließt an die Nennung von 43 Laienzeugen die summarische Formel *et pene omnes urbani* an[210]. Wenn hier nun der Versuch unternommen wird, die Vermutung zu überprüfen, auch die Speyerer Zeugen von 1020 könnten *urbani,* also in irgendeiner Weise auf die Stadt bezogene Personen sein, so führt dieser Weg zwangsläufig zur Necrologüberlieferung des Speyerer Domkapitels, die uns den wichtigsten Quellenbestand zur Geschichte von Stadt und Stift Speyer für die Zeit vor dem Einsetzen einer breiteren Urkundenüberlieferung in der zweiten Hälfte des 12. Jahrhunderts zur Verfügung stellt. Während das älteste, um 1030 mit dem Beginn der Förderung Speyers durch den salischen Kaiser angelegte[211] und bis mindestens in die ersten Jahre des 13. Jahrhunderts weitergeführte[212] Necrolog Speyer I bei der Stadtzerstörung von 1689 verbrannte und nur in sehr unvollständigen Auszügen durch zwei geistliche Gelehrte des 17. Jahrhunderts bekannt ist[213], ist unsere Hauptquelle das im Jahre 1273 angelegte Necrolog Speyer II, welches den Kernbestand einer heute in Karlsruhe verwahrten, *Antiqua Regula Chori* geheißenen Handschrift ausmacht und den wohl größten Teil der älteren Einträge in sich aufgenommen hat[214]. Und in der Tat sind von den insgesamt 62 in der Urkunde genannten Personennamen 26 (das sind 41,9%) in der domstiftischen Necrologüberlieferung wiederzufinden, wobei, wie sich zeigen wird, eine recht hohe Wahrscheinlichkeit für die Richtigkeit der Identifizierungen erzielt werden kann:

Der Bischof Walther ist zum 3. Dezember eingetragen und durch Name und Titel eindeutig zu erkennen[215]. Für den ersten Tauschpartner *Sahso* kommen zwei verschiedene Einträge in Betracht[216], in denen allerdings eine Ehefrau *Geila* – der Name ist auch sonst im Domnecrolog nicht festzustellen[217] – nicht in Erscheinung tritt. Der erste der beiden Sahso-Einträge ist indessen mit einem Hinweis auf eine Gedenkstiftung in Diedesfeld, Kirrweiler und Speyer versehen, die geographisch recht gut mit den im Necrolog nachgewiesenen Stiftungen einer Reihe von anderen Personen aus dieser Urkunde zusammenpaßt[218]. Es läßt sich noch ein weiteres Argument für ein hohes Alter dieser Memorialeinträge benennen, das aus der Methodik der Necrologanalyse geschöpft ist: Gerade dann, wenn die urkundliche oder sonstige Parallelüberlieferung die Identifizierung einer in der Memorialquelle genannten Person nicht vollständig absichern kann, wäre es von Vorteil, wenn aus dem Gedenkeintrag selbst Informationen zur zeitlichen Stellung des jeweilig Commemorierten gezogen werden könnten; da indessen der gesamte Überlieferungsbestand des 11. und 12. Jahrhunderts aus dem Necrolog Speyer I[219] in der palaeographisch einheitlichen, 1273 geschriebenen Anlageschicht des Necrologes Speyer II ineinandergeschmolzen wurde, können schriftgeschichtliche Untersuchungen hier nicht weiterhelfen. Es wurde daher in vorsichtigem Maße die Vermutung angewendet, daß die Vorlagen des erhaltenen Textes im größeren Teil ihres Bestandes aus einer Folge von hinter und untereinanderstehenden Ad-hoc-Einträgen bestanden[220], die von der Neuredaktion des 13. Jahrhunderts in der vorgefundenen Reihenfolge abgeschrieben

210 Siehe oben 115.

211 Grafen, Spuren 388f. – Ders., Diss. Exkurs I. – Anders: Metz, Necrolog des Speyerer Domstiftes 195.

212 Grafen, Diss. Kap. 3.1.2

213 Grafen, Spuren 379ff.

214 Necrolog Speyer II, GLA Karlsruhe Abt. 64 Nr. 33. – Grafen, Diss., handelt durchgehend von dieser Handschrift, vgl. besonders Kap. 1.2 (Handschriftenbeschreibung), 3.1.1 (Datierung) und 3.1.2 (Vorlagen). Wenn im Folgenden eine Folienzahl ohne weitere Angaben zitiert wird, so ist stets diese Handschrift gemeint.

215 Fol. 290. – Metz, Necrolog des Speyerer Domstiftes 205. – Grafen, Spuren 410 und 420 mit Kommentar B18.

216 Nachweise dieser und der folgenden Necrologeinträge in der tabellarischen Aufstellung S. 124ff.

217 Sie mit einem der Einträge auf den Namen *Gisela* in Verbindung zu bringen, ist problematisch, da es doch ein anderer Name ist; wegen des örtlichen Zusammenhanges mit dem ersten *Sahso*-Eintrag sei hier angeführt: *Gisela obiit, que dedit nobis curtem unam in Duthensfelt et unum iugerum vinee in Menkemern,* fol. 243 zum 27. 9; vgl. unten 124.

218 Siehe unten 124ff. und Karte 1.

219 Siehe oben Anm. 213 und 214.

220 Da das Necrolog Speyer I außer dem des Merowingers Dagobert I. und einiger Speyerer Bischöfe keine Einträge enthalten zu haben scheint, die Todesfälle vor seiner Anlagezeit betrafen (Metz, Necrolog des Speyerer Domstiftes 200, 202 mit Anm. 26 und 32, 203 mit Anm. 43 und 45; Grafen, Spuren 394 und 423 mit Kommentar K1, 400 und 415 B 15, 402 und 415 B 18, 404 und 416 B 25, B 27), hat es wohl keine stärkere Anlageschicht gehabt, sondern wurde im wesentlichen von Anfang an *ad hoc* geführt.

wurden, so daß die Einreihung eines Gedenkeintrages seine relative Chronologie zu den übrigen Einträgen am gleichen Tag widerspiegelt[221]. Würde dagegen unterstellt, die Neuanlage hätte eine Neuordnung der einzelnen, jeweils zu einem Tage gehörenden Necrologeinträge vorgenommen, so müßte in deren Anordnung heute eine irgendwie geartete Konsequenz, etwa eine Gliederung nach *ordines,* geistlichen und weltlichen Ständen, sichtbar werden[222]. Dies ist aber bei dem Necrolog Speyer II ganz eindeutig nicht der Fall, so daß das Kriterium der Einreihung der Einträge, mit der gebotenen Vorsicht zur Anwendung gebracht, durchaus bei der zeitlichen Einordnung einzelner Einträge behilflich sein kann[223]. Die beiden hier herangezogenen Gedenken für Männer mit Namen *Sahso* stehen aber beide als jeweils erstes zum Tage.

Der zweite Tauschpartner, *Vvolbrandus,* in dem, wie oben angedeutet, möglicherweise ein Mitglied des domstiftischen Rechtskreises zu sehen ist, tritt uns wohl als *Wolbrant* im Totenbuch entgegen, wobei das Fehlen eines Titels eher an einen Laien denn an einen Geistlichen denken läßt[224]. Für den Verfasser der Urkunde und vielleicht mit einem gleichnamigen Wormser Domschulmeister zu identifizierenden *Ebo prespiter et magister scolaris* könnten zwei verschiedene Necrologeinträge in Anspruch genommen werden, wobei jedoch leider keine zusätzlichen Informationen zu entnehmen sind. Gerade der Titel eines *magister scolarum* oder *scolasticus* fehlt, weshalb hier von einer sicheren Identifizierung durchaus nicht die Rede sein kann[225].

Der an der Spitze der Zeugen geistlichen Standes stehende (A1)*Reginger prepositus* ist von Remling mit dem späteren Bischof Reginger von Speyer identifiziert worden und kann als dieser necrologisch nur über das verlorene Totenbuch Speyer I nachgewiesen werden[226]. Diese Gleichsetzung der Personen hat einiges für sich, zumal im Necrolog kein Propst mit diesem Namen eingetragen wurde. Dem sich in der Zeugenreihe anschließenden (A2)*Ebbo dechanus* ist wieder ein Gedenken mit erheblicher Sicherheit zuzuordnen, ebenso dem nächsten Domherrn in der Liste, (A3)*Bennelin.* Auch für (A5)*Ernust,* (A6)*Benno* und (A7)*Vvobbelin* existieren korrespondierende Necrologeinträge. Als letzte der in der Zeugenliste enthaltenen Domherren sind (A9)*Godebold*[227] und (A10)*Vvolfhart* im Totenbuch vermerkt.

Nun ist eine schriftliche Niederlegung des Totengedenkens für die eigenen Kapitelsmitglieder im Necrolog eines Domstiftes durchaus nicht verwunderlich, da die Gemeinschaft der Domherren gleichsam dem Urtyp einer *fraternitas* entspricht[228], die sich auch darin äußert, daß den Angehörigen des Speyerer Domkapitels im Totenbuch fast stets der Zusatz *frater* beigefügt wurde, auch wenn sie es andernorts zu Amt und Würden gebracht hatten[229]. Hier muß es offen bleiben, ob die heute necrologisch nicht nachweisbaren Namen der Domherren (A4)*Engilbold,* (A8)*Ruozelin* und (A11)*Vvillibraht* sowohl in den im 17. Jahrhundert angefertigten Exzerpten aus dem Necrolog Speyer I als auch bei der Neuredaktion des Necrologes Speyer II im Jahre 1273 weggelassen worden sind[230], oder ob jene *fratres,*

221 Vgl. Doll, Frühgeschichte 179ff. – Ders., Historisch-archäologische Fragen 62 Sp. 2. – Althoff, Adels- und Königsfamilien 75 mit Anm. 287.

222 Über Möglichkeiten von »Memorial-Ordines«: Freise, Grundformen 458ff.; Ders., Codex 71ff.

223 Zu in einigen Fällen auftretenden Widersprüchen zwischen der aus der Einreihung zu ziehenden relativen Chronologie und anderweitig bekannten absoluten Daten: Grafen, Diss. Kap. 3.1.2.

224 In der Anlageschicht des Necrologes Speyer II sind geistliche Titel wesentlich häufiger überliefert als weltliche, was die Vermutung nahelegt, daß den Geistlichen ihre Titel wesentlich regelmäßiger beigelegt wurden. Vgl. zu *Wolbrant* auch Doll, Vögte 260.

225 Zum Wormser Domschulmeister *Ebbo/Eppo*: Bulst in der Einleitung zur älteren Wormser Briefsammlung; die von ihm vorgeschlagene Aufspaltung in zwei Personen bleibt unsicher: Grafen, Diss. Kap. 2.2.2.

226 Metz, Necrolog des Speyerer Domstiftes 202. – Grafen, Spuren 402 zum 20. Mai und 414 mit Kommentar B 19. – Vgl. Staab, Speyer im Frankenreich 211 mit Anm. 285 zu dem im Necrolog Speyer II zu diesem Tag statt Regingers eingetragenen Bischof Gebehard I. (um 850– vor 888).

227 Indessen wurde fast 29 Jahre später ein Speyerer Dompropst dieses Namens Patriarch von Aquileia und starb 1065; wäre er mit dem *Godebold* der Urkunde identisch, so müßte er ein sehr hohes Alter erreicht haben: Steindorff, Heinrich III. 1, 354f. und 2, 61f.; Marchal, Das Patriarchat Aquileia 117; Schwartz, Die Besetzung 32; Fleckenstein, Hofkapelle 2, 291.

228 Vgl. zum Beispiel Schmid u. Wollasch, Societas et fraternitas 3ff.; Wollasch, Anfänge liturgischen Gedenkens 64; Grafen, Diss. Kap. 2.2.1.

229 Grafen, Diss. Kap. 2.1.1 und 2.2.1.

230 Siehe oben Anm. 214. – Vgl. Grafen, Spuren 383.

deren einziges Lebenszeugnis mit dieser Urkunde immerhin ein starkes Jahrzehnt älter als das älteste Domnecrolog ist, zu früh starben, um von der später einsetzenden schriftlichen Fixierung des Totengedenkens noch mit erfaßt zu werden. In jedem Falle ist das bislang erreichte Ergebnis bei der Auswertung der urkundlichen Quelle eine Ermutigung dahin, auch weiteren Necrologeinträgen mit in der Urkunde belegten Namen ein so hohes Alter zuzutrauen, was der Untersuchung der Laiennamen, die jetzt als das eigentliche Ziel der vorliegenden Untersuchung folgen muß, sehr zugute kommt.

Die Spitze der Personen weltlichen Standes bilden hier der Speyerer Hochstiftsvogt (A12)*Egbraht* mit seinem gleichnamigen Sohn. Anton Doll hat die diesen beiden Männern zuzuordnenden Necrologeinträge bereits in seiner 1969 erschienenen Veröffentlichung über Vögte und Vogtei im Hochstift Speyer mit hinlänglicher Sicherheit festgestellt[231], wobei er von der Annahme ausgegangen war, daß der Sohn dem Vater zu einem nicht mehr näher bestimmbaren Zeitpunkt nach der Ausstellung dieser Urkunde am 7. April 1020 im Vogteiamt folgte – die Gedenkeinträge der beiden sind nicht auseinanderzuhalten –, was in jedem Falle alle Wahrscheinlichkeit für sich hat, da der Name Ekbert bei den Inhabern der Hochstiftsvogtei auch im 12. Jahrhundert noch mehrfach auftritt und so die Erblichkeit des Amtes in einer Familie nahegelegt wird. Über die weitere Geschichte dieser Sippe im 11. Jahrhundert liegen allerdings keine weiteren Quellen außerhalb der Memorialüberlieferung mehr vor[232].

Während für (A14)*Gumbraht* kein Beleg im Totenbuch zu finden ist, kommen für seinen Sohn (A15)*Berenger* wieder gleich zwei Einträge in Betracht; es kann keine Entscheidung für den einen oder anderen getroffen werden. Den nächsten Gedenkeintrag haben wir für (A18)*Azelin,* es folgen (A21)*Sigebodo* und (A25)*Ruodolf,* für den wieder zwei necrologische Belege zur Verfügung stehen, ohne daß eine Unterscheidung gefunden werden könnte; allerdings kann es sich bei den beiden gleichnamigen Commemorierten um Verwandte handeln[233]. Auch für (A27)*Sigeuuin* findet sich ein mit leidlicher Sicherheit zuzuordnender Necrologeintrag, während die für (A29)*Siggelin uillicus* in Frage kommenden Memorien diesem nur mit gewissen Vorbehalten beigelegt werden können, da in dem einen Fall der Amtstitel fehlt und in dem anderen der Name nicht übereinstimmt. Indessen mag dem ersten dieser Einträge die Priorität eingeräumt werden, da die Stiftung eines Weinberggrundstückes in Lachen wieder gut in den räumlichen Rahmen hineinpaßt und auch das Einreihungskriterium eher ein hohes Alter des Gedenkens als möglich erscheinen ließe[234]. (A30)*Vvinihart* ist wohl zusammen mit einer seiner Angehörigen, am ehesten doch seiner Gattin, eingeschrieben worden, wobei wegen der Stiftung in Diedesfeld vielleicht sogar ein Zusammenhang mit den Eheleuten *Sahso* und *Geila,* den Tauschpartnern des Bischofes Walther, bestehen könnte[235].

Zu (A32)*Miezo* oder dem auf ihn folgenden Zeugen gleichen Namens paßt ebenfalls ein Memorialeintrag; indessen gibt es keinen Weg, diesen mit einem bestimmten der beiden Zeugen zu identifizieren: Für die aus der gegebenen Quellenlage zu ziehenden Schlüsse würde sich durch eine solche Unterscheidung auch nicht die geringste Veränderung ergeben. Auch für (A35)*Erkanbold* existiert ein passender Gedenkeintrag. Nachdem in der Folge unter den Namen der Zeugenreihe eine größere Lücke in ihrer necrologischen Nachweisbarkeit auftritt, finden wir für (A43)*Gozbraht* wieder einen Beleg in der Memorialquelle, und auch der folgende (A44)*Heimo* ist hier verzeichnet. Zwei für (A47)*Siggelin* in Betracht kommende Gedenkeinträge sind bereits oben zitiert worden[236]. Die nächste Memorie findet sich dann erst für (A52)*Ezo,* wobei wieder die Wahl zwischen zwei Einträgen schwer fällt, und wegen der Stiftungen in Kirrweiler wieder eine Beziehung zwischen beiden vermutet werden kann. Bei dem Zeugen

231 Doll, Vögte 251 ff. nutzte dabei die Beobachtung aus, daß die Speyerer Hochstiftsvögte seit dem Beginn des 12. Jahrhunderts den Titel eines *prefectus* und anschließend den eines *comes* führten; so gelang ihm die Abgrenzung von den späteren Einträgen Angehöriger dieses Geschlechtes.

232 Doll, Vögte 245 ff., besonders 248. – Vgl. jedoch Grafen, Diss. Kap. 2.4.2.

233 Der Zusammenhang ergibt sich aus der Stiftung in Maikammer und daraus, daß beide Einträge von der Einreihung her sehr alt sein können.

234 Diese Einträge können sich natürlich auch auf (A47)*Siggelin* beziehen.

235 Siehe oben 121. Allerdings gehört Diedesfeld zu den am häufigsten genannten Orten in der Anlageschicht des Necrologes Speyer II.

236 Die Belege siehe unten 126.

(A53)*Ozo* stehen wir fast vor dem gleichen Problem wie bei (A32,33)*Miezo*, denn der Name tritt (A56) ein weiteres Mal in der Liste auf, und es findet sich nur ein auf ihn lautendes Gedenken[237]. Zu guter Letzt ist auch noch der Name von (A57)*Gezo* im Domnecrolog wiederzufinden.
Diese Belege aus dem Necrolog Speyer II finden sich in der folgenden tabellarischen Übersicht zusammengestellt. Dabei steht in der ersten Spalte der Name aus der Urkunde; den Namen der Zeugenliste ist die Nummer beigefügt. In der zweiten Spalte findet sich der Necrologeintrag und in der dritten eine Angabe zur Stellung des Eintrages innerhalb der zu einem Tag gehörigen Memorien. Steht hier eine Null, so gibt es zu dem jeweiligen Tag keine weiteren Einträge in der Anlageschicht. In der vierten Spalte ist die Auflösung zu allfällig in der Memorialquelle vorhandener Ortsnamen zu lesen; Fußnoten innerhalb der Tabelle beziehen sich auf Besonderheiten.

Name aus der Urkunde	Gedenkeintrag[238]	Stellung des Eintrages	Moderne Ortsnamen[239]
Vvaltherus presul	*Walterus episcopus ecclesie Spirensis obiit.* Fol. 290 zum 3. 12.	1	–
Sahso	*Sahso laicus obiit qui dedit IIIJ^or^ iugera uinee in Dutensvelt et dimidium in Kirwilre et unum pratum et IIIJ^or^ iugera agri in Spira.* Fol. 29' zum 7. 2.	1	Diedesfeld S Neustadt, Kirrweiler SE davon, Speyer
	Sahso obiit, qui dedit unum iugerum uinee. Fol. 158' zum 12. 6.	1	–
Vvolbrandus	*Wolbrant obiit, qui dedit IIIJ iugera uinee in Gense, VIIJ iugera agri, vnum et dimidium prati, IJ Silue et unam curtem, inde XIJ vncee dantur.* Fol. 77 zum 2. 4.	1	Geinsheim W Speyer
Ebo prespiter et magister scolaris	*Epbo frater et monachus obiit.* Fol. 162' zum 16. 6.	2	–
	Eppo frater obiit. Fol. 271 zum 9. 11.	1	–
(A1) *Reginger prepositus*	*Regingerus Spirensis ecclesie episcopus obiit.* Zum 20. 5.[240]	0	–
(A2) *Ebbo dechanus*	*Ebbo decanus obiit.* Fol. 93' zum 16. 4.	1	–
(A3) *Bennelin*	*Bennelin frater obiit.* Fol. 133' zum 19. 5.	1	–
(A5) *Ernust*	*Ernest frater et presbiter obiit, qui dedit hubam in Hochdorf et capellam in Spira cum IIII hubis: due illarum in Ruprehdisberg et due in Ginnenheim.* Fol. 158' zum 12. 6.[241]	2	Hochdorf SE Bad Dürkheim, Speyer, Ruppertsberg NNE Neustadt, Gönnheim E Bad Dürkheim

237 Entfällt.

238 Bei der Wiedergabe der Texte wurde die Orthographie nicht vereinheitlicht, das heißt, daß die Buchstaben hier stets so wiederkehren, wie sie in der Handschrift begegnen, was besonders bei *u* und *v*, aber auch bei *i* und *j* zu beachten ist. Die Interpunktion wurde modernisiert; Abkürzungen immer aufgelöst. Die Zahlenangaben sind im Diagramm (Abb. 1) graphisch wiedergegeben.

239 Vgl. die topographische Karte CC 7110 Mannheim und die dazugehörenden großmaßstäbigeren Blätter. Zu den Ortsnamen allgemein Christmann, Siedlungsnamen, und Kaufmann, Ortsnamen. Die Lageangabe erfolgt hier mit Hilfe bekannterer Orientierungsorte – Neustadt ist das an der Weinstraße – und der internationalen geographischen Codierung der Himmelsrichtungen.

240 Metz, Necrolog des Speyerer Domstiftes 202. – Grafen, Spuren 402 und 415 Kommentar B 19.

241 Doll, Pfarreien 269 sieht in der *capella* die Speyerer Mauritiuskirche und tritt aus verschiedenen Gründen für ein so hohes Alter des Eintrages ein. Zum Tage geht der oben zitierte zweite *Sahso*-Eintrag voran. Fol. 276 zum 15. 11. *Ernest presbiter obiit, qui dedit sancte Marie in*

Name aus der Urkunde	Gedenkeintrag	Stellung des Eintrages	Moderne Ortsnamen
(A6) *Benno*	*Benno frater et leuita obiit.* Fol. 247' zum 4. 10.	1	–
	Benno frater obiit, qui dedit dimidium iugerum uinee in Veningen et V iugera agri in Husen, inde solidus. Fol. 285' zum 27. 11.	2	Venningen SSE Neustadt, Rhein- oder Oberhausen SSE Speyer
(A7) *Vvobbelin*	*Wolbelin frater obiit.* Fol. 188 zum 17. 7.	3	–
(A9) *Godebold*	*Gotebolt presbiter et frater obiit.* Fol. 12' zum 15. 1.	0	–
(A10) *Vvolfhart*	*Wolfhart frater et presbiter obiit, qui dedit unum iugerum uinee in Walsenheim.* Fol. 279 zum 18. 11.[242]	1	Walsheim N Landau
(A12,13) *Egbraht aduocatus et eius filius Egbraht*	*Eggebertus aduocatus obiit, qui dedit duas hubas in Dandestat, vnde XIJ vncee.* Fol. 23 zum 30. 1.[243]	1	Dannstadt SW Ludwigshafen
	Eggebertus Spirensis aduocatus obiit, qui dedit dimidiam hubam in Frickenuelt. Fol. 274 zum 13. 11.	1	Freckenfeld S Landau
(A15) *Berenger*	*Bernger obiit, qui dedit dimidium iugerum vinee in Kirwilre.* Fol. 33' zum 13. 2.[244]	2	Kirrweiler S Neustadt
	Berngerus et Karolus obierunt, qui dederunt fratribus in Ossingesheim IIIJ^or^ hubas et dimidiam. Fol. 272 zum 10. 11.	1	Essingen NE Landau[245]
(A18) *Azelin*	*Azelin obiit, qui dedit dimidium iugerum vinee in Berchusen.* Fol. 31 zum 9. 2.	2	Berghausen SW Speyer
(A21) *Sigebodo*	*Siboto laicus obiit, qui dedit unum iugerum vinee in Kirwilre et dimidium.* Fol. 88' zum 12. 4.	1	Kirrweiler S Neustadt
(A25) *Ruodolf*	*Rudolf laicus obiit, qui dedit IJ iugera uinee in Meinkemere.* Fol. 69 zum 27. 3.	1	Maikammer S Neustadt
	Rudolf laicus obiit, qui dedit duas partes iugeri uinee in Meinkemere. Fol. 203 zum 4. 8.	1	Maikammer S Neustadt

oblationem fratribus VI iugera uinearum in Hochdorf et statuit sue familie ita, ut quamdiu uiueret illius eius familie de uno quoque iugere VJ nummos, qui simul collecti fiunt, IIJ solidos persolveret in festo hoc sancti Secundini martiris wird sich wegen der örtlichen Übereinstimmung (Hochdorf) und dem seltenen Namen auf einen Verwandten beziehen, scheint aber für den urkundlichen Beleg nicht in Frage zu kommen, da der *frater*-Zusatz, der sonst regelmäßig die Zugehörigkeit zum Domkapitel markiert, hier fehlt; siehe oben Anm. 25.

242 Hs. *Wolfbart* ist wohl in *Wolfhart* zu emendieren. Der folgende Eintrag eines *Bubo* gehört vielleicht in die Zeit um 1100: Grafen, Diss. Kap. 2.2.1.

243 Siehe oben Anm. 7.

244 Zu dem zum Tage vorangehenden Eintrag eines *Aztzo* siehe unten zu (A52)*Ezo*.

245 *Ossingesheim* ist wahrscheinlich Essingen NE Landau, das im Mittelalter *Ossingen* hieß: Christmann, Siedlungsnamen 1, 143. – Über das Anhängen einer zusätzlichen Endung *-heim* an schon vollständig gebildete Ortsnamen: ebd. 3, 29 und 33; vgl. auch 72.

Name aus der Urkunde	Gedenkeintrag	Stellung des Eintrages	Moderne Ortsnamen
(A27) *Sigeuuin*	*Sigewinus obiit, qui dedit hubam in Waltdorf.* Fol. 179 zum 4. 7.	1	Walldorf SW Heidelberg
(A29) *Siggelin uillicus*	*Siggelin obiit, qui dedit dimidium iugerum uinee in Lache.* Fol. 30' zum 8. 2.	1	Lachen SE Neustadt
	Sigelinus obiit, qui dedit unum iugerum uinee in Kirwilre et duo iugera agri in Spira. Fol. 267' zum 3. 11.	3	Kirrweiler S Neustadt, Speyer
	Sifrit uillicus obiit et dedit IJ iugera agri et dimidium iugerum uinee. Fol. 64' zum 23. 3.[246]	2	–
(A30) *Vvinihart*	*Gisela et Winehart obierunt, qui dederunt unum iugerum uinee in Dudensuelt.* Fol. 298' zum 17. 12.	1	Diedesfeld S Neustadt
(A32,33) *Miezo*	*Miezo obiit, qui dedit in Alenberge unum iugerum uinee et quartam partem iugeri, inde II vnceas dari constituit.* Fol. 114 zum 1. 5.	0	»Altenburg« bei Wachenheim S Neustadt?[247]
(A35) *Erkanbold*	*Erkenbolt laicus obiit, qui dedit unam hubam in Husen et unum iugerum uinee in Kirwilre inde V solidi.* Fol. 168 zum 21. 6.	1	Rhein- oder Oberhausen SSE Speyer, Kirrweiler S Neustadt
(A43) *Gozbraht*	*Gozbreht obiit, qui dedit II iugera agri et unum uinee in Dutensvelt.* Fol. 127' zum 14. 5.	1	Diedesfeld S Neustadt
(A44) *Heimo*	*Heimo obiit, qui dededit unum iugerum vinee in Dameheim.* Fol. 42' zum 25. 2.	1	Dammheim NE Landau
(A47) *Siggelin*	(Siehe oben zu A29 *Siggelin uillicus*)		
(A52) *Ezo*	*Aztzo obiit, qui dedit IJ iugera uinee in Kirwilre et VI iugera agri in Dutensvelt.* Fol. 33' zum 13. 2.	1	Diedesfeld und Kirrweiler S Neustadt
	Ezzo laicus obiit, qui dedit dimidium iugerum uinee in Kirwilre et duos agros apud Spire. Fol. 62' zum 21. 3.[248]	2	Kirrweiler S Neustadt, Speyer
(A53,56) *Ozo*	*Ozo obiit, qui dedit dimidium iugerum uinee in Duthensuelt.* Fol. 252' zum 9. 10.	3	Diedesfeld S Neustadt
(A57) *Gezo*	*Gezo obiit, qui dedit nobis in Veningen unam curtem cum VJ iugeribus uinee, inde X solidi.* Fol. 266' zum 1. 11.	0	Venningen SSE Neustadt

246 Der erste der hier aufgeführten Einträge scheint spätestens auf die Zeit um 1100 zurückzugehen, denn es folgt: *Heinricus prefectus obiit,* der zwischen 1105 und 1109 starb: Doll, Vögte 252 und 254; Remling, Urkunden 86 Nr. 78. Diese Einträge können natürlich auch zu (A47)*Siggelin* gehören, der in der Urkunde ebenfalls ohne Titel auftritt. Der letzte hier genannte Eintrag scheint eher im letzten Drittel des 11. Jahrhunderts entstanden zu sein, da zum gleichen Tage zuvor Bischof Einhart II. von Speyer (1060–1067) vorangeht; Metz, Necrolog des Speyerer Domstiftes 201; Grafen, Spuren 398 und 414 Kommentar B 9.

247 Christmann, Siedlungsnamen 2, 17f.

248 Fol. 4 zum 5. 1. *Ezzo aduocatus obiit, qui dedit unam*

Die Auswertung eines so reichhaltigen Materials könnte nun von verschiedenen Seiten her einsetzen. Von seiten der Quellenkunde fällt zunächst auf, daß der größere Teil der soeben für die Personennamenbelege der Urkunde vom Jahre 1020 herangezogenen Necrologeinträge mit zusätzlichen Angaben über von den jeweilig commemorierten Personen getätigte Stiftungen an die Gemeinschaft der Domherren versehen ist – mit nur wenigen Ausnahmen bei den Domkapitularen selber[249] – eine Erscheinung, die im Laufe der geschichtlichen Entwicklung der kalendarisch organisierten Totengedenkbücher von älteren, nur die schieren Namen zu den einzelnen Daten enthaltenden Formen der *Necrologia* zu den mit oft recht ausführlichen Angaben über Stiftungen und Ausführungsbestimmungen für die Totenliturgie versehenen *Libri Anniversariorum* oder *Libri Animarum* nach allgemeiner Auffassung erst ungefähr ein Jahrhundert später eintritt[250]. Eine mögliche Erklärung für diesen gattungsgeschichtlich interessanten Befund wird jedoch an anderer Stelle angeboten werden[251]; hier beschäftigen uns die personengeschichtlichen Fragen.

Diese in den Gedenkeinträgen genannten Spenden und Gaben an die Speyerer Kirche erlauben weitere Aussagen über die hier genannten Personen, da es sich stets um Grundstücke handelt, bei denen sowohl die Größe als auch die Ortslage in den Eintragstexten mitgeteilt sein können. Betrachten wir zunächst einmal die Grundstücksgrößen, so ergibt sich das Problem, daß diese in zwei unterschiedlichen Maßeinheiten angegeben sind, nämlich in Hufen und Morgen *(iugera)*. Hier kann eine Stelle aus dem Codex Hirsaugensis weiterhelfen, nach der eine Hufe zu 30 *iugera* berechnet wurde[252]; ebenso aus der Speyerer Diözese stammen ganz ähnliche Zahlen für Hufengrößen, die Walter Schlesinger aus der Urkundenüberlieferung des Klosters Weißenburg im Nordelsaß errechnet hat[253]. Sicherlich dürfen solche Überlieferungen nicht verallgemeinert werden; indessen blieben die im Folgenden entwickelten Tendenzen auch dann noch erkennbar, wenn in der Speyerer Rechnung das Verhältnis von Hufe zu Morgen um den Faktor 2 in der einen oder anderen Richtung von den Zahlen aus Hirsau und Weißenburg abgewichen wäre; insofern liegt hier keine echte quantitative Methode vor[254].

Die Auswertung der hier in Betracht kommenden Grundstücksgrößen läßt deutlich zwei Klassen erkennen: Während eine Obergruppe, gebildet durch die Zeugen (A5)*Ernust,* (A12)*Egbraht aduocatus* und (A13)*Egbraht,* vielleicht (A15)*Berenger,* (A27)*Sigeuuin* sowie (A35)*Erkanbold,* dem Domstift recht große Geschenke von je einer oder mehreren Hufen machte, bewegen sich die Gedenkstiftungen der übrigen Zeugen in der wesentlich bescheideneren Größenordnung von einem halben bis einigen Morgen *(iugera)* Weinberg oder Acker, in einem Falle auch Wald und Weide[255]. Ausgehend von der Annahme, daß die materiellen Aufwendungen für das eigene Seelenheil und das der Angehörigen mit der wirtschaftlichen Leistungsfähigkeit eines Stifters korrelliert waren, darf hier an eine sich in den ökonomischen Verhältnissen zeigende soziale Untergliederung gedacht werden, eine Vermutung, die von daher eine erhebliche Unterstützung erhält, daß sich die Hufenschenker vor allem im vorderen Teil der Zeugenliste finden; der der gesellschaftlichen Schichtung der mittelalterlichen Gemeinwesen

hubam in Ceizzenhusen et duo mancipia, inde persoluuntur VIJ vncee et dimidia (Zaisenhausen im Kraichgau NE Bretten) kommt hier nicht in Betracht, da der hier Commemorierte zum Geschlecht der Hochstiftsvögte gehörte und daher, wenn er in der Urkunde gemeint gewesen wäre, dort in der Zeugenreihe bei seinen Verwandten an der Spitze der Laien gestanden hätte.

249 Für die Mitglieder des Domstiftes wurde auch in späterer Zeit noch ein Gedenken eingerichtet, ohne daß sie eigens eine Stiftung dafür machen mußten: Glasschröder, Frühgeschichte 492; Busch und Glasschröder, Chorregel 2 XIf.; Remling, Urkunden 1, 517 Nr. 510 (= Necrolog Speyer II fol. 310ff.); vgl. auch Fouquet, Domkapitel 1, 45f.

250 Zur Entstehung des kalendarisch organisierten Totengedenkens: Angenendt, Theologie und Liturgie 192f. – Schmid, Salier 493 wies auf die frühe Entwicklung der Speyerer Quellen hin. – Den prinzipiellen Unterschied zwischen beiden Typen erläutert Huyghebaert, Les Documents Nécrologiques 33f. (frz. nécrologe und obituaire). – Lemaitre, Répertoire 1, 5ff. gibt als ungefähren Zeitpunkt für die Entstehung des jüngeren Typs die Wende des 12. Jahrhunderts an, ähnlich Schmid und Wollasch, Gemeinschaft 372.

251 Grafen, Diss., Exkurs I.

252 Codex Hirsaugensis 31 fol. 33. – Vgl. Schäfer, Besitzgeschichte 14f.

253 Schlesinger, Hufe und Mansus 42f. und 51ff.

254 Vgl. Jarausch, Arminger und Thaller, Quantitative Methoden 12f.

255 Beim Tauschpartner *Vvolbrandus,* siehe oben 124.

entsprechende Aufbau der Zeugenlisten ist ein bekanntes Faktum[256]. Dieser Sachverhalt, den es zunächst einmal im Gedächtnis zu behalten gilt, ist im Diagramm Abb. 1 dargestellt:

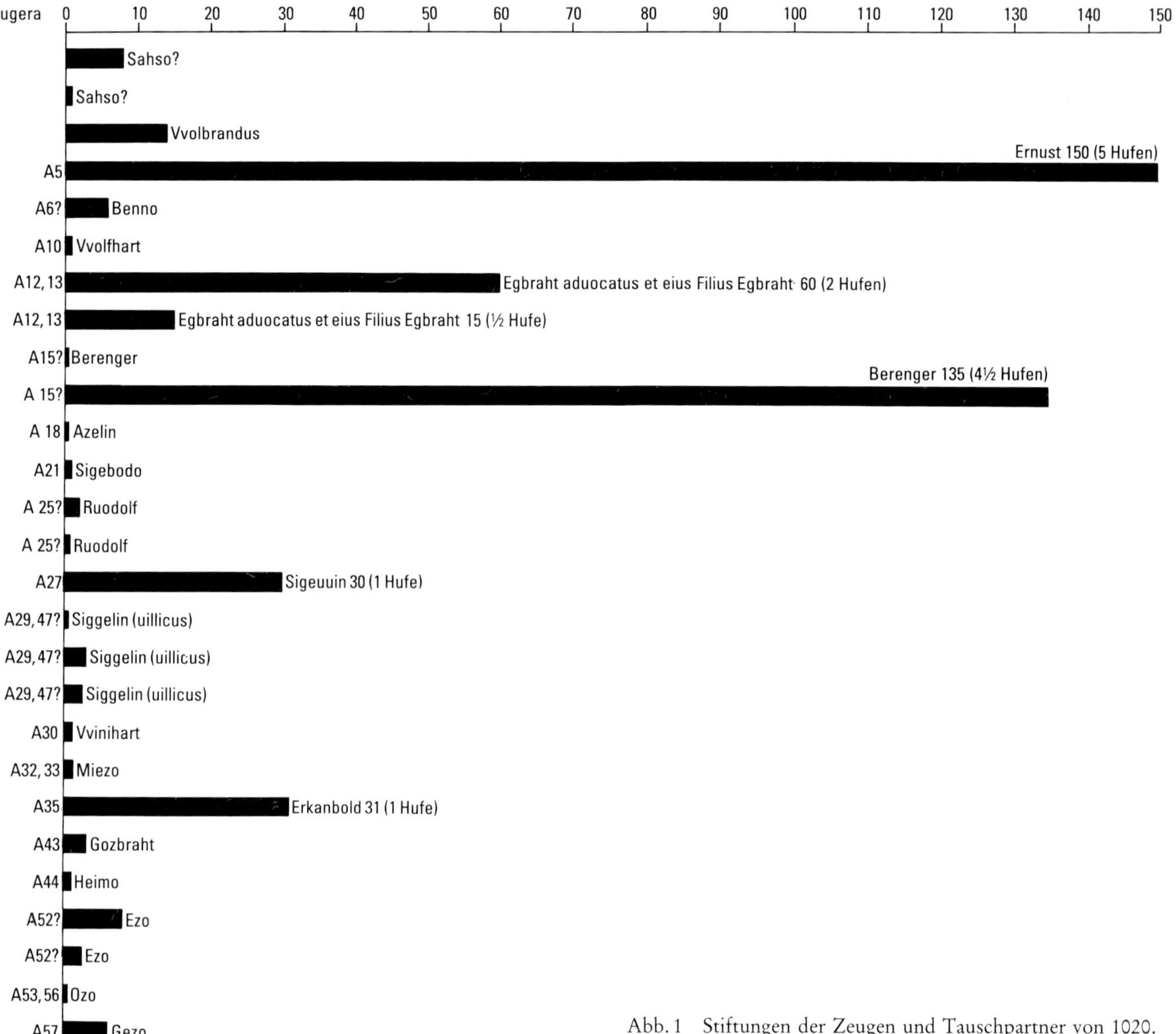

Abb. 1 Stiftungen der Zeugen und Tauschpartner von 1020.

Werden nun die aus der Memorialquelle entnommenen Ortsangaben zu den Stiftungen in eine Kartenskizze übertragen, so zeigt sich eine signifikante Häufung in einem Streifen von maximal zehn Kilometern Breite und ungefähr sechzehn Kilometern Länge zwischen den heutigen Städten Landau und Neustadt an der Weinstraße, wie auf der Karte Abb. 2 dargestellt ist.

Ein Vergleich mit dem Diagramm Abb. 1 zeigt, daß die »Ausreißer« in der Kartenskizze, nämlich die Stiftungen des *Ernest* in Speyer, Hochdorf, Ruppertsberg und Gönnheim, die der Ekberte in Dannstadt und Freckenfeld, die des *Sigewinus* in dem rechtsrheinisch gelegenen Walldorf und die des *Erkenbolt* in dem südlich davon zu suchenden Rhein- oder Oberhausen mit Großschenkungen von mindestens einer halben Hufe oder mehr zusammenfallen: Die Gliederung der Stiftungen nach der Größe und die nach der

256 Vgl. zum Beispiel Remling, Urkunden 1, 84 Nr. 76 und 97ff. Nr. 87ff. mit Beispielen von Zeugenlisten, in denen die soziale beziehungsweise ständische Untergliederung durch Titel oder Zwischenüberschriften sichtbar gemacht ist.

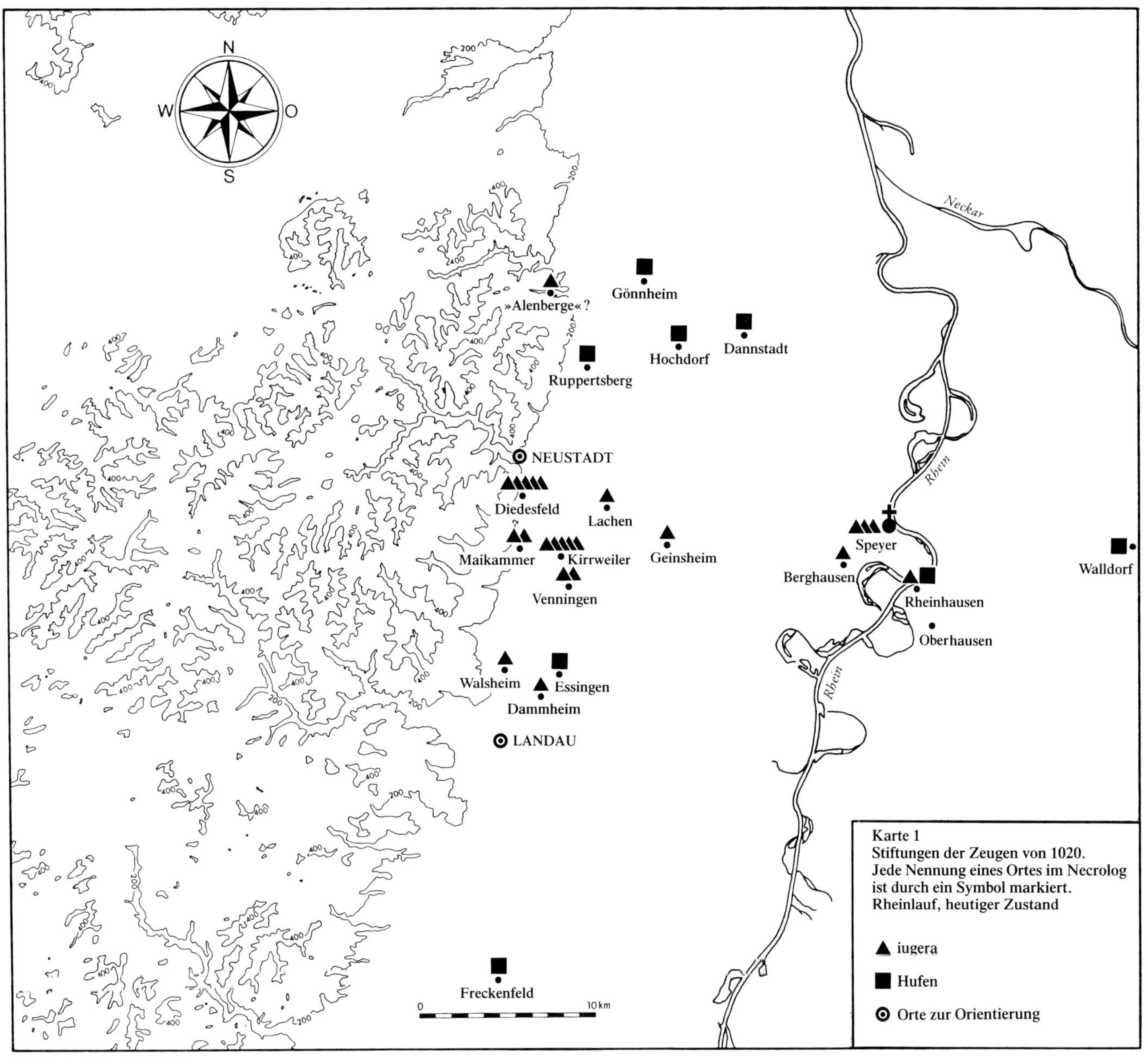

Abb. 2 Stiftungen der Zeugen von 1020.

Lage führen also zur Abgrenzung von im wesentlichen gleichen Gruppen, dergestalt, daß sich die Untergruppe mit den kleineren Schenkungen räumlich konzentriert, während die Gaben der Obergruppe eine weitere Streuung im Raum aufweisen. Diese Koinzidenz läßt einerseits die oben gefundene Untergliederung der Namen in zwei Gruppen als sinnvoll erscheinen; andererseits stützt sie die vorgeschlagene Identifizierung von Urkundenzeugen mit im Domnecrolog eingetragenen Personen. Dabei muß allerdings beachtet werden, daß der Tauschpartner *Sahso* nicht ohne weiteres in die Untergruppe mit hineingenommen werden darf, da er Güter in *Puzeru marcha,* nahe dem linksrheinisch gelegenen Neupotz südlich von Germersheim[257], wegtauschte und am Erwerb von weitab im rechtsrheinischen gelegenen Grundstücken interessiert gewesen zu sein scheint[258].

257 Christmann, Siedlungsnamen 1, 145.

258 *Grumbacheru marcha:* Gemarkung Ober- oder Untergrombach S Bruchsal. – *Alvingon:* Elfinger Hof SE Bretten.

Was waren diese kleineren Stifter nun für Leute, und lassen sie sich mit der frühstädtischen Bevölkerung über das zu Beginn des Kapitels angedeutete hinaus[259] in Verbindung bringen? Von dem adligen, quasigräflichen Status, den die Hochstiftserbvögte aus der Sippe der Ekberte genossen[260], scheint sie doch einiges getrennt zu haben. Auf der Suche nach einem vergleichbaren Quellenmaterial, aus dem Schlüsse zur Lösung dieser Frage gezogen werden könnten, kann eine zunächst ins Auge fallende, nur wenige Jahre jüngere Tauschurkunde des gleichen Bischofs Walther nicht weiterhelfen, da ihr zum einen eine Zeugenreihe fehlt und andererseits der räumliche Rahmen des beurkundeten Tauschgeschäftes nur einen recht engen Teil des von Speyer weiter als die in der oben besprochenen Urkunde genannten Orte entfernten Kraichgaues ausmacht[261]. Eine einleuchtende, und wohl auch etwas überraschende Lösung bietet dagegen die Analyse des Personennamenbestandes eines Diploms des ersten salischen Herrschers, Konrad II., das am 14. Juli des Jahres 1025 in Speyer ausgestellt wurde[262]. Der König bestätigte damit die durch den Oberhirten Walther vollzogene Freilassung von elf Hörigen *ex servili patre et matre ingenua,* »von einem hörigen Vater und einer freigeborenen Mutter«[263] aus dem Besitz der Speyerer Kirche in das Censualenrecht, wogegen dem Domstift ebenso viele Hörige, die zuvor wohl zum Privatvermögen Walthers gehört hatten, als Ersatz abgetreten worden waren[264]. Die in der Dispositio der Urkunde glücklicherweise aufgeführten Namen der frischgebackenen Censualen sind die folgenden, wobei die Verwandtschaftsangaben ebenfalls dort zu finden sind[265]: *duo fratres* (B1)*Diedericus et* (B2)*Ebernandus et sorores eorum* (B3)*Ruozela,* (B4)*Imma,* (B5)*Diezela cum filiis et filiabus eorum, quorum nomina sunt hec:* (B6)*Durinc,* (B7)*Bezecha,* (B8)*Diezuuib,* (B9)*Diemo,* (B10)*Mazela,* (B11)*Liutfrit*[266].

Von diesen elf Namen sind nur die beiden letzten und (B2)*Ebernandus* sowie (B5)*Diezela* nicht necrologisch nachweisbar; ob sie eine, wie auch immer zusammenhängende Untergruppe darstellen, sei dahingestellt. Für den ersten Namenbeleg aus der Urkunde, (B1)*Diedericus,* finden sich zwei der Betrachtung zu unterziehende Gedenkeinträge, die beide von der Einreihung her ein entsprechend hohes Alter haben könnten[267]. Der Name seiner Schwester *Ruozela* ist überhaupt nur zweimal im Necrolog enthalten, wobei sich das Interesse in diesem Zusammenhang bevorzugt auf den zweiten der beiden Einträge richtet, denn die zum 5. September eingetragenen Dame stiftete der geistlichen Gemeinschaft am Speyerer Dom einen Morgen Weinberg in *Alenberge,* und dieser schwer zu identifizierende Ortsname tritt im Anlagebestand des Totenbuches sonst nur noch an zwei Stellen auf: Einmal in dem oben an (A32,33)*Miezo* zugewiesenen Gedenken[268], zum anderen im Eintrag eines Laien *Duringus,* dem einzigen Träger dieses Namens in der Anlageschicht des Necrologes Speyer II, in dem wir den Censualen (B6)*Durinc* und zugleich den Sohn der *Ruozela* sehen dürfen. Auch seine Tante (B4)*Imma* hat einen necrologischen Beleg für sich; der Name von (B7)*Bezecha* tritt zweimal im Totengedenken auf, wobei wieder eine etwas größere Wahrscheinlichkeit für die Identifizierung der Censualin mit dem zweiten Eintrag sprechen mag, denn ein Stück Weinberg in Maikammer stiftete auch der einzige in der Anlageschicht begegnende Laie mit dem Namen *Diemo,* der mit (B9)*Diemo* identisch sein dürfte und vielleicht ein Bruder der *Bezecha* war. Der letzte der nachweisbaren Namen aus der Freilassungsurkunde, (B8)*Diezuuib,* findet sich im Totenbuch wieder genau einmal; ihre Stiftung befand sich in dem

259 Siehe oben 121.

260 Rietschel, Burggrafenamt 123f. – Doll, Vögte 252ff.

261 Remling, Urkunden 1 Nr. 25.

262 DK.II 41. – Böhmer/Appelt, RI Nr. 4.

263 Hier galt offenbar das Prinzip, wonach Kinder aus standesungleichen Ehen mit der ärgeren Hand gingen: vgl. Lex familie Wormatiensis 42 § 16; Schulz, Zensualität 102f.; Ogris, Ärgere Hand.

264 Zur *commutatio* oben 114. – Zum Zensualenrecht oben 116ff.

265 Diese Namen werden mit der Sigle (B) durchnumeriert; vgl. oben 120. Die ersten vier Namen, die hier im Casus rectus wiedergegeben sind, stehen in der Urkunde im Akkusativ.

266 Auf eine Aufzählung der Namen der Hörigen, die für die zu Censualenrecht freigelassenen eingetauscht wurden, kann hier verzichtet werden; sie sind erwartungsgemäß im Totenbuch nicht nachzuweisen (vgl. Borgolte, Freigelassene 250) und sind daher nicht auswertbar.

267 Insgesamt gibt es im Anlagebestand des Domnecrologes 24 Belege für den Namen Dietrich, von denen die übrigen durch ihnen eigene inhaltliche Merkmale ausgeschieden werden können. Vgl. das Namenregister bei Grafen, Diss.

268 Siehe oben 126.

Maikammer unmittelbar benachbarten Kirrweiler. Die Belegstellen für die Censualen sind in gleicher Weise wie oben die für die Zeugen in einem tabellarischen Überblick zusammengestellt:

Name aus der Urkunde	Gedenkeintrag	Stellung des Eintrages	Moderne Ortsnamen
(B1) *Diedericus*	*Diterich obiit, qui dedit in Vrimersheim curtem unam cum tribus iugeribus uinee et X iugeribus agri, inde dantur IIII vncee.* Fol. 115 zum 2. 5.	1	Freimersheim SE Neustadt
	Dithericus obiit, qui dedit unam curtem iuxta Renum, inde duo solidi. Fol. 304' zum 27. 12.[270]	3	Speyer?[269]
(B3) *Ruozela*	*Ruzela obiit, que dedit unum iugerum uinee in Eichelberg.* Fol. 139 zum 24. 5.	1	Eichelberg NW Eppingen
	Rvzela obiit, que dedit unum iugerum uinee in Alenberge. Fol. 228 zum 5. 9.	1	(vielleicht bei Wachenheim, siehe oben 126 Anm. 247).
(B4) *Imma*	*Imma obiit, que dedit unum et dimidium iugerum uinee in Berghusen.* Fol. 128' zum 15. 5.	1	Berghausen SW Speyer
(B6) *Durinc*	*Duringus laicus obiit, qui dedit unum iugerum vinee in Alenberg.* Fol. 10' zum 12. 1.	1	(Siehe oben zu (B3))
(B7) *Bezecha*	*Betzecha obiit, que dedit duo iugera agri in Spira.* Fol. 18' zum 24. 1.	1	Speyer
	Bezecha obiit, que dedit dimidium iugerum uinee in Meinkemere. Fol. 147 zum 1. 6.[271]	1	Maikammer S Neustadt
(B8) *Diezuuib*	*Dietzwib obiit, que dedit unum iugerum vinee in Kirwilre vnde I J vncee.* Fol. 87' zum 11. 4.[272]	1	Kirrweiler S Neustadt
(B9) *Diemo*	*Diemo laicus obiit, qui dedit unum iugerum vinee ad Steinahe in Meinkemere.* Fol. 233' zum 12. 9.	2	Maikammer S Neustadt[273]

Es erübrigt sich, auch die Größe dieser Stiftungen in einem Diagramm vorzuführen, da sie sich alle in der Größenordnung von wenigen *iugera* bewegen und daher in dieser Hinsicht ungegliedert sind. Die Lage der von den Censualen an das Domstift tradierten Immobilien sind auf der Karte Abb. 3 eingetragen worden.

269 Die Ortsangabe *iuxta Renum* wird sich wohl auf einen Platz in der Nähe der Stadt beziehen, damit sie aus der Sicht des in der Domimmunität sitzenden Necrologschreibers sinnvoll ist.

270 Auf den zweiten der Einträge folgt der der Kaiserin Bertha, die 1087 starb: Schmid, Salier 693, Grafen, Spuren 412 und 427 Kommentar K 27. – Vgl. Metz, Necrolog des Speyerer Domstiftes 196; indessen dürfte der Eintrag auch im Necrolog Speyer I gestanden haben, vgl. Grafen, Spuren 387.

271 Auf den zweiten der Einträge folgt der des 1066 ermordeten Elekten Kuno von Trier: Metz, Necrolog des Speyerer Domstiftes 202; Grafen, Spuren 403 und 416 Kommentar B 21; Ders., Diss. Kap. 2.1.1.

272 Es folgt der Eintrag des 1054 verstorbenen Bischofs Sigebod I. von Speyer: Metz, Necrolog des Speyerer Domstiftes 201; Grafen, Spuren 400 und 414 Kommentar B 13.

273 Zu *Steinahe:* Christmann, Siedlungsnamen 1, 367.

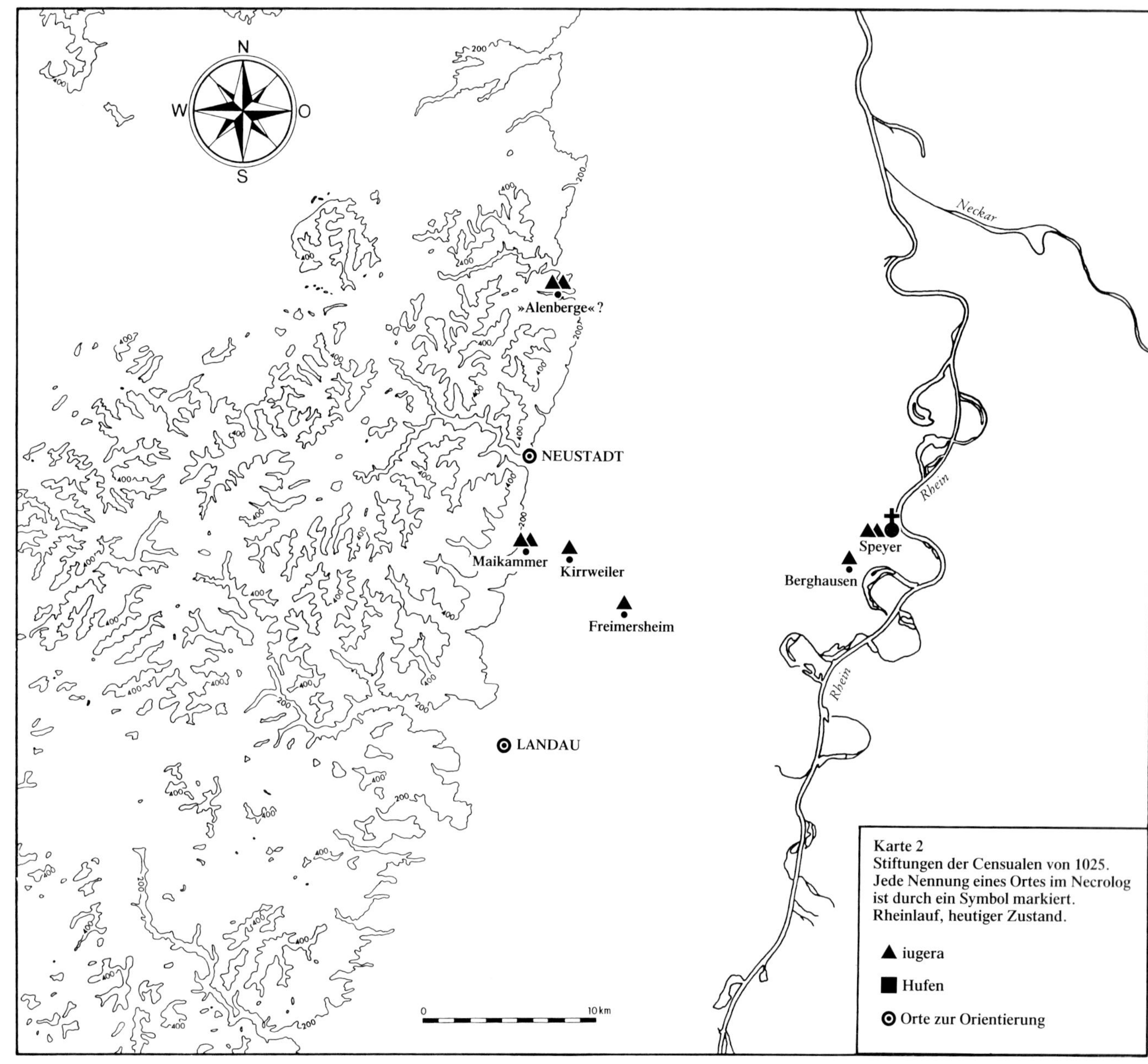

Abb. 3 Stiftungen der Censualen von 1025.

Auf den ersten Blick zeigt es sich, daß diese Grundstücke im gleichen Gebiet liegen wie diejenigen, die die Angehörigen der Untergruppe aus der Zeugenreihe von 1020 verschenkt hatten und auf Karte 1 (Abb. 2) verzeichnet sind. Die einzigen »Ausreißer« auf Karte 2 (Abb. 3) sind die Stiftungen der *Ruzela* und des *Duringus* in dem nicht mit Sicherheit lokalisierbaren *Alenberge,* dessen Lage in der Nähe von Wachenheim nur eine Vermutung ist, und wo auch der Zeuge (A32,33)*Miezo* Besitz für sein Seelenheil hergab[274]: Hier bleibt trotz des ungesicherten geographischen Befundes der räumliche Zusammenhang zwischen den Personengruppen gewahrt. Wie bereits angedeutet, stimmen auch die Größenordnungen der Stiftungen überein: Bei den Zeugen von 1020 reichen sie von einem halben Morgen bis zu einer Zwischengruppe von 8 bis 15½ Morgen[275], bei den Censualen vom Jahre 1025 von einem oder einem

274 Siehe oben 126.

275 Siehe Diagramm (Abb. 1) und die diesem zu Grunde liegenden Quellenbelege 124ff.

halben Morgen[276] bis vielleicht ungefähr einer halben Hufe, je nachdem, welchen der beiden möglichen Gedenkeinträge wir für (B1)*Diedericus* vorziehen möchten. Es können also zwischen der Untergruppe innerhalb der Zeugenliste (A) und der Censualengruppe (B) drei wesentliche Gemeinsamkeiten erkannt werden:

a) Aus beiden Namenslisten taucht ein bedeutender Anteil der Personen in den Einträgen der Anlageschicht des Speyerer Domnecrologes wieder auf; in einigen Fällen sind positive Hinweise auf ein für die Zuweisung hinreichend hohes Alter der Gedenken beizubringen[277]. Seltene und daher signifikante Namen wie *Ozo* und *Miezo* stützen die Identifizierungen. Das gemeinsame Gebetsgedenken durch die gleiche geistliche Gemeinschaft kann aber nach den Ergebnissen der neueren Memorialforschung als ein Zeichen des Zusammenhanges zwischen Personen und Personengruppen gewertet werden[278].
b) Die den Necrologeinträgen in den meisten Fällen beigegebenen Angaben über Stiftungen der jeweilig commemorierten Personen beziehen sich auf häufig mit Ortsangaben versehene Grundstücke, die in der Regel in dem gleichen, abgrenzbaren Gebiet liegen.
c) Soweit die Memorialquelle Angaben darüber enthält, was fast regelmäßig der Fall ist, bewegen sich die von den beiden Personengruppen der Speyerer Hochkirche übergebenen Nutzflächen in der gleichen (bescheidenen) Größenordnung.

Die Beobachtung von drei derartig auffälligen Gemeinsamkeiten zwischen den beiden Personengruppen macht es wahrscheinlich, daß es noch weitere Gemeinsamkeiten zwischen ihnen gegeben hat, daß es sich bei den Angehörigen beider Gruppen um Menschen aus dem gleichen sozialen Umfeld und den gleichen die damalige Wirklichkeit definierenden Lebensumständen handeln muß; mit anderen Worten: Daß auch die Tauschpartner *Sahso, Geila* und *Vvolbrandus* mit den genannten Vorbehalten[279], sicher aber die Zeugen (A18)*Azelin,* (A21)*Sigebodo,* (A25)*Ruodolf,* (A29)*Siggelin villicus,* (A30)*Vvinihart,* (A32,33)*Miezo,* (A43)*Gozbraht,* (A44)*Heimo,* (A52)*Ezo,* (A56)*Ozo* und (A57)*Gezo* ebenfalls Censuale des Speyerer Domstiftes oder aber Personen mit einem dem dieser Censualen weitgehend angeglichenen sozioökonomischen Umfeld waren; für die übrigen Zeugen ab ungefähr (A16)*Ratheri* muß nämliches zumindest in Erwägung gezogen werden, wenn hier auch keine Quellenbelege möglich sind, sondern nur der Analogieschluß aus der Anordnung der Namen in der Zeugenreihe bleibt[280]. Das in der letzten Aufzählung ins Auge fallende paarweise Auftreten von Nummern aus der Zeugenliste (A29–30, 32–33, 43–44 und 56–57) ist im übrigen eine weitere Stütze für die Richtigkeit der Identifizierungen der Zeugennamen mit den Necrologeinträgen, denn es ist doch anzunehmen, daß in der Zeugenreihe Verwandte nicht nur dort nebeneinander stehen, wo dies wie bei (A12–13) und (A14–15) im Urkundentext zur Sprache kommt. Verwandte kommen aber auch immer für ein gemeinsames Gebetsgedenken in Frage[281]. Möglicherweise kommt auch noch (A14)*Berenger* – und dann wohl auch sein im Totenbuch nicht nachweisbarer Vater (A14)*Gumbraht* – zu den Censualen hinzu, wenn nämlich der erste von den beiden hier in Betracht kommenden Necrologeinträgen vorgezogen würde; jedoch erscheint es klüger, hier auf eine Festlegung zu verzichten[282].

Auf einen Unterschied zwischen den beiden Namenreihen muß noch eingegangen werden. Während nämlich unter den Censualen von 1025 Frauen und Männer beziehungsweise Kinder beiderlei Geschlechts – Aussagen über das Lebensalter der Freigelassenen sind nicht möglich – genannt werden, enthält die Zeugenliste selbstverständlich nur Männernamen, deren Träger wir uns wegen der rechtlich definierten Funktion der Beurkundungszeugen[283] alle im mündigen Alter vorzustellen haben. Die

276 Es kommt darauf an, welchen Gedenkeintrag wir für (B7)*Bezecha* heranziehen wollen, siehe oben 131.
277 Dies betrifft vor allem das Kriterium der Einreihung der Einträge.
278 Schmid und Wollasch, Societas et fraternitas 1ff. – Wollasch, Mönchtum 53ff. – Vgl. auch die Zusammenstellung der Arbeiten von Karl Schmid in: Person und Gemeinschaft 617ff. und seine ausgewählten Aufsätze in: Gebetsgedenken und Adliges Selbstverständnis.
279 Siehe oben 129.
280 Vgl. oben 128 Anm. 256.
281 Vgl. die oben in Anm. 278 genannte Literatur.
282 Entfällt.
283 Vgl. Breßlau, Urkundenlehre 2, 205.

beiden Gruppen geben also je einen Ausschnitt aus der ortsansässigen Bevölkerung wieder[284], der zwar aus der gleichen gesellschaftlichen Untergruppe, nämlich den Censualen respektive ihnen ökonomisch gleichgestellten Personen genommen ist, jedoch ist das Auswahlkriterium, nach dem jeweils gerade diese Namen in die urkundliche Überlieferung gelangt sind, keinesfalls das gleiche. Daraus folgt zweierlei. Erstens haben wir damit zu rechnen, daß die weiblichen und die zum Zeitpunkt der Urkundenausstellung im Jahre 1020 noch minderjährigen männlichen Angehörigen der Zeugen des Bischofes Walther ebenfalls Eingang in das liturgische Totengedenken der Speyerer Kirche finden konnten; indessen ist es nicht möglich, diese Personen aus den übrigen Necrologeinträgen herauszuschälen; das Kriterium der örtlichen Lage von Stiftungen kann hierzu nicht ausreichen, wenn weitere verbindende Hinweise wie die Verwandtschaftsangaben in dem Konraddiplom oder die Anordnung der Namen in der Zeugenliste fehlen. Indessen findet sich im Domnecrolog eine Gesamtzahl von mehr als 250 Gedenkeinträgen, die nach der Größe und meist auch der Lage in diese Gruppe hineingehören[285]; unter diesen werden sicherlich noch Angehörige der Zeugen von 1020 verborgen sein. Und zweitens ist die Ungleichheit der Gründe für die Aufnahme der Namen in die Urkunden auch eine Warnung für denjenigen, der in dem Eintreten der Zeugen für ihren Bischof etwa den tieferen Grund für ihre Aufnahme in die liturgische Memoria des Domkapitels sehen möchte; vielmehr ist dieser Grund in den Gedenkstiftungen der Betreffenden zu suchen; er lag also in einer religiösen persönlichen beziehungsweise kollektiven Initiative der Leute begründet[286].

Im Lichte der Einordnung dieser Personen in die Censualität des Speyerer Domes erhält auch das bislang unerläutert gebliebene, stets nur als ein äußeres Merkmal betrachtete Phänomen, daß die Stiftungen aus diesem sozialen Umfeld fast alle im gleichen geographischen Rahmen liegen, seine besondere Bedeutung. Denn in allen den Orten, die oben in diesem Zusammenhang zu nennen waren, ist ältester, das heißt in diesem Falle vorsalischer Besitz des Speyerer Bistums nachzuweisen oder zumindest zu erschließen[287]. Es ist eine durchaus sinnvolle Annahme, daß sich die Censualen eines Hochstiftes bevorzugt innerhalb der Reichweite der bischöflichen Herrschaft aufhielten und auch ihre wirtschaftlichen Unternehmungen dort durchführten, weil eben ein besonderes Merkmal des Censualenrechtes der durch die Mitgliedschaft in einer kirchlichen *familia* bedingte Schutz war[288]. Dieser Schutz wird aber am ehesten dort zu mobilisieren gewesen sein, wo auch die materiellen Machtmittel des Bischofes zugreifen konnten. Zugleich muß hier in Rechnung gestellt werden, daß die in dem Diplom von 1025 genannten Censualen zuvor Hörige der Domkirche gewesen waren, eine Herkunft, die möglicherweise auch bei einigen Zeugen aus der fünf Jahre älteren Bischofsurkunde anzutreffen war: Diese Leute mögen ihr ganzes Leben auf den Nahbesitzungen der Kathedrale zugebracht und auch als Censuale ihre neugewonnene Freizügigkeit[289] nicht zum Verlassen der Heimat genutzt haben, denn vor dem gewaltsamen Zugriff eines fremden Herrn, der stetigen Bedrohung armer Freiheit im Mittelalter, hätte sie ihr Oberhirte in der Ferne kaum mehr bewahren können[290]. Hierbei findet Beachtung, daß auch der Ort Berghausen, wo zwar Stiftungen eines Zeugen von 1020 und einer Censualin von 1025 in der Größe von einem halben und anderthalb Morgen zu finden sind[291], der aber außerhalb des beobachteten Konzentrationsraumes

284 Die Ortsansässigkeit der Personen ergibt sich aus der Lage ihrer Stiftungen und daraus, daß der Bischof sie zur Bezeugung einer in seiner Sedes vorgenommenen Handlung zusammenrufen konnte: *Actum est Spirę feliciter.* Daß es sich um Handlungs-, nicht um Beurkundungszeugen handelt, erhellt schon aus der Formel, der Tausch sei *nulla persona contradicente coram testibus subnotatis* vorgenommen worden; vgl. Breßlau, Urkundenlehre 2, 214ff., besonders 222. Auch die Datierung der Urkunde ist eindeutig auf die Handlung bezogen: *Istud concabium factum est VII idus Aprilis in anno dominicę incarnacionis MXX, anno autem Heinrici regnantis XIX, imperii autem VII, anno vero Vvaltheri venerandi pręsulis XVI, indictione III;* alle Daten passen zueinander.

285 Grafen, Diss. Kap. 3.2.

286 Siehe unten 135f.

287 Die Angaben hierzu bei Schaab, Territoriale Entwicklung, Übersicht auf Karte 61, Nachweis der einzelnen Orte Textband 2, 765ff.

288 Brebaum, Wachszinsrecht 13, 17ff. und 33. – Meister, Entstehung 15. – Tellenbach, Servitus et Libertas 234. – Weigel, Wachszinsigkeit 62f. – Schulz, Zensualität 87f. – Ders., Stadtrecht 23. – Borgolte, Freigelassene 237f.

289 Brebaum, Wachszinsrecht 19f. und 35. – Schulz, Zensualität 88. – Ders., Stadtrecht 20f. mit weiterer Literatur.

290 Vgl. zum Beispiel die bekannte Geschichte aus den Acta Murensia 68ff.; auch Franz, Quellen 134ff. und Schulze, Königsherrschaft 178f.

291 Siehe oben 125 zu (A18) und 131 zu (B4).

zwischen Neustadt und Landau liegt, zum vorsalischen Besitz des Domes gehörte[292]. Wenn demnach im Sinne des bisher Vorgetragenen das geographische Kriterium zur Abschichtung der Censualen des frühen 11. Jahrhunderts in der Häufung von Stiftungen aus diesem Personenkreis in einem bestimmten Raum bestand, so kommt diese Häufung durch die Lage der ältesten Besitzungen der Bischofskirche zustande: Das primäre räumliche Erkennungsmerkmal der Censualeneinträge liefert uns also die Besitzgeschichte des Bistums, während die Lage der ins Auge gefaßten Schenkungsgüter in einem relativ geschlossenen Gebiet lediglich ein davon abgeleitetes Merkmal ist.

Nach dem, was im vorangehenden Abschnitt über den Zusammenhang zwischen Censualität und Bürgerrecht referiert wurde, kann die am Eingang dieses Kapitels gestellte Frage, was denn die Zeugen aus der Urkunde des Bischofs Walther mit der frühstädtischen Bevölkerung zu tun hätten[293], als beantwortet betrachtet werden – wenn einerseits gezeigt werden konnte, daß die Speyerer Bürger um 1100 zum überwiegenden Teil aus censualischen Rechtsverhältnissen stammten, und andererseits für die Jahre um 1025 eine größere Personengruppe entdeckt wurde, die sozial mit einwandfrei bezeugten Censualen gleichgestellt und auf den Dom und die Stadt bezogen war, dann liegt es nahe, beide Gruppen zusammenzubringen und eine Kontinuität zwischen ihnen anzunehmen: Es sieht so aus, als hätten wir nun tatsächlich eine nicht unbeträchtliche Personengruppe aus dem frühbürgerlichen Umfeld im wahrsten Sinne des Wortes namhaft gemacht. Es ist ein Glücksfall für die Deutlichkeit des hier gemeinten, daß es gerade dieser Oberhirte und Stadtherr war, um den sich im Jahre 1020 die Zeugen scharten – oder umgekehrt, daß gerade von diesem Bischof eine Urkunde mit einer so langen Zeugenliste überliefert ist – denn, wie wir oben gesehen haben, dürfte Walther von Speyer ein Mann von ähnlicher Geisteshaltung gewesen sein wie der große Burchard von Worms[294], ein Bischof, dem eine hohe integrative Kraft für seine Stadtgemeinde zuzutrauen ist[295].

Die an sich hochinteressante Frage, welche Stellung das Auftreten einer breiten frühstädtischen Bevölkerungsschicht im Necrolog des Speyerer Domstiftes in der Geschichte des liturgischen Gedenkens, der von den kirchlichen Institutionen des Mittelalters getragenen Memoria, einnimmt, gehört hier nicht zum Thema; sie wird an einem anderen Ort abgehandelt[296]. Hier sei nur auf zwei Beobachtungen hingewiesen, die die Erkenntnis, daß die im Domnecrolog nachweisbaren Censualen aus der Pontifikatszeit Walthers mit der frühstädtischen Bevölkerung in einer engen Verbindung stehen, zu stützen geeignet sind. Einmal ist der Speyerer Bürgerstand, der durch die urkundliche Überlieferung seit dem endenden 12. und insbesondere im 13. Jahrhundert prosopographisch faßbar wird, zu einem nicht unerheblichen Teil in das liturgische Totengedenken des Domkapitels aufgenommen worden, und dies auch noch zu einer Zeit, als die die spätmittelalterliche Geschichte der Stadt Speyer wie ein Leitmotiv durchziehende *generalis discordia* zwischen Bürgerschaft und Klerus bereits ausgebrochen war: Es macht sich also ein starkes Moment der Kontinuität bemerkbar[297]. Andererseits ist es eine allgemeine, keineswegs nur auf Speyer zu beziehende Beobachtung, daß die Einwohner der Städte, Angehörige früh- und vorbürgerlicher Bevölkerungsteile, im 11. Jahrhundert vermehrt danach strebten, in eigenverantwortlicher Weise Vorsorge für ihr Seelenheil zu treffen[298]. Die individuellen Schenkungen an das Domstift, die in den Necrologeinträgen der Karlsruher Handschrift belegt sind und die den Schenkgebern ja erst den Zugang zur liturgischen Totenmemoria eröffneten, sind eindringliche Zeugnisse eines solchen Vorganges. Der Wunsch, für das eigene Seelenheil sorgen zu können, kann – über die im letzten Kapitel angedeuteten Tendenzen hinaus – als eine nicht zu unterschätzende Triebfeder für das Freiheitsstreben der mittelalterlichen Menschen angesehen werden, da den Unfreien und Sklaven die Möglichkeit hierzu in

292 Schaab, Territoriale Entwicklung 768.

293 Siehe oben 121.

294 Siehe oben 114f.

295 Über Walthers Nachfolger Reginger (ca. 1028–1032) ist nur sehr wenig bekannt: Hauck, Kirchengeschichte 3, 989; Grafen, Spuren 415 Kommentar B 19 gegen Bauerreiß, Spirensia 143f., der Reginger sogar streichen wollte. – Der zweite Nachfolger, Reginbald II., war vor allem als Kirchenreformer und Baumeister berühmt; Gugumus, Reginbald 325ff.; Hörberg, Libri 190ff.; vgl. auch Graf, Mönche und Geistliche 177 und Grafen, Diss., Exkurs I. – Zur Chronologie: Breßlau, Konrad II. 1, 465ff.; Hauck, a.a.O.; zukünftig Staab, Spira.

296 Grafen, Diss., Kapitel 2.5.

297 Grafen, Diss., Kapitel 2.5. – Zur *generalis discordia* seit dem 13. Jahrhundert: Voltmer, Reichsstadt 9ff., besonders 31ff.

298 Jakobs, Stadtgemeinde 26ff.

aller Regel verwehrt war[299]. Aber darüber hinaus ist es auch ein Zeichen eines erheblich gestiegenen Selbstbewußtseins: Wenn auch in einigen Fällen unfreie Gruppen im liturgischen Gedenken während des Frühmittelalters angetroffen werden können[300], so waren es doch unter den Laien in erster Linie Angehörige der Oberschichten, derer seitens der geistlichen Gemeinschaften mit Hilfe der Verbrüderungsbücher, Totenannalen und Necrologien gedacht wurde[301]. Wenn nun die frühstädtische Bevölkerung in großer Zahl die gleichen oder doch vergleichbare liturgische Leistungen für sich erwarb, so ist dies gewiß nicht ohne Bedeutung für die Bewertung ihres ständisch-sozialen Selbstverständnisses und damit eine ganz zentrale Erkenntnis für unsere Fragestellung: Zum einen hoben sich die im Speyerer Domnecrolog eingetragenen Menschen, die rechtlich mit ihrem Censualenstatus maximal eine Mittelstellung zwischen den untersten Schichten des Adels und der abhängigen Landbevölkerung einnahmen, eben durch diese Necrologeinträge weit über die hörigen Massen heraus, zum anderen zogen sie zumindest in dieser für das mittelalterliche Bewußtsein nicht zu unterschätzenden Lebensäußerung[302] mit den Angehörigen selbst der Spitzengruppen der Gesellschaft symbolisch gleich[303]. Daß dieses Statussymbol stets nur an denjenigen von ihnen sichtbar werden konnte, die bereits tot waren, tat seiner Wirkung keinen Abbruch[304].

Es schließt sich die Frage an, inwieweit mit der aus der Memorialüberlieferung herausgeschälten sozialen Gruppe die frühstädtische Bevölkerung in ihrer Gesamtheit erfaßt werden kann, welche anderen Personenkreise noch zu ihr hinzuzurechnen sind. In erster Linie ist hier sicherlich an die Ministerialen des Bistums zu denken, deren Rolle in der deutschen Stadtgeschichte ein schon lange anerkanntes Forschungsproblem darstellt[305]. Der damit verbundene Fragenkomplex erscheint hier um so interessanter, als auch die Speyerer Dienstmannen ein im Hochmittelalter kontinuierliches Totengedenken durch das Domkapitel erhielten, welches seinen Memorialdienst für große Teile der Nachkommenschaft des hofrechtlichen Verbandes, der *familia* des Speyerer Domes, ausgeübt zu haben scheint, sofern diese ein gewisses soziales Niveau erreicht hatte, das wohl ursprünglich dem der Censualität entsprach[306]. Von diesem Befund her kann mit einiger Sicherheit unterstellt werden, daß auch die Ministerialen ihren Anteil an der städtischen Gemeindebildung Speyers im 11. Jahrhundert hatten; hierbei findet Beachtung, daß in der Zeugenliste von 1020 mit (A29)*Siggelin uillicus* ein Amtsträger enthalten ist, dessen Gedenkstiftung den ökonomischen Rahmen der Censualen keineswegs gesprengt hätte, sollte denn eine der Identifizierungsmöglichkeiten aus dem Domnecrolog zutreffen[307]. Allein, die Speyerer Ministerialität wird erst mit der zweiten Hälfte des 12. Jahrhunderts personengeschichtlich faßbar[308], und erst für das 13. Jahrhundert wird etwas über personale Zusammenhänge zwischen der Dienstmannschaft und dem städtischen Patriziat erkennbar[309]. Für den hier behandelten Zeitraum wird es also bei der allgemeinen Feststellung einer Beteiligung von Ministerialen an der urbanen Verbandsbildung bleiben müssen.

Noch schlechter ist die Quellenlage für die in der Stadt ansässigen Unfreien, zumal diese, wie oben bereits gesagt, nicht in der Lage waren, selbst ein qualifiziertes, mit der liturgischen Namensnennung

299 Borgolte, Freigelassene 249f. In diesem Zusammenhang wichtig ist auch der Passus in dem Privileg Heinrichs V. von 1111, nach die die *cives* ausdrücklich die Möglichkeit zu Seelgerätstiftungen erhielten: Hilgard, Urkunden 18, Zeile 25f.; dazu Grafen, Diss. Kapitel 2.5.

300 Schmid und Wollasch, Societas et fraternitas 38.

301 Zu den Memorialquellen und ihrem Überlieferungsbestand allgemein siehe die in: Person und Gemeinschaft 617ff. verzeichneten Arbeiten von Karl Schmid sowie Wollasch, Mönchtum 53ff. – Hier auch Jakobs, Stadtgemeinde 27.

302 Wollasch, Lebensform 215ff.

303 Der an sich bestechende Gedanke, die Frühbürger hier im gleichen Gebetsgedenken zu sehen wie die salische Kaiserdynastie, bedarf für die hier besprochenen Einträge einer Relativierung, da ja das Saliergedenken in Speyer bekanntlich erst 1039 einsetzt. – Das Speyerer Domkapitel war offensichtlich von Anfang an ständisch gemischt; DH.IV 466 (1101 April 10, hier 630 Zeile 40f.) sieht nichtadlige Domherren vor: (...) *unusquisque Spirensis ecclesie canonicus, sive nobili sive humili genere ortus* (...): Fouquet, Domkapitel 39. Es wäre interessant zu untersuchen, ob und wann auch rein adlige Kapitel, wie zum Beispiel das Straßburger, ebenfalls Gedenkbeziehungen zur städtischen Bevölkerung aufnahmen.

304 Schmid und Wollasch, Gemeinschaft 365ff.

305 Zum Ganzen: Schulz, Ministerialität 184ff.; skeptischer: Zotz, Bischöfliche Herrschaft 92ff.; Haverkamp, Frühbürgerliche Welt 587ff.

306 Grafen, Diss., Kapitel 2.6ff. und 3.2.

307 Siehe oben 126.

308 Grafen, Diss., Kapitel 2.6.2ff.

309 Voltmer, Reichsstadt 288.

verbundenes Totengedenken zu erwerben und daher auch nicht durch das Domnecrolog erfaßt werden können[310]; ein eigenständiges politisches Handeln war ihnen ohnehin verwehrt. Wenn sie dennoch an der Gemeindebildung in der Stadt beteiligt waren, dann bestenfalls auf indirektem Wege, indem sie den Haushalten von Censualen und Ministerialen angehörten und auf die eine oder andere Weise mit deren Aktivitäten konfrontiert, in die Konsequenzen mit hineingezogen wurden. Es erscheint aussichtslos, sie zu den über ihnen stehenden Schichten in ein zahlenmäßiges Verhältnis setzen zu wollen. Auch unter den in DH.IV 466 genannten *servientes* der Domherren dürften sich Personen hörigen Standes befunden haben; diese indessen wurden gerade durch das zitierte Diplom zumindest aus dem Rechtskreis der Bürgerschaft herausgenommen[311].

Bereits in dieser frühen Zeit müssen innerhalb der werdenden Bürgerschaft erhebliche soziale Unterschiede bestanden haben. Im frühen 12. Jahrhundert machte ein *civis Spirensis nomine Bebo* dem Reformkloster Hirsau eine sehr große Stiftung im Wert von 54 Mark Silber und zwei Hufen[312], also ganz erheblich mehr als die Censualen drei Generationen zuvor für ihr Seelenheil aufzuwenden vermochten und bestimmt auch in der Zeit des *Bebo* das Normalmaß eines Speyerer Bürgers war; falls der in der Hirsauer Quelle ebenfalls als Nutznießer des Seelgerätes genannte Bruder des Schenkers, *Wolffelinus,* mit einem der Necrologeinträge zu identifizieren ist, dann scheint die soziale Kluft sogar mitten durch die Familien gegangen zu sein, denn hier bewegt sich die Gedenkstiftung mit zwei Morgen Ackerland in Speyer gänzlich im censualischen Rahmen[313]. Schon die oben behandelte Urkunde Konrads des Roten von 946 deutet an, daß einige der Handel treibenden Einwohner Speyers Schiffe auf dem Rhein ihr eigen nannten[314], ein Besitzstand, der sicherlich nur für eine kleinere Gruppe vorausgesetzt werden darf. Die in der gleichen Quelle genannten fremden *negociatores,* Kaufleute, von denen sich gewiß stets eine Anzahl in Speyer aufgehalten hat, solange dort der Handel blühte, können hier außer Acht gelassen werden, denn sie nahmen nicht in Speyer, sondern in ihren Heimatstädten an der Gemeindebildung teil. Eine Bevölkerungsgruppe im mittelalterlichen Speyer stand jedoch immer außerhalb der sich bildenden Stadtgemeinde, obwohl sie für die wirtschaftliche Entwicklung des Ortes von großer Bedeutung war; gemeint sind die Speyerer Juden. Obwohl wir zuerst zum Jahre 1084 von ihnen hören, scheint es doch, als habe es bereits zuvor eine hebräische Gemeinde in der Stadt gegeben, deren Anfänge jedoch im dunkeln liegen[315].

In dem genannten Jahr ließ sich auf Anregung des Bischofes Huzmann von Speyer (1075–1090) eine Gruppe von Juden, die offenbar nach einem Pogrom aus Mainz geflohen waren[316], bei dem Dorf Altspeyer nördlich der Stadt nieder und erhielt ein bischöfliches Privileg für ihre Siedlung[317]; am 19. Februar 1090 wurde dieses durch Kaiser Heinrich IV. bestätigt und erweitert[318]. Beide Urkunden regeln insbesondere den Rechtsverkehr zwischen Juden und Christen und betonen die Schutzherrschaft, die der Speyerer Bischof im Auftrag des Herrschers ausüben sollte; durch die Bischofsurkunde von 1084 erfahren wir, daß Huzmann die neue Judensiedlung durch eine Mauer befestigen ließ, damit ihre Bewohner nicht »durch die Unverschämtheit der schlechteren Schar leicht gestört werden könnten«[319].

310 Borgolte, Freigelassene 249f. – Vgl. auch oben 135f. Anm. 298f.

311 Siehe oben 115.

312 Codex Hirsaugensis fol. 37f.

313 *Wofelinus obiit, qui dedit duo iugera agri in Spira.* Fol. 267' zum 3. 11.; erster Eintrag zu diesem Tag. Der Name könnte sehr leicht eine Verschreibung für *Wolfelinus* sein.

314 Hilgard, Urkunden 4 Zeile 21ff.

315 Germania Judaica 1, 326ff. – Debus, Juden 10f.

316 Salomo bar Simeon 31 (deutsch 142); dazu Germania Judaica 1, 347f. Anmerkung 25, wo die in der Quellenausgabe als 1096 aufgelöste Jahreszahl zu 1084 verbessert wird, was überzeugend wirkt, da die in der im folgenden zitierten Urkunde von 1084 bereits erwähnten Befestigungen der neuen Speyerer Judensiedlung auch hier genannt werden. Eigentlich hieß der Autor Salomo bar Simson: Schiffmann, Heinrich IV. 5. Siehe auch Falck, Mainz 117f.

317 Hilgard, Urkunden Nr. 11; Remling, Urkundenbuch Nr. 57. – Zur Datierung: Heidrich, Beobachtungen 275ff. – Zum Inhaltlichen: Germania Judaica 1, 328f.; Schiffmann, Heinrich IV. 27; Roth, Geschichte der jüdischen Gemeinden 60 u. 80f.; Debus, Juden 10ff. – Zum Topographischen Doll, Frühgeschichte 181ff.; Debus, Juden 16ff.; Engels, Topographie 514. – Vgl. auch Heidrich, Bischöfe zu Anm. 65ff.

318 DH.IV 411; dazu Schiffmann, Heinrich IV. 44f. – Roth, Geschichte der jüdischen Gemeinden 81f. – Vgl. auch Debus, Juden 12f.; Heidrich, Bischöfe zu Anm. 71ff.

319 Wie eine Überprüfung der Handschrift mit Hilfe eines Mikrofilms ergab, ist die Lesung bei Remling, Urkun-

Für unseren Zusammenhang von besonderer Bedeutung ist eine Bestimmung der Kaiserurkunde, wonach es den Christen untersagt sein sollte, die heidnischen Knechte der Juden zu taufen und sie auf diese Weise ihren hebräischen Herren abspenstig zu machen[320]: Kann es sich doch bei diesen heidnischen Knechten nur um Angehörige der östlich der Elbe siedelnden slawischen Völker gehandelt haben, die, ständigen Raubzügen insbesondere des sächsischen Adels ausgesetzt, häufig verschleppt und als Sklaven verkauft wurden; der mittelalterliche Sklavenhandel wurde indessen gerade auch von Juden getragen[321]. So ist also auch ein slawisches Element in die Speyerer Stadtbevölkerung eingeflossen[322].

Es scheint, als habe die Herausbildung eines Selbstverständnisses der Speyerer Stadtgemeinde, die Entstehung eines auf sie bezogenen Wir-Gefühls, auch in der Abgrenzung und Konfrontation gegenüber einer andersgearteten Minderheit in der Stadt, den Juden, Anlaß und Antrieb gefunden; bezeichnenderweise siedelte der Bischof Huzmann seine Juden *extra conmunionem et habitacionem ceterorum civium*, »außerhalb der Gemeinschaft und Wohnstatt der übrigen Bürger«, an[323]. Anders als in Worms, wo uns die Bürgerschaft als gemeinsam handelnde Gruppe bereits 1074 begegnete, als sie ihren Bischof vertrieb und den schwer bedrängten König Heinrich IV. in ihre Mauern aufnahm[324], fand die früheste überlieferte politische Aktion von Bürgern der Stadt Speyer erst im Mai 1096 in Gestalt einer Judenverfolgung statt, die, wie auch in vielen anderen Städten des Reiches, durch die aggressive Stimmung des ersten Kreuzzuges ausgelöst wurde; hierbei sehen wir auch Bischof und Stadtgemeinde einander das erste Mal feindlich gegenüberstehen; Johannes I. (1090–1104) konnte den Judenschutz mit Hilfe seiner Vasallen – wohl insbesondere der Ministerialen – gewaltsam gewährleisten, wobei die Zahl von elf ermordeten Juden doch erheblich geringer ist als entsprechende Angaben aus Worms oder Mainz, wo ungefähr 800 und fast 1100 Opfer zu beklagen waren; auffällig ist auch die konsequente Bestrafung der Verbrecher durch den Bischof[325].

Da sich die Speyerer durch das Pogrom nicht nur gegen ihren geistlichen Stadtherrn, sondern auch gegen den durch das oben erwähnte Judenprivileg von 1090 erklärten politischen Willen Kaiser Heinrichs IV. stellten, schließt sich hier die Frage nach dem Verhältnis der Stadtbevölkerung zum salischen Königtum im allgemeinen und zu dessen Auswirkungen auf ihr Selbstverständnis an. Communis opinio ist die Auffassung einer stetigen Unterstützung Heinrichs IV. durch die Einwohner der rheinischen Städte, die er und sein Nachfolger ihnen durch Privilegien dankten[326]; Hauptzeugnis für diese Ansicht ist – neben dem mutigen Eintreten der Wormser für den 1074 in arge Nöte geratenen König und ihrer daraufhin erfolgten Zollprivilegierung – das vielzitierte Privileg Heinrichs V. für die *cives* der Stadt Speyer; seine rechtliche Seite ist oben schon besprochen worden. Wenn der Kaiser den Bürgern wichtige Aufgaben im liturgischen Gedenken für seinen verstorbenen Vater anvertraute, so setzt dies gewiß gute Beziehungen zwischen Stadt und Herrscher voraus[327]; daß durch einen Rechtsakt einer Autoritätsperson aus einem

denbuch 58 Zeile 1 *peioris turbe* gegenüber Hilgard, Urkunden 11 Zeile 32 *pecoris turbe* vorzuziehen; Codex Minor fol. 26.

320 DH.IV 411, hier 547 Zeile 2ff.

321 Blumenkranz, Juifs et Chrétiens 206ff. und 337ff. – Kellenbenz, Die Juden 201, 204ff., besonders 207f. – Die Slawen 141. – Haverkamp, Aufbruch 191f. – Prinz, Grundlagen 299.

322 Der in der Zeugenliste von 1020 (A32,33) enthaltene Name *Miezo* könnte slawisch sein, hier handelt es sich indessen, wie aus dem Necrologeintrag und der Zeugentätigkeit zwingend hervorgeht, nicht um einen Heiden und schon gar nicht um einen Knecht.

323 Hilgard, Urkunden Nr. 11, hier 1 Zeile 31. – Vgl. oben 115.

324 Vgl. oben 116.

325 Schiffmann, Heinrich IV. 26ff.; Roth, Geschichte der jüdischen Gemeinden 61ff. – Schiffmann sieht den Grund für den gegenüber Mainz und Worms ungleich effektiver verwirklichten Judenschutz in Speyer vor allem in den persönlichen Qualitäten Johannes' I. – Interessanter ist die Auffassung von Roth, Geschichte der jüdischen Gemeinden 62f., der die Ursache in der unterschiedlichen Autoritätsstellung der Bischöfe Johannes und Adalbert in ihren Städten sieht; vgl. auch Heidrich, Bischöfe zu Anm. 131ff. – Mir scheint indessen, als sei Speyer gar nicht von den Kreuzfahrern erreicht worden, so daß es die bischöflichen Vasallen nur mit den in Waffen weniger erprobten Bürgern zu tun hatten; in Mainz hatten sich die erzbischöflichen Ministerialen geweigert, gegen die Kreuzfahrer anzutreten: Meyer von Knonau, Heinrich IV. und Heinrich V. 4, 502; Schiffmann, Heinrich IV. 33. – Falck, Mainz 125ff. versucht die Zahl der in Mainz getöteten Juden herunterzureden.

326 Hier sei nur genannt Jordan, Investiturstreit 357; vgl. Voltmer, Reichsstadt 18ff.; Ders., Bischofsstadt 269ff. Vgl. auch Schwineköper, Königtum 7 und 159; Boshof, Salier 203f. und 309f.; Prinz, Heinrich III. 547f. Anm. 51.

327 Hilgard, Urkunden 18 Zeile 28ff.: (...) *ut in anniversario*

unfreien Verhältnis gelöste Menschen dieser nicht selten zu Memorialdiensten verpflichtet waren, ist indessen hier mit zu berücksichtigen[328]. Überhaupt läßt die Kultgemeinschaft des Domstiftes die bewußtseinsmäßige Anbindung der Bürger sowohl an das salische Königtum als auch an den Speyerer Bischof und das Domkapitel erkennen: Das Gebetsgedenken der Kanoniker für frühbürgerliche Bevölkerungskreise ist oben ausführlich vorgestellt worden[329]; zugleich war der Dom im früheren 11. Jahrhundert auch die für alle Einwohner der Stadt zuständige Pfarrkirche[330]. Noch im endenden 13. Jahrhundert, als der Kampf zwischen Klerus und Bürgerschaft in Speyer tobte und das Interdikt über die Stadt verhängt worden war, zeigte sich das Bedürfnis der Bürger, gerade im Dom zum Gottesdienst gehen zu können, denn als König Rudolf I. sich 1284 um eine Vermittlung zwischen den streitenden Parteien bemühte, da bestimmte er auch, *daz die burger den alter brechen sulent, den sie in dem munster gimacht hatin, ê die phafheit invar*[331]. Der Dom in Gestalt des seit den 30er Jahren betriebenen Neubaus wurde aber im 11. Jahrhundert auch zum Zeichen des salischen Königtums in der Stadt schlechthin; so war das geistliche Zentrum der Dynastie[332] identisch mit dem geistlichen Zentrum der Städter. Auch die sicherlich erheblichen Anstöße für das städtische Wirtschaftsleben, die von der durch die Salier finanzierten Großbaustelle ausgingen, dürften den Speyerern bewußt und willkommen gewesen sein[333]. Neben dem Dombau ist in diesem Zusammenhang die Gründung des Guidostiftes durch Konrad II. und Heinrich III. zu nennen[334].

Auch die Frage nach dem Neubau und der Erweiterung der Speyerer Stadtmauern ist hier zu stellen, die zu einem erheblichen Teil in das 11. und frühe 12. Jahrhundert fielen[335]. Zwar geben die raren Schriftquellen über den Speyerer Mauerbau nur Hinweise auf diesbezügliche Aktivitäten der Bischöfe[336], aber die Vermutung, daß hierbei auch die Könige auf die eine oder andere Weise beteiligt waren, dürfte schwerlich von der Hand zu weisen sein. August Nitschke hat in einem jüngst erschienenen Aufsatz auf die Bedeutung der Mauern für das bürgerliche Selbstverständnis im Mittelalter hingewiesen, wobei er sich in erster Linie auf bildliche Quellen stützte. Er stellte fest, daß der Bau mittelalterlicher Stadtbefestigungsanlagen häufig zeitlich mit dem Erwerb einer »begrenzten Selbständigkeit« ungefähr zusammenfällt[337]. Seit dem 12. Jahrhundert ist nach Nitschke gegenüber den früheren Zeiten, in denen eine Mauer im Grunde nichts anderes dargestellt habe als einen starken Zaun, ein Bewußtseinswandel festzustellen: Mauern trennten nun nicht mehr nur Rechtsbezirke voneinander, sondern sie konnten auch den sozialen Rang von Personen kennzeichnen; wer auf der Mauer saß, war nicht nur militärisch, sondern auch ständisch der Überlegene, wer unten blieb, blieb auch in dieser Hinsicht unterlegen[338]. So kann auch der Ausbau der Befestigungsanlagen zur Entwicklung des städtischen Selbstverständnisses im Speyer der Salierzeit beigetragen haben, aber auch dabei blieben die Speyerer an Bischof und König gebunden. Eigenständige Aktivitäten der Bürger im Festungsbau sind erst aus dem 13. Jahrhundert bekannt, standen im Zusammenhang mit der *generalis discordia* und führten prompt zu neuen Reibereien[339].

Wenn sich nun in diesen Hinweisen das alte städtische Bündnis von Bürgern und Bischof, jetzt erweitert um den im Spezialfall Speyer gewiß besonders gewichtigen Faktor des Königtums, wiedererkennen läßt, so fehlt es dennoch nicht an Zeugnissen für Störungen dieses Verhältnisses, indem die Bürger, gemeinsam

patris nostri sollempniter ad vigilias et ad missam conveniant, candelas in manibus teneant et de singulis domibus panem unum pro elemosina dare et pauperibus erogare studeant. Dazu Schmid, Salier 679 f. und 706 ff., vgl. auch 722; Grafen, Diss. Kapitel 2.5.

328 Borgolte, Freigelassene 234 ff.

329 Siehe oben 121 ff.

330 Doll, Pfarreien 260 ff., besonders 288 f.; Staab, Speyer im Frankenreich 229 Anm. 136.

331 Hilgard, Urkunden Nr. 149, hier 112 Zeile 13 ff. – Voltmer, Reichsstadt 51.

332 Engels, Der Dom zu Speyer 27 ff. – Schmid, Salier 666 ff., besonders 681 ff. und 716 ff.

333 Voltmer, Reichsstadt 19 ff.

334 Siehe oben 99 Anm. 19.

335 Doll, Frühgeschichte 169 ff. – Engels, Topographie 500 ff.

336 Brief Meinhards von Bamberg in der Hannoverschen Briefsammlung Nr. 76, 124; dazu Doll, Frühgeschichte 169 ff.; Ders., Schriftquellen Nr. 67 (1061 Anfang). Auch die Befestigung der neuen Judensiedlung durch Bischof Huzmann ist hier zu nennen, siehe oben 137.

337 Nitschke, Die Mauern 327 ff. – Vgl. auch Jakobs, Stadtgemeinde 18.

338 Nitschke, Die Mauern 332 ff.

339 Voltmer, Reichsstadt 49 f.

handelnd, ihr neues Selbstbewußtsein im Widerstand gegen die Autoritäten zu erproben suchten; der Judenmord von 1096 ist bereits genannt worden. Wenn zwischen der jeweils ersten Speyerer und Wormser Bürgerprivilegierung ein Zeitabstand von immerhin 37 Jahren liegt[340], so ist dies zwar bemerkenswert, sollte aber auch nicht überbewertet werden, denn DH.IV 267 für Worms entstand aus einer eindeutigen politischen Ausnahmesituation. Andererseits ist die häufige Nutzung Speyers als Aufenthaltsort der spätsalischen Könige kaum als Zeichen für ein besonders gutes Verhältnis der Herrscher zu den Bürgern zu deuten, denn es läßt sich zeigen, daß gerade an den wichtigsten Itinerarorten wegen der hohen Belastungen durch insbesondere das kriegerische Gefolge der Könige leicht Unmut über dieselben aufkommen konnte; ausgerechnet die hochsalische »Lieblingsresidenz« Goslar bietet hierfür ein Beispiel[341]. Wenn es auch für Speyer an so deutlichen Zeugnissen für plötzliche Wendungen der Bürger gegen die Könige fehlt – wie für Mainz, wo die Stadtbevölkerung energisch für ihren 1112 vom Kaiser abgefallenen Erzbischof Adalbert I. (1111–1137) Partei ergriff[342], oder für Worms, dessen Bürger den erkrankten Heinrich V. im gleichen Jahr in der nahegelegenen Pfalz Neuhausen überfielen, um eine Bestätigung des Privilegs vom Jahre 1074 zu erzwingen[343] –, so ist es doch immerhin beachtenswert, daß der 1105 vom gleichen Herrscher eingesetzte Bischof Gebhard II. (1105–1107) in Speyer bei Bürgerschaft und Vasallität auf eine so große Ablehnung stieß, daß er bereits zwei Jahre später seinen Sitz fluchtartig verließ und von seinem Domkapitel in Bruchsal kaltgestellt wurde[344]. Ob bei der Übergabe der Stadt Speyer an den gegen seinen Vater kämpfenden Heinrich V. durch den Hochstiftsvogt Heinrich am 31. Oktober 1105 die Bürgerschaft eine Rolle spielte, teilen uns die Quellen nicht mit[345] – gleichgültig wird dieser Vorgang den Speyerern in keinem Falle gewesen sein. Indessen läßt die Wendung des Privilegs von 1111, die Bürger seien dem jüngeren Heinrich gegenüber von »immer unerschütterlicher Treue« gewesen[346] eine Speyerer Parteinahme für den letzten der Salier schon zu jener Zeit als nicht ausgeschlossen erscheinen. Wenn diese Vermutung richtig ist, dann wären wir dazu berechtigt, in der Memorialverpflichtung, die den Bürgern damals für Heinrich IV. auferlegt wurde – sie sollten am jährlichen Todestag Heinrichs IV. zur Vigil und zur Seelenmesse erscheinen, und aus jedem Haushalt sollte ein Brot zur Armenspeisung mitgebracht werden –, auch ein Abwälzen eines Teiles der Sühne, die Heinrich V. für seinen von ihm verratenen Vater leistete[347], auf eine Personengruppe zu sehen, die damals schon an diesem Verrat beteiligt gewesen war.

Wie schon bei der Betrachtung zum Verlauf der rechtlichen Entwicklung führt dieses erste Privileg für die Speyerer Bürger auch hier zum Abschluß der Untersuchung. In dem selbständigen Auftreten der städtischen Bevölkerung vor dem Herrscher erreichte nicht nur die rechtliche Stellung dieser Leute den höchsten damals möglichen Punkt, auch ihr Selbstverständnis kulminierte in diesem Ereignis. Tritt doch der Speyerer Bischof Bruno (1107–1123) mit seiner beiläufig erwähnten Einwilligung in diese Rechtssetzung in seiner Eigenschaft als fürsorglicher Herr der Stadt, dem die Bürger verpflichtet gewesen wären, ziemlich in den Hintergrund, während sein Auftreten als einer der den Herrscher umstehenden Fürsten des Reiches, die Heinrich V. bei der Befreiung der Stadt berieten und sich für sie eingesetzt hatten, bereits ein zukünftiges Nebeneinander von Stadt und Bischof in der Öffentlichkeit andeutet[348]: Rechtspartner

340 Siehe oben 116.

341 Zur Bedeutung Speyers als Itinerarort: Brühl, Fodrum 134f.; Metz, Städte 35 und 41ff. – Zu Goslar: Schwineköper, Königtum 119ff. – Vgl. auch die Schwierigkeiten, die Heinrich V. wegen des »Hochmutes« seiner *satellites* 1106 im elsässischen Rouffach bekam: Vita Heinrici IV. 35f. cap. 11. Vgl. auch Heidrich, Bischöfe zu Anm. 210.

342 Hausmann, Reichskanzlei 27ff. – Büttner, Erzstift 19ff. – Falck, Mainz 128ff. – Metz, Städte 47f.

343 Meyer von Knonau, Heinrich IV. und Heinrich V. 6, 213; Metz, Städte 47; Boos, Urkunden Nr. 61. – Das bekannte Privileg Heinrichs V. für Worms vom 30. 11. 1114, Boos, Urkunden Nr. 62, ist eine Fälschung, siehe oben 116 Anm. 175.

344 Codex Hirsaugensis fol. 6bff. – Remling, Bischöfe 1, 342ff. – Meyer von Knonau, Heinrich IV. und Heinrich V. 6, 42f. – Jakobs, Hirsauer 32. – Knöpp, Gebhart 353ff. – Vgl. auch Schwarzmaier, Bruchsal 227ff.

345 Meyer von Knonau, Heinrich IV. und Heinrich V. 5, 249f. – Doll, Vögte 251.

346 Hilgard, Urkunden 18f. Zeile 43f.: *ob (...) fidem civium ipsius erga nos semper constantissimam (...)*.

347 Remling, Bischöfe 1, 348f. – Meyer von Knonau, Heinrich IV. und Heinrich V. 6, 206ff. – Vgl. auch Schmid, Salier 722.

348 Hilgard, Urkunden 18 Zeile 13ff.: (...) *consilio ac peticione principum nostrorum, Friderici videlicet Coloniensis archiepiscopi, Brunonis Trevirensis archiepiscopi, Brunonis Spirensis episcopi, Cunonis Strazburgensis episcopi,*

und Wohltäter Speyers in einem ist der Kaiser, der durch die Heranziehung »seiner Bürger« zum Memorialdienst für seinen Vater ein neues Verhältnis zwischen Dynastie und Bürgerschaft schuf, in dem es keine vermittelnde Instanz mehr gab zwischen der absoluten Spitze der mittelalterlichen Gesellschaft und denen, deren Vorfahren erst ein Jahrhundert zuvor damit begonnen hatten, sich unter den Fittichen ihrer Bischöfe über die geknechteten Massen der bäuerlichen Bevölkerung hinauszuheben. Zugleich sehen wir hier, daß das Selbstbewußtsein dieser Leute nun dazu ausreichte, eigene politische Entscheidungen zu treffen und für die im Reich streitenden Parteien aus eigener Verantwortung und Wahl heraus zu optieren. Zwar war noch für Jahrhunderte nicht die Zeit gekommen, in der die freien Städte auch formell ein Reichsstand wurden und gemeinsam mit den Fürsten die Beschlüsse des Reichstages berieten; eine völlige Gleichstellung haben sie ja auch nie erreicht. Aber die Anfänge eines Weges dorthin können wir hier fassen.

V. Ergebnisse

Die an Hand von Quellen und Theorie durchgeführte Untersuchung wichtiger Aspekte der Speyerer Stadtgeschichte ist nun, soweit sie beabsichtigt war, abgeschlossen. Wenn im jetzt folgenden Schlußkapitel die wesentlichen Thesen und Schlußfolgerungen des Voranstehenden noch einmal wiederholt werden, so soll dies nicht nur eine Möglichkeit zur Erinnerungsauffrischung für einen durch die Langatmigkeit des bisher gesagten erschöpften oder zur raschen Orientierung für einen eiligen Leser geben, sondern auch einen Anstoß zur Auseinandersetzung mit meinen Äußerungen; gerade aus letzterem Grund mag die bislang gewahrte und dem Erkenntnisziel sicherlich angemessene Vorsicht bei der Auslegung unserer Quellen und der Anlegung des theoretischen Maßstabes nun etwas vernachlässigt erscheinen. Es ist klar, daß ein Unterfangen wie das hier vorgelegte stets ein Versuch bleiben muß: Zielt es doch sehr direkt auf die Vorstellungen, die in den Köpfen der Menschen walteten, die unsere Geschichte einst gestaltet haben; wir werden uns gleichsam mit einem Sich-Herantasten an das von allen möglichen am meisten einleuchtende Modell begnügen müssen. Dennoch erscheint es als geboten, das Risiko eines derartigen Essays von Zeit zu Zeit auf sich zu nehmen, um die Beziehung zwischen unserer Gegenwart und unserer Geschichte lebendig zu erhalten.

Die Entstehungsgeschichte einer an die Stadt Speyer gebundenen Personengruppe, die wir nun auch schon für das 11. Jahrhundert getrost die frühe Bürgerschaft nennen dürfen, ist unter zwei verschiedenen Hauptgesichtspunkten beleuchtet worden, einem rechtshistorischen und einem personengeschichtlichen. Die prinzipielle Anwendbarkeit der rechtsanthropologischen Theorie Leopold Pospíšils auf Probleme der mittelalterlichen Rechtsgeschichte scheint sich aus dem im dritten Kapitel vorgetragenen erwiesen zu haben; an dieser Stelle sei auch darauf hingewiesen, daß der von Ernst Voltmer im Hinblick auf das spätmittelalterliche Speyer durchgeführte Ansatz, die Stadtgeschichte unter dem Leitmotiv der »Herrschaft« zu betrachten, sich auf diese Weise über das Hochmittelalter hinaus ausdehnen ließ. Im folgenden wird nicht mehr im einzelnen auf die Elemente der Theorie verwiesen, sondern nur noch das referiert werden, was sich von diesem Blickpunkt her über die Herausbildung einer ersten Stufe von »Stadtrecht« im Speyer der Salierzeit vermuten läßt. Das Einbringen einer hier bislang unbekannten Theorie in einen schon viel und lange diskutierten Fragenkreis soll auch als eine Aufforderung zur Diskussion über Möglichkeiten einer Synthese von quellennaher und theoriegeleiteter Geschichtsschreibung verstanden werden.

Es konnte gezeigt werden, daß das Recht der Stadt Speyer als ein abgrenzbarer, den innerhalb der Mauern lebenden Laien eigener Rechtskreis wohl ebenso wie in der Nachbarstadt Worms nicht einfach »entstanden« ist, sondern stets durch bereits mit Macht und Ansehen ausgestattete Personen bestimmt wurde; daß diese dabei nicht jeden beliebigen Rechtssatz in das nun einmal nicht natur- oder

Udalrici Constanciensis episcopi, Ottonis Babenbergensis episcopi, Burkardi Monasteriensis episcopi, Hermanni Augustensis episcopi, Friderici ducis, comitum quoque Gotfridi de Kalwen, Friderici de Zolra, Hartmanni de Dilinga, Berngarii de Sulcbach, Gerhardi de Gelra, Heinrici, Dŏdonis, Stephani, Gerungi, Waltheri.

gottgewollte, sondern stets durch die jeweiligen Lebensumstände bedingte Gerechtigkeitsempfinden der Städter »einimpfen« konnten, sondern – von der in Rechtsdingen stets starken Traditionsbindung einmal abgesehen – bevorzugt solche, die den spezifischen Wünschen und Hoffnungen dieser Menschen in der einen oder anderen Weise entgegenkamen, ist ein zweites Element der Rechtssetzung, das die Rolle der Autorität in diesem Prozeß richtig einzuordnen hilft: Während die Wormser Herzöge mit ihrer lehensrechtlichen Konzeption einer Herrschaft über Stadt und Land wohl in erster Linie bei ihren Vasallen Anerkennung erzielen konnten und somit bei den Leuten, die für die Vita Burchardi schlichtweg »Räuber« sind, in das Zentrum der rechtlichen Macht einrücken konnten, verstanden es die Bischöfe, den frühen Bürgern eine rechtliche Ordnung anzubieten, die sowohl ihrem eigenen Herrschaftsstreben als auch den Daseinserwartungen, dem »Pursuit of Happiness« der von ihnen Beherrschten zunächst soweit entgegenkam, daß es zu einer grundsätzlichen Übereinstimmung zwischen beiden Seiten kam, die wir in den Quellen der ersten Jahrzehnte des 11. Jahrhunderts sehen können. Dabei ist der Gang der Ereignisse in Speyer mit dem in Worms zumindest in struktureller Hinsicht durchaus vergleichbar; die Unterschiede, mit denen die beiden verschiedenen Geschichten heute vor dem Auge des Historikers erscheinen, sind in erster Linie durch die Überlieferung bedingt, indem etwa der größte Teil dieser Entwicklung in Speyer in die uns als »quellenarme Zeit« geläufige erste Hälfte des 10. Jahrhunderts fiel: Die Bischöfe hatten einen harten und gefährlichen Kampf gegen den ungebärdigen Machtwillen des Adels auszufechten – Einhard I. von Speyer ist ihm 913 zum Opfer gefallen –, und es war in beiden Fällen die Notwendigkeit, seinen Interessen eine grundsätzlich haltbare Stellung innerhalb des erstarkenden Königsstaates zu verschaffen, die den Adel zum Einlenken und Rückzug aus den Städten brachte. Der Autoritätszuwachs, den das vielberufene »ottonische Reichskirchensystem« den Bischöfen einbrachte, wirkte sich auch hier aus[349]. Die Rolle des Dynastenadels in Speyer blieb nun auf die durch ein gräfliches Geschlecht ausgeübte Hochstiftsvogtei beschränkt, deren Inhaber sich, soweit wir sehen können, niemals zu einer eigenständigen Politik gegenüber den Bischöfen verstehen konnten; die Übergabe der Stadt an Heinrich V. am 30. November 1105 erfolgte während einer Sedisvakanz, so daß von einer Konkurrenz des Vogtes mit dem bischöflichen Herrschaftsanspruch hier jedenfalls nichts zu erkennen ist.

Dieser durch die Bischöfe initiierte rechtliche Bund mit der Stadtbevölkerung war die Herrschaftskonzeption, mit der sie den ihnen durch die rechtskirchliche Immunität eingeräumten Rahmen ausfüllten, deren de-facto-Anfang wir für Speyer nun, da die Echtheit der Urkunde Herzog Konrads des Roten als festgestellt gelten darf, in das Jahr 946 setzen. Es ist eine vielleicht etwas beunruhigende Erkenntnis, daß die von hier ausgehende Entwicklung zur städtischen Freiheit ihren ersten beobachtbaren wirksamen Anstoß nicht vom »Freiheitsstreben« der Speyerer, nicht von einer »Kommunalbewegung« erhielt, sondern von der Auseinandersetzung zwischen zwei verschieden taktierenden Herrschaftsträgern, die, ein jeder auf seine Weise, den machtpolitischen Zugriff auf die Stadtbevölkerung versuchten. Daß dabei am Ende die »freiheitlichere« Partei die Oberhand gewinnen konnte, lag im Eigeninteresse eines weiteren Machtfaktors, des Königtums, das sich im Verlauf des 10. Jahrhunderts wieder mehr in den Vordergrund schob; ein Interesse am persönlichen Schicksal der in den Städten lebenden Menschen dürfte indessen weder für Otto I. noch für Heinrich II. der Antrieb ihrer hier gegen den weltlichen Adel und für die Bischöfe eintretenden Politik gewesen sein. Inwieweit die städtefreundliche Haltung der Bischöfe selbst auf solchen menschlichen Rücksichten fußte und nicht etwa nur zweckbestimmt auf den Ausbau einer eigenen Herrschaftsbasis ausgerichtet war, ist eine Frage, die prinzipiell nicht mit ja oder nein beantwortet werden kann; die Vita Burchardi schildert ihren Helden jedenfalls weder als einen berechnenden Machtpolitiker noch als einen allein der Kirche dienenden Amtsträger. Wenn das geistliche Ideal der Zeit eine solche Fürsorge der Bischöfe auch für das irdische Glück ihrer Gemeindekinder erstrebte, daß sie der modernen Wissenschaft als »hagiographischer Topos« greifbar scheint, dann wird sie auch in einigen Fällen zumindest aus Sorge um das eigene Seelenheil ausgeübt

349 Zum »ottonischen Reichskirchensystem« zuletzt Schieffer, Reichsepiskopat, passim.

worden sein. Da die Bischöfe in aller Regel selbst aus dem Adel stammten, bedarf es für die Aufrechterhaltung der hier vertretenen Dichotomie von bischöflicher und adeliger Herrschaftskonzeption ohnehin der Annahme eines tiefgreifenden Bewußtseinswandels, den die jungen Bischofskandidaten im Verlauf ihres geistlichen Werdeganges durchgemacht hätten.

Der Beginn städtischer Freiheit erweist sich hier – ganz im Sinne Tellenbachs – nicht als ein Sprengen von Fesseln mit revolutionärer Gestik, sondern als ein Einnehmen, mehr noch als ein Zugewiesenbekommen des eigenen Platzes innerhalb der rechten Ordnung einer verkirchlichten Welt während der letzten Jahrzehnte vor dem Ausbruch des Investiturstreites: Bevor das Papsttum den Kampf mit dem Königtum um die Weltherrschaft eröffnen konnte, gewannen die Bischöfe den Kampf mit dem Adel um die Städte.

Die sich um 1000 im Gerechtigkeitsgefühl der frühen Bürger verankernde bischöfliche Stadtherrschaft brachte nun auch die geistliche Gemeinschaft zwischen jenen und dem Domstift mit sich, die sich im Speyerer Domnecrolog niedergeschlagen hat. Das gemeinsame Gebetsgedenken einer Personengruppe an einer bestimmten Kirche ist aber ein untrügliches Zeichen für innerhalb dieser Gruppe vorhandene Gemeinsamkeiten des Selbstverständnisses, die uns für die Speyerer Einwohnerschaft hier das erste Mal in den Quellen entgegentreten. Diese glückliche Überlieferung eröffnet noch weitere Chancen für unsere Wissenschaft. Die Möglichkeit, jetzt etwa 53 dieser frühen Bürger mit Namen zu nennen[350], ist sicherlich mehr als ein nur symbolischer Fortschritt; läßt sie doch diejenigen, die uns bislang recht abstrakt eine »Bevölkerungsgruppe«, eine »soziale Schicht« gewesen sind, nun zu einer Anzahl von Menschen werden, die in ihrer Individualität erahnbar sind. Die Schlaglichter, die hier auf ihre persönlichen Lebensverhältnisse fallen, sind zugleich Einblicke in die Sozialstruktur der Stadt Speyer in den Jahrzehnten nach der Jahrtausendwende. Wir können feststellen, daß diese Leute zumindest zu einem großen Teil aus dem Censualenstand kamen. Das bestätigt die von Knut Schulz durch eine Analyse des Privilegs von 1111 getroffenen Feststellungen zur rechtlichen Herkunft der Speyerer und Wormser Bürger des frühen 12. Jahrhunderts ebenso wie bereits verbreitete Forschungsansichten über die Bedeutung des Freizügigkeit sowie relativ freie Betätigung in Handel und Gewerbe erlaubenden Censualenrechts für die Entstehung der Stadtbevölkerung des Hochmittelalters. Wenn wir in dem Diplom von 1025 sehen können, wie der Bischof Walther mit Unterstützung König Konrads II. eine Freilassung von Hörigen zu Censualenrecht vornahm, so kann dies vielleicht sogar als eine bewußte Maßnahme zur Auffüllung der Stadtbevölkerung und damit zur Verbreiterung der bischöflichen Herrschaft verstanden werden, wenn auch die Tatsache, daß diese Hörigen eine freigeborene Mutter hatten und die Intervention der Königin noch andere Deutungen möglich machen, etwa die, daß es sich hier um Leute aus dem königlichen Gefolge gehandelt haben könnte, deren durch das Prinzip der ärgeren Hand bedrohte Rechtstellung auf diese Weise gesichert werden sollte. Aber unbeschadet solcher Gedanken ist festzuhalten, daß diese neuen Censualen ihren Aufenthalt tatsächlich in der Nähe Speyers oder in der Stadt selber nahmen oder beibehielten, was ihre Einträge im Necrolog des Domstiftes bezeugen: Eine positive Wirkung auf die Entwicklung der Einwohnerschaft ist hier jedenfalls eingetreten.

Aber nicht nur über die rechtliche, sondern auch über die geographische Herkunft der frühen Bürger gibt uns die Memorialquelle Auskunft. Sie stammten aus der näheren Umgebung der Stadt und insbesondere aus Orten, in denen das Domstift schon früh über Besitzungen und wohl auch Hoheitsrechte verfügte; der Einzugsbereich der sich bildenden Stadtbevölkerung war also im 11. Jahrhundert nicht sehr groß. Inwieweit sich diese Erkenntnisse von Speyer auch auf andere Städte übertragen lassen – für die Nachbarstadt Worms fehlt uns schon ein Necrolog, dem wir vergleichbare Angaben entnehmen könnten –, bleibt eine Frage für zukünftige Forschungen.

Es mag auch an den Intentionen der aus geistlicher beziehungsweise hebräischer Feder geflossenen Quellen liegen, daß die innerhalb der bischöflichen Friedensordnung herangewachsene und nun mit

350 Gerechnet sind die Namen ab (A16)*Ratheri* der Zeugenliste von 1020 und die elf Censualen von 1025.

einem gemeinsamen Selbstverständnis ausgestattete frühe Bürgerschaft genau zu dem Moment zuerst als eine selbständig handelnde politische Kraft sichtbar wird, als sie gegen diese Ordnung rebellierte, etwa, wie zum Beispiel in Worms 1074, den Bischof vertrieb oder 1096 die unter dem bischöflichen Schutz stehenden Juden erschlug. Andere Aktionen, die sich bruchlos in die Politik traditioneller Herrschaftsträger eingefügt hätten, würden kaum in gleicher Weise die Aufmerksamkeit der zeitgenössischen Chronisten auf sich gezogen haben, auch wenn sie völlig freiwillig erfolgt und damit ein Ausdruck von einer Unabhängigkeit des Handelns, einer bestimmten Freiheit also, gewesen wären. Selbstzeugnisse der frühen Bürgerschaft liegen uns nun einmal nicht vor. Mit einer gewissen zeitlichen Verzögerung dazu wird sichtbar, so in den Kaiserurkunden von 1101 und 1111, wie auch der neu entstandene städtische Rechtskreis von den herkömmlichen Autoritäten anerkannt und in ihre Konzeptionen mit einbezogen wurde. Damit dürfte der Vorgang einer neuen, sich selbst tragenden und politisch wirksamen Personengruppe einen gewissen Höhepunkt erreicht haben: Indem nun die Herrschenden alten Zuschnitts die Einwohnerschaft ihrer Städte nicht mehr als ein disponibles Objekt ihrer Herrschaftsausübung betrachteten – das zum Beispiel auch teilbar gewesen wäre –, sondern als einen Faktor, den sie sich auch zunutze machen konnten, lag eine Rückkehr zum alten Zustand wohl nicht mehr im Bereich des Möglichen. Es scheint also erlaubt, für die späte Salierzeit nicht mehr nur von den Anfängen, sondern im angesprochenen Sinne bereits von einer Konsolidierung städtischer Kräfte auch in Deutschland zu sprechen. Speyer ist hier gewiß nur ein Beispiel; insbesondere die großen westdeutschen Erzbischofsstädte sind zur gleichen Zeit den gleichen Weg gegangen.

Es muß noch einmal hervorgehoben werden, daß die Zeitmarke »1111«, die hier als Schlußpunkt der Darstellung gewählt wurde, nicht eigentlich einen Einschnitt der Speyerer Stadtgeschichte anzeigt. Unter einem bestimmten Blickwinkel ist sogar das ganze Gegenteil der Fall: Damals wurde keinesfalls mit Althergebrachtem gebrochen, die Gebetsgemeinschaft zwischen Bürgern und Domstift können wir in Speyer bis fast an das Ende des 13. Jahrhunderts weiterverfolgen, der Prozeß der vollständigen Ablösung der bischöflichen Herrschaft und ihre Ersetzung durch die der Ratsfamilien zog sich genauso lange hin; die Verbindung mit dem Königtum hielt sich bis zum Ende des Mittelalters. Umgekehrt war mit dem Beginn des 12. Jahrhunderts auch noch kein Zustand erreicht, der einen bestimmten weiteren Gang der Ereignisse und Entwicklungen notwendig determiniert hätte. Verschiedene Herrschaftsträger konnten in den Kampf um das Zentrum der rechtlichen Macht in Speyer eintreten, dessen Ausgang völlig offen war.

Wir sind nun am Ende unseres Essays angekommen; indessen bedarf es noch einer letzten Bemerkung. Während die Schau, welche sich für den Anfang des Jahrhunderts aus den Bischofsurkunden und dem Domnecrolog ergab, recht optimistisch, ja geradezu idyllisch wirkt, beginnt sich am Ende der Epoche das Bild unter dem Eindruck der aus den erzählenden Quellen gewonnenen Daten zur politischen Geschichte zu verdüstern; besonders die Entsetzlichkeiten des Jahres 1096 fallen hier ins Gewicht. So wird es um der Ausgewogenheit der Darstellung willen noch einmal notwendig, auf die Zeit Burchards I. von Worms und seines Hofrechtes zurückzugreifen, um von dort den zeitlichen Bogen erneut zu spannen. In § 30 der *Lex familie Wormatiensis ecclesie* führte Burchard eine, wie er hoffte, wirkungsvollere gerichtliche Behandlung der Gewaltverbrechen ein, da, wie er hier mitteilt, allein im Verlauf eines einzigen Jahres 35 Totschläge unter den Angehörigen seines hofrechtlichen Kreises vorgekommen waren[351]. Das sogenannte älteste Speyerer Stadtrecht, welches in die Regierungszeit Bischof Berengers von Entringen (1224–1232) datiert wird, behandelt in der Mehrzahl seiner Paragraphen Gewaltverbrechen und Roheitsdelikte wie bewaffnete Bedrohung, Körperverletzung, Totschlag und Mord[352]. Es scheint, als habe sich an der Neigung der mittelalterlichen Stadtbewohner zu lebensgefährlichen Raufhändeln in den dazwischenliegenden zwei Jahrhunderten nichts wesentliches verändert. Verändert hatten sich die Herrschaften, unter denen sie lebten – wie zu zeigen war.

351 Lex familie Wormatiensis 43f.

352 Das älteste Speyerer Stadtrecht 104. Der Text ist nur in einer deutschen Fassung aus dem 15. Jahrhundert überliefert; seine Urform kann aber auf Grund inhaltlicher Merkmale in die erste Hälfte des 13. Jahrhunderts datiert werden, so Doll in der Einleitung 103f.

VI. Quellen- und Literaturverzeichnis

1. Archivalien

Codex Minor: Codex Minor Spirensis, Badisches Generallandesarchiv Karlsruhe, Abteilung 67 (Kopialbücher) Nr. 448.

GLA Karlsruhe C: Badisches Generallandesarchiv Karlsruhe Abt. C. Selekt der ältesten Privaturkunden.

Necrolog Speyer II: Necrolog Speyer II (Necrologium Vetus), in: Antiqua Regula Chori, Generallandesarchiv Karlsruhe Abt. 64 (Necrologien) Nr. 33 fol. 1–307.

2. Gedruckte Quellen und Regesten

Acta Murensia: Acta Murensia. Quellen zur Schweizer Geschichte 3. Hg. M. Kiem (1883).

Ältere Wormser Briefsammlung: Die ältere Wormser Briefsammlung. MGH Epp. 3,3. Hg. Walther Bulst (1949).

Das älteste Speyerer Stadtrecht: Das älteste Speyerer Stadtrecht. Hg. Anton Doll, Pfälzer Heimat 4, 1953, 103–105.

Böhmer/Appelt, RI: Die Regesten des Kaiserreiches unter Konrad II. Regesta Imperii 3,1. Nach Johann Friedrich Böhmer bearb. von Heinrich Appelt (1951).

Böhmer/Graff, RI: Die Regesten des Kaiserreiches unter Heinrich II. Regesta Imperii 2,4. Nach Johann Friedrich Böhmer bearb. von Theodor Graff (1971).

Böhmer/Mikoletzky, RI: Die Regesten des Kaiserreiches unter Otto II. Regesta Imperii 2,2. Nach Johann Friedrich Böhmer bearb. von Hanns Leo Mikoletzky (1950).

Böhmer/Ottenthal, RI: Die Regesten des Kaiserreiches unter den Herrschern aus dem sächsischen Hause 1. Regesta Imperii 2,1. Nach Johann Friedrich Böhmer bearb. von Emil von Ottenthal (1893).

Boos, Urkunden: Urkundenbuch der Stadt Worms Bd. 1. Quellen zur Geschichte der Stadt Worms 1. Hg. Heinrich Boos (1886).

Busch und Glasschröder, Chorregel: Chorregel und jüngeres Seelbuch des alten Speyerer Domkapitels. 2 Bde. Veröffentlichungen des Historischen Vereins der Pfalz 1 und 2. Hg. Konrad von Busch und Franz Xaver Glasschröder (1923–1926).

Cicero, De Officiis: Marcus Tullius Cicero, De Officiis. Mit engl. Übersetzung von Walter Miller (The Loeb Classical Library. Cicero 21). Hg. E. H. Warmington (9. Aufl. 1968).

Codex Hirsaugensis: Codex Hirsaugensis. Württembergische Geschichtsquellen 1. Hg. Eugen Schneider (1887).

DDH.II: Die Urkunden Heinrichs II. und Arduins. MGH DD 2,3. Hg. Harry Breßlau und Hermann Bloch (1900–1903).

DDH.III: Die Urkunden Heinrichs III. MGH DD 2,5. Hg. Harry Breßlau und Paul Kehr (1926–1931).

DDH.IV: Die Urkunden Heinrichs IV. MGH DD 2,6. Hg. Dietrich von Gladiß und Alfred Gawlik (1941–1978).

DDK.II: Die Urkunden Konrads II. MGH DD 2,4. Hg. Harry Breßlau (1909).

DDO.I: Die Urkunden Ottos I. MGH DD 2,1. Hg. Theodor Sickel (1879–1884).

DDO.II und DDO.III: Die Urkunden Ottos II. und Ottos III. MGH DD 2,2. Hg. Theodor Sickel (1888–1893).

Doll, Schriftquellen: Anton Doll, Schriftquellen, in: Kubach und Haas, Dom (1972, siehe Literaturverzeichnis) 11–71.

Decretum Burchardi: Burchardi Wormaciensis episcopi decretorum libri viginti, in: Patrologiae cursus completus, series latina 140. Hg. Jacques-Paul Migne (1853) 537–1066.

Franz, Quellen: Quellen zur Geschichte des deutschen Bauernstandes im Mittelalter. Ausgewählte Quellen zur deutschen Geschichte des Mittelalters 31. Hg. Günther Franz (1967).

Frutolf: Frutolfi chronica, in: Frutolfs und Ekkehards Chroniken und die anonyme Kaiserchronik. Ausgewählte Quellen zur deutschen Geschichte des Mittelalters 15. Hg. Franz-Josef Schmale und Irene Schmale-Ott (1972) 47–121.

Hannoversche Briefsammlung: Die Hannoversche Briefsammlung, in: MGH Epp. 3,5. Hg. Carl Erdmann und Norbert Fickermann (1950) 1–187.

Herimannus Augiensis: Herimanni Augiensis Chronicon, in: MGH SS 5. Hg. Georg Heinrich Pertz (1844) 67–133.

Hilgard, Urkunden: Urkunden zur Geschichte der Stadt Speyer. Dem historischen Verein der Pfalz zu Speyer gewidmet von Heinrich Hilgard-Villard. Hg. Alfred Hilgard (1885).

Lex familie Wormatiensis: Das Hofrecht des Bischofs Burchard von Worms. Lex familie Wormatiensis ecclesie, in: Urkundenbuch der Stadt Worms 1. Quellen zur Geschichte der Stadt Worms 1. Hg. Heinrich Boos (1886) 39–45; auch in: MGH Const. 1. Hg. Ludwig Weiland (1893) 639–644.

Marculfi Formulae: Marculfi Formulae, in: MGH LL 5. Hg. Karl Zeumer (1886) 33–127.

MGH: Monumenta Germaniae Historica; Const.: Constitutiones; DD: Diplomata; Epp.: Epistolae; LL: Leges; SS: Scriptores in folio; SS rer. Germ.: Scriptores rerum Germanicarum in usum scolarum.

Prologus in Scolasticum: Prologus in Scolasticum Waltheri Spirensis Aecclesie Subdiaconi, in: MGH Poetae Latini 5,1. Hg. Karl Strecker (1937–1979).

Reichenauer Verbrüderungsbuch: Das Verbrüderungsbuch der Abtei Reichenau. Einleitung, Register, Facsimile. MGH Libri Memoriales et Necrologia Nova Series 1. Hg. Johanne Authenrieth, Dieter Geuenich und Karl Schmid (1979).

Remling, Urkundenbuch: Urkundenbuch zur Geschichte der Bischöfe zu Speyer. Hg. Franz Xaver Remling. Bd. 1 (1852, Neudruck 1970).

Salomo bar Simeon: Bericht des Salomo bar Simeon (Simson), in: Quellen zur Geschichte der Juden in Deutschland 2. Hebräische Berichte über die Judenverfolgungen während der Kreuzzüge. Hg. A. Neubauer und Moritz Stern, ins Deutsche übersetzt von S. Baer (1892) 1–35, deutsch 81–152.

Stumpf: Karl Friedrich Stumpf-Brentano, Die Reichskanzler vornehmlich des X., XI. und XII. Jahrhunderts, Bd. 2: Die Kaiserurkunden des X., XI. und XII. Jahrhunderts chronologisch verzeichnet (1865–1883).

Synodus Altheimensis: Synodus Altheimensis. 916 Sept. 20, in: MGH Const. I. Hg. Ludwig Weiland (1893) 618–627.

Thietmar, Chronicon: Thietmari Merseburgensis episcopi chronicon. Die Chronik des Bischofs Thietmar von Merseburg. Hg. Robert Holtzmann. MGH SS rer. Germ. nova series 9 (1935).

Vita Bennonis: Vita Bennonis Episcopi Osnabrugensis. MGH SS rer. Germ.. Hg. Harry Breßlau (1902).

Vita Burchardi: Vita S. Burchardi episcopi Wormatiensis, in: Monumenta Wormatiensia. Annalen und Chroniken. Quellen zur Geschichte der Stadt Worms 3. Hg. Heinrich Boos (1893).

Vita Heinrici IV.: Vita Heinrici IV. imperatoris. MGH SS rer. Germ. Hg. Wilhelm Eberhard (1899).

Wiponis Gesta Chuonradi: Wiponis Gesta Chuonradi II. imperatoris, in: Wiponis Opera. Hg. Harry Breßlau. MGH SS rer. Germ. (1915) 1–62.

3. Literatur

Acht, Älteste Urkunden: Peter Acht, Die ältesten Urkunden der Speyerer Bischöfe. Formulargeschichtliche Beziehungen in Speyerer Urkunden des 10. und beginnenden 11. Jahrhunderts. Zeitschrift für die Geschichte des Oberrheins 89, Neue Folge 50, 1936, 355–364.

Althoff, Adels- und Königsfamilien: Gerd Althoff, Adels- und Königsfamilien im Spiegel ihrer Memorialüberlieferung. Studien zum Totengedenken der Billunger und Ottonen. Münstersche Mittelalter-Schriften 47 (1984).

Althoff und Keller, Heinrich I. und Otto der Große: Gerd Althoff und Hagen Keller, Heinrich I. und Otto der Große. Neubeginn auf karolingischem Erbe. 2 Bde. Persönlichkeit und Geschichte 122/123 und 124/125 (1985).

Angenendt, Theologie und Liturgie: Arnold Angenendt, Theologie und Liturgie der mittelalterlichen Toten-Memoria, in: Memoria. Der geschichtliche Zeugniswert des liturgischen Gedenkens im Mittelalter. Münstersche Mittelalter-Schriften 48 (1984) 79–199.

Auer, Kriegsdienst: Leopold Auer, Der Kriegsdienst des Klerus unter den sächsischen Kaisern, 1. Teil: Der Kreis der Teilnehmer. Mitteilungen des Instituts für Österreichische Geschichtsforschung 79, 1971, 316–407.

Baldes, Salier: Heinrich Baldes, Die Salier und ihre Untergrafen in den Gauen des Mittelrheins. Diss. phil. Marburg (1913).

Bauerreiß, Spirensia: Romuald Bauerreiß, Spirensia. Studien und Mitteilungen zur Geschichte des Benediktinerordens 71, 1960, 138–150.

Bernhard, Speyer in der Vor- und Frühzeit: Helmut Bernhard, Speyer in der Vor- und Frühzeit. Von der Steinzeit bis zum Frühmittelalter, in: Geschichte der Stadt Speyer 1 (1982) 1–161.

Beumann, Sigebert: Jutta Beumann, Sigebert von Gembloux und der Traktat de investitura episcoporum. Vorträge und Forschungen Sonderband 20 (1976).

Beumann, Verfasserfrage: Helmut Beumann, Zur Verfasserfrage der Vita Heinrici IV., in: Institutionen, Kultur und Gesellschaft im Mittelalter. Festschrift Josef Fleckenstein (1984) 305–319.

Blumenkranz, Juifs et Chrétiens: Bernhard Blumenkranz, Juifs et Chrétiens dans le Monde Occidental 430–1096. Études Juives 2 (1960).

Böhn, Salier: Georg Friedrich Böhn, Salier, Emichonen und das Weistum des pfalzgräflichen Hofes zu Alzey. Geschichtliche Landeskunde 10, 1974, 72–96.

Bohlender, Dom und Bistum: Rolf Bohlender, Dom und Bistum Speyer. Eine Bibliographie (2. Aufl. 1979).

Boos, Städtekultur: Heinrich Boos, Geschichte der rheinischen Städtekultur von den Anfängen bis zur Gegenwart mit besonderer Berücksichtigung von Worms. 2 Bde. (2. Aufl. 1897).

Borchers, Untersuchungen: Hertha Borchers, Untersuchungen zur Handels- und Verkehrsgeschichte am Mittel- und Oberrhein bis zum Ende des 12. Jahrhunderts. Diss. phil. (masch.) Marburg (1952).

Borgolte, Freigelassene: Michael Borgolte, Freigelassene im Dienst der Memoria. Kulttradition und Kultwandel zwischen Antike und Mittelalter. Frühmittelalterliche Studien 17, 1983, 234–250.

Boshof, Salier: Egon Boshof, Die Salier. Urban-Taschenbücher 387 (1987).

Bosl, Regensburg: Karl Bosl, Die Sozialstruktur der mittelalterlichen Residenz- und Fernhandelsstadt Regensburg. Die Entwicklung ihres Bürgertums vom 9.–14. Jahrhundert, in: Untersuchungen zur gesellschaftlichen Struktur der mittelalterlichen Städte in Europa. Vorträge und Forschungen 9 (1966) 93–213.

Brebaum, Wachszinsrecht: Heinrich Brebaum, Das Wachszinsrecht im südlichen Westfalen bis zum 14. Jahrhundert. Zeitschrift für vaterländische Geschichte und Altertumskunde 71, 1, 1913, 1–59.

Breßlau, Konrad II.: Harry Breßlau, Jahrbücher des Deutschen Reiches unter Konrad II. 2 Bde. (1879–1884).

Breßlau, Urkundenlehre: Harry Breßlau, Handbuch der Urkundenlehre für Deutschland und Italien. 2 Bde. (4. Aufl. 1968/69).

Brühl, Fodrum: Carlrichard Brühl, Fodrum, Gistum, Servitium Regis. Studien zu den wirtschaftlichen Grundlagen des Königtums. Kölner Historische Abhandlungen 14,1/2 (1968).

Büttner, Erzstift: Heinrich Büttner, Das Erzstift Mainz und das Reich im 12. Jahrhundert. Hessisches Jahrbuch für Landesgeschichte 9, 1959, 18–36.

Büttner, Stadtentwicklung: Heinrich Büttner, Zur Stadtentwicklung von Worms im Früh- und Hochmittelalter, in: Aus Geschichte und Landeskunde. Festschrift Franz Steinbach (1960) 389–407.

Christmann, Siedlungsnamen: Ernst Christmann, Die Siedlungsnamen der Pfalz. 3 Bde. Veröffentlichungen der Pfälzischen Gesellschaft zur Förderung der Wissenschaften 29, 37 und 47 (1952–1964).

Debus, Juden: Karl Heinz Debus, Geschichte der Juden in Speyer bis zum Beginn der Neuzeit, in: Geschichte der Juden in Speyer. Beiträge zur Speyerer Stadtgeschichte 6 (1981) 9–47.

Debus, St. Guido: Karl Heinz Debus, Studien zur Personalstruktur des Stiftes St. Guido in Speyer. Quellen und Abhandlungen zur mittelrheinischen Kirchengeschichte 51 (1984).

Dilcher, Rechtshistorische Aspekte: Gerhard Dilcher, Rechtshistorische Aspekte des Stadtbegriffs, in: Vor- und Frühformen der europäischen Stadt im Mittelalter 1. Abhandlungen der Akademie der Wissenschaften in Göttingen. Phil.-hist. Klasse, 3. Folge 83 (1975) 12–32.

Doll, Altpörtel: Anton Doll, Das Altpörtel und die topographische Entwicklung Speyers. Pfälzer Heimat 11, 1960, 17–23.

Doll, Frühgeschichte: Anton Doll, Zur Frühgeschichte der Stadt Speyer. Eine topographische Untersuchung zum Prozeß der Stadtwerdung vom 10. bis 13. Jahrhundert. Mitteilungen des historischen Vereins der Pfalz 52, 1954, 133–200.

Doll, Historisch-archäologische Fragen: Anton Doll, Historisch-archäologische Fragen der Speyerer Stadtentwicklung im Mittelalter. Pfälzer Heimat 11, 1960, 58–65.

Doll, Pfarreien: Anton Doll, Entstehung und Entwicklung der Pfarreien der Stadt Speyer, in: 900 Jahre Speyerer Dom (1961) 260–291.

Doll, Rheinübergänge: Anton Doll, Die Rheinübergänge bei Speyer in alter Zeit. Pfälzische Heimatblätter 4, 1956, 73–76.

Doll, Speyer als Königspfalz: Anton Doll, Speyer als Königspfalz, in: Mittelrheinische Beiträge zur Pfalzenforschung. Arbeitstagung des Instituts für Geschichtliche Landeskunde an der Universität Mainz in Verbindung mit dem Max-Planck-Institut in Göttingen in Speyer am 3. und 4. Oktober 1963 (masch. 1964) 77–94.

Doll, Überlegungen: Anton Doll, Überlegungen zur Grundsteinlegung und zu den Weihen des Speyerer Domes. Archiv für mittelrheinische Kirchengeschichte 24, 1972, 9–25.

Doll, Vögte: Anton Doll, Vögte und Vogtei im Hochstift Speyer im Hochmittelalter. Zeitschrift für die Geschichte des Oberrheins 117 Neue Folge 78, 1969, 245–273.

Duggan, Bishop and Chapter: Duggan, Lawrence G., Bishop and Chapter. The Governance of the Bishopric of Speyer to 1552. Studies Presented to the International Commission for the History of Representative and Parliamentary Institutions 62 (1978).

Ehrend, Münzgeschichte: Helfried Ehrend, Speyerer Münzgeschichte. Münzen, Medaillen, Marken und Banknoten (1976).

Engels, Der Dom zu Speyer: Odilo Engels, Der Dom zu Speyer im Spiegel des salischen und staufischen Selbstverständnisses. Archiv für mittelrheinische Kirchengeschichte 32, 1980, 27–40.

Engels, Topographie: Renate Engels, Zur Topographie der Stadt Speyer vor 1689. Anmerkungen zu den Kartenbeilagen im zweiten Band der »Geschichte der Stadt Speyer«, in: Geschichte der Stadt Speyer 3 (1989) 489–517.

Esch, Überlieferungs-Chance: Arnold Esch, Überlieferungs-Chance und Überlieferungs-Zufall als methodisches Problem des Historikers. Historische Zeitschrift 240, 1985, 529–570.

Falck, Mainz: Ludwig Falck, Mainz im frühen und hohen Mittelalter (Mitte 5. Jahrhundert bis 1244). Geschichte der Stadt Mainz 2 (1972).

Fleckenstein, Hofkapelle: Josef Fleckenstein, Die Hofkapelle der deutschen Könige. Schriften der MGH 16,1/2 (1959–1966).

Fouquet, Domkapitel: Gerhard Fouquet, Das Speyerer Domkapitel im späten Mittelalter (ca. 1350–1540). Adlige Freundschaft, fürstliche Patronage und päpstliche Klientel. 2 Teile. Quellen und Forschungen zur Mittelrheinischen Kirchengeschichte 57 (1987).

Fransen, Le Décret: Gérard Fransen, Le Décret de Burchard de Worms. Valeur du texte de l'édition. Essai de classement des manuscrits. Zeitschrift der Savigny-Stiftung für Rechtsgeschichte, Kanonistische Abteilung 68, 1977, 1–19.

Freise, Äbte und Konvent: Eckard Freise, Die Äbte und der Konvent von St. Emmeram im Spiegel der Totenbuchführung des 11. und 12. Jahrhunderts, in: Das Martyrolog-Necrolog von St. Emmeram zu Regensburg. MGH Libri Memoriales et Necrologia Nova Series 3 (1986) 96–106.

Freise, Codex: Eckard Freise, Der Codex I 2 2° 8 der Universitätsbibliothek Augsburg, in: Das Martyrolog-Necrolog von St. Emmeram zu Regensburg. MGH Libri Memoriales et Necrologia Nova Series 3 (1986) 28–95.

Freise, Grundformen: Eckard Freise, Kalendarische und annalistische Grundformen der Memoria, in: Memoria. Münstersche Mittelalter-Schriften 48 (1984) 441–577.

Ganshof, Lehnswesen: François Louis Ganshof, Was ist das Lehnswesen? (deutsch 1961).

Gelbach, Verfassungsgeschichte: Michael Gelbach, Die Verfassungsgeschichte des Speyergaus im Hochmittelalter bis zur Errichtung der Landvogtei. Ein Beitrag zur Territorialgeschichte der Pfalz. Diss. iur. Mainz (1966).

Germania Judaica: Germania Judaica 1. Von den ältesten Zeiten bis 1238. Hg. Markus Brann und Aaron Freimann (1917).

Geuenich, Frühmittelalterliche Listen: Dieter Geuenich, Die frühmittelalterlichen Listen geistlicher Gemeinschaften (im Druck).

Glasschröder, Frühgeschichte: Franz Xaver Glasschröder, Zur Frühgeschichte des alten Speyerer Domkapitels. Zeitschrift für die Geschichte des Oberrheins 85, Neue Folge 46, 1933, 481–497.

Graf, Mönche und Geistliche: Hermann Graf, Mönche und Geistliche beim Bau des Klosters Limburg und des Speyerer Domes im 11. Jahrhundert. Mitteilungen des historischen Vereins der Pfalz 54, 1956, 155–225.

Grafen, Diss.: Hansjörg Grafen, Studien zur Struktur des Speyerer Domstiftes vom 11. bis zum 13. Jahrhundert. Laien und Kleriker im Gebetsgedenken der Kirche von Speyer (Diss. Freiburg 1987, erscheint voraussichtlich unter anderem Titel 1990).

Grafen, Spuren: Hansjörg Grafen, Spuren der ältesten Speyerer Necrologüberlieferung. Ein verlorenes Totenbuch aus dem 11. Jahrhundert. Frühmittelalterliche Studien 19, 1985, 379–431.

Grünewald, Salier: Mathilde Grünewald, Die Salier und ihre Burg zu Worms, in: Burgen der Salierzeit 2. Hg. Horst Wolfgang Böhme (1990) 113–123.

Grundmann, Freiheit: Herbert Grundmann, Freiheit als religiöses, politisches und persönliches Postulat im Mittelalter. Historische Zeitschrift 183, 1957, 23–53.

Gugumus, Reginbald: Emil Gugumus, Reginbald. Abt von St. Afra und Ebersberg. Bischof von Speyer 1033–1039, in: Die Reichsabtei Lorsch 1 (1973) 325–334.

Haase, Anmerkungen: Richard Haase, Anmerkungen zum Satz »(Stadt-)luft macht frei«. Zeitschrift der Savigny-Stiftung für Rechtsgeschichte, Germanistische Abteilung 106 (1989) 311–319.

Haffner, Bischöfe: Franz Haffner, Die Bischöfe von Speyer bis zum Jahre 913 (918). Zeitschrift für die Geschichte des Oberrheins 113, Neue Folge 74, 1965, 297–359.

Hauck, Kirchengeschichte: Albert Hauck, Kirchengeschichte Deutschlands. Teil 3 (6. unv. Aufl. 1952).

Hausmann und Gawlik, Arengenverzeichnis: Friedrich Hausmann und Alfred Gawlik, Arengenverzeichnis zu den Königs- und Kaiserurkunden von den Merowingern bis Heinrich VI. MGH Hilfsmittel 9 (1987).

Hausmann, Reichskanzlei: Friedrich Hausmann, Reichskanzlei und Hofkapelle unter Heinrich V. und Konrad III. Schriften der MGH 14 (1956).

Haverkamp, Aufbruch: Alfred Haverkamp, Aufbruch und Gestaltung. Deutschland 1056–1273. Neue Deutsche Geschichte 2 (1984).

Haverkamp, Frühbürgerliche Welt: Alfred Haverkamp, Die »frühbürgerliche« Welt im hohen und späten Mittelalter. Landesgeschichte und Geschichte der städtischen Gesellschaft. Historische Zeitschrift 221, 1975, 761–602.

Heidrich, Beobachtungen: Ingrid Heidrich, Beobachtungen zur Stellung der Bischöfe von Speyer im Konflikt zwischen Heinrich IV. und den Reformpäpsten. Frühmittelalterliche Studien 22, 1988, 266–285.

Heidrich, Bischöfe: Ingrid Heidrich, Bischöfe und Bischofskirche von Speyer, in: Die Salier und das Reich 2: Die Reichskirche in der Salierzeit. Hg. Stefan Weinfurter (1990).

Herzog, Ottonische Stadt: Erich Herzog, Die ottonische Stadt. Die Anfänge der mittelalterlichen Stadtbaukunst in Deutschland. Frankfurter Forschungen zur Architekturgeschichte 2 (1964).

Hirsch, Heinrich II.: Siegfried Hirsch, Jahrbücher des Deutschen Reiches unter Heinrich II. Vollendet von Hermann Pabst und Harry Breßlau. 3 Bde. (1862–1875).

Hirsch, Hohe Gerichtsbarkeit: Hans Hirsch, Die hohe Gerichtsbarkeit im deutschen Mittelalter. Quellen und Forschungen aus dem Gebiet der Geschichte 1 (1922).

Huyghebaert, Les Documents Nécrologiques: N. Huyghebaert, Les Documents Nécrologiques. Typologie des Sources du Moyen Âge Occidental 4 (1972).

Ißle, Das Stift St. German: Hermann Ißle, Das Stift St. German vor Speyer. Quellen und Abhandlungen zur mittelrheinischen Kirchengeschichte 20 (1974).

Jakobs, Hirsauer: Hermann Jakobs, Die Hirsauer. Ihre Ausbreitung und Rechtsstellung im Zeitalter des Investiturstreites. Kölner Historische Abhandlungen 4 (1961).

Jakobs, Stadtgemeinde: Hermann Jakobs, Stadtgemeinde und Bürgertum um 1100, in: Beiträge zum hochmittelalterlichen Städtewesen. Städteforschung A 11 (1982) 14–54.

Jarausch, Arminger und Thaller, Quantitative Methoden: Konrad H. Jarausch, Gerhard Arminger und Manfred Thaller, Quantitative Methoden in der Geschichtswissenschaft. Eine Einführung in die Forschung, Datenverarbeitung und Statistik. Die Geschichtswissenschaft (1985).

Jordan, Investiturstreit: Karl Jordan, Investiturstreit und frühe Stauferzeit (1056–1197), in: Bruno Gebhardt, Handbuch der deutschen Geschichte 1 (9. Aufl. 1970) 322–425.

Kaiser, Das Kloster St. German: Karlwerner Kaiser, Das Kloster St. German vor Speyer. Veröffentlichungen der Pfälzischen Gesellschaft zur Förderung der Wissenschaften 31 (1955).

Kaufmann, Ortsnamen: Henning Kaufmann, Pfälzische Ortsnamen. Berichtigungen und Ergänzungen zu Ernst Christmann, »Die Siedlungsnamen der Pfalz« (1971).

Kautzsch, Dom: Rudolf Kautzsch und andere, Der Dom zu Worms. Textband und 2 Tafelbände. Denkmäler deutscher Kunst (1938).

Kellenbenz, Die Juden: Hermann Kellenbenz, Die Juden in der Wirtschaftsgeschichte des rheinischen Raumes. Von der Spätantike bis zum Jahre 1648, in: Monumenta Judaica. 2000 Jahre Geschichte und Kultur der Juden am Rhein. Eine Ausstellung im Kölnischen Stadtmuseum. Handbuch (1963) 199–241.

Kienast, Herzogstitel: Walther Kienast, Der Herzogstitel in Frankreich und Deutschland (9. bis 12. Jahrhundert). Mit Listen der ältesten deutschen Herzogsurkunden (1968).

Klostergemeinschaft Fulda: Die Klostergemeinschaft von Fulda im früheren Mittelalter. 3 Bde. Hg. Karl Schmid. Münstersche Mittelalter-Schriften 8/1–3 (1978).

Knöpp, Gebhard: Friedrich Knöpp, Gebhard. Abt v. Hirsau 1091–1105. Bischof v. Speyer 1105–1107, in: Die Reichsabtei Lorsch 1 (1973) 353–355.

Köbler, Städtewesen: Gerhard Köbler, Mitteleuropäisches Städtewesen in salischer Zeit. Die Ausgliederung exemter Rechtsbezirke in mittel- und niederrheinischen Städten, in: Beiträge zum hochmittelalterlichen Städtewesen. Städteforschung A 11 (1982) 1–13.

Königspfalzen: Die deutschen Königspfalzen. Hg. vom Max-Planck-Institut für Geschichte. Red. Thomas Zotz. Bd. 3: Baden-Württemberg, 1. Lieferung. Bearb. von Helmut Maurer (1988).

Köpke und Dümmler, Otto der Große: Rudolf Köpke und Ernst Dümmler, Kaiser Otto der Große. Jahrbücher der Deutschen Geschichte (1876).

Kubach und Haas, Dom: Hans Erich Kubach und Walter Haas, Der Dom zu Speyer. Textband, Bildband, Tafelband. Die Kunstdenkmäler der Pfalz 5 (1972).

Lechner, Beurteilung: Johann Lechner, Zur Beurteilung der Wormser Diplome. Mitteilungen des Instituts für Österreichische Geschichtsforschung 25, 1904, 91–111.

Lechner, Königsurkunden: Johann Lechner, Die älteren Königsurkunden für das Bistum Worms und die Begründung der bischöflichen Fürstenmacht. Mitteilungen des Instituts für Österreichische Geschichtsforschung 22, 1901, 361–420 und 529–574.

Lemaitre, Répertoire: Jean Loup Lemaitre, Répertoire des Documents Nécrologiques Français. Recueil des Historiens de la France, Obituaires 7,1 (1980).

Marchal, Das Patriarchat Aquileia: Guy P. Marchal, Das Patriarchat Aquileia, in: Helvetia Sacra 1,1 (1972) 93–126.

Meister, Entstehung: Aloys Meister, Zur Entstehung der Wachszinsigkeit, in: Studien zur Geschichte der Wachszinsigkeit. Münstersche Beiträge zur Geschichtswissenschaft 44 Neue Folge 32/33 (1914) 1–21.

Menadier, Binger Hälbling: Julius Menadier, Ein Binger Hälbling Herzog Konrads des Roten. Berliner Münzblätter 10, 50.–52. Jahrgang 1930–1932 (1931) 193–197.

Metz, Das erste Weißenburger Nekrolog: Wolfgang Metz, Das erste Weißenburger Nekrolog und das ottonisch-salische Königtum, in: Deus qui mutat tempora. Festschrift Alfons Becker (1987) 69–86.

Metz, Necrolog des Speyerer Domstiftes: Wolfgang Metz, Das älteste Necrolog des Speyerer Domstiftes und die Todesdaten salischer Königskinder. Mit einem Exkurs: Das älteste Osnabrücker Domnecrolog und die Zehnturkunden Heinrichs IV. Archiv für Urkundenforschung 29, 1983, 193–208.

Metz, Quellenstudien 2: Wolfgang Metz, Quellenstudien zum Servitium regis (900–1250). Zweiter Teil. Archiv für Diplomatik 24, 1978, 203–291.

Metz, Städte: Wolfgang Metz, Städte am Mittelrhein als Stützpunkte salischer Reichspolitik. Geschichtliche Landeskunde 7, 1972, 34–50.

Meyer von Knonau, Heinrich IV. und Heinrich V.: Gerold Meyer von Knonau, Jahrbücher des Deutschen Reiches unter Heinrich IV. und Heinrich V. 7 Bde. (1890–1909).

Mitteis, Lehnrecht: Heinrich Mitteis, Lehnrecht und Staatsgewalt. Untersuchungen zur mittelalterlichen Verfassungsgeschichte (1933).

Mitteis, Politische Prozesse: Heinrich Mitteis, Politische Prozesse des früheren Mittelalters in Deutschland und Frankreich. Sitzungsberichte der Heidelberger Akademie der Wissenschaften. Phil.-hist. Klasse. Jahrgang 1926/27, 3. Abhandlung (1927).

Mitteis, Stadtluft: Heinrich Mitteis, Über den Rechtsgrund des Satzes »Stadtluft macht frei«, in: Die Stadt des Mittelalters 2. Wege der Forschung 244 (1972) 182–202. – Erstdruck: Festschrift Edmund E. Stengel (1952) 342–358.

Müller, Urkundeninschriften: Wolfgang Müller, Urkundeninschriften des deutschen Mittelalters. Münchener historische Studien, Abteilung geschichtl. Hilfswissenschaften 13 (1975).

Nitschke, Die Mauern: August Nitschke, Die Mauern werden höher. Zum bürgerlichen Selbstverständnis im Mittelalter, in: Vergangenheit als Verantwortung. Festschrift Otto Borst. Die Alte Stadt 16,2–3, 1989, 327–338.

Ogris, Ärgere Hand: Werner Ogris, Ärgere Hand, in: Handwörterbuch zur Rechtsgeschichte 1 (1971) 218–220.

Person und Gemeinschaft: Person und Gemeinschaft im Mittelalter. Karl Schmid zum fünfundsechzigsten Geburtstag. Hg. Gerd Althoff, Dieter Geuenich, Otto Gerhard Oexle und Joachim Wollasch (1988).

Pospíšil, Anthropologie: Leopold Pospíšil, Anthropologie des Rechts. Recht und Gesellschaft in archaischen und modernen Kulturen (1974, deutsch 1982).

Prinz, Grundlagen: Friedrich Prinz, Grundlagen und Anfänge. Deutschland bis 1056. Neue Deutsche Geschichte 1 (1985).

Prinz, Heinrich III.: Friedrich Prinz, Kaiser Heinrich III., seine widersprüchliche Beurteilung und deren Gründe. Historische Zeitschrift 246, 1988, 529–548.

Remling, Bischöfe: Franz Xaver Remling, Geschichte der Bischöfe zu Speyer. Band 1 (1852).

Rietschel, Burggrafenamt: Siegfried Rietschel, Untersuchungen zur Geschichte der deutschen Stadtverfassung 1: Das Burggrafenamt und die hohe Gerichtsbarkeit in den deutschen Bischofsstädten während des früheren Mittelalters (1905).

Roth, Geschichte der jüdischen Gemeinden: Ernst Roth und andere, Die Geschichte der jüdischen Gemeinden am Rhein im Mittelalter. Von der Epoche der Kreuzzüge bis zur Auflösung der Großgemeinden im 15. Jahrhundert, in: Monumenta Judaica. 2000 Jahre Geschichte und Kultur der Juden am Rhein. Eine Ausstellung im Kölnischen Stadtmuseum. Handbuch (1963) 60–130.

Schaab, Territoriale Entwicklung: Meinrad Schaab, Territoriale Entwicklung der Hochstifte Speyer und Worms, in: Pfalzatlas, Karte 61 und Textband 2 (1971) 760–780

Schäfer, Besitzgeschichte: Alfons Schäfer, Zur Besitzgeschichte des Klosters Hirsau vom 11. bis 16. Jahrhundert. Zeitschrift für Württembergische Landesgeschichte 19, 1980, 1–50.

Schieffer, Domkapitel: Rudolf Schieffer, Die Entstehung von Domkapiteln in Deutschland. Bonner Historische Forschungen 43 (1976).

Schieffer, Reichsepiskopat: Rudolf Schieffer, Der ottonische Reichsepiskopat zwischen Königtum und Adel. Frühmittelalterliche Studien 23, 1989, 291–301.

Schiffmann, Heinrich IV.: Sarah Schiffmann, Heinrich IV. und die Bischöfe in ihrem Verhalten zu den deutschen Juden zur Zeit des ersten Kreuzzuges. Eine Untersuchung nach den hebräischen und lateinischen Quellen. Diss. phil. Berlin (1931).

Schlesinger, Hufe und Mansus: Walter Schlesinger, Hufe und Mansus im Liber Donationum des Klosters Weißenburg, in: Beiträge zur Wirtschafts- und Sozialgeschichte des Mittelalters. Festschrift Herbert Helbig (1976) 33–85.

Schmid, Gebetsgedenken und adliges Selbstverständnis: Karl Schmid, Gebetsgedenken und adliges Selbstverständnis. Ausgewählte Beiträge. Festgabe zu seinem sechzigsten Geburtstag (1983).

Schmid, Programmatisches: Karl Schmid, Programmatisches zur Erforschung der mittelalterlichen Personen und Personengruppen. Frühmittelalterliche Studien 8, 1974, 116–130 (auch in: Ders., Gebetsgedenken und adliges Selbstverständnis im Mittelalter [1983] 3–17).

Schmid, Salier: Karl Schmid, Die Sorge der Salier um ihre Memoria. Zeugnisse, Erwägungen und Fragen, in: Memoria. Der geschichtliche Zeugniswert des liturgischen Gedenkens im Mittelalter. Münstersche Mittelalter-Schriften 48 (1984) 666–726.

Schmid, Der Stifter: Karl Schmid, Der Stifter und sein Gedenken. Die Vita Bennonis als Memorialzeugnis, in: Tradition als historische Kraft (1982) 297–322.

Schmid, Verhältnis: Karl Schmid, Über das Verhältnis von Person und Gemeinschaft im früheren Mittelalter. Frühmittelalterliche Studien 1, 1967, 225–249 (auch in: Ders., Gebetsgedenken und adliges Selbstverständnis im Mittelalter [1983] 363–387).

Schmid und Wollasch, Gemeinschaft: Karl Schmid und Joachim Wollasch, Die Gemeinschaft der Lebenden und Verstorbenen im Mittelalter. Frühmittelalterliche Studien 1, 1967, 365–405.

Schmid und Wollasch, Societas et fraternitas: Karl Schmid und Joachim Wollasch, Societas et fraternitas. Begründung eines kommentierten Quellenwerkes zur Erforschung der Personen und Personengruppen des Mittelalters. Frühmittelalterliche Studien 9, 1975, 1–48.

Schmidt, Kaiser Konrads Jugend: Tilman Schmidt, Kaiser Konrads II. Jugend und Familie, in: Geschichtsschreibung und geistiges Leben im Mittelalter. Festschrift Heinz Löwe (1978) 312–324.

Schreibmüller, Ahnen: Hermann Schreibmüller, Die Ahnen Kaiser Konrads II. und Bischof Brunos von Würzburg. Würzburger Diözesangeschichtsblätter 14/15, 1952/53, 173–233.

Schulz, Ministerialität: Knut Schulz, Die Ministerialität als Problem der Stadtgeschichte. Einige allgemeine Probleme, erläutert am Beispiel der Stadt Worms. Rheinische Vierteljahrsblätter 32, 1968, 184–219.

Schulz, Stadtrecht: Knut Schulz, Stadtrecht und Zensualität am Niederrhein, in: Soziale und rechtliche Bindungen im Mittelalter am Niederrhein. Klever Archiv 3 (1981) 13–36.

Schulz, Zensualität: Knut Schulz, Zum Problem der Zensualität im Hochmittelalter, in: Beiträge zur Wirtschafts- und Sozialgeschichte des Mittelalters. Festschrift Herbert Helbig (1976) 86–127.

Schulze, Königsherrschaft: Hans Kurt Schulze, Königsherrschaft und Königsmythos. Herrscher und Volk im politischen Denken des Hochmittelalters, in: Festschrift für Berent Schwineköper (1982) 178–186.

Schwartz, Die Besetzung: Gerhard Schwartz, Die Besetzung der Bistümer Reichsitaliens unter den sächsischen und salischen Kaisern mit Listen der Bischöfe (1913).

Schwarzmaier, Bruchsal: Hansmartin Schwarzmaier, Bruchsal und Brüssel. Zur geschichtlichen Entwicklung zweier mittelalterlicher Städte, in: Festschrift für Gunther Haselier. Oberrheinische Studien 3 (1975) 209–235.

Schwineköper, Königtum: Berent Schwineköper, Königtum und Städte bis zum Ende des Investiturstreits. Die Politik der Ottonen und Salier gegenüber den werdenden Städten im östlichen Sachsen und in Nordthüringen. Vorträge und Forschungen Sonderband 11 (1977).

Simonis, Historische Beschreibung: Philipp Simonis, Historische Beschreibung aller Bischoffen zu Speyer (1608).

Die Slawen: Autorenkollektiv, Die Slawen in Deutschland. Ein Handbuch. Veröffentlichungen des Zentralinstitutes für Alte Geschichte und Archäologie der Akademie der Wissenschaften der DDR. Hg. Joachim Herrmann (Neubearb. 1985).

Spörl, Verlust: Johannes Spörl, Gedanken zum Verlust des Mittelalters. Wege vom mittelalterlichen Selbstverständnis zum neuzeitlichen Mittelalter-Verständnis, in: Festschrift Karl Siegfried Bader. Rechtsgeschichte, Rechtssprache, Rechtsarchäologie, rechtliche Volkskunde (1965) 439–454.

Sprater, Königspfalz: Friedrich Sprater, Königspfalz und Gaugrafenburg in Speyer (1947).

Staab, Speyer im Frankenreich: Franz Staab, Speyer im Frankenreich (Um 500 bis 918), in: Geschichte der Stadt Speyer 1 (1982) 163–248.

Staab, Spira: Franz Staab, Spira (Speyer), in: Series Episcoporum Ecclesiae Catholicae Occidentalis 5, 3: Archiepiscopatus Moguntinensis (in Vorbereitung).

Die Stadt des Mittelalters: Die Stadt des Mittelalters. 3 Bde. Wege der Forschung 243–245. Hg. Carl Haase (1969–1973).

Stauber, Lambrecht: A. Stauber, Kloster und Dorf Lambrecht. Mittheilungen des historischen Vereins der Pfalz 9, 1880, 49–227.

Steindorff, Heinrich III.: Ernst Steindorff, Jahrbücher des Deutschen Reiches unter Heinrich III. 2 Bde. (1874–1881).

Stengel, Diplomatik: Edmund E. Stengel, Diplomatik der deutschen Immunitäts-Privilegien vom 9. bis zum Ende des 11. Jahrhunderts. Die Immunität in Deutschland bis zum Ende des 11. Jahrhunderts 1 (1910 Neudruck 1964).

Strecker, Walther: Karl Strecker, Walther von Speyer, in: Die deutsche Literatur des Mittelalters. Verfasserlexikon 4 (1953) 796–807.

Tellenbach, Libertas: Gerd Tellenbach, Libertas. Kirche und Weltordnung im Zeitalter des Investiturstreites. Forschungen zur Kirchen- und Geistesgeschichte 7 (1936).

Tellenbach, Personenforschung: Gerd Tellenbach, Zur Bedeutung der Personenforschung für die Erkenntnis des früheren Mittelalters. Freiburger Universitätsreden Neue Folge 25 (1957).

Tellenbach, Servitus et Libertas: Gerd Tellenbach, Servitus et Libertas nach den Traditionen der Abtei Remiremont. Saeculum 21, 1970, 228–234.

Theuerkauf, Burchard: Gerhard Theuerkauf, Burchard von Worms und die Rechtskunde seiner Zeit. Frühmittelalterliche Studien 2, 1968, 144–161.

Voltmer, Bischofsstadt: Ernst Voltmer, Von der Bischofsstadt zur Reichsstadt. Speyer im Hoch- und Spätmittelalter, in: Geschichte der Stadt Speyer 1 (1982) 249–368.

Voltmer, Reichsstadt: Ernst Voltmer, Reichsstadt und Herrschaft. Zur Geschichte der Stadt Speyer im hohen und späten Mittelalter. Trierer Historische Forschungen 1 (1981).

Vossen, Libellus: Peter Vossen, Der Libellus Scolasticus des Walther von Speyer. Ein Schulbericht aus dem Jahre 984 (1962).

Wattenbach und Holtzmann, Geschichtsquellen: Wilhelm Wattenbach und Robert Holtzmann, Deutschlands Geschichtsquellen im Mittelalter. Die Zeit der Sachsen und Salier. Neuausgabe besorgt von Franz-Josef Schmale. 3 Teile (1967–1971).

Weber, Die Stadt: Max Weber, Die Stadt (1921), Teilabdruck in: Die Stadt des Mittelalters 1. Wege der Forschung 243 (1969) 34–59.

Weber, St. Guido: Joseph Weber, Das Sankt Guidostift in Speyer. Festschrift zur Neunhundertjahrfeier der Gründung (1930).

Weigel, Wachszinsrecht: Helmut Weigel, Das Wachszinsrecht im Stift Essen. Beiträge zur Geschichte von Stadt und Stift Essen 67, 1952, 23–136.

Werle, Erbe: Hans Werle, Das Erbe des salischen Hauses. Untersuchungen zur staufischen Hausmachtpolitik im 12. Jahrhundert vornehmlich am Mittelrhein. Diss. phil. (masch.) Mainz (1952).

Werle, Hausmachtpolitik: Hans Werle, Staufische Hausmachtpolitik am Rhein im 12. Jahrhundert. Zeitschrift für die Geschichte des Oberrheins 110 Neue Folge 71, 1962, 241–370.

Werle, Münster-Dreisen: Hans Werle, Münster-Dreisen. Ein Beitrag zur Geschichte des Benediktinerinnenklosters und Prämonstratenserstiftes. Archiv für mittelrheinische Kirchengeschichte 8, 1956, 323–332.

Werle, Obervogtei: Hans Werle, Die salisch-staufische Obervogtei über die Reichsabtei Weißenburg. Archiv für mittelrheinische Kirchengeschichte 8, 1956, 333–338.

Werle, Titelherzogtum: Hans Werle, Titelherzogtum und Herzogsherrschaft. Zeitschrift der Savigny-Stiftung für Rechtsgeschichte, Germanistische Abteilung 73, 1956, 225–299.

Wollasch, Anfänge liturgischen Gedenkens: Joachim Wollasch, Zu den Anfängen liturgischen Gedenkens an Personen und Personengruppen in den Bodenseeklöstern. Freiburger Diözesan-Archiv 100, 1980, 55–78.

Wollasch, Mönchtum: Joachim Wollasch, Mönchtum des Mittelalters zwischen Kirche und Welt. Münstersche Mittelalter-Schriften 7 (1973).

Wollasch, Verbrüderung: Joachim Wollasch, Die mittelalterliche Lebensform der Verbrüderung, in: Memoria. Der geschichtliche Zeugniswert des liturgischen Gedenkens im Mittelalter. Münstersche Mittelalter-Schriften 48 (1984) 215–232.

Zotz, Bischöfliche Herrschaft: Thomas Zotz, Bischöfliche Herrschaft, Adel, Ministerialität und Bürgertum in Stadt und Bistum Worms, in: Herrschaft und Stand. Veröffentlichungen des Max-Planck-Instituts für Geschichte 51 (1977) 92–136.

RENATE ENGELS

ZUR TOPOGRAPHIE SPEYERS IM HOHEN MITTELALTER

1. Naturräumliche Gegebenheiten: Uferterrasse – Gewässer

Der mittelalterliche Kern Speyers liegt im nördlichen Teil einer dem eigentlichen Hochufer vorgelagerten Niederterrasse des Rheins auf einem nach Osten in die Rheinniederung hinein vorziehenden Sporn (Abb. 1). Südlich und nördlich der alten Siedlungsfläche sind jeweils zwei Altwassersysteme aus Schriftquellen[1], älteren Plänen und noch vorhandenen Resten zu erschließen, die als ältere Rheinläufe gedeutet werden können: im Süden im Zuge der »Rinna« und des späteren südlichen Stadtgrabens einerseits (A) sowie des Wassers »Spich« (B) andererseits, im Norden im Zuge des (Alt-)Speyerbachs (»Hasenpfuhl«) (C) einerseits sowie des »Kleebachs« (heute Alter Hafen) (D) andererseits. Die Frage, ob es sich dabei jeweils um den Hauptstrom oder einen (schiffbaren) Nebenarm gehandelt hat, ist stadttopographisch von untergeordneter Bedeutung. Für die wichtigere Frage der Datierung bieten die Schriftquellen nur im Süden Anhaltspunkte.

Bestimmte Rechtsverhältnisse des Germanstifts könnten dafür sprechen, daß der Wasserlauf A noch im frühen Mittelalter schiffbar war. Der Graben unterhalb der südlichen Stadtmauer konnte sogar noch im 13. und 14. Jahrhundert als Hafen genutzt werden. 1195 ist allerdings bereits die Markuskapelle am Ufer des Rheinlaufs B belegt. Man darf deshalb annehmen, daß die für etwa 1080 bezeugte Gefährdung des frühsalischen Doms durch den Rhein mit der Verlagerung des Flußlaufs von A nach B zusammenhängt, durch die die Spornspitze jetzt unmittelbar von Süden her bedroht wurde. Die Gefahr wurde durch Baumaßnahmen Bennos von Osnabrück zunächst gebannt, aber noch 1259 ist von der vom Rhein ausgehenden Bedrohung der Stiftskurien in der Domumgebung die Rede. 1339 heißt dann jedoch der hochmittelalterliche Stromlauf oder Rheinarm B nur noch »das Wasser Spich«, der Rhein hatte sich also erneut nach Osten verlagert. Durch Verbauungen wohl in zeitlichem Zusammenhang mit der Ummauerung der Fischervorstadt im Süden um 1350 wurde die bis dahin noch schiffbare Verbindung des Wasserlaufes B nach Norden endgültig unterbrochen.

Die Verhältnisse im Norden des Sporns sind weniger klar zu erkennen. Daß »Kleebach« (D) und »Spich« (B) wohl zwischen dem späten 11. und dem 13. Jahrhundert einen Wasserlauf bildeten, ist nach den topographischen Gegebenheiten allerdings offenkundig. Nicht feststellbar ist hingegen, ob der Rhein oder ein Rheinarm im Norden noch im Frühmittelalter – etwa bis zur Stromlaufänderung um 1080 – dem Flußbett C folgte oder ob damals bereits der (Alt-)Speyerbach (a), der zunächst weit nördlich des ältesten Stadtkerns in den Flußlauf C mündete, sich einen neuen Unterlauf gesucht hatte, der sich in diesem Falle des alten, vorgeschichtlichen oder römerzeitlichen Flußbettes des Rheins – wenn auch in umgekehrter Fließrichtung – bediente. Im Hochmittelalter mündete der Bach jedenfalls wohl sicher nordöstlich unmittelbar unterhalb des Dombereichs in den Flußlauf B/D. Im späten Mittelalter nutzte er dann den nun toten Rheinarm D als Mündung in den spätmittelalterlich-neuzeitlichen Rheinlauf. Die heutige, wieder nach Süden verlegte Mündung wurde im 19. Jahrhundert bei Anlage des Alten Hafens künstlich geschaffen.

1 Einzelnachweise aus dem umfänglichen, großteils unpublizierten Quellenmaterial können hier nicht geführt werden; es muß grundsätzlich auf die – allerdings noch nicht erschöpfenden – Belege bei L. A. Doll (1954) und R. Engels (in: Geschichte der Stadt Speyer 1989) verwiesen werden, s. u. Literaturauswahl.

Der früh- und hochmittelalterliche Hafenbereich (Schiffslände) wird im »Hasenpfuhl« (C) gesucht mit entsprechenden Stapelplätzen im Bereich des »Salzhofs« (heute Fischmarkt[2]) und des Holzmarkts; für die Zeit zwischen etwa 1230 und 1350 ist ein weiterer Hafen – jetzt bereits mit Kaimauer – südlich der Stadt im alten Rheinlauf A archäologisch nachgewiesen; der spätmittelalterliche Hafen lag dann im »Kleebach« (D) – jederzeit also im Bereich alter Rheinarme.
Westlich der Stadt zweigt bei Hanhofen ein künstlich geschaffener Wasserlauf vom (Alt-)Speyerbach ab, fließt mitten durch die Stadt und wird schließlich nach einer scharfen Nordwendung östlich der Münze in den (Alt-)Speyerbach zurückgeleitet (b). Ob dieser künstliche, teilweise bis ins ausgehende 19. Jahrhundert offen durch die Maximilianstraße fließende Kanal zur Wasserversorgung des römischen Speyer oder zur Flößerei beim salischen Dombau angelegt wurde, ist strittig. Die scharfe Nordwendung unmittelbar vor der ottonischen Befestigung spricht jedoch wohl für die Datierung in frühsalische Zeit.

2. Die vorsalische civitas

Die Siedlungsgeschichte des Kernbereichs von Speyer im frühen Mittelalter ist noch weitgehend ungeklärt, die Ausgangssituation zu Beginn der Salierzeit nur in groben Umrissen erkennbar (Abb. 2). Die nachträgliche Beurteilung in der vita des Benno von Osnabrück, nach der Speyer in vorsalischer Zeit vor Alter verfallen fast aufgehört hatte, eine Bischofsstadt zu sein, diente natürlich in erster Linie der Hervorhebung der Leistung der Salierzeit, ist aber angesichts der offenbaren Bedeutungslosigkeit Speyers vor 1025 wohl nicht nur eine topische Wendung. Die spätottonische Stadt hatte nur mäßige Ausdehnung (I); die Rekonstruktion ihres Mauerverlaufs im Norden, Westen und Süden durch L. A. Doll kann als hinreichend gesichert gelten; offen bleibt allerdings die Ausdehnung nach Osten: Während früher zumeist angenommen wurde, daß hier durch Aufschüttungen während des salischen Dombaus die Siedlungsfläche erweitert wurde, haben die jüngsten Grabungsergebnisse gezeigt, daß die spätantike Befestigung (y) weiter nach Osten hinauszog als die mittelalterliche Stadtmauer des 13. Jahrhunderts. Ob die Rücknahme des Siedlungsareals schon im frühen Mittelalter oder erst anläßlich der Rheinlaufänderung um 1080 erfolgte, kann derzeit nicht gesagt werden.
Die Lage des unmittelbaren Vorgängerbaus des salischen Doms, eines wohl im 9. Jahrhundert errichteten Mariendoms, wurde bei den bisherigen Grabungen in der Domumgebung nicht festgestellt, so daß sich die Vermutung zu erhärten beginnt, daß er am Platz des Nachfolgebaus zu suchen ist (1).
Über die Verkehrswege zu und in der ottonischen Stadt sind nur Mutmaßungen möglich. Wie in römischer Zeit dürfte die eigentliche Fernstraße (römische Rheinuferstraße, a) westlich an der Stadt vorbeigezogen sein. Die Verbindung zwischen der frühmittelalterlichen Stadt und der Fernstraße wurde vielleicht nach wie vor durch die nach Westen verlängerte Hauptachse der römischen Stadt (b) hergestellt. Daneben könnten die naturräumlich vorgegebenen Wegeführungen auf den Terrassenkanten als kürzeste Verbindungen von der Domumgebung zum Kloster St. German einerseits (c), zum Engpaß zwischen Hochufer und Niederterrasse beim späteren Weidentor andererseits (d) schon im frühen Mittelalter von Bedeutung gewesen sein. Die mit der Standortbestimmung des vorsalischen Doms zusammenhängende Frage, ob im Bereich der unteren Maximilianstraße eine bereits vorsalische

2 Es werden im Text grundsätzlich die derzeit gebräuchlichen Straßennamen verwendet (mittelalterliche Bezeichnungen, soweit relevant, in Anführungszeichen beigefügt), so daß eine Orientierung auf den aktuellen Stadtplänen (z.B. den Beilagen zu: B. H. Röttger, Kunstdenkmäler 1934, und H. Dellwing, Stadt Speyer 1985) unschwer möglich ist. Vgl. zu den wichtigsten Straßenzügen auch Abb. 4. Der den Abbildungen 5 und 9 zugrundeliegende älteste genauere Stadtplan von 1821 verwendet z.T. ephemere, heute wieder rückgängig gemachte oder erneut geänderte Bezeichnungen des frühen 19. Jhs.: Kasernengasse = Große Pfaffengasse, Neue Straße = Herdstraße, Postgasse = Kleine Pfaffengasse, Präfekturstraße = Ludwigstraße, Andreasgasse = Schustergasse, Treuegasse = Gutenbergstraße, Enge Gasse = Große Himmelsgasse, Breite Gasse = Johannesstraße + Armbruststraße. Heute geändert auch die mittelalterlichen, 1821 noch verwendeten Bezeichnungen Jacobsgasse = Heydenreichstraße und Spitalgasse = St. Georgengasse.

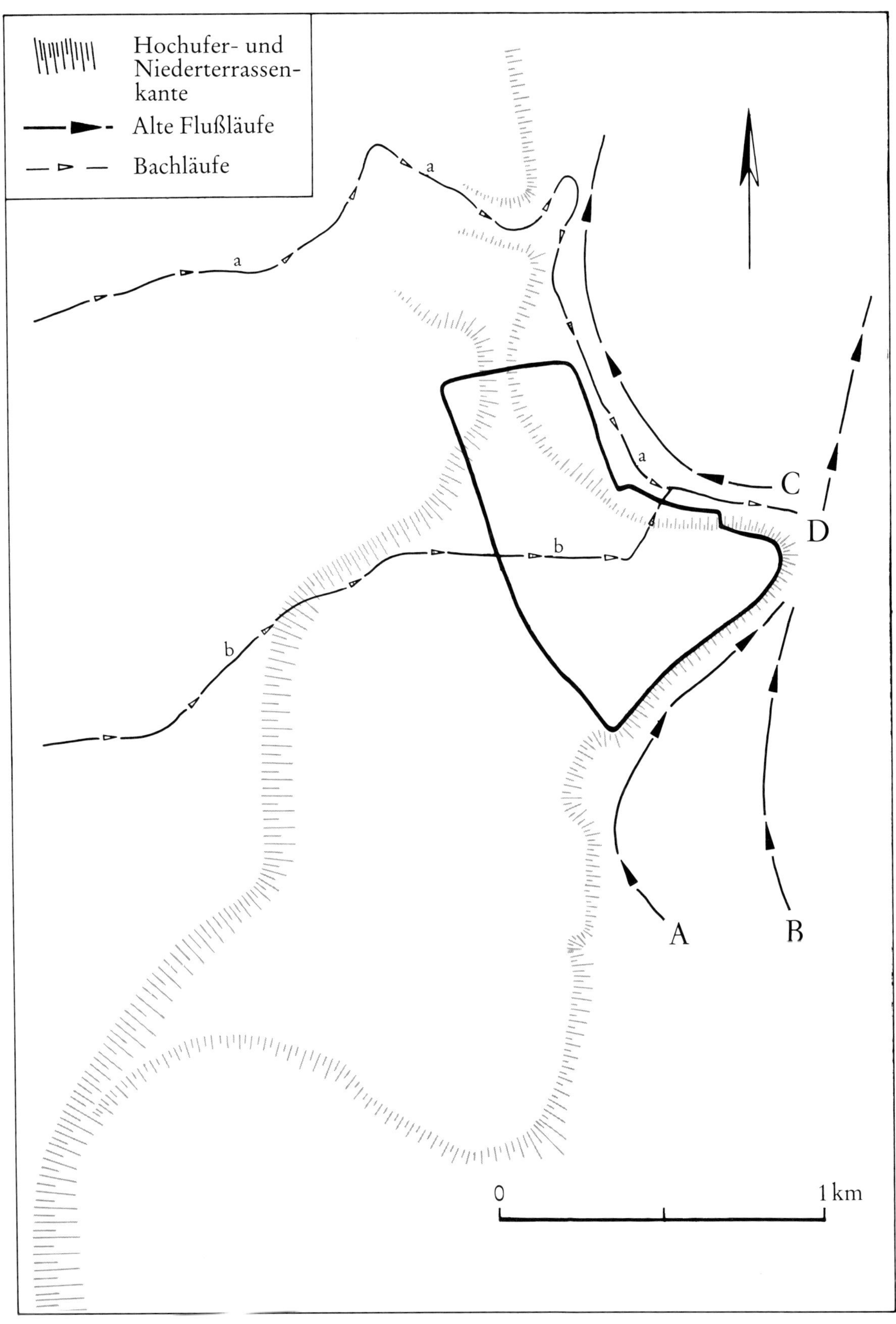

Abb. 1 Die naturräumliche Lage Speyers. *Alte Flußläufe:* A »Rinna«. – B »Spich«. – C »Hasenpfuhl«. – D »Kleebach«. – *Bachläufe:* a (Alt-)Speyerbach. – b Stadtbach (neuer Speyerbach). – Zur Orientierung ist der Umriß der spätsalisch-frühstaufischen Kernstadt eingetragen.

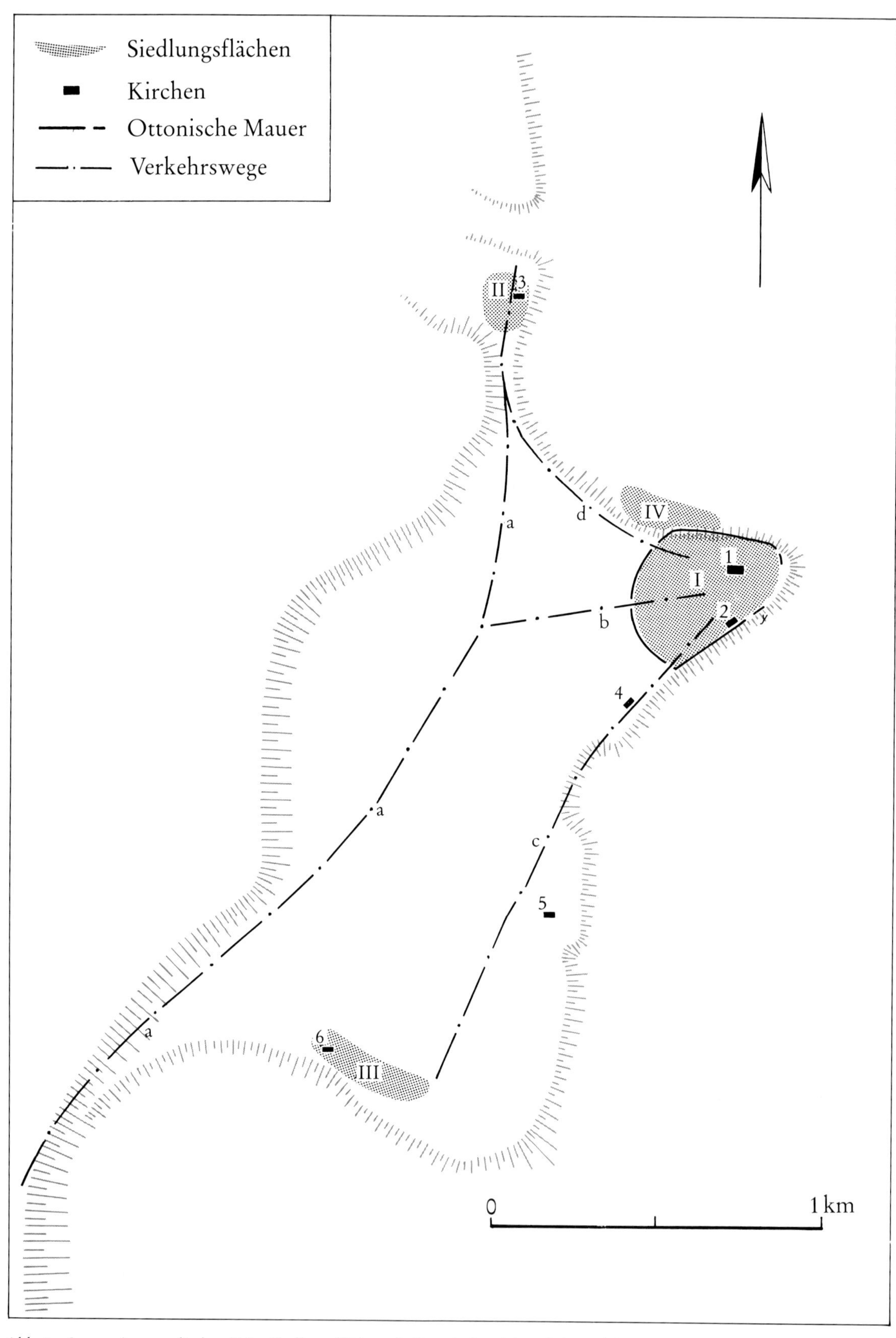

Abb. 2 Speyer in vorsalischer Zeit. *Siedlungsflächen:* I Ottonische civitas Spira vel Nemeta. – II Altspeyer (villa Spira ?), Dorfsiedlung seit dem 6. Jh. – III Winternheim, Dorfsiedlung 6.–13. Jh. – IV Stapelplätze (?). – *Kirchen:* 1 Dom (vermutete Lage). – 2 St. Stephan. – 3 St. Martin (vorsalisch ?). – 4 St. Peter (vorsalisch ?). – 5 Kloster St. German. – 6 St. Ulrich (unter anderem Patrozinium vorsalisch ?). – *Ottonische Mauer* mit Resten der spätantiken Befestigung (bei y). – *Verkehrswege:* a Römische Rheinuferstraße. – b Römische Hauptstraße. – c Verbindung Dombereich–St. German–Winternheim (vorsalisch ?). – d Verbindung Dombereich–Fernstraße nach Norden (vorsalisch ?).

Marktanlage anzunehmen ist, entzieht sich einer definitiven Lösung, da nach Ausweis der jüngsten Grabungen vor dem Dom dort alle Kulturschichten seit dem 4. Jahrhundert – vermutlich beim salischen Dombau – abgetragen worden sind.
Für die Annahme einer spätottonisch-frühsalischen festen Ansiedlung freier Kaufleute außerhalb der ummauerten Bischofsstadt gibt es für Speyer keine sicheren Anhaltspunkte. In einer Urkunde von 946 überläßt Konrad der Rote dem Bischof eine Reihe von Rechten und Besitzungen in der Stadt, darunter die Hälfte des Zolles, eine area und bestimmte Handelssteuern, die nur von auswärtigen, nicht jedoch den Speyerer Kaufleuten zu entrichten waren. Letztere werden ausdrücklich als Einwohner der civitas bezeichnet; Hinweise auf feste Unterkünfte der ersteren oder gar deren Lokalisierung sind der Urkunde nicht zu entnehmen. In kaiserlichen Privilegien von 969–1002 wird eine villa Spira erwähnt, die der civitas Spira vel Nemeta benachbart liegt und gleichen Rechtsverhältnissen unterstellt ist. Dies wird in der Forschung überwiegend auf ein später Altspeyer genanntes, archäologisch schon für die Merowingerzeit nachgewiesenes, im 14. Jahrhundert in die Vorstadt vor dem Weidentor integriertes Dorf bezogen, das etwa 1 km nordwestlich der ottonischen Stadt lag (Abb. 2, II). Eine Beziehung auf eine näher gelegene Kaufleutesiedlung ist immerhin nicht völlig auszuschließen. Ob sich aus späteren sozialtopographischen Verhältnissen Rückschlüsse auf die Lage einer solchen frühen Kaufleutesiedlung ergeben, wird später zu untersuchen sein (s. S. 170–175).

3. Ausweitung in salischer Zeit – Mauerbauten

Der 1025 begonnene Dombau und die durch zahlreiche Schenkungen der Salier vermehrte Bedeutung des Bistums Speyer haben zweifellos sehr bald eine Erweiterung der Bischofsstadt zur Folge gehabt. Schriftzeugnisse über Mauerbauten in salischer Zeit beschränken sich allerdings auf eine Briefstelle aus dem Jahre 1061, die von unvollendeten Mauern spricht, auf das Selbstzeugnis des Bischofs Rudeger Huzman (1075–1090) vom Jahre 1084, er habe aus der villa Spirensis eine urbs gemacht, das schon früh als Hinweis auf einen Mauerbau – an der civitas oder an der villa Spira = Altspeyer – gedeutet wurde, und auf späte Nachrichten, die auch Bischof Johannes (1090–1104) eine solche Bautätigkeit (angeblich Vollendung der von Huzman begonnenen Mauern) zuschreiben.
Über den Umfang bzw. gegebenenfalls die stufenweise Ausweitung der salischen Stadt ist allerdings keine endgültige Klarheit zu gewinnen (Abb. 3). Vielfach wird angenommen, daß zunächst wohl schon in frühsalischer Zeit eine der ottonischen civitas gürtelartig vorliegende spätottonisch-frühsalische Marktsiedlung befestigt wurde (II). Auf diese These wird noch zurückzukommen sein (s. S. 170–171). Mit Sicherheit kann gesagt werden, daß noch in salischer Zeit die volle Westausdehnung der späteren Kernstadt (bis zum Altpörtel) erreicht wurde (III), da bereits 1148 das suburbium um die Ägidienkapelle (VIII) als Kern der späteren Gilgenvorstadt bestanden hat.
Daß das in der Südwestecke der Kernstadt gelegene, um 1039/1054 gegründete Trinitatis-/Allerheiligenstift (3) schon bei dieser wohl in die zweite Hälfte des 11. Jahrhunderts zu datierenden hochsalischen Ummauerung in den Stadtbezirk einbezogen wurde, wird gelegentlich unter Annahme eines langgestreckten, auf die Bereiche entlang der Maximilianstraße beschränkten Stadtkerns bestritten. Die Frage ist mit Hilfe der Schriftquellen nicht zu klären, doch war dieser südwestliche Bereich nach Ausweis archäologischer Befunde im Gelände des heutigen Stiftungskrankenhauses (x) wohl schon Ende des 11. Jahrhunderts besiedelt. Einen klaren terminus ante quem für die Ummauerung der Südwestecke bietet allerdings erst die Erwähnung der vetus porta (doch wohl des Altpörtels, a) 1197, die das Vorhandensein auch der nova porta (Neupörtel, b) impliziert.
Weitgehende Übereinstimmung herrscht in der Beurteilung des auffällig regelmäßigen, fast rechteckigen Nordteils der Kernstadt (IV) als spätere Erweiterung, wobei sogar ein in zwei Stufen von Süden nach Norden fortschreitender Ausbau erwogen wird. Die Existenz der Bartholomäuskapelle (z) um 1165 würde dabei eine Besiedlung der südlichen Hälfte noch in spätsalischer, spätestens frühestaufischer Zeit belegen, der Baubefund an der eigentlichen Nordmauer die Entstehung auch des nördlichen

Abschnitts unter Einbeziehung des um 1030 gegründeten, 1047 noch extra urbem liegenden Stiftes St. Johannes/St. Guido (2) noch vor dem 13. Jahrhundert. Zu einer befriedigenden Rekonstruktion der Grenze zwischen hochsalischer Stadt und spätsalisch-frühstaufischer Erweiterung hat allerdings bislang weder die Auswertung des ältesten brauchbaren Stadtplans von 1821 noch der archäologische Nachweis eines mächtigen Grabens südlich des ehemaligen Augustinerklosters (y) geführt.

Noch völlig ungeklärt ist der Zeitpunkt der Einbeziehung der Stapelplätze (V) in den Bering der Kernstadt sowie gegebenenfalls der Mauerverlauf im Nordosten vor einer solchen höchstens geringfügigen Erweiterung.

Insgesamt muß auffallen, daß – im Gegensatz zur Befestigung der ottonischen civitas – die hypothetischen salischen Mauerbauten innerhalb der Kernstadt bislang nirgendwo überzeugend nachgewiesen werden konnten. Die zu ihrer Rekonstruktion herangezogenen Auffälligkeiten in Grundstücks- und Straßenverläufen könnten durchweg auch auf andere Weise gedeutet werden. Es bleibt also grundsätzlich zu fragen, ob man wirklich mit mehrfachen aufwendigen Mauerbauten innerhalb nur weniger Generationen rechnen muß, die jeweils nur verhältnismäßig kleine Areale dem Stadtgebiet eingliederten, oder ob nicht vielmehr das kalkulierbare weitere Wachstum der Stadt bei der Konzeption des Mauerbaus ebenso berücksichtigt wurde wie ein der Planung des gewaltigen Doms entsprechendes Repräsentationsstreben der salischen Kaiser und ein weitergreifendes Schutzbedürfnis, das sich in der Mauerbaupflicht von Reichs- und Salierdörfern in einem Umkreis bis zu 15 km dokumentiert (belegt für Mutterstadt, Haßloch, Gommersheim und Freisbach).

Kleine Zwischenbefestigungen während der möglicherweise langwierigen Bauzeit der eigentlichen Mauern sind dabei durchaus denkbar. Darüber hinaus könnte die in der Tat auffällige Rechteckform des Nordteils der Stadt, dessen weites Ausgreifen in die Niederung des siedlungsungünstigen und wohl auch nie dichter besiedelten Mörschgebietes mit dem Wunsch nach Eingliederung des Guidostifts nicht erklärbar ist, auf ein jüngeres Planungskonzept hinweisen.

4. Zur inneren Struktur der salischen Stadt

Schwieriger noch als die Frage nach der äußeren Ausdehnung der salischen Stadt ist die nach ihrer inneren Ausgestaltung. Straßennetz und Grundstücksstruktur der Kernstadt werden durch urkundliche Zeugnisse erst ganz vereinzelt für das späte 12. und 13. Jahrhundert, in größeren Zusammenhängen erst seit dem Übergang zum 14. Jahrhundert faßbar. Die Identifizierung einzelner Grundstücke gelingt allerdings oft nur durch Heranziehung erheblich jüngerer Quellen wie Dorsalnotizen, Anmerkungen in Zinsverzeichnissen und Kopialbüchern sowie vor allem durch die 1398 einsetzende, leider lückenhafte Reihe der städtischen Kontraktenbücher. Dieses umfangreiche neuere Quellenmaterial ist freilich bislang nur sehr unvollkommen aufgearbeitet. Die Rekonstruktion eines Katasterplans auf der Grundlage der detaillierten Stadtbeschreibung von 1773, der noch die Besitzverhältnisse vor der Säkularisierung zeigt, ermöglicht vielfach die genaue Lokalisierung dieser Grundstücke im Stadtplan von 1821.

Dies gelingt allerdings nicht in allen Bereichen. Das gilt etwa für den heutigen Königsplatz, auf dem 1468 durch Transferierung des bis dahin extra muros gelegenen Germanstifts zur Pfarrkirche St. Moritz ein ausgedehnter Stiftsbezirk an Stelle einer im Mittelalter offenbar kleinteiligen Parzellierung entstand, oder für verschiedene im Rahmen der Immobiliengeschäfte des Reichskammergerichtspersonals seit dem 16. Jahrhundert neu entstandene Großparzellen z. B. im Bereich der Heydenreichstraße und der Großen Greifengasse. Am gravierendsten ist die Veränderung der Strukturen im Besitz der vier Speyerer Stifte um 1700: Während bis zur Zerstörung der Stadt im Jahre 1689 die Vielzahl der mittelalterlichen Stiftsfabrik-, Präsenz- und Pfründehäuser beibehalten worden war, wurden die Besitzungen beim Wiederaufbau nach 1698 z. T. unter Austausch mit bürgerlichen Grundstücken arrondiert und zu großen palaisartigen Wohnsitzen für die Stiftsherren zusammengezogen, wobei die Quellenlage nur für den Bereich des Domstifts eine annähernde Rekonstruktion des Altbestands ermöglicht.

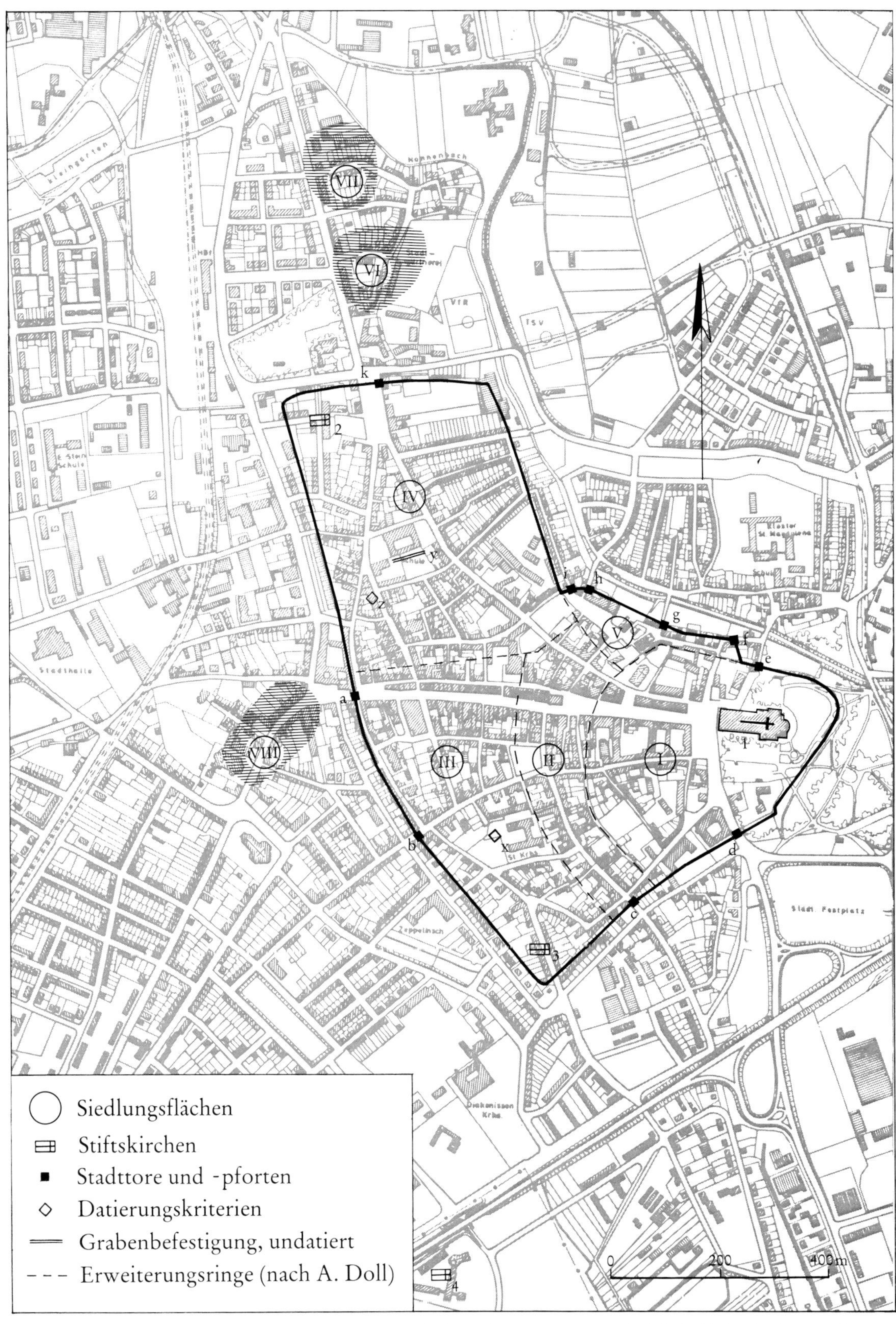

Abb. 3 Speyer in salischer Zeit. *Siedlungsflächen:* I Vorsalische civitas. – II »Spätottonisch-frühsalische Kaufleutesiedlung«. – III Hochsalischer Ausbau. – IV Spätsalisch-frühstaufische Norderweiterung. – V Stapelplätze. – VI Altspeyer mit Martinskirche. – VII Judensiedlung des Rudeger Huzman (1084–1195/1349), vermutete Lage. – VIII Vorstadt vor dem Altpörtel mit Ägidienkapelle. – *Stiftskirchen:* 1 Dom (Neubau seit 1025). – 2 Stift St. Johannes/St. Guido (seit ca. 1030). – 3 Stift Trinitatis/Allerheiligen (seit ca. 1039/54). – 4 Kloster, seit ca. 1100 Stift St. German. – *Stadttore und -pforten:* a Altpörtel. – b Neupörtel. – c Rheintor. d Stephanstörlein. – e Nikolauspforte. – f Tränktor. – g Holztor. – h Salztor. – i Lauerpforte. – k Weidentor. – *Datierungskriterien:* x Erdkeller 11./12. Jh. – z Bartholomäuskapelle, vor 1165. – *Undatierte Grabenbefestigung* y.

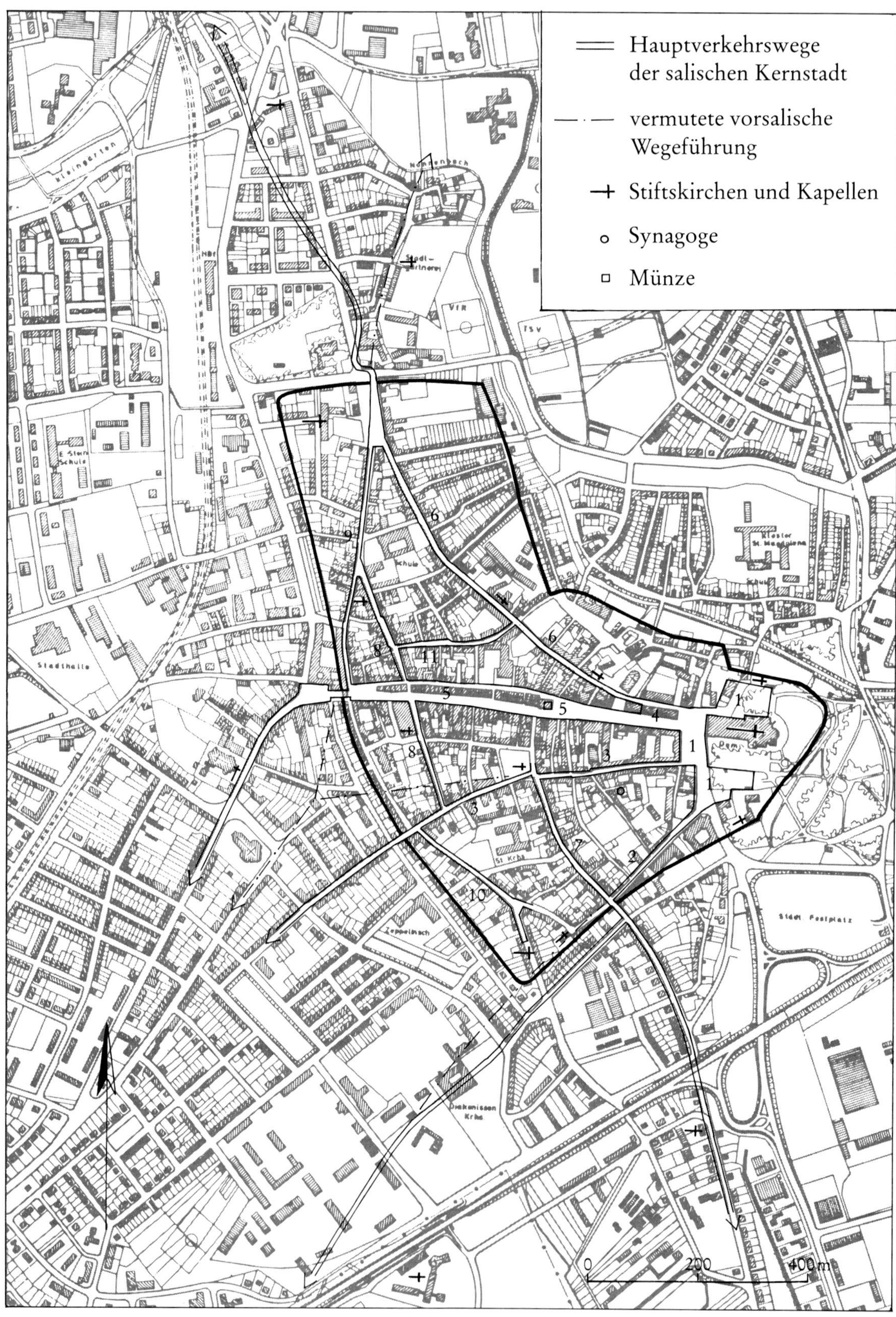

Abb. 4 Speyer in salischer Zeit. *Hauptverkehrswege der salischen Kernstadt:* 1 Plätze um das Domkloster. – 2 Große Pfaffengasse. – 3 Kleine Pfaffengasse–Ludwigstraße. – 4 Platz »Vor dem Münster«. – 5 Maximilianstraße. – 6 Große Himmelsgasse–Johannesstraße–Armbruststraße. – 7 Herdstraße. – 8 Heydenreichstraße–Südteil Wormser Straße. – 9 Gutenbergstraße–Nordteil Wormser Straße. – 10 Allerheiligenstraße. – 11 Große Greifengasse. – *Stiftskirchen* (salisch) *und Kapellen* (meist spätere Pfarrkirchen; Bestehen schon in salischer Zeit vielfach nur vermutet). – Innerstädtische *Synagoge* (die Lage der zweiten Synagoge in Altspeyer ist nicht bekannt). – *Münze* (Neubau 1289, am alten Platz ?).

Die Veränderung der Grundstücksstruktur im bürgerlichen Bereich nach 1698 ist hingegen trotz der vorausgegangenen Totalzerstörung in weiten Teilen erstaunlich gering. Unverändert blieb weitestgehend auch das Straßen- und Gassennetz einschließlich der – schon im 17. Jahrhundert ausdrücklich erwähnten – für eine mittelalterliche Stadt ungewöhnlichen Breite vieler Straßen.

a. Das Gebiet der ottonischen civitas seit salischer Zeit

Betrachtet man die uns zu Beginn des 14. Jahrhunderts im wesentlichen offenbar voll ausgebildet entgegentretende innere Struktur der Stadt im einzelnen, so wird deutlich, wie stark das Hochmittelalter die Binnenstruktur auch in den Bereichen innerhalb des Berings der ottonischen civitas geprägt hat, in denen eine vorsalische Besiedlung vorausgesetzt werden muß.

Der Immunitätsbereich des salischen Domes ist in Speyer zur Stadt hin offenbar nie durch eine Mauer abgegrenzt gewesen. Durch die Lage des Doms auf der vorgeschobenen Ostspitze der Niederterrasse ergab sich dagegen eine natürliche Begrenzung des Dombereichs im Norden, Osten und Süden durch die Stadtmauer, an der nach Aufhebung der vita communis im ausgehenden 11. Jahrhundert vermutlich die ersten Domherrenkurien entstanden. Dieser Kurienkranz läßt sich im 13. Jahrhundert anläßlich der Streitigkeiten mit der Stadtgemeinde um den Zugang zu den damals errichteten Stadttürmen deutlich fassen und ist – allerdings bereits stark verändert – noch im 16. Jahrhundert nachzuweisen. Er läßt um das Domkloster herum drei recht regelmäßige, ganz offenbar schon im hohen Mittelalter nicht bebaute Plätze frei (Abb. 4, 1), die eine einheitliche Planung und Umgestaltung des gesamten Immunitätsbereichs im Zusammenhang mit dem Dombau sehr wahrscheinlich machen. Besonders gilt dies für den Freithof nördlich des Doms, der offenbar schon in frühromanischer Zeit im Osten einen architektonischen Abschluß durch die wohl 1044 bereits fertiggestellte Bischofspfalz, ursprünglich zugleich Königspfalz, erhielt.

Der westlich an die Domimmunität anschließende Bereich der ottonischen civitas wird geprägt durch die großen, radial vom Immunitätsbereich ausgehenden Ost-West-Verbindungen, hinter denen die wenigen unbedeutenden Nord-Süd-Verbindungen völlig zurücktreten. In diesen Radialstraßen sind zwar wohl Altwege zu vermuten, doch erhielten auch hier die anliegenden Grundstücke in salischer (spätestens staufischer) Zeit eine völlig neue sozialtopographische Struktur.

Die teilweise sehr ausgedehnten Kurienplätze entlang der Großen Pfaffengasse (Abb. 4, 2; alter Verbindungsweg zum Germankloster?) sind bereits beim Einsetzen der urkundlichen Überlieferung in domstiftischem Besitz (vgl. Abb. 5, 15 und 16) – eine Entwicklung, die jedenfalls nach der Aufhebung der vita communis wohl im späten 11. Jahrhundert anzusetzen ist und um die Mitte des 13. Jahrhunderts offensichtlich abgeschlossen war. An der nördlich nächstliegenden Kleinen Pfaffengasse (Abb. 4, 3; im Mittelalter »Judengasse«), die dem Verlauf der römischen Hauptachse folgt, liegt auf der Südseite der ausgedehnte Kultbezirk der innerstädtischen Judengemeinde (vgl. Abb. 5, 3). Das zeitliche Verhältnis zwischen der Judensiedlung in der Kernstadt und der Ansiedlung von Mainzer Juden durch Bischof Rudeger Huzman 1084 in der späteren Vorstadt vor dem Weidentor ist nicht geklärt; es gibt jedoch keine Hinweise auf ein erheblich höheres Alter der innerstädtischen Siedlung, so daß auch hier salierzeitliche Prägung der Besitzstrukturen angenommen werden kann. Im Umkreis der Synagoge lagen beidseitig der »Judengasse« – allerdings wohl nicht in geschlossenem Verband – größere jüdische Anwesen, die um die Mitte des 14. Jahrhunderts urkundlich faßbar werden, nachdem sie nach der großen Judenverfolgung von 1349 in städtischen Besitz gelangt waren. 1307 sind daneben auf der Südseite der Kleinen Pfaffengasse im Bereich der Bernhardskapelle Besitzungen der beiden Zisterzen Maulbronn und vor allem Schönau belegt, wobei der Schönauer Komplex vielleicht schon 1224 bestand. Leider lassen sich die Vorbesitzer nicht ermitteln. Das Vordringen des Domstifts in die »Judengasse« (seit dem 16. Jahrhundert Kleine Pfaffengasse) gehört im wesentlichen erst dem 14.–16. Jahrhundert an.

Von den beiden nördlichen Strahlen ist die heutige Maximilianstraße (Abb. 4, 5) spätestens seit salischer Zeit unzweifelhaft die Hauptachse Speyers. Die Frage nach der primären Funktion dieser ungewöhnlich breiten Anlage ist umstritten: Auf der einen Seite sieht man in ihr eine als Ergänzung des salischen

Dombaus zur Unterstreichung der architektonischen Wirkung künstlich geschaffene via triumphalis, die gewissermaßen in Zweckentfremdung auch als Markt genutzt wurde, auf der anderen Seite eine seit dem Frühmittelalter allmählich gewachsene Marktanlage, die möglicherweise sogar die Standortwahl des salischen (wenn nicht gar schon des karolingischen) Doms beeinflußt haben könnte, durch ihre Ausgestaltung in salischer Zeit allerdings auch die Funktion einer via triumphalis erfüllen konnte.
Die erst seit dem späten 13. Jahrhundert faßbar werdende Grundstücksstruktur in diesem Bereich kann zur grundsätzlichen Klärung dieser Frage wenig beitragen, wohl aber einige Hinweise auf Veränderungen des Straßen- bzw. Platzkörpers vor dem Dom geben. Der Speyerer Chronist Christoph Lehmann berichtet von einer noch um 1600 lebendigen mündlichen Tradition, nach der die Grundstücke auf der Nordseite der heutigen Maximilianstraße erst »seit den Zeiten Kaiser Friedrichs I.« überbaut worden seien und nennt dabei zunächst ausdrücklich den Häuserblock »Unter Goldschmieden« (Abb. 4, in 4). Er erweitert diese Aussage dann jedoch auf den ganzen Bereich bis zur Münze (Abb. 4, □) in der offenkundigen Absicht, das von ihm im Retscher vermutete römische »praetorium« an das »forum« anzuschließen. Lehmanns historische Spekulationen sind natürlich unhaltbar. Eine ähnliche Grundvorstellung wurde jedoch mit anderer Begründung auch in neuerer Zeit entwickelt unter Annahme eines ausgedehnten vorsalischen Dreiecksmarktes in diesem Bereich. Das muß derzeit Hypothese bleiben.
Die Schriftquellen des 13. und frühen 14. Jahrhunderts stützen zunächst nur die Aussage Lehmanns in bezug auf den Bereich »Unter Goldschmieden«. Diese Benennung kommt (nach einer damals unter den Bewohnern stark vertretenen Berufsgruppe) offenbar erst seit dem späten 14. Jahrhundert auf; die älteren Quellen nennen den gleichen Komplex »unter gademen«, obwohl schon damals dort keine Verkaufsbuden, sondern bereits feste, zum Teil steinerne Häuser (Zum Horn, Zum Staufer, Zum Widder usw.) standen. Auffällig ist darüber hinaus eine extrem kleinteilige Parzellierung. Für die westlich anschließenden Grundstücke trifft hingegen keines dieser Merkmale zu: Die Parzellen sind merklich größer, der Name »unter gademen« kommt hier für eine eng begrenzte Zahl von Grundstücken hinter der unteren Schranne erst im frühen 15. Jahrhundert vor. Auffällig ist vor allem, daß das östlichste dieser Grundstücke 1334 »Zu der Ecke« heißt, obwohl es damals unzweifelhaft keine charakteristische Ecklage mehr aufweist. Allerdings kann sekundäre Benennung nach der Patrizierfamilie zur Ecke nicht ganz ausgeschlossen werden.
Wir dürfen also für das Hochmittelalter einen nahezu rechteckigen, ost-westlich gestreckten Platz vor der Domfassade in gleicher Breite wie diese erschließen (4), der vor dem Dom winkelförmig in den nord-südlich gestreckten Vorplatz vor dem Domkloster (1) überging. Seinen westlichen Abschluß bildete vermutlich das Geseß »Zu der Ecke«. Auf der Südseite dieses Platzes lag eine Reihe bedeutender Kurien. Auch hier heißt vielleicht das eigentliche Eckhaus »Zu der Ecke« (1290), möglicherweise das Stammhaus der gleichnamigen Patrizierfamilie, weiter westlich lag u. a. das offenbar beachtliche Geseß »Zum Stern« (1280), wohl mit der Patrizierfamilie ad Stellam in Verbindung zu bringen, das als topographischer Bezugspunkt in zahlreichen Urkunden erwähnt wird und noch im späten Mittelalter (obwohl in bürgerlichem Besitz) eine bedeutende Rolle im Zeremoniell der Bischofseinritte spielte. Auf der Gegenseite des Platzes befand sich u. a. die Kurie des Ebelin vor dem Münster, in der schon um 1255 die deutschen Könige ein Gastungsrecht besaßen (möglicherweise am Platz der vorsalischen Königspfalz?). Beidseitig der in diesen Platz einmündenden östlichen Maximilianstraße (5) und der Großen Himmelsgasse (6) finden wir bis etwa in Höhe der Münze im 14. und 15. Jahrhundert größere bürgerliche Gesesse, unter deren Besitzern bzw. Hausnamen die Namen alter patrizischer Familien häufig, allerdings nicht ausschließlich, vertreten sind. Das Eindringen des Domkapitels in diese Bereiche vollzieht sich durchweg durch Kauf oder Schenkung aus Bürgerhand. Die sich unzweifelhaft quer durch dieses Wohngebiet ziehende Grenze zwischen ottonischer civitas und salischer Erweiterung hat weder in den Grundstücksgrenzen noch in der Sozialtopographie erkennbare Spuren hinterlassen. Auch hier wird also die Überformung der vorsalischen civitas in salischer, spätestens staufischer Zeit ganz deutlich.
Ein Relikt aus vorsalischer Zeit ist wohl lediglich die mittelalterliche Grundstücksstruktur der Webergasse, die die beiden südlichen Strahlen hart an der vorsalischen Befestigungslinie verbindet: Sie weist nur auf der Ostseite alte Grundstücke auf, die bis zur Mitte des 14. Jahrhunderts überwiegend in

den Besitz von Domstiftsangehörigen übergehen; als Vorbesitzer wird zuletzt 1361 »eines Webers Sohn« genannt. Auf der Westseite reichen dagegen die Grundstücke der Herdstraße (7) rückwärtig bis zur Webergasse, dort in der alten Grabenzone nachweislich zum Teil nur mit Wirtschaftsgebäuden überbaut, die erst im späten 14. und 15. Jahrhundert zu domstiftischen Vikarshäusern umfunktioniert werden, wodurch erst jetzt auch westseitig an der Webergasse eine Wohnbebauung entsteht (vgl. Abb. 6, A und B). Im gesamten Kernbereich beidseitig der Maximilianstraße ist hingegen – wie gezeigt – die Grenze der ottonischen civitas schon bei Einsetzen der dichteren Urkundenüberlieferung um etwa 1300 in Grundstücksstruktur und Sozialtopographie nicht mehr erkennbar. Erst nördlich der Großen Himmelsgasse wird die alte Befestigung wieder faßbar, weil sie hier zugleich die Westgrenze der Kurie der Familie Retschel bildet, die sich durch ungewöhnlich stabile Besitzverhältnisse auszeichnet.

b. Straßenführung außerhalb des vorsalischen Berings

Das Gebiet der salischen Stadt außerhalb der ottonischen Mauer scheint auf den ersten Blick durch die natürliche Fortsetzung der Radialstraßen der vorsalischen civitas über deren Bering hinaus nach Westen erschlossen (Abb. 4). Die Große Pfaffengasse (2) stellt allerdings nur die Verbindung vom Dombereich zum Rheintor her; ihre weitere Fortsetzung bis zur Peterskirche hatte keine wesentliche Verkehrsbedeutung mehr, da die salische Mauer im Südwesten kein Tor besaß, der Weg zum Germanstift vom Rheintor an extra muros verlief. Die Kleine Pfaffengasse (3) wird jenseits der Kreuzung mit der Herdstraße (7), also bald nach Verlassen der ottonischen Mauer, nicht mehr in Richtung der alten Römerstraße, sondern spitzwinklig nach Süden abweichend fortgesetzt. Dies und der Name »Neupörtel« (vgl. Abb. 3, b) für ihren Durchlaß durch die salische Mauer zeigen an, daß diese Straßenführung wohl jünger ist als der Ausbau der auf das »Altpörtel« zulaufenden Maximilianstraße (Märkte; 5). Diese muß als die eigentliche Hauptachse des salischen Speyer angesehen werden, auch wenn sie topographisch vielleicht erst durch eine spätsalisch-frühstaufische Erweiterung der Stadt nach Norden zur Mittelachse geworden sein sollte. Durch die Aufgabe der alten römischen Hauptstraße (in salischer Zeit?) wurde der Durchgangsverkehr nach Westen und Süden in diese neue Achse gezwungen; die jüngere Verkehrsführung durch das Neupörtel erlangte offenbar nie größere Bedeutung.

Die Straße an der nördlichen Terrassenkante (Achse Johannesstraße-Armbruststraße; 6) schwingt weit nach Nordwesten und schließlich Norden bis zum Weidentor aus, wo sie vermutlich auf die alte römische Rheinuferstraße traf. Von den Radialstraßen der salischen Stadt könnte sie am ehesten in ihrem Gesamtverlauf einem allerdings bislang nur hypothetischen Altweg folgen.

Zu den Radialstraßen treten nun einige wichtige Querverbindungen, die teilweise vielleicht auf alte Verkehrswege zurückgehen. Dies ist in erster Linie für die Herdstraße (7) und die sie in leichten Versprüngen nach Norden fortsetzenden kleineren Gassen (Schustergasse, Salzgasse, heutige St. Georgengasse) erwogen worden: Diese Achse bildet im Spätmittelalter die Verbindung der durch das Rheintor eintretenden Verkehrswege von den wichtigsten Rheinfähren (seit etwa 1230 zeitweise wohl auch vom zweiten Hafen) südlich der Stadt zum wirtschaftlichen Zentrum im Bereich der Münze und darüber hinaus zu den am Speyerbach vermuteten früh- und hochmittelalterlichen Lande- und Stapelplätzen. Die Rheinfähren unmittelbar südlich von Speyer sind allerdings erst im 13. Jahrhundert belegt. Ob es hier schon in vor- bzw. frühsalischer Zeit Rheinübergänge gegeben hat, läßt sich wegen der Veränderungen im Rheinlauf nicht sicher sagen, so daß über die Verkehrsbedeutung der Herdstraße vor dem 13. Jahrhundert nur Mutmaßungen möglich sind.

Eine wichtige innerstädtische Nord-Süd-Verbindung war wohl die Achse Heydenreichstraße (»Jakobsgasse«) – Südteil Wormser Straße (»Bartholomäusgasse«) (8). Die beiden namengebenden Kapellen bestanden bereits vor 1165, der beide Straßenteile verbindende Übergang über den Stadtbach (»Weinbrücke«) ist die am frühesten (1212) und häufigsten genannte innerstädtische Brücke. Ob der eigentümlich schiefwinklige Verlauf zur Maximilianstraße und die spitzwinklige Einmündung in die Achse Gutenbergstraße-Nordteil Wormser Straße (9) durch ein Tor in einer hypothetischen Zwischenbefestigung innerhalb der Norderweiterung bedingt war, muß vorerst völlig offenbleiben.

Die westlichste Querverbindung (Allerheiligenstraße-Roßmarkt-Gutenbergstraße) ist wohl heterogenen Ursprungs. Der Nordteil (9) entlang der Achse Gutenbergstraße-Nordteil Wormser Straße (gemeinsamer Name im Mittelalter »Hundgasse«) ist möglicherweise durch Einbeziehung der alten Rheinuferstraße in den Stadtbereich spätestens bei der Ummauerung der Norderweiterung entstanden. Die Allerheiligenstraße (10) könnte ein alter Zuweg zu diesem Stift sein, während der sich der salischen Mauer anschmiegende Roßmarkt als Mauergasse wohl zusammen mit dieser entstanden ist.
Zu den wichtigeren Verbindungsstraßen ist vielleicht auch die Große Greifengasse (alt in Teilbereichen »Steingasse«) zu rechnen (11), wobei die Frage, ob sie ihren eigentümlichen Verlauf der hypothetischen, bisher noch nicht sicher lokalisierten Nordbefestigung der hochsalischen Stadt verdankt, derzeit offenbleiben muß.
Es fällt auf, daß die Herdstraße (7) zusammen mit ihren Fortsetzungen nach Norden in deutlicher Krümmung parallel zur bogenförmigen vorsalischen Befestigung, die mittlere Achse Heydenreichstraße-Südteil Wormser Straße (8) hingegen ausgeprägt geradlinig verläuft, während die große westliche Querverbindung von der Allerheiligenstraße zum Nordteil der Wormser Straße (9 und 10) insgesamt gesehen wieder bogenförmige Gestalt zeigt. Ein ähnlicher Wechsel zwischen bogenförmiger und geradliniger Führung läßt sich auch bei den kleineren Gassen sowohl im Bereich der ottonischen civitas als auch der hochsalischen Erweiterung nach Westen aufzeigen, ohne daß derzeit eine einleuchtende historische Erklärung möglich scheint.
Auch im Bereich der »spätsalisch-frühstaufischen Norderweiterung« fällt im rekonstruierten Kataster von 1773 die bogenförmige Führung verschiedener Gassen und größerer Grundstücksgrenzen auf, die heute großteils begradigt ist. Sie hat ihr Zentrum jedoch nicht mehr beim Dom, sondern am Weidentor. Ob sich hierin eine vom Guidostift ausgehende Siedlungsbewegung dokumentiert, die der vom Dombereich ausgehenden seitlich entgegenwuchs, ist derzeit noch ebensowenig geklärt wie die Frage, ob der südlich des Augustinerklosters nachgewiesene Graben (vgl. Abb. 3, y) als Rest einer provisorischen Nordbefestigung der Kernstadt oder einer kurzzeitigen separaten Umwallung einer Siedlung am Weidenberg anzusehen ist.
Noch weniger klärbar ist die Situation um das Allerheiligenstift, wo die ehemals gekrümmte Führung der Mönchsgasse (noch 1821, vgl. Abb. 5) an ähnliche Verhältnisse wie beim Guidostift denken lassen könnte. Hier kommt hinzu, daß in unmittelbarer Nähe des Stifts die Kapelle (später Pfarrkirche) St. Peter lag, deren kirchenrechtliche Stellung als Eigenkirche des vor der Stadt liegenden, auf ein wohl merowingerzeitliches Kloster zurückgehenden Germanstifts, nicht etwa des unmittelbar benachbarten Allerheiligenstifts, eine vorsalische Entstehung möglich erscheinen läßt (vgl. Abb. 2, 4). Allerdings fehlen bislang Nachweise für eine frühzeitige Besiedlung dieses Gebiets.
Die Rolle der beiden salischen Stifte St. Johannes/St. Guido und Trinitatis/Allerheiligen als Kristallisationspunkte der frühen Besiedlung ist also derzeit noch nicht konkret zu fassen.

Abb. 5 Speyer. Vor 1285 urkundlich faßbare Großgrundstücke in den Grenzen von 1773 (Kartengrundlage: Stadtplan 1821). ▷

——— Vermutlich zum ältesten Bestand gehörige, noch 1773 gültige Grundstücksgrenzen. –
- - - - - Grenzen späterer Erweiterungen. –
— — — Zum ursprünglichen Bestand gehörig, 1773 in anderen Händen. –

Großgrundstücke in der Reihenfolge der Gründungszeit bzw. Erstnennung:

1 Stift St. Johannes/St. Guido (um 1030).
2 Stift Trinitatis/Allerheiligen (um 1039/54).
3 Jüdischer Kultbereich (Ende 11. Jh.?).
4 Curtis mit Bartholomäuskapelle (vor 1165).
5 Curtis mit Jakobskapelle (vor 1165).
6 Dompropstei (1180?).
7 Hof des Kämmerers Gerung, seit 1212 Klosterhof Eußerthal.
8 Himmeroder Besitzkomplex (vor 1219).
9 Patrizierhof »Vor dem Münster« (1235?).
10 Franziskanerkloster (hier zuerst 1241) mit Fronhof I des Domkapitels (bis 1261).
11 Maulbronner Klosterhof (vor 1243).
12 Hof des Heinrich Bremo, seit 1261 Fronhof II des Domkapitels.
13 Dominikanerkloster (seit ca. 1265).
14 Augustinereremitenkloster (seit ca. 1265).
15 Hof Zum Hirschhorn (1272).
16 Hof Zum großen Rabenstein (1281), später Zum Kranich.
17 Schlegelhof (1284).

KREIS HAUPTSTADT
Speyer
im Jahre 1821.
Maximilians Strafse
Holz Hof
Holz Markt
Königs Platz
ERKLÄRUNG.
Oeffentliche Gebäude
Kirchen.
Haupt
Neben
Gebäude.
Privat Gebäude.
Bewohnte
Unbewohnte
Gebäude.
Ruinen.
Gärten.
Hofräume.
1
2
3
4
5
6
7
8
8
9
10
11
12
13
14
15
16
17

c. Grundstücksstrukturen

Großhöfe (curtes) (Abb. 5)

Die ursprüngliche Grundstücksstruktur innerhalb des wohl durch die genannten Hauptverkehrswege gebildeten ältesten Straßenrasters ist nur rudimentär zu erkennen. Es fällt jedoch auf, daß sich die in den Schriftquellen bis etwa 1285 erfaßbaren Besitzkomplexe – soweit sie überhaupt im späteren Kataster annähernd zu identifizieren sind – durch ungewöhnliche Größe, insbesondere Breite, auszeichnen. Allerdings sind die genauen Grenzen oft nicht klar rekonstruierbar.

Schon der ursprüngliche Umfang der engeren Stiftsbezirke von St. Guido (1) und Allerheiligen (2) ist innerhalb des barocken Besitzkomplexes der Stifte nicht völlig sicher zu ermitteln und kann in beiden Fällen nur vermutungsweise mit dem barockzeitlichen Kirchhofgelände und Dechaneibesitz identifiziert werden. Unsicherheit besteht auch hinsichtlich des Umfangs und vor allem des Vorbesitzers (Bischof?) des ausgedehnten Areals der jüdischen Kultus- und Gemeinschaftseinrichtungen in der Kernstadt (3).

Die beiden bereits erwähnten Kapellen (später Pfarrkirchen) St. Bartholomäus (4) und St. Jakob (5) gehörten zu curtes, deren Umfang wohl etwa durch die späteren Kirchhofbereiche markiert wird. Sie kamen um 1165 aus dem Besitz der Speyerer Hochstiftsvögte aus der Familie der Egbert-Anselm an das Domkapitel. Für die anderen Kirchhöfe der Kernstadt läßt sich eine Rückführung auf alte Hofbezirke leider nicht erweisen.

Ein wesentlich größeres, später wohl nur geringfügig verändertes Altgrundstück ist der Hof (curtis) an der heutigen Ludwigstraße, den Kloster Eußerthal 1212 aus dem Familienbesitz des Kämmerers Gerung erwerben konnte (7). 1219 erstmals urkundlich faßbar ist der Himmeroder Besitzkomplex am Weidentor, dessen Erwerb wohl in die Zeit des Eindringens Himmerods ins Speyerer Umland Ende des 12. Jahrhunderts gehört. Er umfaßte neben dem späteren »Hammelroth« mindestens ein weiteres Grundstück nördlich und (allerdings erst im späten Mittelalter urkundlich faßbar) weitere Hausplätze südlich des Zugangs zum Guidostift. Das könnte für hohes Alter des Gesamtkomplexes sprechen, doch läßt sich – da ein Vorbesitzer nicht zu ermitteln ist – nicht mit Sicherheit sagen, ob es sich tatsächlich um ein ehemals zusammenhängendes größeres Hofareal gehandelt hat (8). Besonders ausgedehnt ist – auch wenn man den großen Pflanz- und Baumgarten in der Niederung des Mörschgebiets nicht zum ursprünglichen Bestand zählt – der Maulbronner Klosterhof an der Johannesstraße (11). Die alte Überlieferung, er habe bereits seit 1159 zur Grundausstattung des Klosters durch den Speyerer Bischof gehört, läßt sich urkundlich nicht belegen. Er ist jedoch für 1243 sicher bezeugt.

Im Bereich des späteren Franziskanerklosters (10) lag der ältere Fronhof des Domkapitels, der 1261 im Tausch gegen den Hof des Heinrich Bremo am Roßmarkt den bereits angrenzenden Franziskanern überlassen wurde. Die Lage des alten Fronhofs innerhalb des späteren Klosterbezirks kann leider nicht bestimmt werden, wohl aber kann die Größenordnung über den noch 1773 bestehenden Fronhof II am Roßmarkt (ohne den 1444 hinzuerworbenen Lichtenthaler Klosterhof) rekonstruiert werden. Mit dem Hof des Heinrich Bremo (12) erfassen wir zugleich das ausgedehnte Hofareal eines Privatbesitzers um die Mitte des 13. Jahrhunderts. Ähnliche Dimensionen weisen auch einige der großen Höfe im Gebiet der vorsalischen civitas auf, etwa die Dompropstei (1180?) (6), der Hof der Familie vor dem Münster (indirekt 1235) (9), die Kurie Zum Hirschhorn (indirekt 1272) (15), der Hof Zum großen Rabenstein, später Zum Kranich (1281) (16) und der Schlegelhof (1284) (17).

Zu den auffälligsten Großgrundstücken gehören jedoch die Areale der Bettelordenklöster, wobei hier nur die der Kernstadt zu betrachten sind. Die Franziskaner sind seit 1223 in der Stadt, jedoch erst 1241 im Bereich ihres späteren Klosters nachzuweisen (10), die Dominikaner (13) und Augustinereremiten (14) seit etwa 1265. Die unregelmäßige Form der Klostergrundstücke dürfte zum Teil auf späteren Zuerwerb zurückgehen, wie er zum Beispiel um 1500 für den südlich aus dem Klosterbereich vorspringenden Garten der Augustiner belegt ist. Auch bei Reduzierung auf den Kernbereich um die jeweils auffallend große frühgotische Kirche und die Umgebung des Kreuzgangs bleibt auffällig, daß noch um die Mitte des 13. Jahrhunderts Anlagen dieser Größenordnung mitten in der Kernstadt entstehen konnten. Man hat dies damit erklärt, daß den Bettelorden von der Stadt bzw. vom Bischof Teile der Graben- und

Glaciszonen älterer Befestigungen (der »frühsalischen Kaufleutesiedlung« bzw. des Südabschnitts der spätsalisch-frühstaufischen Norderweiterung) zugewiesen wurden. Für die Franziskaner ist allerdings – wie gezeigt – zumindest für einen Teilbereich Entstehung aus bzw. Erweiterung durch einen der älteren Großhöfe urkundlich nachzuweisen. Beim Dominikanerkloster findet sich neben der späten Tradition über Gründung durch den Bischof auch die Überlieferung, einige Bürger hätten es aus Dankbarkeit über die Niederwerfung eines Aufstandes (des Volzo und seiner Brüder 1265) gestiftet bzw. es sei mit konfisziertem Gut der Verschwörer dotiert worden. Es besteht also zumindest die Möglichkeit, daß auch den späteren Klosterarealen alte curtes zugrundeliegen.

Nur vermutet werden kann, daß die hier besprochenen Großgrundstücke lediglich Teile eines ursprünglich reicheren Bestandes an Besitzungen dieser Größenordnung sind, die sich überwiegend deshalb besonders lange erhalten haben, weil sie frühzeitig in geistlichen Besitz kamen. Sie verteilen sich ohne erkennbare Konzentration in bestimmten Bereichen über das ganze Stadtgebiet. Ein geschlossenes Bild der Grundstücksstruktur vor und im 13. Jahrhundert ergibt sich daraus allerdings nicht.

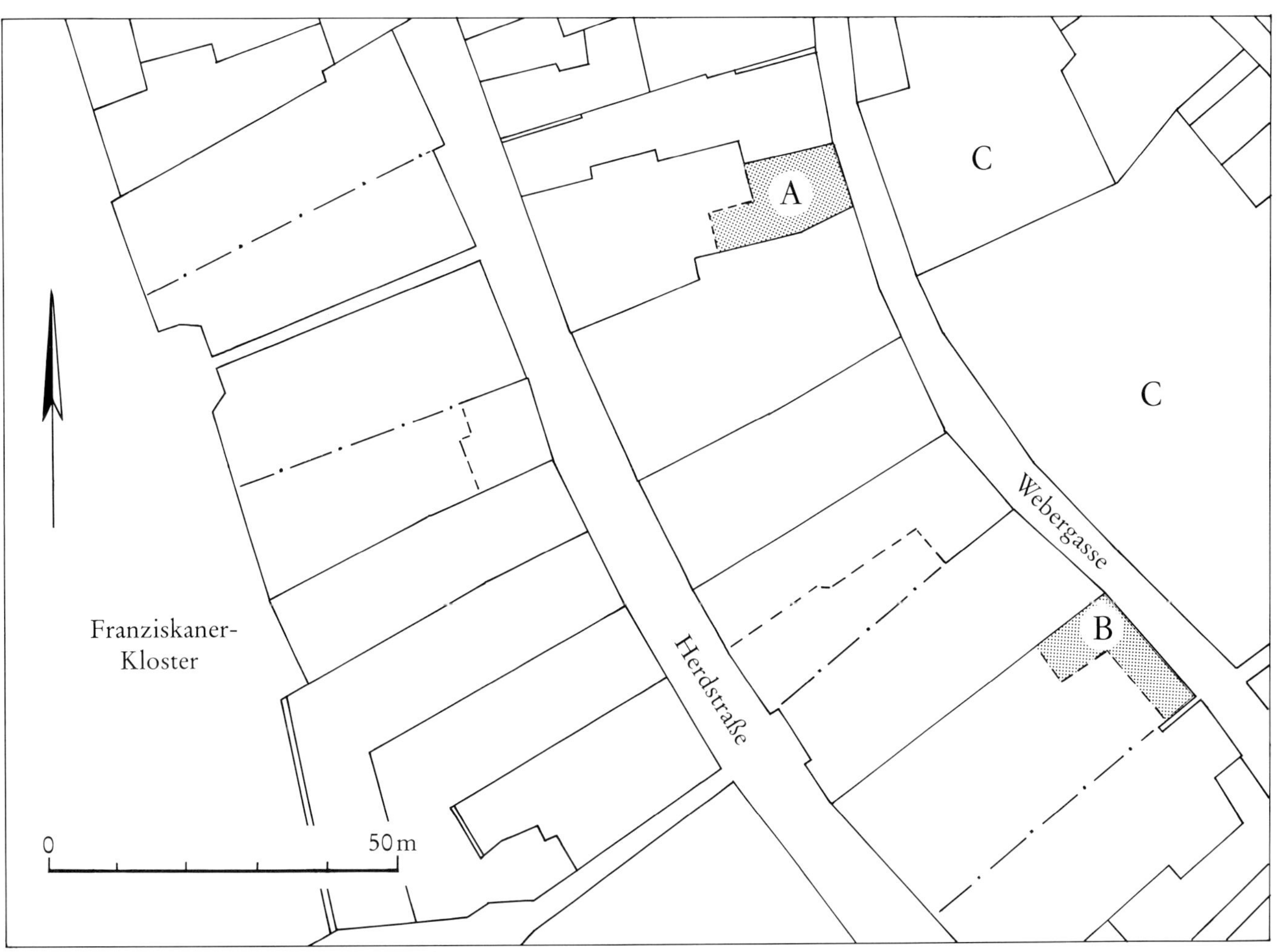

Abb. 6 Speyer. Grundstücksstrukturen an der Herdstraße (Ausschnitt):

———	Grundstücksgrenzen 1773 (Angaben über ältere Grenzen berücksichtigt), im wesentlichen bereits um 1300 nachweisbar.
— — —	Grundstücksgrenzen 1773, vermutlich erst spätmittelalterlich oder frühneuzeitlich.
— · — ·	Vermutete, jedoch 1773 nicht mehr nachweisbare mittelalterliche Grundstücksgrenzen.
A / B	1773 domstiftische Kleingrundstücke an der Webergasse, im 14.–15. Jh. aus Grundstücken der Herdstraße ausgegliedert.
C	Domstiftische Großgrundstücke des 18. Jhs., mittelalterliche Struktur nicht rekonstruierbar.

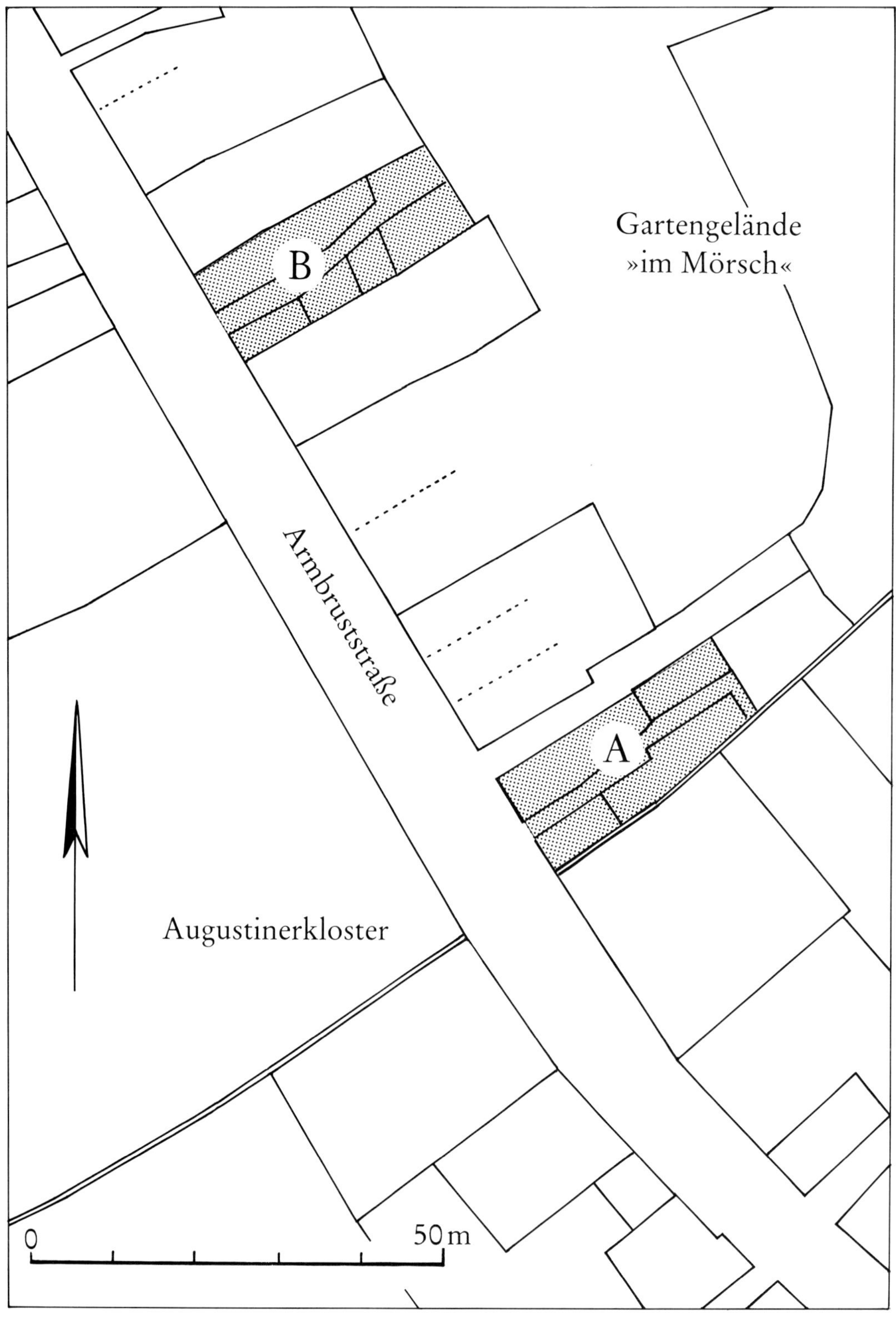

Abb. 7 Speyer. Grundstücksstrukturen an der Armbruststraße (Ausschnitt): ——— Grenzen 1773. — — — Grenzen um 1688/1714. – A Ursprünglich hochmittelalterliches Grundstück mit spätmittelalterlicher Kleinstparzellierung: um 1398 »Zeissolfs Geseß«, 1407 »Pfaffzeissolfes Gässel« mit Torhaus, 1773 »Hilzenburggäßlein«. – B Ursprünglich hochmittelalterliches Grundstück mit spätmittelalterlicher Kleinstparzellierung: 1406 »Hanengasse«, 1773 »Allmend darin Dr. Stüber gewohnt«.

Gesesse (curiae)

Eine anschaulichere Vorstellung gewinnen wir erst seit dem ausgehenden 13. Jahrhundert. Die nun in großer Dichte einsetzende Urkundenüberlieferung erlaubt die Einordnung zahlreicher Einzelgrundstücke in den rekonstruierten Kataster von 1773 und die Feststellung, daß die Grundstücksstruktur in vielen Bereichen bereits annähernd gleich gewesen sein muß. Die an den größeren Straßen (vgl. Abb. 4, 2–11) weitgehend vorherrschende Grundstücksform ist ein mit der Schmalseite der Straßenfront zugewandtes, langgezogenes Rechteck im ganzen recht unterschiedlicher, innerhalb bestimmter Straßenabschnitte jedoch häufig gleicher Tiefenerstreckung (Abb. 6 u. 7). Die geläufige Bezeichnung dieser Grundstücke ist curia, deutsch Geseß oder Hof. Mehrfach ist für das 14. Jahrhundert belegt, daß die Bebauung zwei oder mehr hintereinanderliegende Häuser umfaßte, wobei häufig das Hinterhaus als das steinerne oder unterkellerte bezeichnet wird bzw. die Stube, also den beheizbaren Raum, enthielt. Mehrfach sind Teilungen solcher Gesesse, und zwar sowohl Längs- wie Querteilungen überliefert, die das 14. Jahrhundert als Periode offenbar stärkeren Bevölkerungswachstums ausweisen und viele der im Kataster von 1773 vom Grundschema abweichende Erscheinungen erklären dürften. Besonders interessant sind die Fälle völliger Auflösung solcher Gesesse durch kleinteilige Parzellierung entlang eines in die Tiefe führenden schmalen Hofs, der sich – obwohl an der Straßenfront bisweilen von einem Torhaus überspannt – in der Folge zu einem öffentlichen Gäßchen entwickeln kann. Beispiele für die Ausbildung solcher Sackgassen auf ehemaligen Höfen sind an der Armbruststraße (Abb. 7, A und B), der nördlichen Wormser Straße und der Großen Greifengasse in den Urkunden gut zu verfolgen.

Kleinparzellen an Seitengassen

Gleichzeitig mit den als curia (Geseß) bezeichneten Grundstücken werden auch schon kleinere Parzellen greifbar, die jeweils nur ein Haus mit Zubehör umfaßten. Die Übergänge waren im einzelnen allerdings fließend und die Zuordnung mancher Grundstücke zu dem einen oder anderen Typ schwankt schon in den zeitgenössischen Quellen. Nur selten tragen diese kleineren Grundstücke Hausnamen und sind deshalb zumeist nicht über längere Zeit hinweg in den Quellen zu verfolgen oder als Parzelle im Kataster sicher zu identifizieren. Die Vielzahl von in den älteren Urkunden vorkommenden, nicht genau lokalisierbaren Einzelhäusern in der Bechergasse, der Salzgasse oder der Schustergasse weist darauf hin, daß in diesen Gassen diese dort noch 1773 gut faßbare Struktur (Abb. 8) schon gegen Ende des 13. Jahrhunderts voll ausgebildet war. Gegen Ende des 14. Jahrhunderts sind nach Ausweis der Kontraktenbücher auch die Flachs- und die Grasgasse, in denen es in älterer Zeit zumindest einige größere Gesesse gegeben zu haben scheint, von dieser kleinteiligen Parzellierung erfaßt.

Eine besondere Rolle spielt die sich zwischen Münze und Altpörtel hinziehende Reihe solcher kleiner Parzellen »auf der Bach«. Sie ist beim Einsetzen der urkundlichen Überlieferung bereits weitgehend mit festen, zum Teil steinernen Bürgerhäusern bebaut, ihre ursprüngliche Funktion als Standort öffentlicher Wirtschaftseinrichtungen mitten auf dem in diesem weiteren Sinne auch die heutige Korngasse einschließenden Markt ist jedoch noch durchaus zu fassen. Noch vor der Münze lag bei der Schlagbrücke die ältere Unterschranne (später in das nahegelegene Zunfthaus der Metzger verlegt), in der Nähe das untere Eichhaus, hinter der Münze eine Gruppe von Brotverkaufsständen (Simmelmarkt), am heutigen Ledergäßchen das Gerichtshäusel (iudicium saeculare), zwischen Leder- und Krautgäßchen die mittlere Fleischschranne, zwischen Kraut- und Eichgäßchen das Brothaus (hallae panum), westlich des Eichgäßchens die obere Eiche und schließlich an der Spitze schräg gegenüber des Altpörtels lang hingezogen die oberen Schrannen. Das bedeutendste Bauwerk dieser Reihe war unzweifelhaft die 1289 erbaute Münze in städtebaulich hervorragender Position dem Dom gegenüberliegend. Leider kann nicht festgestellt werden, ob ihr Vorgängerbau bereits an gleicher Stelle gestanden hatte. Nach Ausweis der Kontrakten bücher sind diese Einrichtungen schon um 1400 rings von Bürgerhäusern eingeschlossen, teilweise nicht mehr in voller Funktion (Mittelschranne) oder auf die heutige Maximilianstraße hinausgedrängt (Brothaus). Einzelne öffentliche Gebäude (Münze, obere Eiche, Oberschranne) erhielten sich jedoch bis 1689.

Kleinstparzellen

Ein vierter Grundstückstyp, noch kleinteiliger und häufig mit aneinanderliegenden Häusern unter einem gemeinsamen Dach bebaut, entstand durch die bereits erwähnte Parzellierung ehemaliger curiae (vgl. Abb. 7, A und B), später z. B. auch durch Verpachtung der Schwibbögen unter den Stadtmauern vor allem am Roßmarkt.

Bei Einsetzen der dichteren urkundlichen Überlieferung sind in der Kernstadt alle beschriebenen Grundstückstypen ausgebildet und – von wenigen Ausnahmen abgesehen – weitgehend jeweils in den Bereichen anzutreffen, in denen noch die Stadtbeschreibung von 1773 entsprechende Strukturen zeigt. Die Frage, ob die verschiedenen Typen prinzipiell verschiedenen Zeitschichten zuzuweisen sind, ist daher vom urkundlichen Befund her nicht eindeutig zu beantworten. Immerhin bietet sich als Hypothese die Vermutung an, daß die kompakten, großen curtes (vgl. Abb. 5) zumindest zum Teil Relikte der ältesten, vielleicht teilweise noch vor-städtischen Grundstücksstruktur sind. Die langgezogenen, mit der Schmalseite an den Hauptdurchgangsstraßen ausgerichteten Parzellen (vgl. Abb. 6 und 7) erinnern bereits an die Grundstücksstruktur stauferzeitlicher Gründungsstädte. Nur durch bislang fehlende historische und archäologische Detailuntersuchungen an Einzelgrundstücken könnte aufgeklärt werden, ob diese Grundstücksstruktur in Speyer tatsächlich erst in staufischer Zeit durch Längsteilung älterer Großhöfe oder Parzellierung zuvor noch unbebauter Flächen (der areae der älteren Schriftquellen?) gebildet wurde oder ob sie hier bereits der Salierzeit angehört, so daß Speyer in dieser Hinsicht Elemente stauferzeitlicher Gründungsstädte bereits in salischer Zeit vorweggenommen hätte. Die Besiedlung der Seitengassen vornehmlich der Maximilianstraße mit ihren wesentlich kürzeren Grundstücken (Abb. 8) könnte schließlich Ausdruck einer zunehmenden sozialen Differenzierung einerseits und der allgemeinen Zuzugsbewegung in die Städte seit dem 12. Jahrhundert andererseits sein. Wesentliche Unterschiede zwischen den verschiedenen angenommenen Erweiterungsringen der Stadt sind in der Grundstücksstruktur nicht zu erkennen, deren Gesamtbild offenbar das Ergebnis der Binnenerschließung der Kernstadt in salischer und staufischer Zeit ist.

5. Zur Sozialtopographie

Anders als bei der Grundstücksstruktur sind bei der Sozialstruktur regionale Sondergebiete durchaus erkennbar, wie sie zum Beispiel durch L. A. Doll für das Speyerer »Patriziat« schon 1954 nachgewiesen werden konnten. Die von bestimmten Bevölkerungs- oder Berufsgruppen bevorzugten, wenn auch nie ausschließlich bewohnten Sondergebiete sind zweifellos nicht alle gleichzeitig entstanden. Die Namen »Tuchergasse« (zuvor »Bartholomäusgasse«, heute Südteil Wormser Straße) und »Unter Goldschmieden« (zuvor »unter gademen«, zwischen unterer Maximilianstraße und Großer Himmelsgasse) treten offenbar einschließlich der namengebenden Sozialstruktur erst im 14. Jahrhundert auf, während andere entsprechende Bildungen schon für das 13. Jahrhundert belegt sind (Schustergasse 1248, Webergasse um 1250, Becher- =Pechergasse 1272, »Schmiedegasse« – die heutige Schrannengasse – 1290). Ob die Ansätze zur Bildung solcher Handwerkerviertel wesentlich vor die Mitte des 13. Jahrhunderts zurückreichen, ist für Speyer mangels älterer Überlieferung nicht festzustellen.
Ausformung der Sozialstruktur schon in vorsalischer Zeit kann allerdings allenfalls für die Bereiche mit starker Konzentration »patrizischen« Besitzes vermutet werden. Die von L. A. Doll zusammengestellten zahlreichen Belege für »patrizischen« Besitz in einem breiten, bogenförmigen, der ottonischen civitas gürtelartig vorliegenden Streifen entlang der Achse Salzgasse – Flachs- und Grasgasse – Herdstraße (vgl. Abb. 3) wurden als Hinweis auf das Wohngebiet der »freien Kaufleute« der spätottonisch-frühsalischen Zeit gedeutet. E. Herzog hat dort sogar einen quer zur späteren Marktstraße verlaufenden, langgestreckten Straßenmarkt (Wikstraße) vermutet. Bei näherer Betrachtung der Grundlagen dieser Hypothese ergeben sich allerdings verschiedene Einschränkungen. So gibt es für Speyer bislang weder genealogische noch prosopographische Untersuchungen, die eine klare Umschreibung des als »patrizisch« anzusehen-

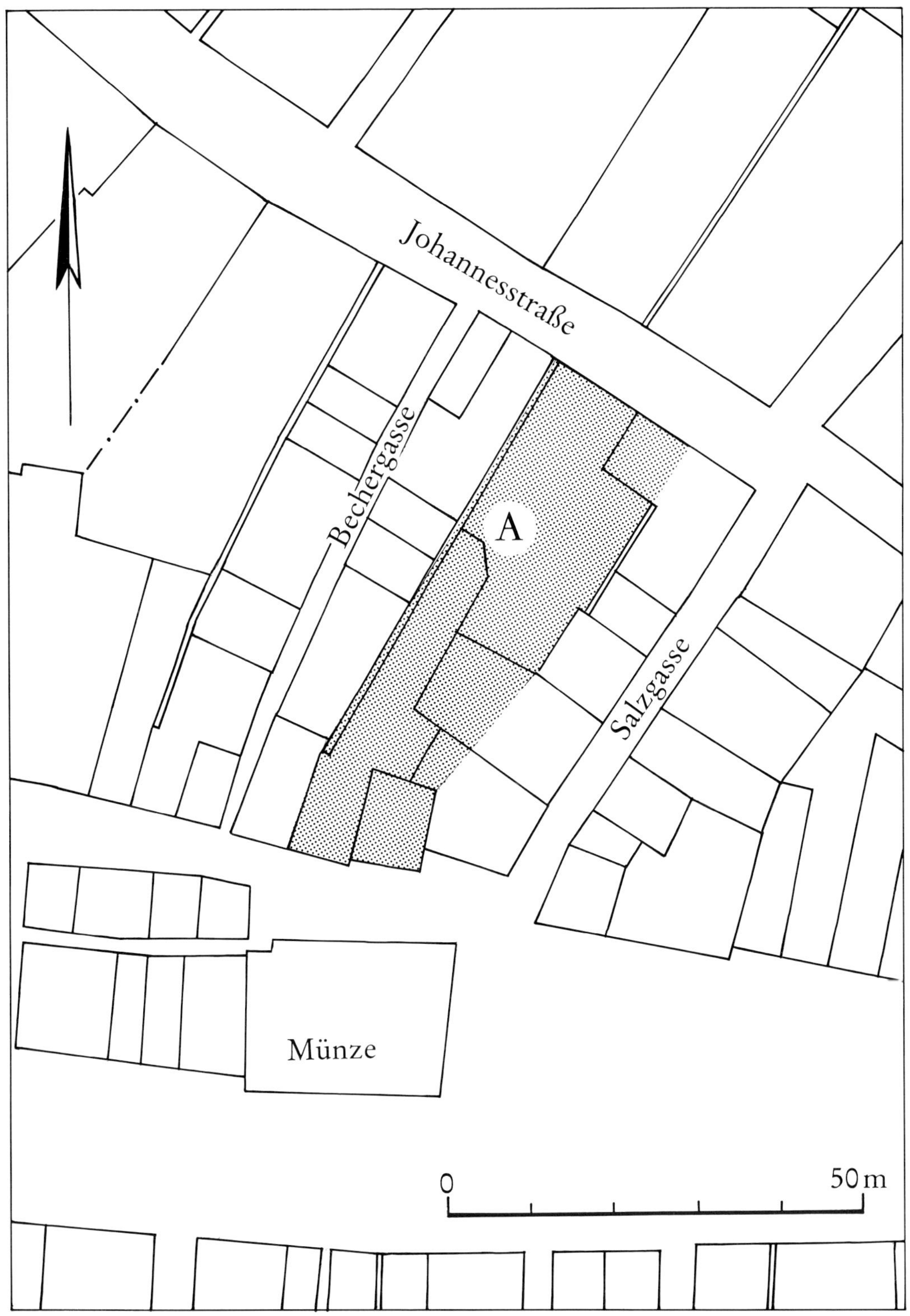

Abb. 8 Speyer. Grundstücksstrukturen im Bereich Salzgasse/Bechergasse: ——— Grundstücksgrenzen 1773 (Angaben über ältere Grenzen sind berücksichtigt), ähnliche Strukturen lassen sich bereits im 14. Jh. nachweisen. — · — · — 1773 nicht mehr vorhandene, für das Mittelalter sicher erschließbare Grenze. – A »Geseß Zum Bermann«, ungefähre Erstreckung im Mittelalter.

den Personenkreises liefern. Für die politische Führungsschicht, das Patriziat im engeren Sinne, zeigen die Arbeiten E. Voltmers sehr heterogene Ursprünge auf, wobei insbesondere in älterer Zeit die bischöflichen, in Speyer wohl auch königlichen Ministerialen eine führende Rolle spielten, in einer späteren Phase daneben auch in Speyer seßhaft werdender Ortsadel der Umgebung. Noch weniger genau definiert ist bislang eine weitere Gruppe von offenbar sehr vermögenden, jedoch nicht oder erst spät im Rat erscheinenden Familien, die Voltmer zum Teil einer »Zwischenschicht« (zwischen eigentlichem Patriziat und einfachen Zunftangehörigen) zurechnet. Charakteristischerweise sind viele dieser Familien, die urkundlich vielfach kaum später in Erscheinung treten als die »Patrizierfamilien«, im frühen 14. Jahrhundert in der damaligen Marktzone (Nordseite Korngasse und Südseite Maximilianstraße) ansässig (Kurien Zum Brussen, Lenz, Maris, Merzen, Mömpelgard, Schwan, Walheimer usw.). Die Frage, ob die Nachfahren der »freien Kaufleute« der vor- und frühsalischen Zeit vornehmlich im stadtpolitisch engagierten Patriziat oder unter diesen zunächst offenbar nur wirtschaftlich aktiven Familien zu suchen sind, kann derzeit noch keineswegs als geklärt betrachtet werden.

Die Nachweise für »patrizischen« Besitz in der oben beschriebenen gürtelartigen Zone betreffen überwiegend das Patriziat im engeren Sinne, also die politische Führungsschicht, beziehen aber auch einzelne Angehörige der »Zwischenschicht« ein, ohne diese vollständig zu erfassen. Besonders problematisch sind die aus den Seelbüchern des Domkapitels angeführten, nur mit Vornamen bezeichneten Kurien- oder Hausbesitzer, die oft ebensowohl der Zeit des registrierten Vorgangs als auch der des Eintrags angehören können. Die Herausgeber des jüngeren Seelbuchs neigten jeweils offensichtlich zu einer möglichst frühen Datierung und Zuweisung an bekannte »Patrizier«, obwohl durchaus auch Angehörige der Bürgerschaft späterer Zeit in Frage kommen. So ist etwa ein in der Salzgasse begüterter Hellwig wohl nicht der (patrizische?) Hellevicus von 1212, sondern der Monatsrichter von 1359, Hellwig in der Salzgasse.

Eine weitere Schwierigkeit ergibt sich aus der ganz offensichtlich starken Fluktuation im Besitz vieler Kurien. Nur selten ist ein Geseß mehrere Generationen lang in der Hand einer Familie nachzuweisen. Häufiger ist dagegen ausdrücklich belegt, daß die väterliche Kurie bzw. das Geseß des Familien-»Seniors« nach dessen Tod in andere Hände kam. Die Benennung der Kurien nach Personen (Zum alten Roner, Zum alten Retschel) fixiert häufig den zufälligen Besitzstand beispielsweise zum Zeitpunkt der Aufnahme einer Ewighypothek und weist das Anwesen keineswegs als permanenten Familiensitz aus. In anderen Fällen wird der Name bei Besitzerwechsel geändert, wobei nur in besonderen Glücksfällen in Urkunden auch der frühere, in kopialer Überlieferung oder Rückvermerken der jüngere Name hinzugesetzt ist. Es ist daher oft nicht ohne weiteres zu entscheiden, ob eine Vielzahl von einschlägigen Haus- und Bewohnernamen tatsächlich auf eine große Zahl von Patrizierkurien in einem bestimmten Bereich hinweist oder nur auf schnellen Besitzerwechsel in einer relativ kleinen Anzahl von Anwesen. Zuverlässige Rückschlüsse auf die Vorgeschichte größerer Besitzkomplexe im ganzen sind daher erst nach Aufarbeitung der individuellen Geschichte der einzelnen zu diesem Komplex gehörenden Kurien möglich. Solche Hausgeschichten sind jedoch in Speyer auch für die stadtgeschichtlich relevanten Bereiche bislang nicht erarbeitet.

Schon erste Versuche einer genaueren Lokalisierung (Abb. 9) bestimmter Kurien durch Heranziehung auch jüngeren Quellenmaterials machen jedoch deutlich, daß einerseits der bisher als geschlossene Zone angesehene patrizische Besitzgürtel in der Achse Salzgasse – Herdstraße wesentlich zu differenzieren ist und daß andererseits der patrizische Besitz außerhalb dieser Zone umfangreicher war als bislang angenommen. Auf die Konzentration offenbar besonders bedeutender Patrizierkurien um den wohl salierzeitlichen Platz »Vor dem Münster« wurde bereits hingewiesen. Ein überwiegend patrizisches Wohngebiet findet sich auch in der Johannesstraße (s. u. S. 174 f.). Einzelne Anwesen im Besitz von Angehörigen führender Familien lassen sich – bisher unbeachtet – auch in der Allerheiligenstraße und möglicherweise am Fuß des »Weidenbergs« (Umgebung des Guidostifts) nachweisen, entziehen sich allerdings derzeit noch einer Kartierung.

Im Bereich der gürtelartigen Zone vor der vorsalischen Befestigung erweist sich die Herdstraße im frühen 14. Jahrhundert in der Tat als eindrucksvoll geschlossenes Wohngebiet führender Familien.

Abb. 9 Speyer. Wohnplätze der Führungsschicht, urkundlich faßbar seit dem späten 13. Jh.: Erster urkundlich faßbarer Hausname oder Bewohner einer Familie des politisch tätigen Patriziats (vor 1304 im Rat) zuzuordnen. – Erster urkundlich faßbarer Hausname oder Bewohner einer dem Patriziat nahestehenden Familie (»Zwischenschicht«), dem Niederadel oder bischöflichen Amtsträgern zuzuordnen. (Streubesitz um Guido- und Allerheiligenstift kartographisch nicht darstellbar).

Allerdings kann die Ausformung der sehr gleichmäßigen Grundstücksstruktur mit ihren ursprünglich offenbar fast durchweg langrechteckigen Anwesen mit nahezu gleicher Tiefenerstreckung auf beiden Straßenseiten (vgl. Abb. 6) wohl kaum schon in vorsalische Zeit zurückgehen, da die Besitzungen der Ostseite, wie oben gezeigt, bis zur Webergasse reichen, also die Grabenzone der vorsalischen Befestigung miteinbeziehen. Betrachtet man nur die jeweils ersten, meist um 1300 überlieferten Bewohner identifizierbarer Kurien, so finden sich darunter sowohl Angehörige des »politischen« Patriziats (Lambsbuch, Taube, Klobeloch, vielleicht Krone, sowie wohl sicher aus bischöflicher Ministerialität hervorgegangen: Zöllner und Nettinger) als auch von Familien, die wohl eher der »Zwischenschicht« (Side, Zenner, Fulhaber, Roner) zuzurechnen sind, sowie Vertreter des ländlichen Adels (von Bretten, von Kropsburg) und bischöfliche Amtsträger (Schultheiße von Lußheim und vielleicht von Bruchsal [Nettinger]). Die Hinweise auf ministerialisch-ortsadliges Umfeld der Bewohner der Herdstraße sind nicht zu übersehen, konkrete Anhaltspunkte für Herkunft aus vor- oder frühsalischer Kaufleuteschaft fehlen. Auch das könnte für Entstehung der spezifischen Struktur der Herdstraße frühestens in salischer Zeit sprechen. Die Anbindung dieses Besitzkomplexes an das zweite wichtige »patrizische« Wohngebiet in der Johannesstraße ist recht lückenhaft. Die Schustergasse als eigentliche Fortsetzung der Herdstraße nach Norden ist offenbar schon um die Mitte des 13. Jahrhunderts eine reine Handwerkerstraße – patrizischer Besitz ist hier nicht nachzuweisen. Die Belege für solchen Besitz in der Gras- und Flachsgasse beschränken sich bei näherer Betrachtung auf das Haus (!) des Johannes Helfant im »Grashof« und das Geseß zum Guldenschaf in der Grasgasse (an der Ecke zur Maximilianstraße!). Auf die spätestens um 1400 vorherrschende kleinteilige Parzellierung beider Gassen wurde bereits hingewiesen. Jenseits des Marktes, an der Salzgasse, ist die kleinteilige Struktur bereits im frühen 14. Jahrhundert faßbar (vgl. Abb. 8); Ausnahmen sind nur die beiden westlichen Eckgrundstücke am Markt (Zum Kriege) und an der Johannesstraße (Hof des Nibelung vor 1283, später Zum Reinsheimer). Die scheinbare Fülle von Belegen für patrizischen Besitz in der Salzgasse reduziert sich erheblich, wenn die Fälle zweifelhafter Zugehörigkeit zum Patriziat (wie der obengenannte Hellwig) und diejenigen eindeutiger Zuordnung zum »Salzhof« (= heutiger Fischmarkt) eliminiert werden. Der verbleibende Rest zwingt nicht notwendig zur Annahme eines grundlegenden Strukturwandels der Salzgasse von einer Patrizierwohnstraße im 13. Jahrhundert zu einem kleinparzellierten Wohngebiet der verschiedensten sozialen Schichten, wie es uns seit etwa 1300 in den Urkunden entgegentritt.

Ganz anders ist die Sozialstruktur der Johannesstraße. Hier lassen sich wieder eine ganze Reihe von großen Patrizierkurien mit ihren wechselnden Besitzern identifizieren und großteils eindeutig lokalisieren. So finden wir unter anderem auf der Südseite zwischen Salzgasse und Bechergasse, rückwärtig durchlaufend bis zur Korngasse, das Geseß Zum Bermann (vgl. Abb. 8, A), westlich der Bechergasse die Kurie des Engelmann von Böbingen, später im Besitz der stammverwandten oder identischen Familie von Rinkenberg, gelegen zwischen dem Haus des alten Grieben und dem Rohrhof (der Familie zum Rohrhaus?). Zwischen Großer Greifengasse und Lebkuchengasse lassen sich im 15. Jahrhundert mindestens fünf große Kurien nachweisen: Zum Wachenheimer, Zum alten Stern, Zum alten Gottschalk, Zum guten Jahr und Zum Lutterburg; vermutlich identisch mit jeweils einem dieser Höfe sind die im frühen 14. Jahrhundert an gleicher Stelle genannten Gesesse Zum alten Lambsbuch und Zum Knolzen. Jenseits der Lebkuchengasse sitzt im Hof Zum Unkenstein 1327 Johann Fuchs, im Nachbarhof Zum Kesselring 1327/32 sein Sohn Berthold. Auf der Nordseite finden wir an der Ecke der St. Georgengasse den Hof Zum alten Retschel, später Zum Seidenschwanz, wenig westlich davon den Hof des Bernhoh Krone, daneben den des Hugo Greve (Comes), zwischen Hahnengasse und Pfaugasse die Höfe Zum Zoller und Zum Klüpfel, an der Pfaugasse nördlich des Eckhofes Zum Pfau »der Sigel Hunen Geseß« Zur Schiben, westlich des Pfau das Geseß Zur Hunschdrube (später Elendherberge). Die Johannesstraße setzt also den sozialen Habitus der Großen Himmelsgasse (mit Ebelinshof, Zum Pfrumbaum und Retscher) bruchlos über die Grenze der ottonischen civitas hinaus nach Westen bis in Höhe des Maulbronner Klosterhofes fort.

Von den genannten patrizischen Besitzungen in der Johannesstraße kommt dem Hof Zum Klüpfel und der Kurie des Bernhoh Krone besondere Bedeutung zu, weil hier jeweils einem Vorderhaus an der

Johannesstraße ein entsprechender Besitzkomplex am »Salzhof« (heute Fischmarkt) zugeordnet werden kann. Damit wird das patrizische Wohngebiet in der Johannesstraße in enge Verbindung zum Stapelplatz »Salzhof« gebracht, für den sich zudem weiterer patrizischer Besitz nachweisen läßt. In viel stärkerem Maße als die Herdstraße weist so die Johannesstraße die Kennzeichen auf, die andernorts die Wohngebiete der Fernkaufleute auszeichnen: Ausrichtung längs eines wichtigen Verkehrsweges, hier des natürlichen Zubringers zur Rheinuferstraße nach Worms, in unmittelbarer Beziehung zu den unterhalb gelegenen Stapelplätzen, bis zu denen einige Anwesen herabreichen. Ein in diesem Falle notwendig vorauszusetzendes Tor in der vorsalischen Befestigung im Zuge der Großen Himmelsgasse war vielleicht noch um 1250 erhalten: das bislang in der heutigen St. Georgengasse gesuchte und der hypothetischen Nordbefestigung der »spätottonisch-frühsalischen Kaufleutesiedlung« zugeordnete Tor bei der Stuhlbrudermühle in der Salzgasse. Allerdings gelten die grundsätzlichen Zweifel, ob die Konzentration patrizischen Besitzes im späten 13. und frühen 14. Jahrhundert überhaupt auf solche Wurzeln zurückgeführt werden kann, auch für das Wohngebiet an der Johannesstraße, zumal auch dort mit den Fuchs und den von Böbingen unzweifelhaft aus der Gruppe der bischöflichen Amtsträger hervorgegangene Patrizier vertreten sind. Inwieweit in dieser Frage intensivere Detailuntersuchungen der Grundstücks- und Besitzverhältnisse – insbesondere auch unter genealogischen Gesichtspunkten – oder gegebenenfalls archäologische Befunde Gewißheit bringen könnten, muß derzeit völlig offenbleiben.

Zusammenfassung

Die in ihrem relativ geringen Umfang (ca. 8 ha) hinreichend sicher rekonstruierbare, im 10. Jahrhundert nachweislich ummauerte Bischofsstadt Spira vel Nemeta (vgl. Abb. 2) wuchs infolge des Dombaus und der großzügigen Förderung durch Salier und Staufer bis spätestens zum frühen 13. Jahrhundert auf gut das Vierfache der alten Siedlungsfläche an (ohne die sich seit dem späten 11. Jahrhundert entwickelnden, erst im 14. Jahrhundert durch Ummauerung fest mit der Kernstadt verbundenen Vorstädte). Die Hauptausdehnungsrichtung nach Westen war vorgegeben durch die naturräumliche Lage der alten civitas auf einem nach Osten vorgeschobenen Sporn einer dem Hochufer des Rheins vorliegenden Niederterrasse (vgl. Abb. 1) und durch die Anlage zweier frühsalierzeitlicher Stifte in den späteren Eckpunkten der Kernstadt. Die Frage, ob sich diese bemerkenswerte Vergrößerung in mehreren, jeweils durch einen Mauerbau abgeschlossenen Erweiterungsringen (vgl. Abb. 3) oder nach einem großangelegten, im wesentlichen einheitlichen Konzept bzw. in nur zwei Stufen vollzog, kann derzeit noch nicht mit hinreichender Sicherheit beantwortet werden. Verschiedene Indizien, wie die Besitzstrukturen im Gebiet der vorsalischen Stadt und die offenbar neu konzipierte Verkehrsführung (vgl. Abb. 4), sprechen für eine grundlegende Umgestaltung des gesamten Stadtbildes wohl in salischer Zeit. In der Grundstücksstruktur der gesamten Kernstadt lassen sich seit Einsetzen der dichteren Urkundenüberlieferung im späten 13. Jahrhundert vier Grundtypen nachweisen: 1. Großgrundstücke, die vielfach auf besonders früh bezeugte curtes zurückgeführt werden können (vgl. Abb. 5), 2. langgezogene Rechteckparzellen (curiae) mit der Schmalseite an den Hauptverkehrswegen ausgerichtet (Abb. 6 und 7), 3. kurze Hausgrundstücke an den Seitengassen vornehmlich der Marktzone (Abb. 8) und 4. Kleinstparzellen, oft nachweislich durch Aufteilung von Kurien entstanden (Abb. 7, A und B). Während Typ 3 und 4 wohl sicher als nachsalisch angesprochen werden können, läßt sich derzeit nicht feststellen, ob die Großhöfe Relikte der vor-städtischen oder der salierzeitlichen Besiedlung sind, bzw. ob die regelmäßig geformten, schmalen Rechteckgrundstücke bei der salischen Stadterweiterung und -umgestaltung planmäßig angelegt oder sekundär (spätestens allerdings in staufischer Zeit) durch Teilung der Großhöfe und Besiedlung bislang nicht überbauter Flächen (areae) entstanden sind.

Sozialtopographisch lassen sich mit Einsetzen der dichteren Urkundenüberlieferung drei bevorzugte Wohngebiete der Führungsschicht ermitteln: 1. der Platz »Vor dem Münster« mit nach Westen zu allmählich ausdünnender Fortsetzung entlang der Maximilianstraße, 2. die Herdstraße (ohne eine von der bisherigen Forschung angenommene Fortsetzung nach Norden!) und 3. die Achse Große Himmelsgasse-Johannesstraße (Abb. 9). Eine Rückführung auf die Wohngebiete vor- oder frühsalischer Kaufleute ist mangels genealogischer und prosopographischer Forschungen insgesamt problematisch und könnte am ehesten noch für das eng mit den Stapelplätzen am Fischmarkt (»Salzhof«) verbundene Wohngebiet an der Johannesstraße vermutet werden.

LITERATURAUSWAHL

K. Zeuß, Die freie Reichsstadt Speyer vor ihrer Zerstörung, nach urkundlichen Quellen örtlich geschildert (1843).

A. Hilgard, Urkunden zur Geschichte der Stadt Speyer (1885).

K. von Busch u. F. X. Glasschröder, Chorregel und jüngeres Seelbuch des alten Speierer Domkapitels (2 Bde., 1923/1926).

B. H. Röttger, Kunstdenkmäler Bayerns, Reg. Bez. Pfalz Bd. III: Stadt und Bezirksamt Speyer (1934).

L. A. Doll, Zur Frühgeschichte der Stadt Speyer. Eine topographische Untersuchung zum Prozeß der Stadtwerdung vom 10. bis 13. Jh. Mitt. Hist. Ver. Pfalz 52, 1954, 133 ff.

Ders., Speyer. In: Städtebuch Rheinland-Pfalz und Saarland (1963) 383 ff.

E. Herzog, Die ottonische Stadt (1964).

L. A. Doll, Stadtpläne aus dem Anfang des 19. Jahrhunderts I: Speyer 1820. In: Pfalzatlas. Textbd. I (Hrsg. W. Alter; 1970) 478 ff.

E. Voltmer, Reichsstadt und Herrschaft. Zur Geschichte der Stadt Speyer im hohen und späten Mittelalter (1981).

Geschichte der Stadt Speyer. 3 Bde. (Hrsg. W. Eger; 1982/89). Hier bes. die Kartenbeilagen von L. A. Doll und K. R. Müller in Bd. II und der Beitrag: R. Engels, Zur Topographie der Stadt Speyer vor 1689, in Bd. III, S. 489 ff.

H. Dellwing, Stadt Speyer. Denkmaltopographie Bundesrepublik Deutschland. Kulturdenkmäler in Rheinland-Pfalz Bd. 1 (1985).

Unter dem Pflaster von Speyer: archäologische Grabungen von 1987–1989 (Hrsg. Stadt Speyer u. Landesamt für Denkmalpflege, Abt. Archäol. Denkmalpflege, Amt Speyer; 1989).

Weiterführende Literatur, insbesondere zu Einzelproblemen, in den genannten Werken.

FANNY HARTMANN · PAVEL LAVICKA · DOROTHEE RIPPMANN · JÜRG TAUBER

DIE SALISCHE STADT – EIN IDEALBILD

ENTWORFEN NACH ARCHÄOLOGISCHEN BEFUNDEN VORNEHMLICH IN BASEL

Der Versuch, eine Stadt des 11. Jahrhunderts zeichnerisch zu rekonstruieren, stößt sehr bald auf erhebliche Schwierigkeiten. Die archäologischen Befunde und Funde, die einem solchen Unterfangen zugrunde liegen müssen, erweisen sich bei näherem Hinsehen in den meisten Fällen als zwar für den Einzelfall wichtig und auch aufschlußreich, aber doch nicht aussagekräftig genug, um einen größeren zusammenhängenden Siedlungskomplex nachzuzeichnen.

Für ein entsprechendes Unterfangen mußte deshalb nach Grundlagen gesucht werden, die dem Idealzustand einer flächendeckenden archäologischen Dokumentation möglichst nahe kommen. Verschiedene Gründe führten dazu, daß als »Modellstadt« Basel ausgewählt wurde: Hier befindet sich die Archäologie in der glücklichen Lage, neben zahlreichen, in kleineren Grabungen erarbeiteten Befunden auch mehr oder weniger zusammenhängend untersuchte Flächen vorweisen zu können; erwähnt seien namentlich der Petersberg und die Siedlung unter der Barfüßerkirche.

Die rekonstruierte Stadt stellt nun aber nicht einfach Basel im 11. Jahrhundert dar. Sie ist vielmehr als »Idealtyp« aufzufassen, der wesentlich von Basel, daneben aber noch von zahlreichen anderen Städten inspiriert ist. Das Bild zeigt nicht, »wie es gewesen ist«, sondern wie es hätte sein können (vgl. farbige Falttafel Abb. 1).

Im Rahmen einer solchen Rekonstruktion ist es nicht sehr sinnvoll, als Objekt der Darstellung die Stadt als Ganzes bis in den allerletzten Winkel auszuwählen. Anschaulicher und weniger verfremdet ist ein Blick auf einen Ausschnitt, so wie wenn jemand einen Teil der Stadt von einem etwas erhöhten Standpunkt aus betrachtet. Als Standpunkt wurde der Hügel gewählt, auf dem, wenn wir beim Beispiel Basel bleiben wollen, das Münster steht. Um etwas Distanz zum Vorbild zu gewinnen, ist es in unserer »Idealstadt« ein anonymer Burghügel.

Wir stehen mit dem Rücken zur Burg und lassen unseren Blick über ein Quartier streifen, das noch nicht allzu lange so offensichtlich zur Stadt gehört wie seit dem Bestehen der neuen Stadtmauer (Abb. 1,11). Unverkennbar ist schon bei einer oberflächlichen Betrachtung der Reichtum, der sich nicht nur in den ansehnlichen Steinhäusern (Abb. 1,8 u. 9), sondern auch im regen Betrieb in den Quartieren der Handwerker und Kaufleute dokumentiert. Für unser Auge ungewöhnlich ist die reiche Vegetation, die nicht unbedingt zu den allgemein verbreiteten Vorstellungen einer mittelalterlichen Stadt paßt. Wir müssen uns aber vergegenwärtigen, daß dieses herkömmliche Bild im wesentlichen von den Zuständen des 14. und 15. Jahrhunderts geprägt wurde, wo tatsächlich kaum noch freie Flächen innerhalb der Stadtmauer zu finden sein werden. Doch kehren wir zu unserer Stadt des 11. Jahrhunderts zurück und betrachten wir die einzelnen Komponenten.

Die alte Landstraße (Abb. 1,1) führt dem Fluß entlang über die Brücke auf das andere Ufer, wo ein Weg gegen Westen abzweigt. Nach Norden folgt sie weiter dem Fluß in die Ebene, im Westen windet sie sich durch die hügelige Landschaft. Sie ist das älteste Element auf diesem Bild. Man kann sich vorstellen, daß sie den Spuren einer römischen oder frühmittelalterlichen Fernstraße folgt. Seit der Jahrtausendwende wird sie wiederum intensiv benützt. Man kann weiter annehmen, daß hier bereits in römischer Zeit eine Brücke den Fluß überspannte; aus der Brückenstation ist eine frühmittelalterliche Siedlung hervorgegangen, die aber nur von kurzer Dauer war. Mit der wirtschaftlichen Blüte der karolingischen Zeit entsteht an dieser Stelle erneut eine kleine ländliche Siedlung. Diese bleibt, unter dem Schutz des Adligen auf dem Burghügel, für dessen Versorgung sie aufkommt, bestehen. Auch die Fernstraße und der damit verbundene Handel tragen zum Gedeihen dieser Dorfsiedlung (Abb. 1,2) bei.

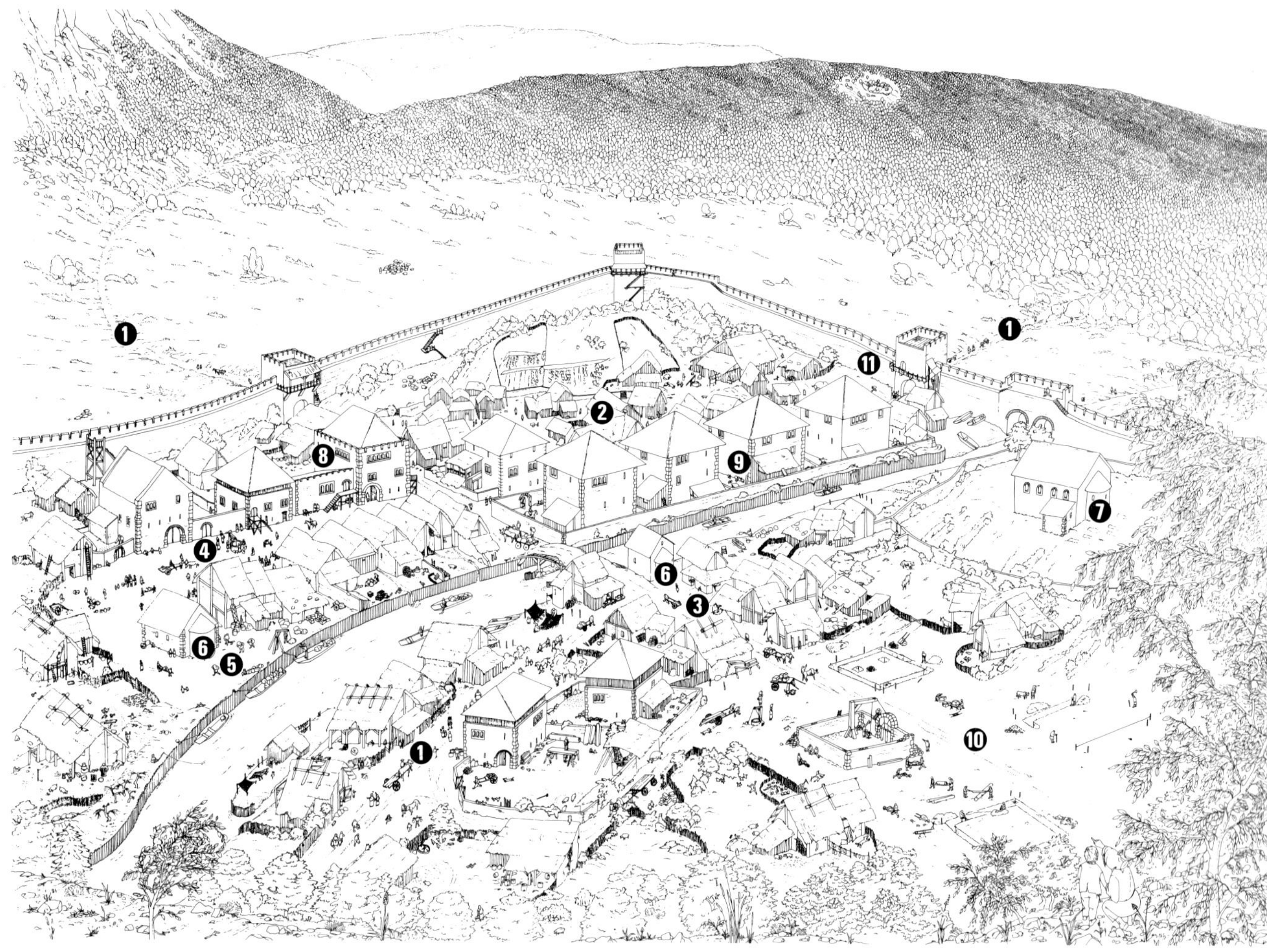

Abb. 1a Erklärung des Idealbildes einer salischen Stadt (vgl. Abb. 1 auf Falttafel): 1 Die alte Landstraße. – 2.3 Handwerkersiedlungen. – 4 Markt. – 5 Schiffslände. – 6 Kapellen. – 7 Pfarrkirche mit Friedhof. – 8 Die ersten Steinhäuser. – 9 Die neue Häuserzeile. – 10 Baustellen. – 11 Stadtmauer.

Abb. 1 Idealbild einer salischen Stadt – entworfen nach archäologischen Befunden. Zur Erklärung des Bildes vgl. oben Abb. 1a. ▷ (Gemälde und Zeichnung Fanny Hartmann.)

1. Die Siedlung Basel-Petersberg

Eine Siedlung dieser Art wurde in den dreißiger Jahren am Petersberg in Basel freigelegt, dokumentiert und in den sechziger Jahren publiziert (Abb. 2)[1]. Berger konnte insgesamt sechs Baugruppen unterscheiden. Die Anordnung der Holzhäuser ließ ein Blockparzellensystem mit regelmäßigen Gassenfluchten erkennen; die Gassen waren teilweise als Bohlenwege angelegt, welche Mensch und Tier vor dem Einsinken in den feuchten, weichen Untergrund bewahrten. Hölzerne Brunnenfassungen, einfache hölzerne Wasserrinnen und ein großer Holztrog bildeten ein recht ausgeklügeltes System der Wasserversorgung.

Dank der guten Erhaltungsbedingungen im über Jahrhunderte konstant feuchten Boden hatten sich die Schwellbalken als grundlegende Konstruktionselemente der einstöckigen Holzhäuser erhalten (Abb. 3,1); die Nuten und Zapflöcher lassen das Konstruktionsprinzip der Stabbauweise erkennen (Abb. 3,2). Von der Inneneinteilung der Räume wurden noch einzelne umgestürzte Flechtwände freigelegt; die geflochtenen Haselruten waren mit Lehm verstrichen. Die Innenräume besaßen einen einfachen Boden aus gestampftem Lehm oder schlicht aus festgetretener Erde.

Einige der im Plan (Abb. 2) eingezeichneten Steinsetzungen interpretieren wir als ebenerdige Feuerstellen. Eine Doppelfeuerstelle mit rechteckigem Grundriß und einer Einfassung aus hochkant gestellten Steinen (Abb. 2: TT in Bau VI) ist im Rahmen der Baukultur des 11. und 12. Jahrhunderts eine Besonderheit: Aufgrund einiger ähnlicher Befunde auf frühen Burganlagen ist anzunehmen, daß sie den Unterbau eines Herdes in der Küche und eines frühen Kachelofens in der Stube darstellte[2]. Daß auch in diesen Holzhäusern der Komfort eines Kachelofens nicht gefehlt hat, belegen die Funde von Becherkacheln auf dem Areal des Petersberges.

Die überwiegende Mehrzahl der Keramikfunde bildeten Fragmente von Geschirr in Form einfacher, bauchiger Töpfe (Abb. 4). Daneben konnten auch viele Metallfunde geborgen werden wie Messer, Schlüssel und Schlösser, Scheren, Hufeisen und Sporen. Die große Bodenfeuchtigkeit ermöglichte zudem die Erhaltung zahlreicher Fragmente von Holzgeschirr, darunter Daubenbecher und gedrechselte Teller. Auffallend für diese Grabung war ferner die große Zahl von Lederfragmenten in allen mittelalterlichen Schichten.

Die Grundrißreste mit übereinanderliegenden Balken und Brettern erlauben es, für die Holzhäuser am Petersberg mehrere Bauphasen zu erschließen. Die Siedlung bestand nach Ausweis der Keramik- und Metallfunde vom 9. bis ins 13. Jahrhundert[3]. Nach dieser Zeit wurde das Quartier umgestaltet und neu organisiert.

1 L. Berger, Die Ausgrabungen am Petersberg in Basel (Basel 1963).

2 J. Tauber, Herd und Ofen im Mittelalter. Untersuchungen zur Kulturgeschichte am archäologischen Material vornehmlich der Nordwestschweiz (9.–14. Jahrhundert). Schweizer Beiträge zur Kulturgeschichte und Archäologie des Mittelalters 7 (Olten und Freiburg i.Br. 1980) 155ff. und 350f.

3 Zur Entwicklung des Formenspektrums zwischen dem 11. und dem 14. Jahrhundert vgl. J. Tauber, Küche, Geschirr und Eßmanieren im Mittelalter. In: Archäologie der Schweiz 8, H. 3, 1985, 197ff.

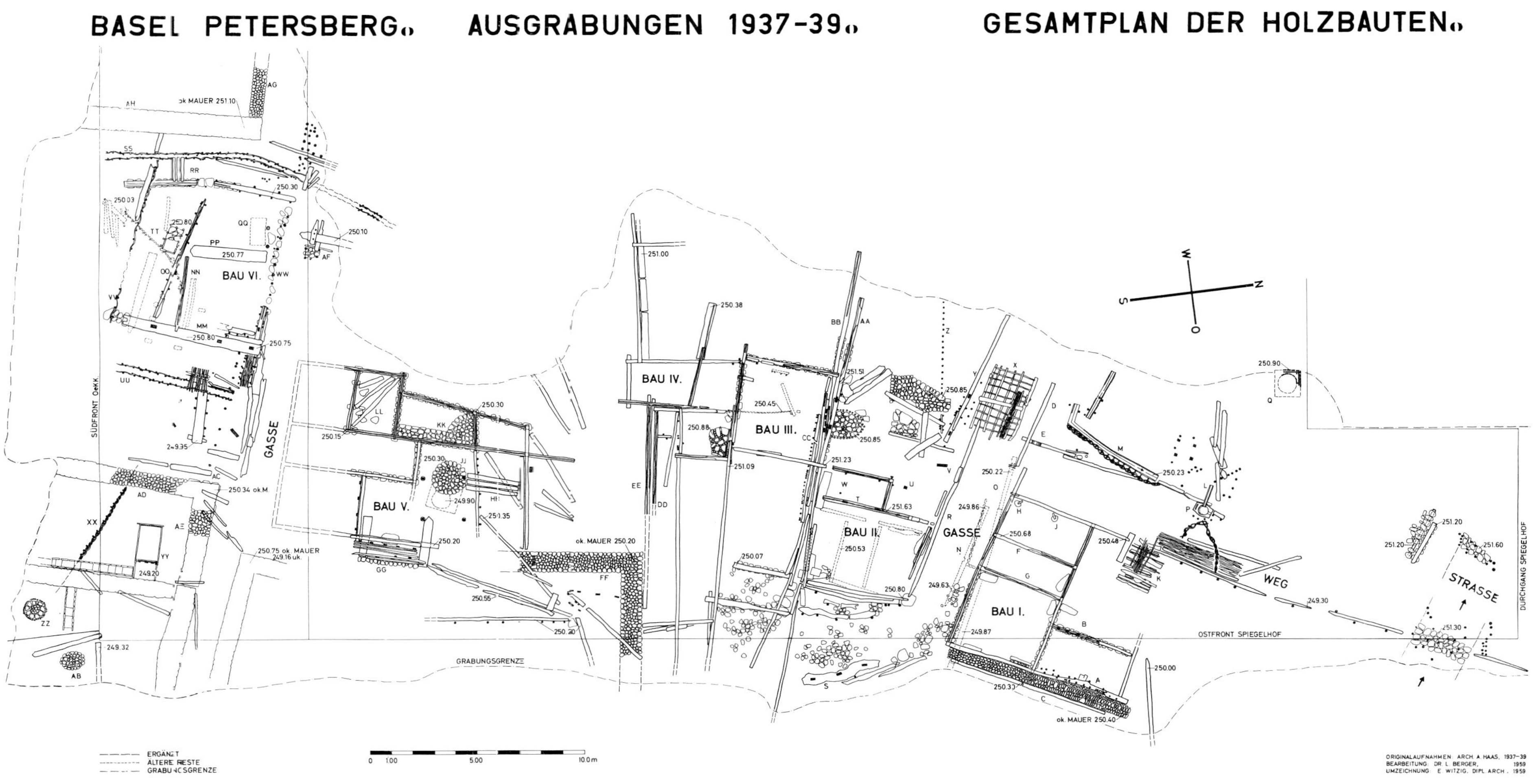

BASEL PETERSBERG. AUSGRABUNGEN 1937-39. GESAMTPLAN DER HOLZBAUTEN.

ERGÄNZT
ÄLTERE RESTE
GRABUNGSGRENZE

ORIGINALAUFNAHMEN: ARCH. A. HAAS, 1937–39
BEARBEITUNG: DR. L. BERGER, 1959
UMZEICHNUNG: E. WITZIG, DIPL. ARCH., 1959

Abb. 2 Die Ausgrabungen am Petersberg in Basel (nach L. Berger).

1

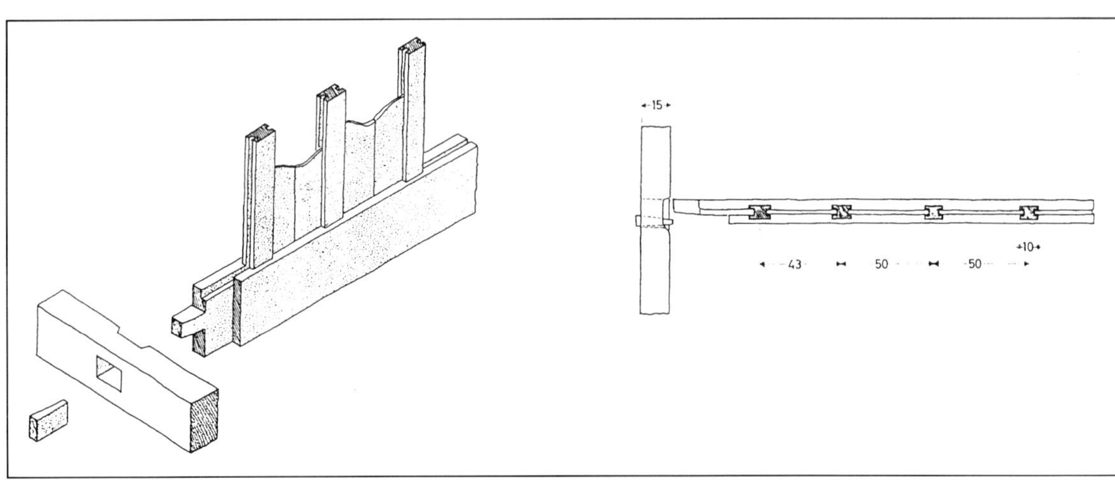

2

Abb. 3 Petersberg in Basel: 1 Fundamente eines Holzbaus (Bau II von West; vgl. Abb. 2). – 2 Stabwand mit Zwischenstützen; Verzapfung mit Keil. – Nach L. Berger.

2. Städtisches Handwerk aus archäologischer Sicht

Auf unserem »Idealbild« ist auf beiden Seiten des Flusses je ein Handwerkerviertel dargestellt (Abb. 1,2 u. 3). Die Handwerker in den Städten der Zeit um 1100 arbeiteten vor allem für die Bedürfnisse des Herrschaftshofes auf der Burg, aber auch für die Bewohner des Tales unter dem Burghügel und zudem für die Dörfer der unmittelbaren Umgebung. Handwerkliche Tätigkeiten sind archäologisch jedoch oft besonders schwierig nachzuweisen.

Bei der Eisenbearbeitung sind es die Schlacken, die uns wertvolle Hinweise auf die Tätigkeit von Schmieden liefern. Die benötigten Rohstoffe wie Eisen und Holzkohle mußten aus dem Hinterland zu den Arbeitsplätzen in der Stadt transportiert werden. Wieweit schon im 11. Jahrhundert gewisse handwerkliche Spezialisierungen stattgefunden haben, ist aus Grabungsbefunden nicht oder kaum ersichtlich.

Zu den wichtigsten Handwerkern gehörten neben den Schmieden die Zimmerleute, die die Holzhäuser errichteten, sowie Küfer, Drechsler und Böttcher, die Fässer und Holzgeschirr herstellten. Von der Tätigkeit dieser Menschen finden wir normalerweise außer – bei idealen Erhaltungsbedingungen – den Endprodukten überhaupt keine Spuren.

Die vielen Keramikscherben unter den archäologischen Funden bezeugen die Existenz von Töpferinnen und Töpfern, die aber mehrheitlich an den Platz gebunden waren, wo der Rohstoff Ton abgebaut werden konnte; dieser war wohl meist außerhalb der Stadt zu finden.

Rinderhörner, Hirschgeweih und Tierknochen waren im Hochmittelalter ein beliebtes Ausgangsmaterial für verschiedene Gegenstände. Rinderhörner benutzte man gerne für die Herstellung von kleinen Bechern; als Abfall blieben jeweils zahlreiche Hornzapfen übrig. Von den Rinder- und Pferdeskeletten verwendete man vorwiegend die Langknochen und besonders die Knochen des Metapodiums (Mittelfuß und Mittelhand), um Kämme, Messergriffe, Kästchenbeschläge, Spielfiguren für Brettspiele wie Schach und Trictrac oder auch Paternosterringe herzustellen.

Tierknochen können aber auch Hinweise auf die Gerberei liefern: Da die Häute vom Metzger mitsamt Schädel-und Fußknochen abgeliefert wurden, kann häufig aufgrund des Vorkommens einer überdurchschnittlich großen Anzahl dieser Skeletteile eine Gerberei lokalisiert werden, auch wenn die in einem solchen Betrieb zu erwartenden Gerbergruben archäologisch nicht nachgewiesen werden können.

Archäologische Belege für das Textilhandwerk oder die häusliche Textilproduktion der Frauen sind Spindeln (aus Holz oder Bein) und Spinnwirtel (aus Ton oder Stein). Hinzu kommen tönerne Webgewichte, die uns den indirekten Hinweis auf den altertümlichen, bis ins 12. Jahrhundert noch verwendeten Gewichtswebstuhl geben. Das Verschwinden der Webgewichte in jüngeren Fundzusammenhängen ist auf das Aufkommen des horizontalen Trittwebstuhls und damit einer leistungsfähigeren Weberei zurückzuführen.

Glashüttenfunde sind eine Seltenheit, wohl nicht zuletzt aus dem Grund, weil Fehlstücke und Bruch sofort wieder eingeschmolzen wurden. Als Funde kämen allenfalls Tiegelfragmente in Frage; außerdem sind halbkugelige Glasstücke bekannt, die wahrscheinlich als Rohstoff transportiert werden konnten und somit Belege für nicht durch Rohstoffvorkommen ortsgebundene Glasbläser sein dürften.

Ähnliches gilt auch für Werkstätten, in denen Bunt- oder gar Edelmetall verarbeitet wurde. Der hohe Wert des Ausgangsmaterials und die vergleichsweise einfache Verwertung von Fehlgüssen und Abfällen durch Wiedereinschmelzen lassen auch hier die für andere Handwerksbetriebe typischen Abfallhalden auf ein Minimum schrumpfen; neben übersehenen Gußtropfen sind es im besten Fall Tiegelfragmente, meist aber nur einige verbrannte Lehmbrocken von Gußformen beziehungsweise -kernen.

3. Städtische Tierhaltung und Fleischkonsum aus archäozoologischer Sicht

Tierknochen stellen gewöhnlich die Hauptmasse archäologischen Fundmaterials dar. Nur einen geringen Anteil machen dabei die Abfälle der verschiedenen Gewerbe (Gerberei, Beinschnitzerei und -drechslerei) aus. Bei der überwiegenden Mehrzahl der Funde handelt es sich hingegen um Schlachtabfälle und Mahlzeitreste. Ihre wissenschaftliche Auswertung ergibt Aufschlüsse über die Eßgewohnheiten der jeweiligen Bevölkerungsgruppe. Auswertungsgrundlage ist die Bestimmung der einzelnen Knochen nach Tierart und die statistische Gewichtung von Skeletteil- und Schlachtaltersverteilung.
In der Mittelalter-Archäologie ist im Fundmaterial aus der Basler Barfüßerkirche[4] erstmals eine differenzierte osteo-archäologische Methode erprobt worden, in welcher ein Wandel von Tierhaltung und Fleischkonsum in der Zeit vom 11. bis zum 13. Jahrhundert nachgewiesen werden konnte. Im Zusammenhang mit der salischen »Idealstadt« und der Entwicklung des spezialisierten städtischen Textilhandwerks ist aus dieser Studie folgender Befund zu entnehmen: Das quantitative Verhältnis von den sehr häufig gehaltenen Haustieren Schaf und Ziege kehrt sich im Zeitraum zwischen dem 11. und dem 13. Jahrhundert um. Herrschten im 11. Jahrhundert noch die anspruchslosen Ziegen vor, so spielten dann im 13. Jahrhundert die Schafe eine größere Rolle. Die in der städtischen Frühphase dominanten Ziegen sind als Milchlieferanten nützlich, und zudem tragen sie, wenn sie außerhalb der Stadt gehalten werden, dazu bei, den Wald im Umland zurückzudrängen, indem sie dem Jungwuchs zusetzen. Schafe hingegen sind als Wollieferanten wichtig und dienen dem sich entwickelnden Textilgewerbe als lokaler Rohstofflieferant.
Auch hinsichtlich des Fleischkonsums geben uns die unscheinbaren Knochen und Knochensplitter wertvolle Hinweise: Wo vor allem alte Tiere belegt sind, deutet das darauf hin, daß sie nicht in erster Linie des Fleisches wegen gehalten wurden. Finden sich aber vor allem Reste von jungen Tieren, dürfte Fleisch – und zwar zartes – öfters auf der Speisekarte gestanden haben. Dieser Unterschied läßt sich in Basel zwischen den Siedlungskernen im Tal mit vornehmlich alten Tieren und dem Münsterhügel mit jungen deutlich herausarbeiten. Vergleichende Untersuchungen haben deutlich gezeigt, daß sich die Tierarten- und Schlachtaltersverteilung auf dem Münsterhügel eher den gleichzeitigen Befunden auf den Burgen der Umgebung annähert als den räumlich viel näheren Stadtquartieren im Tal[5].
Aus Gründen der Erhaltung und der früheren Grabungstechnik kaum nachweisbar sind Reste von Fischen; man weiß aber, daß Fisch eine wichtige Rolle auf dem mittelalterlichen Speisezettel gespielt hat. Ein guter Teil des Verbrauchs wurde vermutlich aus Fängen aus dem fischreichen Rhein gedeckt; ebenso wichtig waren aber auch eingesalzene Fische, die zum Teil von weither in Fässern importiert wurden.

4. Kirchen, Kapellen und Profanbauten

Nur der Name Schifflände erinnert uns in Basel an die Stelle, wo die Schiffe landeten und die Waren ausgeladen wurden (Abb. 1,5). In ihrer Nähe entstand der Markt (Abb. 1,4). Hierher kamen die Kaufleute mit ihren von Ochsen und Pferden gezogenen Karren, um ihre Ware zu verkaufen oder zu tauschen. Hier blühte der Handel, und hier boten auch die Handwerker ihre Erzeugnisse feil. In der Nähe des Marktes standen große Häuser, die Platz für Warenlager boten, gleichzeitig aber auch als Wohnhäuser und Geschäftskontore dienten (Abb. 1,8).

[4] J. Schibler u. B. Stopp, Osteoarchäologische Auswertung der hochmittelalterlichen (11.–13. Jahrhundert) Tierknochen aus der Barfüßerkirche in Basel (CH). In: D. Rippmann et al., Basel Barfüsserkirche. Grabungen 1975–1977. Ein Beitrag zur Archäologie und Geschichte der mittelalterlichen Stadt. Schweizer Beiträge zur Kulturgeschichte und Archäologie des Mittelalters 13 (Olten und Freiburg i.Br. 1987) 307ff.

[5] J. Schibler, Tierknochen als Informationsquelle zu Handwerk, Ernährung und Wirtschaftsweise im Mittelalter der Nordwestschweiz. In: Neue Methoden und Resultate in der Archäologie des Mittelalters. Tagungsberichte zum Kolloquium vom 27.–30. September 1989 in Liestal (wird auf Ende 1990 erscheinen in der Reihe »Archäologie und Museum. Berichte aus der Arbeit des Amtes für Museen und Archäologie BL«).

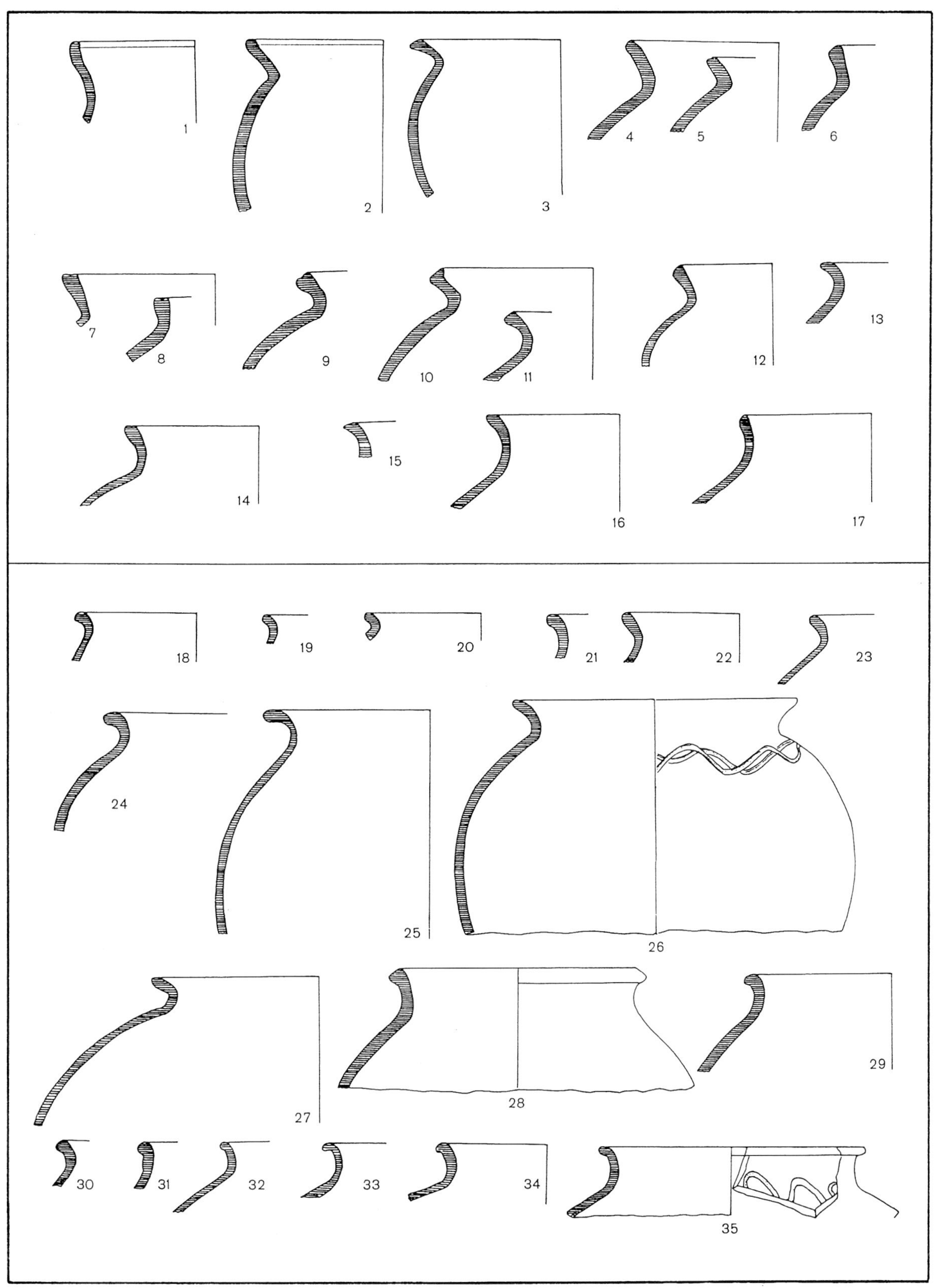

Abb. 4 Mittelalterliche Keramik (9.–12. Jahrhundert) vom Petersberg in Basel. M = 1:3.

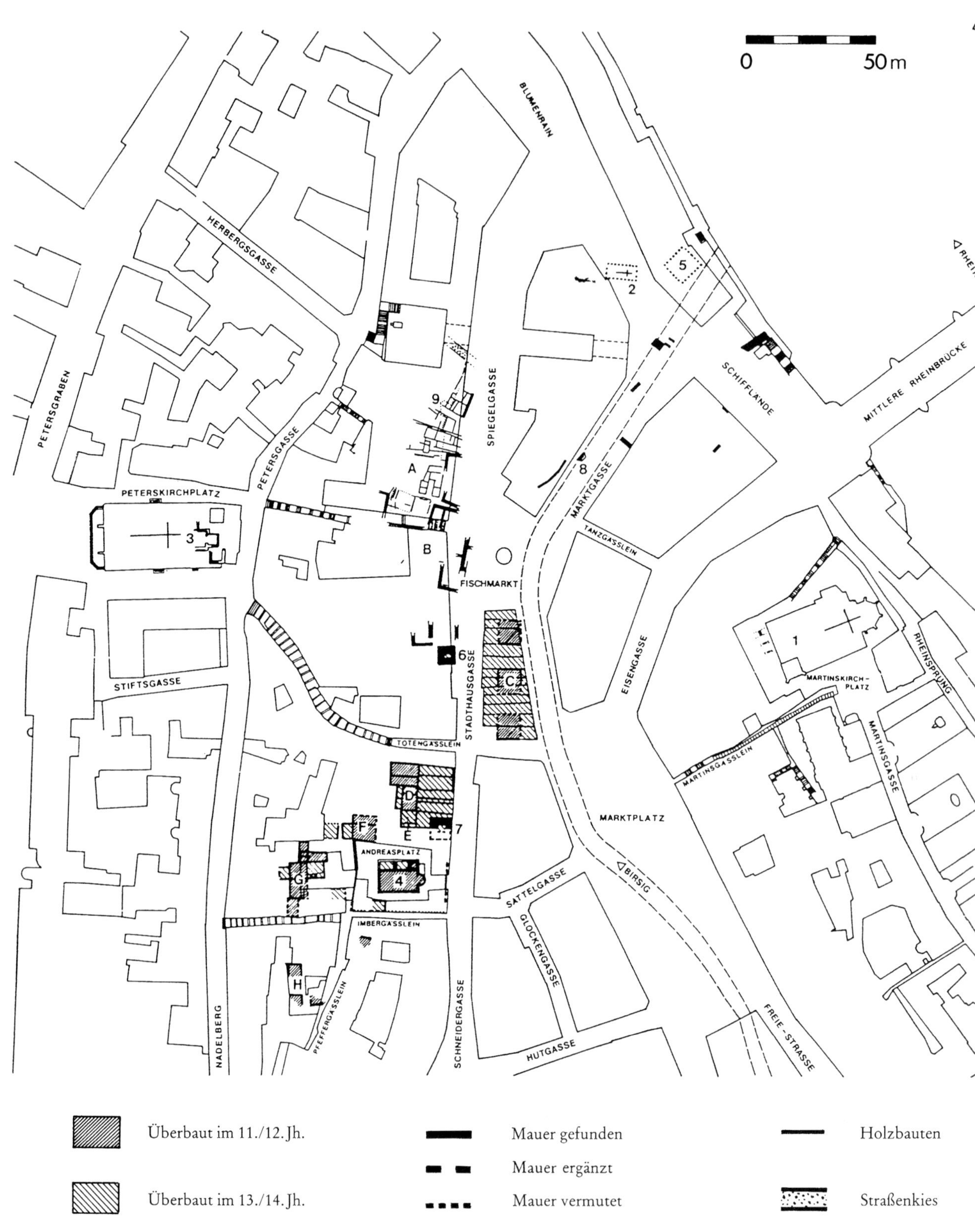

Überbaut im 11./12. Jh. — Mauer gefunden — Holzbauten

Mauer ergänzt

Überbaut im 13./14. Jh. — Mauer vermutet — Straßenkies

Abb. 5 Basel, untere Talstadt. Holz- und Steinbauten aus dem Hochmittelalter: 1 St. Martin. – 2 St. Brandan. – 3 St. Peter. – 4 St. Andreas. – 5 Salzturm. – 6 Wehrturm Stadthausgasse (um 1200). – 7 Wehrturm Schneidergasse (um 1200). – 8 Brückenjoch (13. Jahrhundert). – 9 Flechtwerkzaun (1. Jahrtausend). – A Holz- und Steinbauten Petersberg (11./12. Jahrhundert). – B Steinbauten Storchen (11./12. Jahrhundert). – C Kernbauten Stadthausgasse 14–20 (11./12. Jahrhundert). – D Kernbauten Schneidergasse 4–10 (11./12. Jahrhundert). – E Wohnturm Schneidergasse 12–14 (13. Jahrhundert). – F Hofstatt Andreasplatz 14 (12. Jahrhundert). – G Kernbau mit Anbauten (11./12. Jahrhundert). – H Kernbauten Pfeffergäßlein (11./12. Jahrhundert). – Nach: Scriptum über die Urgeschichte Basels (Anm. 6).

Die Innung der Kaufleute baute in der Nähe des Marktes eine Kapelle (Abb. 1,6), einen der ersten Bauten aus Stein unterhalb des Burghügels. In Basel war sie dem irischen Heiligen Brandan von Clonfert, dem Schutzpatron der See- und damit wohl auch der Schiffsleute, geweiht. Eine weitere Kapelle entsteht neben der Brücke als Andachtsort für Einheimische wie für Reisende und Pilger.
Das sakrale Zentrum der »Unterstadt« am Fuße des Burghügels war aber die Pfarrkirche (Abb. 1,7) mit ihrem durch Mauern geschützten Friedhof. Die Dichte an kirchlichen Bauwerken ist also schon zu Beginn des zweiten Jahrtausends beträchtlich.
Der Marktbetrieb nahm im Laufe des 11. Jahrhunderts an Bedeutung zu; an der Westseite des Marktplatzes baute um diese Zeit ein Stadtadliger oder ein reicher Kaufmann ein Steinhaus (Abb. 1,8), das für lange Zeit der größte städtische Haustyp bleiben sollte (Abb. 5, D.G)[6]. Die Abmessungen des rechteckigen Grundrisses betragen ca. 9 mal 11 Meter. Häuser von ähnlicher Größe sind auch aus Zürich bekannt (Abb. 6)[7].
Der Rekonstruktionsversuch im »Idealbild« basiert einerseits auf den archäologisch vollständig erfaßten Fundamentmauern dieses großen Gebäudes, andererseits auf der bis auf Dachhöhe erhaltenen Scheidewand des Nachbarhauses zum übernächsten Gebäude; in dieser Mauer zeichnete sich die Dachlinie eines Pultdaches ab, und im ersten Stock befand sich ein Hocheingang, der an entsprechende Zugänge von Burgtürmen erinnert. Er war sicherlich wie diese durch eine steile Außentreppe oder eine Leiter zu erreichen. Das Erdgeschoß bestand aus zwei ungleich großen Räumen; der größere war mit einem Mörtelboden versehen, der andere, mit einem einfachen Lehmboden, wies eine Feuerstelle auf. Bemerkenswert ist die Tatsache, daß dieses Haus offensichtlich bis unters Dach gemauert war.
Wir möchten diese Häuser in unserer »Idealstadt« frei ergänzen und eine ganze Häuserzeile entstehen lassen, vom Charakter her als Lager- und Wohnhäuser reicher Kaufleute geeignet, ganz in Stein gebaut oder mit einem hölzernen Aufbau versehen. Das Erdgeschoß enthält in der Regel das Warenlager und Wirtschaftsräume, in den oberen Geschossen sind die Wohnräume zu suchen. Die Fenster sind oft einfache Schlitzfenster; häufig sind aber, vor allem bei den repräsentativen Bauten, reichlich verzierte Fenster oder Fenstergruppen anzutreffen, worauf Werksteine – etwa Pfeiler und Säulen (Abb. 8,4) – schließen lassen[8]. Charakteristisch für das Mauerwerk sind die regelmäßigen Steinlagen und die Technik des Fugenstrichs. Die Häuser sind nicht unterkellert. Die Inneneinrichtung muß man sich trotz der Verwendung repräsentativer Bauplastik sehr einfach vorstellen. Man lebt in Räumen, die mit Kaminen geheizt sind; im Wohnraum stehen Tisch, Stühle oder Sessel, allenfalls auch Truhen, die unter Umständen auch als Bett benutzbar sind. Vom späteren 11. Jahrhundert an werden auch Kachelöfen gebaut.
Wir möchten annehmen, daß auch auf dem gegenüberliegenden Ufer, neben den Holzhütten in der sogenannten Handwerkersiedlung, ähnliche neuartige Häuser aus Stein entstehen.
Die Stadt wächst und erfreut sich immer größerer Prosperität, die Einwohnerzahl steigt stetig an. Der Fluß wird reguliert, das linke Ufer wird befestigt und aufgeschüttet. Auf dieser Planierschicht wird eine neue Häuserzeile erbaut (Abb. 1,9 und Abb. 7)[9].
Auch diese Rekonstruktion basiert auf Befunden in Basel. Drei oder wahrscheinlich sogar vier Steinbauten von gleicher Grundrißform und Größe, in gleichmäßigem Abstand voneinander errichtet,

6 Zur Entwicklung der Stadt Basel und insbesondere der Haustypen vgl. P. Lavicka u. D. Rippmann, Hochmittelalterliche Bürgerhäuser in Basel. In: Archäologie der Schweiz 8, H. 2, 1985, 109ff. – R. d'Aujourd'hui, Die Entwicklung Basels vom keltischen Oppidum zur hochmittelalterlichen Stadt – Überblick über den Forschungsstand 1986. Scriptum über die Urgeschichte Basels. Basel o.J.

7 J. Schneider, D. Gutscher, H. Etter u. J. Hanser, Der Münsterhof in Zürich. Bericht über die vom städtischen Büro für Archäologie durchgeführten Stadtkernforschungen 1977. Schweizer Beiträge zur Kulturgeschichte und Archäologie des Mittelalters 9 und 10 (Olten und Freiburg i. Br. 1982) 96; 103; 120.

8 F. Maurer, Romanische Fensterpfeiler. In: P. Lavicka, Mittelalterliche Steinbauten am Andreasplatz. Vorbericht über die Grabungen 1977–1984. Basler Zeitschrift für Geschichte und Altertumskunde 85, 1985, 305ff. (Jahresbericht 1984 der Archäologischen Bodenforschung BS).

9 P. Lavicka, Hauptphasen der baulichen Entwicklung an der Stadthausgasse 14–20, von den mittelalterlichen Kernhäusern bis ins 20. Jahrhundert. Basler Zeitschrift für Geschichte und Altertumskunde 83, 1983, 365ff. (Jahresbericht 1982 der Archäologischen Bodenforschung BS).

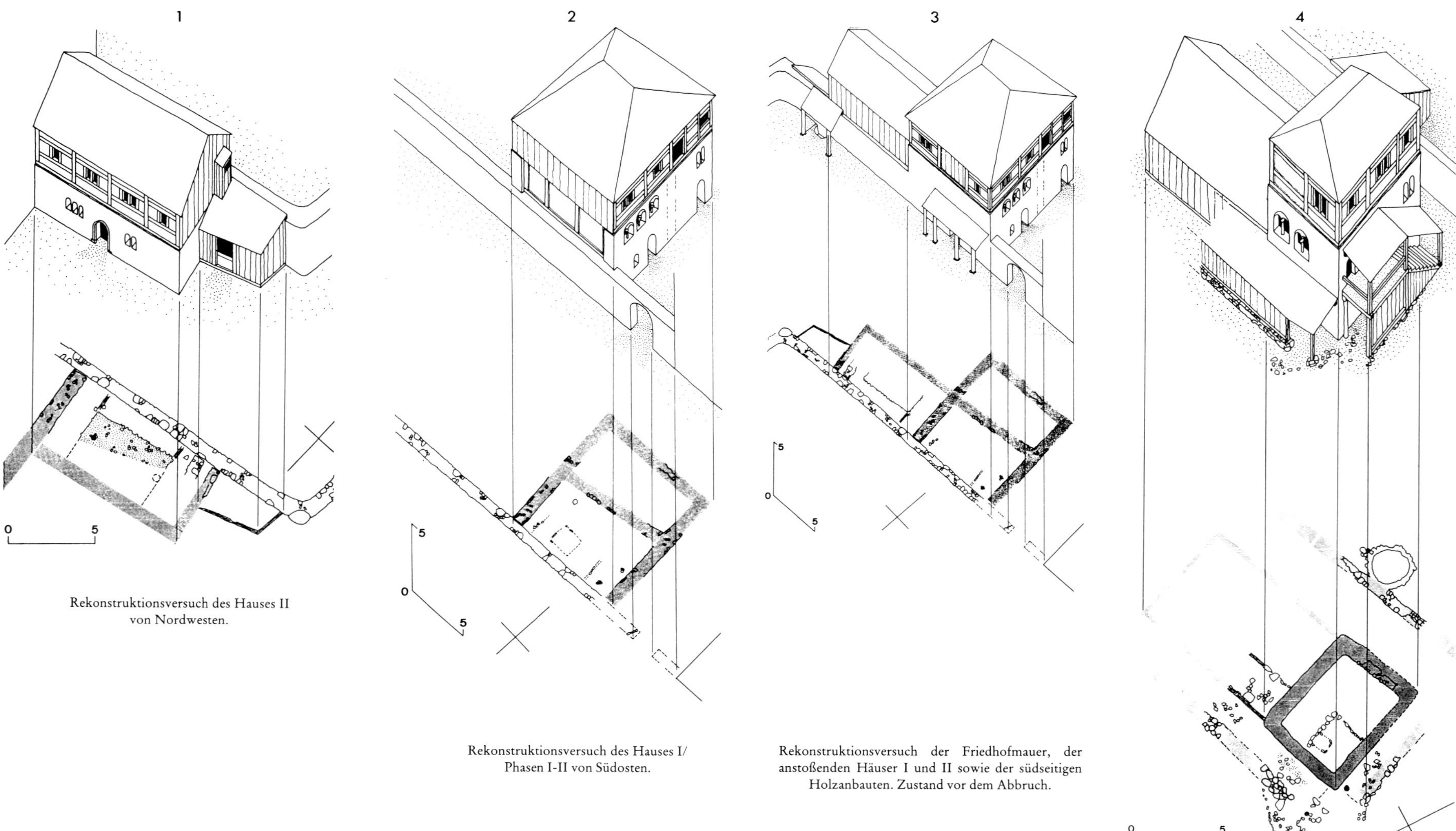

1 Rekonstruktionsversuch des Hauses II von Nordwesten.

2 Rekonstruktionsversuch des Hauses I/ Phasen I-II von Südosten.

3 Rekonstruktionsversuch der Friedhofmauer, der anstoßenden Häuser I und II sowie der südseitigen Holzanbauten. Zustand vor dem Abbruch.

4 Rekonstruktionsversuch des Hauses III mit seinen Annexen.

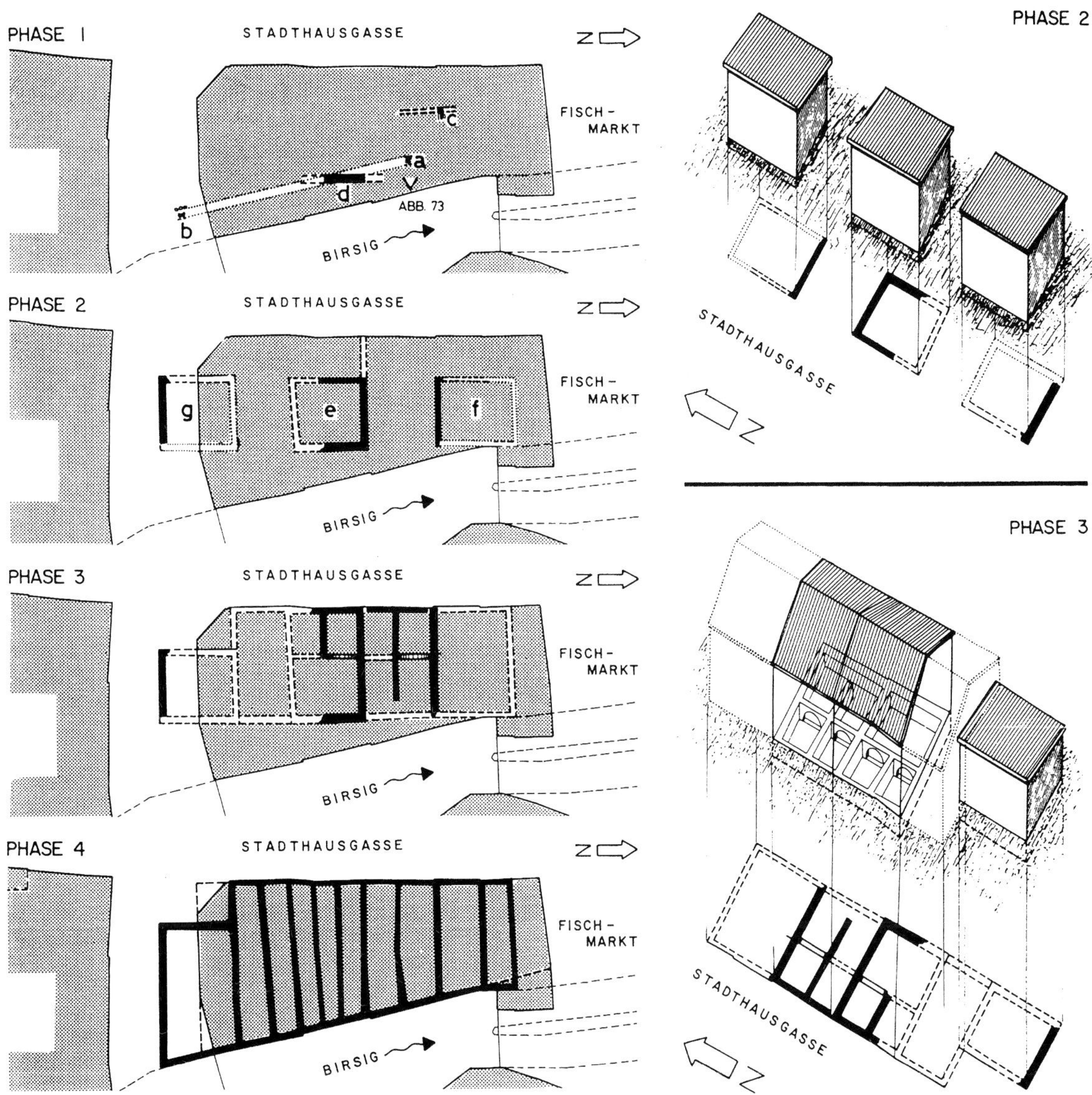

Abb. 7 Steinbauten in Basel, Stadthausgasse 14–20 (baugeschichtliche Entwicklung): Die gerasterte Fläche entspricht dem Bauzustand im 19. Jahrhundert *Phase 1:* a/b Uferverbauung am Birsig; c Mauerrest mit Lehmboden; d Mauer aus Kieselwacken im Lehmverband (10./11. Jahrhundert). – *Phase 2:* e–g Quadratische Kernbauten (11. Jahrhundert). – *Phase 3:* Erweiterung gegen Stadthausgasse und Ausbau zwischen Kernhäusern (12. Jahrhundert). – *Phase 4:* Umbauten, Parzellenteilung und Ausbau gegen Birsig (Ende 13. Jahrhundert). – Gestrichelt: Abweichung von der heutigen Baulinie. – Aus: Scriptum über die Urgeschichte Basels (Anm. 6).

◁ Abb. 6 Steinhäuser in Zürich. Rekonstruktionsversuche (nach: Münsterhof in Zürich [Anm. 7]).

sind dort nachgewiesen. Es ist der erste Hinweis auf eine systematische Planung eines Stadtteils. Die Grundrißfläche von 9 mal 9 m erlaubt uns eine Rekonstruktion relativ hoher Bauten, die auf den zeitgenössischen Betrachter einen imposanten Eindruck gemacht haben müssen.
Alle drei archäologisch nachgewiesenen Häuser hatten keine Keller, waren aber knapp einen Meter eingetieft. Auch das ist ein Hinweis auf ein hohes Alter dieser Häuser, sind doch die ersten »richtigen« Keller in Basel erst für das 13. Jahrhundert nachweisbar. Erhalten ist bei diesen Häusern das Erdgeschoß, das bereits im 12. Jahrhundert durch die Aufschüttung des ursprünglichen Straßenniveaus zum Keller wurde, der unverändert bis in unsere Zeit genutzt werden konnte. Ähnliche Situationen sind auch aus Freiburg i.Br. bekannt, dort aber erst im 13. Jahrhundert [10].
Auch bei der erwähnten Basler Häuserzeile (Abb. 1,9) bestand das Mauerwerk aus sehr sorgfältig gefügten, regelmäßigen Lagen von Kalkbruchsteinen. Die Eckverbände waren mit großen Quadern verstärkt, jedoch fanden sich noch keine Bossenquader; sie kommen in Basel erst im 12. Jahrhundert auf.
Nicht nur am Fluß wurden neue Siedlungsplätze geschaffen, auch unterhalb des Burghügels wird der bis jetzt freie Platz baulich erschlossen (Abb. 1,10). Die vorgesehenen Parzellen brauchen neue Zugangswege; bereits zeichnet sich eine neue Straße ab. Auf dem Bild möchten wir die einzelnen Bauphasen eines Neubaus anhand mehrerer Baustellen zeigen, so die Vermessung einer Baustelle, den Aushub der Fundamentgräben und das Verlegen der Grundmauern, das Aufmauern des Erdgeschosses, die Konstruktion des Torbogens.
Zeitgenössische Bilder zeigen uns in eindringlicher Weise die Organisation der Baustellen, die Vorbereitungsarbeiten, den Transport, die Geräte, die Werkzeuge und die ganze Infrastruktur (Abb. 8, 1–2) [11]. Erstaunlich dabei ist die Tatsache, daß die Grundwerkzeuge seit der römischen Zeit über das Hochmittelalter bis zur heutigen Zeit dieselben geblieben sind: Spaten oder Schaufel für den Aushub, Schubkarren (ikonographisch allerdings erst im 13. Jahrhundert belegt) und Wagen für den Materialtransport, Mulden für den Mörtel, Kellen und Hammer für den Maurer, Senkel zum Loten, Leitern, Gerüste und Baukräne für den vertikalen Transport. Diese Bilder informieren uns auch über die Art der Steinbearbeitung und der Steinmetzwerkzeuge, deren Spuren uns dann relativ präzise Datierungen der Steinbauten ermöglichen [12]. Der Hammer, die Spitze und die Fläche sind fast die einzigen Instrumente für die Bearbeitung der Werksteine. Die Mauern dieser Zeit zeichnen sich in Fundament und Aufgehendem durch eine außergewöhnliche Sorgfalt bei der Verlegung der Steine aus. Typisch für die Mauertechnik des 11. und 12. Jahrhunderts sind die sorgfältig vermörtelten und ausgestrichenen Fugen, die oftmals durch den mit der Kellenspitze angebrachten »Fugenstrich« betont werden.

5. Die Ummauerung der Stadt – das Beispiel Basel

Das 11. Jahrhundert ist die Zeit des demographischen Aufschwungs und des städtischen Wachstums. Die Stadt entwickelt sich zum wirtschaftlichen Zentrum der Region, sie zieht Adelige, Kaufleute und bäuerliche Zuwanderer aus dem Umland an. Basel gerät aber in die kriegerischen Wirren, welche der zwischen Papst und Kaiser ausgefochtene Investiturstreit hervorgerufen hat. Der Stadtherr, Bischof Burkard, ist ein Parteigänger Kaiser Heinrichs IV. und wird von den Anhängern Papst Gregors VII. und vom Gegenkönig Rudolf von Rheinfelden angegriffen. Die Kriegsbedrohung veranlaßt den Bischof, Basel mit einer Mauer zu befestigen, wie aus einer Urkunde von 1101–1103, dem sogenannten Gründungsbericht St. Albans, hervorgeht [13]. Sie sollte ältere Befestigungssysteme wie Gräben und Palisaden ersetzen und die Stadtquartiere beidseits des Birsigs großräumig umfassen. Diese älteste Basler

10 J. Diel, Die Tiefkeller im Bereich Oberlinden. Stadt und Geschichte. Neue Reihe des Stadtarchivs Freiburg i.Br., H. 2, 1981.

11 G. Binding u. N. Nußbaum, Der mittelalterliche Baubetrieb nördlich der Alpen in zeitgenössischen Darstellungen (Darmstadt 1978) Z 37/N. 15/ 104, Z 31/N. 8/ 97.

12 K. Friedrich, Die Steinbearbeitung (Augsburg 1932).

13 Solothurner Urkundenbuch, bearbeitet von A. Kocher, Bd. 1 (Solothurn 1952) Nr. 24.

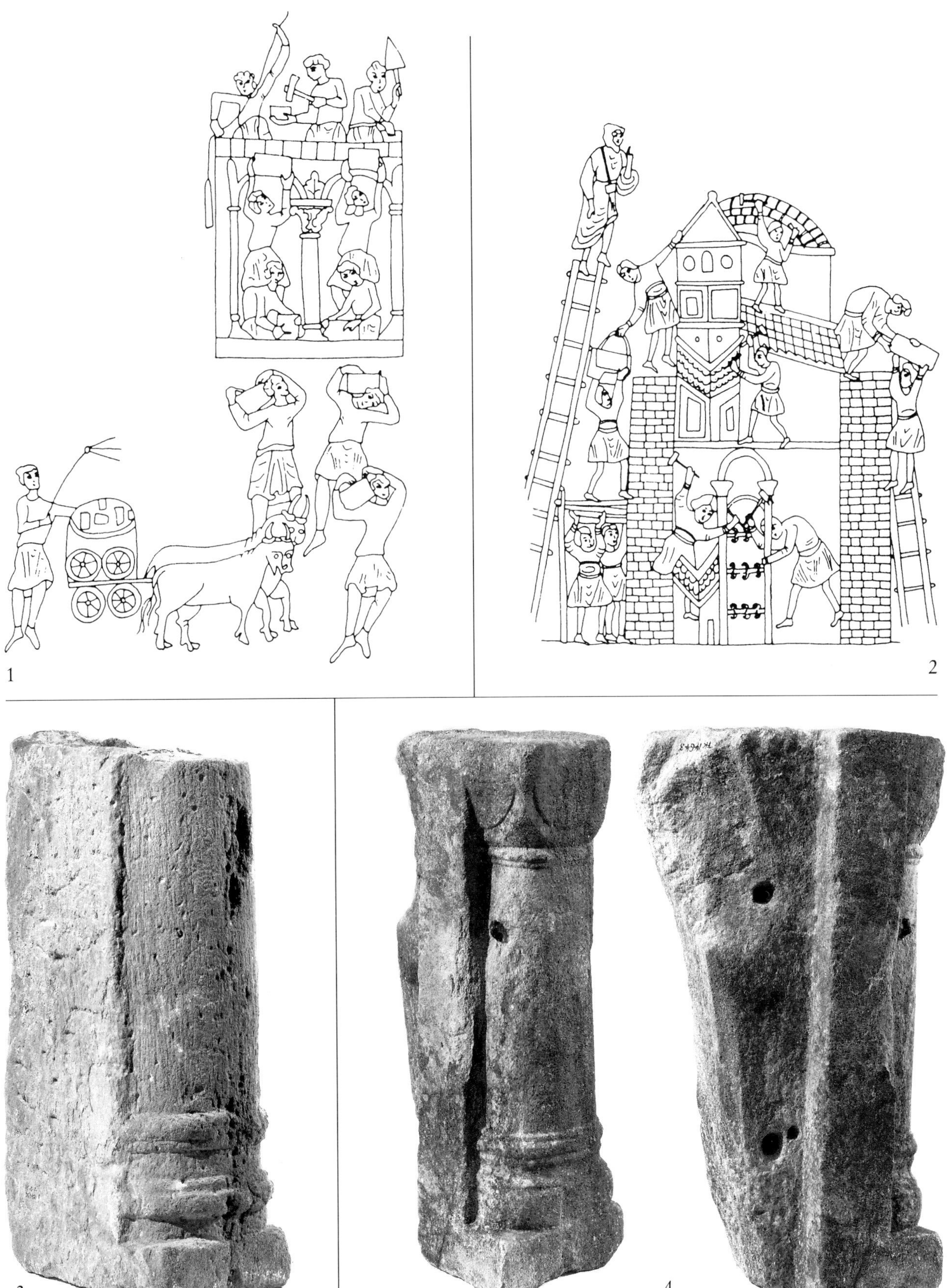

Abb. 8 1.2 Baustellen im 11. Jahrhundert. – 3 Spolie aus der Barfüßerkirche in Basel, vermutlich Bauplastik der romanischen Kirche. – 4 Fensterpfeiler als Spolie vom Andreasplatz in Basel. – 1.2 aus: Mittelalterlicher Baubetrieb (Anm. 11); 3.4 Aufnahmen M. Babey, HM Basel.

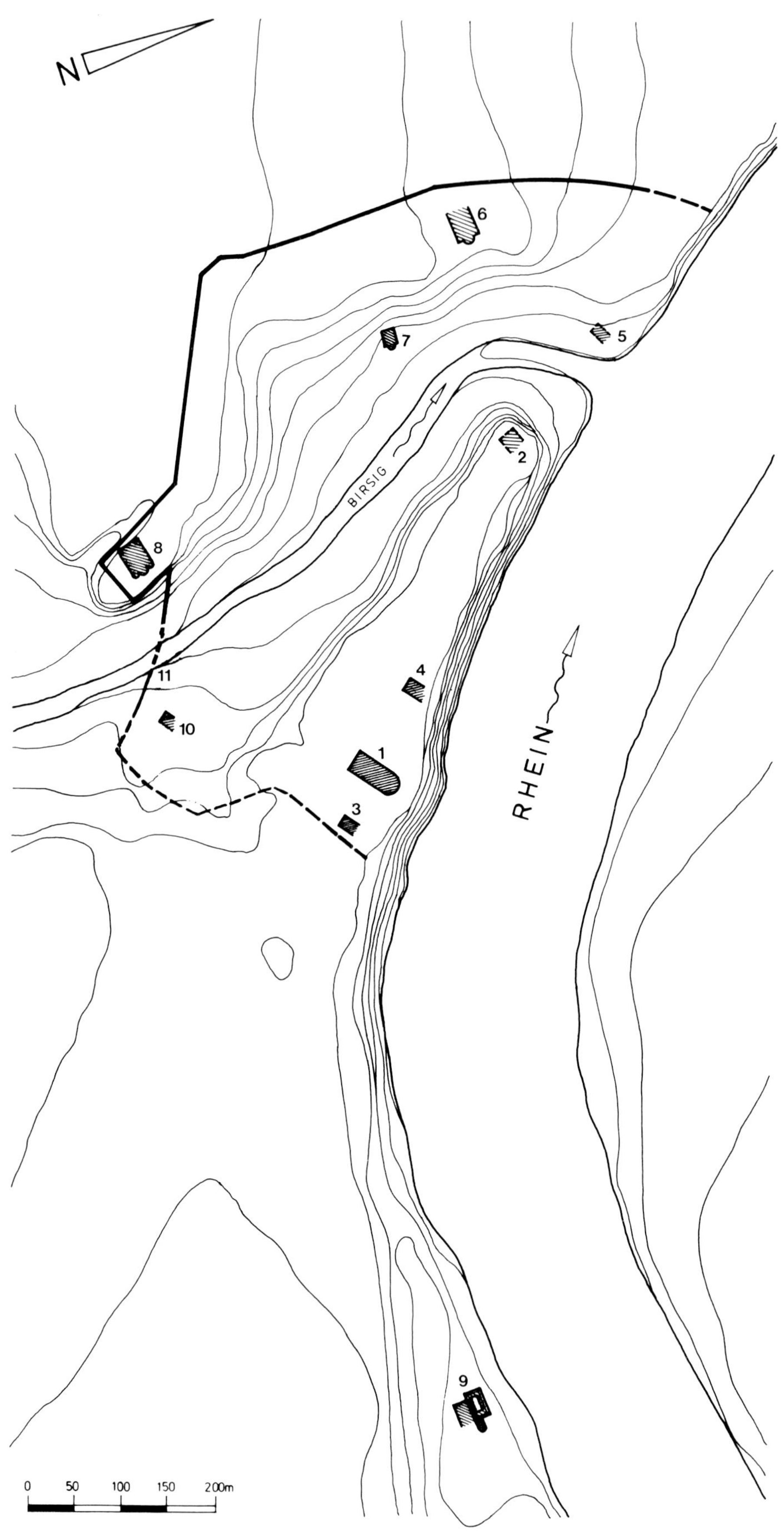

Abb. 9 Basel im 11./12. Jahrhundert mit Kirchenbauten und der Stadtmauer: 1 Das Münster. – 2 St. Martin. – 3 St. Ulrich. – 4 St. Johannes. – 5 St. Brandan. – 6 St. Peter. – 7 St. Andreas. – 8 St. Leonhard. – 9 Kloster St. Alban. – 10 Romanische Kirche unter der Barfüßerkirche. – 11 Stadtmauerturm beim Birsig. – Stadtmauerverlauf nach D. Rippmann, Abb. 106.

Stadtmauer konnte seit 1976 durch Ausgrabungen und anläßlich von Bauuntersuchungen mehrmals dokumentiert werden[14].

Der archäologische Nachweis von Stadtmauern aus der städtischen Frühzeit ist bis heute nur selten gelungen; als besonders eindrückliches Beispiel sei hier die Stadtmauer von Würzburg erwähnt[15].

Der genaue Verlauf der Stadtmauer Bischof Burkards ist nur streckenweise nachgewiesen, so daß an einigen Stellen für die Rekonstruktion verschiedene Varianten in Betracht gezogen werden müssen. Wir möchten auf dem Plan jener Variante den Vorzug geben, bei welcher die Mauer auch die Siedlung des 11. Jahrhunderts auf dem Areal des Barfüßerklosters und die dort befindliche romanische Kirche mit dazugehörigem Friedhof einbezieht (Abb. 9).

Auf dem Areal des Barfüßerklosters ist die Mauer auf einer Länge von rund 150 Metern nachgewiesen; ebenso wurden die Fundamentreste eines polygonalen Turms freigelegt, welcher den empfindlichen Mauerdurchlaß beim Birsig flankierte[16]. Zwar ist der Mauerverlauf rechts des Birsigs nur auf der Westseite der Stadt, westlich der romanischen Kirche (Abb. 9, 10), durch einen archäologischen Befund abgesichert, doch kann die östliche Fortsetzung aufgrund verschiedener Argumente wie der Parzellenstruktur, des geschwungenen Verlaufs einer Gasse (Luftgäßlein) und aufgrund einer Stadtansicht von Merian erschlossen werden. Gemäß dieser Rekonstruktion umschließt Bischof Burkards Stadtmauer ein Quartier von trapezähnlichem Grundriß, das im 10. und 11. Jahrhundert entstanden war und im 11. Jahrhundert eine Kirche als sakralen Kristallisationspunkt erhielt[17]. Ein etwas jüngeres Parallelbeispiel einer Stadterweiterung gleicher Grundrißgestalt liegt in Göttingen vor[18].

Am Beispiel der Siedlung unter dem nachmaligen Barfüßerkloster kann die Entwicklung eines Stadtquartiers und eine frühe Stadterweiterung paradigmatisch aufgezeigt werden. Denn dieses im späten 11. Jahrhundert in den Befestigungsring der Stadt einbezogene Quartier entstand am oberen Ende der städtischen Hauptverkehrsader, die sich der Westflanke des Münsterhügels entlang hinabzieht. Es war bis zum späteren 11. Jahrhundert ungeschützt und lag außerhalb eines Grabens, der vermutlich seit der Zeit der Ungarneinfälle die Siedlung am Fuß des Münsterhügels gegen Süden hin abriegelte[19].

6. Schlußbetrachtung

Zum Schluß unserer Betrachtungen und Überlegungen zu einer Stadt der salischen Zeit aufgrund einiger Befunde aus Basel sei festgestellt, daß in dieser Stadtsiedlung zwei Typen der Bebauung nebeneinander existieren: die Holzbauten, die in irgendeiner Dorfsiedlung stehen könnten und dazwischen die Steinbauten, die die neuen Dominanten und eine Bauform der Zukunft darstellen. Die neuartigen Steinbauten stehen anfangs isoliert zwischen Holzbauten oder aber in kleineren Gruppen aneinandergereiht. Die planmäßige, dichtere Überbauung der Parzellen längs des Flußufers erfolgt erst nach der Zeit der Salier. Die »Versteinerung« der Stadt und die sukzessive Auffüllung der Freiflächen markieren die Entwicklung im Spätmittelalter.

14 Zum ersten Mal wurde sie von R. Moosbrugger auf dem Leonhardshügel entdeckt. Vgl. dazu R. Moosbrugger, Die Ausgrabungen in der St. Leonhardskirche zu Basel. Der archäologische Befund. In: Basler Zeitschrift für Geschichte und Altertumskunde 68, 1968, 11–54. – Rippmann et al. (Anm. 4) 19; 121 ff. – R. d'Aujourd'hui, Mittelalterliche Stadtmauern im Teufelhof – eine archäologische Informationsstelle am Leonhardsgraben 47. Basler Stadtbuch 1989 (1990) 156 ff.

15 P. Vychitil, Neues zur frühen Stadtbefestigung Würzburgs, Mittelfranken. In: Das archäologische Jahr in Bayern 1982 (Stuttgart 1983) 149 ff. – Vgl. auch den Befund in Ladenburg: H. Kaiser, Die Ausgrabungen an der Kellereigasse 1981–1985. In: Lopodunum – Ladenburg a.N. Archäologische Ausgrabungen 1981–1987. Archäologische Informationen aus Baden-Württemberg 5 (Stuttgart 1988) 22; 38 ff.

16 Rippmann et al. (Anm. 4) 121–124 Abb. 100, 101 und 107.

17 Rippmann et al. (Anm. 4) 52–57; 125 ff. Abb. 25. Zur Chronologie von Siedlung und Stadtmauer insbesondere ebd. 104–115.

18 S. Schütte, Das mittelalterliche und frühneuzeitliche Göttingen. In: Stadt und Landkreis Göttingen. Führer zu archäologischen Denkmälern in Deutschland 17 (Stuttgart 1988) Abb. 57.

19 Rippmann et al. (Anm. 4) 128–132.

AUSGEWÄHLTE LITERATUR

K. Gruber, Die Gestalt der deutschen Stadt (4. Aufl. München 1983).

J. Hanser, A. Mathis, U. Ruoff u. J. Schneider, Das neue Bild vom alten Zürich (Zürich 1984).

F. Hartmann u. J. Tauber, Von den Karolingern bis zur großen Pest. Fundort Schweiz 5 (Solothurn 1988).

T. Ludwig, Das romanische Haus in Seligenstadt (Stuttgart 1987).

C. Meckseper, Kleine Kunstgeschichte der deutschen Stadt im Mittelalter (Darmstadt 1982).

J. E. Schneider, Zürichs Rindermarkt und Neumarkt. Entstehung und Entwicklung eines Quartiers. Archäologie – Bau- und Kunstgeschichte – Geschichte. Mitteilungen der Antiquarischen Gesellschaft in Zürich 56, 1989.

A. Wiedenau, Katalog der romanischen Wohnbauten in westdeutschen Städten und Siedlungen. Das deutsche Bürgerhaus 34 (Tübingen 1983).

D. M. Wilson, Der Teppich von Bayeux (Frankfurt a. M. und Berlin 1985).

JÜRG E. SCHNEIDER · DANIEL GUTSCHER

HOLZ- UND STEINBAUTEN AUS DEM 9./10. BIS 12. JAHRHUNDERT IN ZÜRICH

ERGEBNISSE DER RETTUNGSGRABUNGEN 1977–1983 AUF DEM ZÜRCHER MÜNSTERHOF*

Vorwort

Die größte zusammenhängende Grabung im Stadtkern Zürichs (1977/78 und 1981–83) war in mancherlei Hinsicht ein Glücksfall: Der Münsterhof liegt an der Nahtstelle zwischen der karolingischen Abtei Fraumünster und der frühstädtischen Flußsiedlung (Abb. 1). Die Entdeckung eines Friedhofs des 9. bis 11. Jahrhunderts, von vier frühmittelalterlichen Holzhäusern sowie dreier hochmittelalterlicher Steinbauten, die im 13. Jahrhundert zugunsten des bis heute bestehenden Freiraums aufgegeben wurden, führte zu Fragen, die weit über den baugeschichtlichen Horizont der Stadtkernforschung hinausgehen (Beilage 1). Neben den Archäologen kamen der Anthropologe, der Historiker, der Zoologe, der Botaniker und der Mediziner ausführlich zu Wort. Die Gesamtschau dieses breiten Fächers läßt ein gutes Stück aus Zürichs mittelalterlicher Lebensgeschichte geradezu biographisch wieder aufleben.
Der Zürcher Münsterhof gehört nicht zum alten Siedlungsland. In römischer Zeit noch von einem wilden Arm der Sihl durchquert, trocknete er mit eingeschwemmtem Lehm im Laufe des frühen Mittelalters aus. Der Impuls zur Besiedlung kam mit dem im Jahre 853 durch Ludwig den Deutschen gegründeten königlichen Damenstift, der Fraumünsterabtei, und dem sich in der Folge nördlich der Klosterkirche ausbreitenden Friedhof. So wurde der Münsterhof vom Sumpf südlich des alten Siedlungskerns zum Kristallisationspunkt der seeseitigen minderen Stadt und – wie die Grabungsergebnisse erkennen lassen – zum Siedlungsbereich der mit der Abtei verbundenen Dienstleute[1].

Karolingische Holzbau- und Siedlungsreste

Durch das Austrocknen des wilden Sihlarmes muß spätestens in karolingischer Zeit eine leicht bombierte, wellige Ebene auf 407,25 m. ü. M. im Osten des Münsterhofs, 407,60 m in dessen Mitte und 407,40 m im Nordwesten entstanden sein. Dieses aus olivgrünem Lehm gebildete Terrain war Ausgangsniveau für die ersten Bestattungen nach der Abteigründung von 853. Wie Verschwemmungserscheinungen bei Skeletten der ersten Belegungsphase sowie Drainagegräben zeigten, war das Gelände damals zumindest zeitweise noch sehr naß. Ebenfalls zu diesem Austrocknungsniveau gehörte das zum Bau der nach der Überlieferung 874 geweihten Abteikirche benützte Mörtelmischwerk[2]. Die glückliche Tatsache, daß sich der Lehmhorizont bis in die Gegend Zinnengasse – In Gassen – Waaggasse mit aller wünschbaren Deutlichkeit verfolgen läßt, ermöglicht uns eine horizontalstratigraphisch sichere Zuord-

* Die vorstehenden Ausführungen sind das Ergebnis einer wissenschaftlichen Zusammenarbeit und von freundschaftlichen Aussprachen mit Jürg Hanser, Hans-Ueli F. Etter, Armin Mathis, Thomas Kohler und Hermann Obrist in Zürich. Ihnen und den hier nicht genannten »Stadtarchäologen« sei an dieser Stelle herzlich dafür gedankt.

1 J. Schneider, D. Gutscher, H.-U. Etter u. J. Hanser, Der Münsterhof in Zürich. Bericht über die Stadtkernforschungen 1977/78. Schweizer Beiträge zur Kulturgeschichte und Archäologie des Mittelalters 9/10 (1982).

2 D. Gutscher, Mechanische Mörtelmischer. Ein Beitrag zur karolingischen und ottonischen Bautechnologie. Zeitschr. f. Schweiz. Archäologie u. Kunstgeschichte 38, 1981, 178–188.

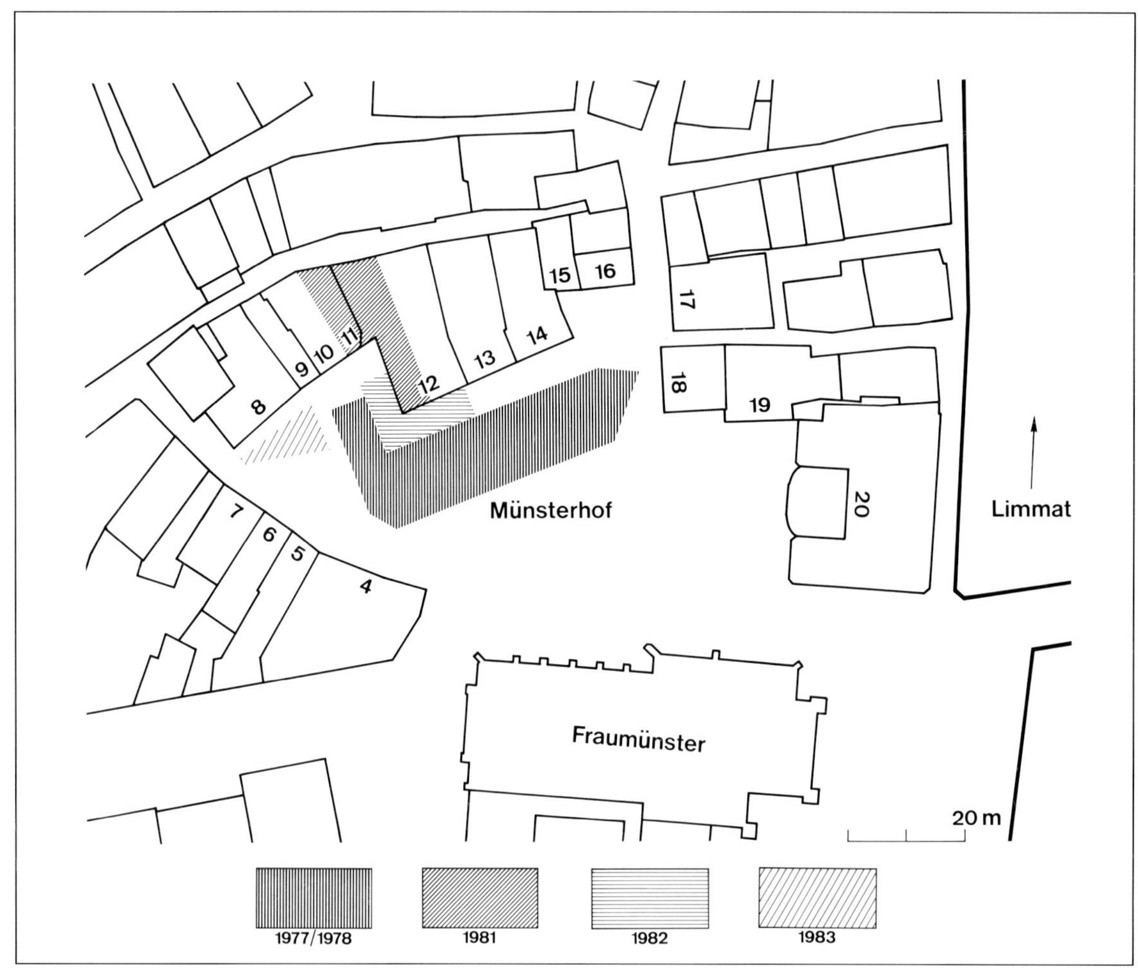

Abb. 1 Stadt Zürich. Situation und Grabungsetappen auf dem Münsterhof.

nung von verhältnismäßig weit auseinanderliegenden Befunden. Ihre gemeinsame Datierung ins mittlere 9. Jahrhundert ist durch die Gründungsurkunde des Fraumünsters und ein dendrochronologisches Datum aus dem Friedhof gestützt. Alle Siedlungsreste, die wir in diesem Abschnitt vorstellen, gehören diesem Austrocknungshorizont an. Es handelt sich dabei um die Wohnbauten Haus IV, V, VI und VII sowie das in den älteren Phasen als Ökonomiebau zu verstehende Haus XV, das mit Haus V in Verbindung steht[3].

Es gelang im Verlauf der vorläufig letzten Untersuchungen (1981–83), die bereits 1978 angeschnittenen karolingischen Holzbauten in ihren Grundrissen zu komplettieren, Elemente zu ihren Aufrissen zu gewinnen und durch den Fund weiterer Bauten ein eigentliches »Dorf« zu rekonstruieren, das fünf auf eine Art Dorfplatz ausgerichtete Gebäude umfaßt (Abb. 2).

3 D. Gutscher, Karolingische Holzbauten im Norden der Fraumünsterabtei. Bericht über die Rettungsgrabungen 1981–83 auf dem Zürcher Münsterhof. Zeitschr. f. Schweiz. Archäologie u. Kunstgeschichte 41, 1984, 207–224. Um Verwechslungen vorzubeugen, hält sich unsere Numerierung an die Nummern der Feldtagebücher. Die Nummern I–III betreffen dort wie in der Publikation (vgl. Anm. 1) die jüngeren Steinhäuser, die Nummern VIII–XIV sind bisher nicht zu zusammenhängenden Grundrissen rekonstruierbare Reste von 1981 ergrabenen Holzbauten unter den Häusern Münsterhof – In Gassen. So erhält der zeitweise mit Haus V baulich verbundene Holzbau vor dem heutigen Zunfthaus »Zur Waag« die Nummer XV.

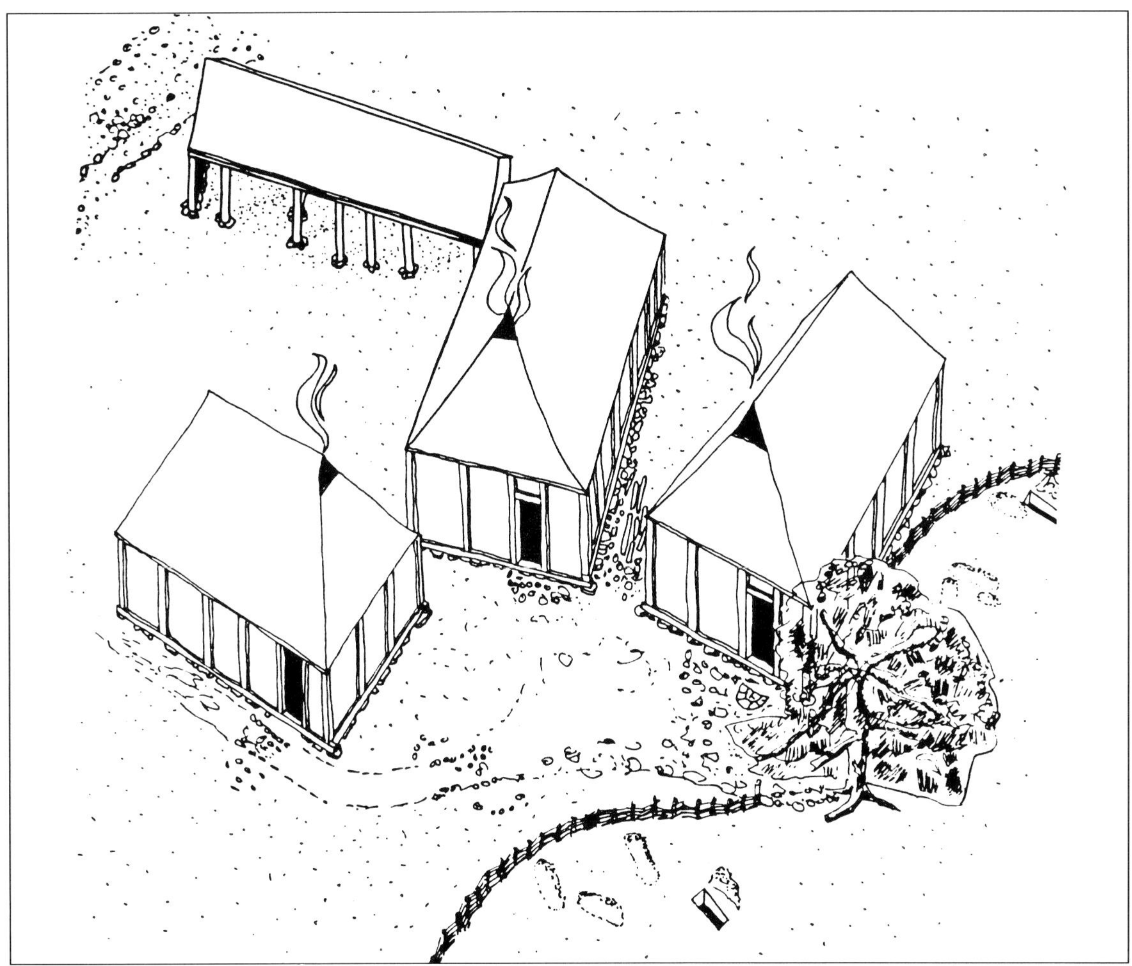

Abb. 2 Zürich, Münsterhof. Rekonstruktion einer Vogelschau des karolingischen Dorfes zum Frauenmünster. Blick von Südosten (das fünfte Haus dieser Siedlung ist auf der Ansicht noch nicht berücksichtigt). – (Zeichnung D. Gutscher).

Typologisch sind die Häuser IV–VII als Schwellenbauten auf Unterlagssteinen zu bezeichnen[4], während mit der ältesten Phase des Hauses XV ein »Pfosten-Schwellenbau« nachgewiesen wurde. Die Pfostenbauweise ist als frühmittelalterliche Bauform weit verbreitet. Mit der hervorragend sorgfältigen Bauart, die wir am Haus VI festhalten konnten, tun wir uns schwerer, zeitgleiche ähnliche Bauten zu finden. Vielmehr liegen Vergleiche mit kaiserzeitlichen römischen Fachwerkbauten näher. So zeigt ein 1982 an der Rittergasse 4 in Basel entdecktes Fachwerkhaus aus dem zweiten Drittel des 1. Jahrhunderts n. Chr. dieselbe Fundationsweise der Umfassungswände mit größeren Auflagersteinen und kleinerem Zwischenmaterial. Auch seine Grundfläche ist mit 7 × mindestens 8,6 m unseren karolingischen Grundrissen vergleichbar[5]. Auch aus dem Vicus Vitudurum (unteres Bühl, Oberwinterthur) sind in Größe und Technik vergleichbare Häuser bekannt geworden[6]. Als theoretische Grundlage für derartige Bauten wird immer wieder auf Vitruv verwiesen, der sich im zweiten Buch ausführlich den konstruktiven

4 P. Donat, Haus, Hof und Dorf in Mitteleuropa vom 7. bis 12. Jahrhundert. Schriften zur Ur- und Frühgeschichte 33. Akademie der Wissenschaften der DDR (1980) 31 f. – Schneider, Gutscher, Etter u. Hanser (Anm. 1) 86 mit Vergleichsbeispielen.

5 G. Helmig, Die Grabungen an der Rittergasse 4. In: Jahresbericht der Archäologischen Bodenforschung des Kantons Basel-Stadt (1982) 323–340.

6 A. Zürcher, Oberwinterthur – Unteres Bühl. Jahrb. Schweiz. Ges. f. Ur- und Frühgeschichte 65, 1982, 214–222.

Details von Fachwerkbauten widmet[7]. Es ist durchaus wahrscheinlich, daß unsere Bauten auf dem Münsterhof diese antike Tradition im Zuge der karolingischen Renaissance wieder aufleben lassen. Daß mit unserer Häusergruppe nicht ein frei gewachsenes Haufendorf[8], sondern eine von übergeordneter Hand angelegte, dorfartige Siedlung nachweisbar ist, geht aus einem weiteren Befund unumstößlich hervor. Verlängert man die sicher gefaßten Gebäudefluchten, d. h. die Südwand Haus IV, die Ostwand Haus V, die Westwand Haus VI und die Westwand Haus VII nach Süden, so kreuzen sich alle verlängerten Fluchten in einer Art Brennpunkt (Koordinate 31/255.30), der unmittelbar an der Friedhofsbegrenzung liegt. Es scheint, daß von diesem Punkt aus die Grundrisse der Häuser konstruiert wurden, indem von hier aus die südliche und nördliche Hausflucht abgemessen wurde. Von diesem Meßpunkt aus hatte man – sicher im Verfahren der Schnurvermessung[9] – zur Südost-Ecke des Hauses IV 25 karolingische Fuß (') abgetragen. Zur Südost-Ecke des Hauses V messen wir 30', zu dessen Nordost-Ecke 65', zur Südwest-Ecke des Hauses VI ebenfalls 30' und zur Nordost-Ecke 65', und schließlich zur Südost-Ecke des Hauses VII 85' und zur Nordost-Ecke 120'[10]. Die Festlegung des Grundrisses im Gelände dürfte mit Hilfe der Zwölfknotenschnur erfolgt sein[11]. Es versteht sich von selbst, daß im Detail die Maße abweichen. Wir müssen annehmen, daß auf dem Baugelände lediglich die Gebäudelinien mit Kalk- oder Aschestreifen abgetragen und hernach auf diese Linien die Unterlagssteine gesetzt wurden. Es wäre daher falsch, aus unseren in-situ Maßen den verwendeten Fuß bestimmen zu wollen. Aber aus der Beobachtung von Grundstrecken geht die Zugrundelegung einer Gesamtplanung für unsere Häusergruppe deutlich hervor: eine Planung aufgrund eines radialen Vermessungssystemes, das übrigens mit wenigen Änderungen in der heutigen Bebauung des Münsterhofs 8–12 und den an sie grenzenden Liegenschaften »In Gassen« weiterlebt.

Eine Bemerkung sei schließlich noch zur Frage angeführt, wer denn in diesen karolingischen Bauten wohnte. Aufgrund der Feststellung, daß es sich mit Ausnahme des Hauses XV ausschließlich um Wohnbauten handelt, kann nicht von einem Gehöfttyp gesprochen werden[12]. Aus den jüngeren Quellen geht seit den Forschungen von Roger Sablonier deutlich hervor, daß am Münsterhof die Dienstleute der Abtei wohnten[13]. Der Stand der archäologischen Forschung lehrt uns, daß in karolingischer Zeit südlich wie auch westlich und östlich der Abtei keinerlei Baugrund zur Verfügung stand. Einzig nordwärts gelangte man damals nicht gleich in einen Sumpf oder ins Wasser. Wir dürfen die mit den Häusern IV–XV gefaßte Siedlung als Dorf der Fraumünsterdienstleute deuten. Sie ist der vorstädtische Kern der südlichen minderen Stadt (vgl. Abb. 2 und 11; Beilage 1).

7 Vitruvii de architectura libri decem, Lib. II, VIII, 20. – Vgl. auch Helmig (Anm. 5) 336.

8 Donat (Anm. 4) 132 ff.

9 R. Moosbrugger-Leu, Schnurvermessung. In: Schweizer Baublatt Nr. 86 vom 26. 10. 1983, 51–58 und Nr. 88 vom 4. 11. 1983, 47–53.

10 Der Fuß wurde mit dem karolingischen Normalmaß von 33,29 cm angenommen (F. V. Arens. Das Werkmaß in der Baukunst des Mittelalters [Phil. Diss. Bonn 1938]). Es ist festzuhalten, daß unsere Feldmaße auch auf andere Fußmaße, etwa den »Bodensee-Fuß« von 32,7 cm schließen lassen (A. Knoepfli, Kunstgeschichte des Bodenseeraumes I [1961] 442 Anm. 559). Den unsrigen vergleichbare Meßstrecken konnten W. Erdmann u. A. Zettler, Zur karolingischen und ottonischen Baugeschichte des Marienmünsters zu Reichenau-Mittelzell. In: Die Abtei Reichenau (Hg. H. Maurer; 1974) 493 f., nachweisen.

11 Moosbrugger (Anm. 9) 48.

12 Dies schließt die Tierhaltung im Wohnhaus nicht aus. Vgl. Schneider, Gutscher, Etter u. Hanser (Anm. 1) 170.

13 R. Sablonier u. Th. Meier. Der Zürcher Münsterhof. Städtische Baugeschichte und Stadtpolitik im 13. Jahrhundert. In: Schneider, Gutscher, Etter u. Hanser (Anm. 1) 20–40.

Weitere bauliche Enwicklung (10.–12./13. Jahrhundert)

Der Abgang und Ersatz der Holzbauten auf dem karolingischen Siedlungshorizont erfolgte zu unterschiedlicher Zeit. Durch den ostseitigen Anbau eines etwa quadratischen Steinhauses ist Haus IV im späten 10. Jahrhundert zum Annexbau geworden[14]. Haus V wurde – nach einer grundlegenden Umbauphase – aufgrund der Keramik, die auf der Abbruchkrone der Ostwand gefunden wurde, im Verlauf der zweiten Hälfte des 12. Jahrhunderts ersatzlos abgetragen. Haus VI hatte Bestand bis ins mittlere 13. Jahrhundert. Auf der Grabung konnte nachgewiesen werden, daß derselbe Brandhorizont, der von der systematischen Schleifung der Häuser I und II auf dem Münsterhof herrührte[15], auch zum Neubau des Hauses VI geführt hat: auf verkleinertem Grundriß, dafür mit gemauerten Wänden, entstand ein viergeschossiger Steinbau. In der langen Benützungszeit des Hauses VI sind denn auch über ein Dutzend Laufschichten und -schichtchen in seinem Innern nach und nach aufeinandergelegt worden. Es entstand ein ca. 50 cm dickes Schichtenpaket. Haus VII ist im 12. Jahrhundert als 6 × 7 m messender »Wohnturm« im Kern des heutigen Hauses Münsterhof 10 aufgegangen[16]. Komplizierter gestaltet sich die weitere Bauabfolge des Hauses XV zum Komplex des heutigen Zunfthauses »Zur Waag« mit seinen Vorgängern, der »Waag« und dem »Hasen« oder »Geilen Münch«.

Mit Phase II hatte das Haus seine Eigenständigkeit aufgegeben und war zum Annexbau von Haus V geworden. Die Funde datieren diese Bauetappe ins 10. Jahrhundert. In einer Phase III ist es vollständig abgetragen und über einer Planierschicht neu gebaut worden[17]. Dabei ist die Westwand um gut Meterbreite weiter östlich errichtet worden. An die Stelle der offenen Pfostenreihe trat eine neue, ebenfalls um etwa Meterbreite südwärts verschobene, geschlossene Südwand in Ständerbauweise mit trocken verlegtem, breitem Steinband als Fundament. Westlich des Gebäudes wurde der schon auf dem karolingischen Horizont konsolidierte Bereich durch ein Kies-Lehm-Paket zur Straße, zum Vorgänger der heutigen Waaggasse. Es ließ sich ein engerer Fahrbahnbereich von einer lockerer gefügten »Aura«, einem Randbereich, unterscheiden. Reste von Steinreihen im Hausinnern deuten Raumunterteilungen an. Es kann ein Raum Ost, ein Raum West und ein Raum Nord unterschieden werden. Im Raum West lag ein Steinsetzungswinkel, der ein Geviert von ca. 1,5 × 2 m belegte. Aufgrund der intensiven Brandspuren und Ascheschichten in seiner Umgebung darf er als Rest eines Feuersockels gedeutet werden. Die Kleinfunde datieren diese Bauetappe sehr wahrscheinlich ins 11. Jahrhundert. In der Phase IV – die Funde weisen ebenfalls noch ins 11. Jahrhundert – sind die weiterbestehenden Strukturen der vorangegangenen Phase II nach Westen um gut 4 m erweitert worden. Die Vorgängerin der Waaggasse wurde ein erstes Mal nach Westen abgedrängt. Können wir dem entnehmen, daß der südliche Münsterhof damals noch nicht fester Bestandteil der Bebauung war? Auch jetzt ist der Bau XV noch ein Fachwerkbau auf trocken verlegtem Steinkranz. – Eine tiefgreifende Umgestaltung erfuhr der Bau erst in seiner Bauphase V. Noch immer hatte der Ostteil auf dem – in Teilen erneuerten? – Grundriß der Phase III weiter Bestand. Anstelle der Erweiterung (Phase IV) trat ein in West-Ost-Richtung rund 6 m messender festerer Bau, der vielleicht bereits ein massiv gemauertes Erdgeschoß besaß. Sicher ist, daß er zum Wohnhaus und die östlichen Strukturen (d. h. die Bauteile der Phase III) zum Annex wurden. Der als Feuerstellensockel dienende Einbau im Raum West/Phase III ist zugunsten von jüngeren Feuerstellen im wesentlichen Neubau aufgelassen worden. Es konnten auf den verschiedenen Laufschichten drei sich zeitlich folgende Feuerstellen nachgewiesen werden. Aufgrund der Funde dürfen wir annehmen, der Bau habe bis ins fortgeschrittene 12. Jahrhundert weiterbestanden. Für ihn hatte die »Ur-Waaggasse« nochmals nach Südwesten ausweichen müssen.

14 Schneider, Gutscher, Etter u. Hanser (Anm. 1) 104ff.: Haus III.

15 Schneider, Gutscher, Etter u. Hanser (Anm. 1) 131: Häuser I/II.

16 H. Obrist, Münsterhof 11 und 12. Dokumentation Baugeschichtliches Archiv der Stadt Zürich.

17 Die Wiederaufnahme der nur um weniges verschobenen Baulinien sowie die Funde machen deutlich, daß die Planierschicht keine lange Besiedlungsunterbrechung anzeigt.

Da wir wissen, daß ursprünglich Haus XV mit dem karolingischen Haus V eine bauliche und damit sicher auch eine Rechtseinheit bildete, drängt sich die Vermutung auf, die beiden Bauten seien auch gleichzeitig abgegangen. Für alle karolingischen Bauten stellten wir zwischen dem späten 10. und dem 13. Jahrhundert Neubauten auf zwar verkleinertem Grundriß, dafür mehrgeschossig und in Stein ausgeführt, fest. Wir sehen in der Erweiteurng mit Phase V/Haus XV und schließlich im steinernen Eckbau/Phase VI die Entwicklungsstufen vom früh- zum hochmittelalterlichen Wohnbau.
Der kurze Überblick über die spätere Entwicklung der karolingischen Münsterhofsiedlung macht deutlich, in welchen Abschnitten und Schritten die »Versteinerung« des Stadtbildes im Gebiet der südlichen minderen Stadt vor sich ging. Das einst im ausgetrockneten Überschwemmungsboden von einem Meßpunkt aus mit der Schnur abgesteckte Grundrißsystem sollte sich als der dauerhafteste Zeuge der karolingischen Epoche auf dem Zürcher Münsterhof erweisen.

Der hochmittelalterliche Steinbau

Spätestens in karolingischer Zeit muß die Schwemmlandebene im Mündungsbereich des wilden Sihlarms in die Limmatbucht vollständig trockengefallen sein. Für den Standort der späteren Abteikirche Fraumünster darf dies schon früher angenommen werden, liegen doch hier die entsprechenden geologischen Schichten etwas höher als nördlich auf dem Münsterhof.
Mit der Gründung der Fraumünsterabtei wurde nördlich und nordwestlich der Klosterkirche ein Grabbezirk ausgesprengelt. Er belegte die Fläche zwischen dem jüngeren frühmittelalterlichen Weg im Westen, dem Bereich der späteren hochmittelalterlichen Häuser I und II im Norden und dem nordsüdlich verlaufenden Verbindungsweg zum Querhaus der Klosterkirche im Osten.
Obwohl wir keine Spuren einer ersten Friedhofbegrenzung gefunden haben, darf man davon ausgehen, daß eine Begrenzung existiert haben muß: am ehesten ein Flechthag, eine Art Etter, welcher geeignet war, das Kleinvieh vom Gottesacker fernzuhalten. Im späten 10. Jahrhundert ist diese hölzerne Friedhofbegrenzung durch eine Mauer ersetzt und näher an die Abtei gerückt worden (Abb. 3; vgl. auch Abb. 11; Beilage 1).
Diese zweite Friedhof- und Immunitätsbegrenzung läßt sich in zwei Bauphasen gliedern, welche jedoch denselben Verlauf aufweisen. Ihr Nordast liegt parallel zum Fraumünster-Langhaus in einem Abstand von 40 bis 42 m und winkelt auf Achse 260/42 nach Süden ab. Die Nordsüdflucht des Westastes indes liegt weiter westlich als die von Emil Vogt 1959 publizierte Westfassade des Fraumünsters[18].

Haus I (Abb. 4–5; Beilage 1)

Haus I stößt von Norden her an die Friedhofmauer und im Osten an den Weg von der Siedlung zur Abtei. Die Errichtungszeit läßt sich – gestützt auf die Relativchronologie mit ihren gesicherten Abfolgen – einigermaßen eingrenzen: Als Südwand dient zunächst die Friedhofmauer / Phase I, welche in der zweiten Hälfte des 10. Jahrhunderts errichtet worden ist. Die Phase II der Friedhofmauer durchschlägt die beiden ersten Benützungsphasen des Hauses I; sie ist um 1130 anzusetzen. Innerhalb dieses zeitlichen Rahmens kann eine feinere Einordnung durch die Keramik aus der ersten Benützungsphase des Hauses erfolgen, welche sicher anfangs des 12. Jahrhunderts, womöglich aber Ende des 11. Jahrhunderts einsetzt und damit ein Errichtungsdatum um oder kurz vor 1100 wahrscheinlich macht. Kurz nach der Mitte des 13. Jahrhunderts ist Haus I zusammen mit Haus II und der Immunitätsmauer planmäßig abgetragen worden.

18 E. Vogt, Zur Baugeschichte des Fraumünsters in Zürich. Zeitschr. f. Schweiz. Archäologie u. Kunstgeschichte 19, 1959, 133–163.

Abb. 3
Zürich, Münsterhof.
Übersicht auf den Nordast der Friedhofsmauer von Westen. Die Fortsetzung desselben bildet im Osten die Südflucht des Hauses Münsterhof 18 (Leder-Locher).

Abb. 4
Zürich, Münsterhof.
Übersicht von Norden auf Haus I / Phasen I–II, Haus II und den Friedhofsbereich südlich der Immunitätsmauer.

Der Grundriß

Im Abstand von 8,3 m stoßen zwei parallel verlaufende Mauern im rechten Winkel an die Phase I der Friedhofmauer an. Ihre Mauerstärken betragen gut 1 m; die unterste Fundamentlage liegt auf Kote (Nivellement) ca. 406,35, d.h. auf der Oberkante der Kalkalgen. Die Ostmauer weist zwischen Achsen 258–259/67–68 einen Knick auf. An dieser Stelle winkelt eine im Verband stehende, 90 cm starke Binnenmauer nach Westen ab. Die Nordostecke der Ostmauer liegt im Bereich der Vorgängerkanalisation und kann nur rekonstruiert werden aus einem stark gestörten Rest der Nordmauer, welcher sich im Kanalisationsgraben Richtung Storchengasse fand. Das Fundament der Ostmauer ist noch bis zur Abbruchkrone um Kote 407,65 in zehn mehr oder weniger lagig verlegten Bollen-, Lese- und Bruchsteinschichten erhalten, wobei die obersten ein bis zwei Lagen zum Aufgehenden gehören: an sie bördelt das erste Innenniveau. Der mit reichlich Mörtel gefügte Kern der zweihäuptigen Mauer setzt sich aus bis zu 20 cm großen Bollen- und Bruchsteinen zusammen. Die Schalen sind aus plattigen, bis 25 cm großen Lese- und Bruchsteinen gefügt und heben sich kaum vom Erscheinungsbild des Kerns ab. Die Mauer wirkt wie brekzienhafter Guß. Der erhaltene Rest der Nordmauer zwischen Achsen 264/65–57 liegt in etwa 10 m Abstand parallel zur Friedhof- bzw. Südmauer. Mauercharakter, -mörtel und -material wie auch das Abbruchniveau sind gleich wie bei der Ost- und Westmauer.
Von der mit der Ostmauer – sicher aber auch ursprünglich mit der Westmauer – im Verband stehenden Binnenmauer fanden sich das gut meterlange Anschlußstück an die Ostmauer sowie ein Rest zwischen den Achsen 61 und 62. Der westliche Anschluß ist bei Anlage des aktuellen Kanalisationsgrabens zerstört worden. Die Mauerstärke beträgt knapp 90 cm. Die Verblendsteine sind bis 45 cm groß, so daß nur wenig Zwischenraum für die kleinteiligere Füllung bleibt.

Benützungsphase I (vgl. Abb. 4)

Auf Niveau 407,45 bis 407,50 liegt das durch Abfallmörtel klar gefaßte Bauniveau von Haus I, dessen unregelmäßige Oberfläche mit einem humösen Planierpaket von knapp 10 cm Mächtigkeit ausgeglichen wird. Ungefähr bei Achsen 255,70–257,40/60–61, 50 fand sich ein Geviert von Stellsteinen. Diese Herdstelle ist im Zusammenhang mit dem ersten Bodenniveau entstanden, denn eine Abfallmörtellinse und das daraufliegende verschmutzte Gehniveau bördeln an ihren nördlichen Stellstein auf. Im Herdinnern findet sich eine stark brandgerötete Lehmlinse, deren Ränder – mit sehr vielen Holzkohleresten durchsetzt – an die z. T. ausgebrochene Begrenzung von Stellsteinen aufbördeln. Der Feuerplatz ist von der Südwand 60 cm, von der Westwand 2 m abgerückt und mißt selber 1,6 × 1,5 m, wobei die östlichen Stellsteine beim Abtiefen der Teuchelleitung 5 entfernt worden sind. Seine abgerückte Lage erlaubt eine Benützung der stattlichen Feuerstelle von drei Seiten sowie die Annahme eines Rauchhutes.
Im Abstand von 70 cm verläuft parallel zur Westwand eine Steinsetzung West, das Auflager für eine Inneneinrichtung. Zwischen dieser und der Herdstelle verbleibt immer noch ein Zwischenraum von 1,3 m. Zwei Meter vor der Ostwand findet sich ebenso eine parallel aufgereihte Steinsetzung Ost, welche wohl als Schwellenlager einer Holzwand angesprochen werden kann. Die in diesem ausgeschiedenen Raum liegenden Pfostenlöcher 1 und 2, mit einem Kranz von Stellsteinen und einem Durchmesser von 20 cm, dürften entweder als Gerüstlöcher oder aber im Zusammenhang mit einer Treppenkonstruktion gesehen werden.
Bei Achse 258/60.50 findet sich eine kreisrunde Grube (Unterkante 407,34), deren äußere Begrenzung ein holzfarbener Ring ist, der die Vermutung aufkommen läßt, es sei hier ein Holzbottich in die Grube eingetieft worden. Es zeigte sich aber, daß es sich um eine Verkrustung des vertrockneten Inhaltes mit dem anstehenden Erdreich handelt. Auf dem Grubengrund liegt eine Schicht verkohlten Ahornholzes. Die Bedeutung der Grube mit dem faserig vertrockneten Inhalt konnte nicht weiter ergründet werden. Während der Benützungsphase I, welche das erste Drittel des 12. Jahrhunderts belegt, wuchs das mit viel Knochen, Holzkohle und Keramik durchsetzte Niveau auf 407,60 an.

Aufgehendes, Haustyp, Würdigung (vgl. Abb. 5)

Der stattliche Grundriß von über 10 × gegen 12 m sowie die mächtigen Umfassungsmauern und deren tiefe Fundierung zeichnen das Haus I als bedeutenden, repräsentativen Bau aus. Er lag zur Gasse hin orientiert, d. h.: zum Zugangsweg von der städtischen Siedlung zur Abteikirche. Von dieser Seite her wurde er auch erschlossen. Aufgrund der massiven Fundamente sind mit Sicherheit zwei gemauerte Geschosse anzunehmen, auf denen wohl noch ein gezimmertes ruhte. Die südliche Schmalseite setzte ursprünglich wohl mit einem Ständerwerk direkt auf die gut mannshohe Friedhofmauer / Phase I auf. Anläßlich von deren Abbruch und stärkerem Wiederaufbau dürfte auch hier das erste Obergeschoß in Stein aufgeführt worden sein. Das Dach ruhte sicher auf der Umfassungsmauer und der Binnenmauer. Es ist am wahrscheinlichsten, daß auf letzterer die Ständer für einen kurzen First eines Walmdaches aufsetzten (Abb. 5).
Das von uns ergrabene Mauergeviert von Haus I entspricht sehr genau der noch bestehenden Grundfläche des Hauses »Zum Kämbel«, Münsterhof 18.
Diese axialsymmetrische Anordnung der beiden stattlichen Häuser ist sicher nicht zufällig. Der Durchgang zur Abtei wird durch sie architektonisch gerahmt, inszeniert. Erstmals wird der frühromanischen Basilika mit der Jakobskapelle (vgl. Abb. 11 und Beilage 1) eine repräsentative städtische Architekturordnung gegenübergestellt.

Haus II

Über die Errichtungszeit von Haus II, welches von Norden her an die Friedhofmauer stößt und von Westen an Haus I lehnt, gibt uns ein verstürzter Deckenbalken mit zwei Bohrlöchern zuverlässig Auskunft. Der verkohlte, zerbrechliche Holzrest wurde noch in Fundlage mit Gipsbinden umhüllt und sicher in unser Labor überführt. Obwohl nur diese eine Probe vorliegt, gelang die Korrelation mit der süddeutschen Tannenchronologie eindeutig. Der letzte Jahrring des 109 Ringe zählenden Stücks fällt ins Jahr 1136. Damit gilt das Erbauungsdatum von Haus II um 1140 als gesichert.
Ebenso zuverlässig darf das Datum des Auflassens eingegrenzt werden, nämlich kurz nach der Mitte des 13. Jahrhunderts ist gleichzeitig mit dem planmäßigen Abbruch von Haus I und der Immunitätsmauer auch Haus II »warm« abgetragen worden.

Der Grundriß (vgl. Abb. 4)

Eingefügt in den Mauerwinkel von Westwand / Haus I einerseits und Friedhofmauer andererseits muß in einem Abstand von gut 9 m parallel zu ersterer die Westmauer errichtet worden sein. Die Nordmauer liegt außerhalb des Grabungsfeldes und auch großenteils nördlich des Kanalisationsgrabens. Am wahrscheinlichsten ist es, daß dieselbe mit der gesicherten Binnenwand von Haus I fluchtet. In diesem Falle wäre sie bereits durch die Vorgängerkanalisation fast vollständig entfernt worden. Die ursprüngliche Westwand ist nicht mehr erhalten. Sie lag jedoch im Bereich der einhäuptigen Mauer, welche auf der östlichen Blockwand der Grube I aufsetzt. Diese einhäuptige Mauer durchschlägt die ältesten Benützungsschichten (Phase I) in Haus II. Weiter westlich im Bereich der Grube 1 kann die ursprüngliche Westmauer nicht gelegen haben, weil beide aufgrund der erwähnten dendrochronologischen Meßwerte gleichzeitig anzusetzen sind. Weil im Westen kein Anbördeln der Schichten von Phase I des Hauses II mehr beobachtet werden kann, darf die Mauerstärke der ursprünglichen Westwand mit etwa 60 cm erschlossen werden. Dies reicht zweifelsohne aus für einen eingeschossigen steinernen Sockel mit darüberliegendem Holzgeschoß. Beim Ausbrechen der Friedhofmauer im Bereich der Grube 1 muß auch diese Westwand in Mitleidenschaft gezogen und auf Achse 49 zurückversetzt worden sein. In derselben Sanierungsphase wurde hernach der Mauerzahn aufgeführt und schließlich die einhäuptige Mauer auf Achse 48 als Ostabschluß der Grube 1 errichtet. Sie steht mit dem Mauerzahn nicht im Verband.

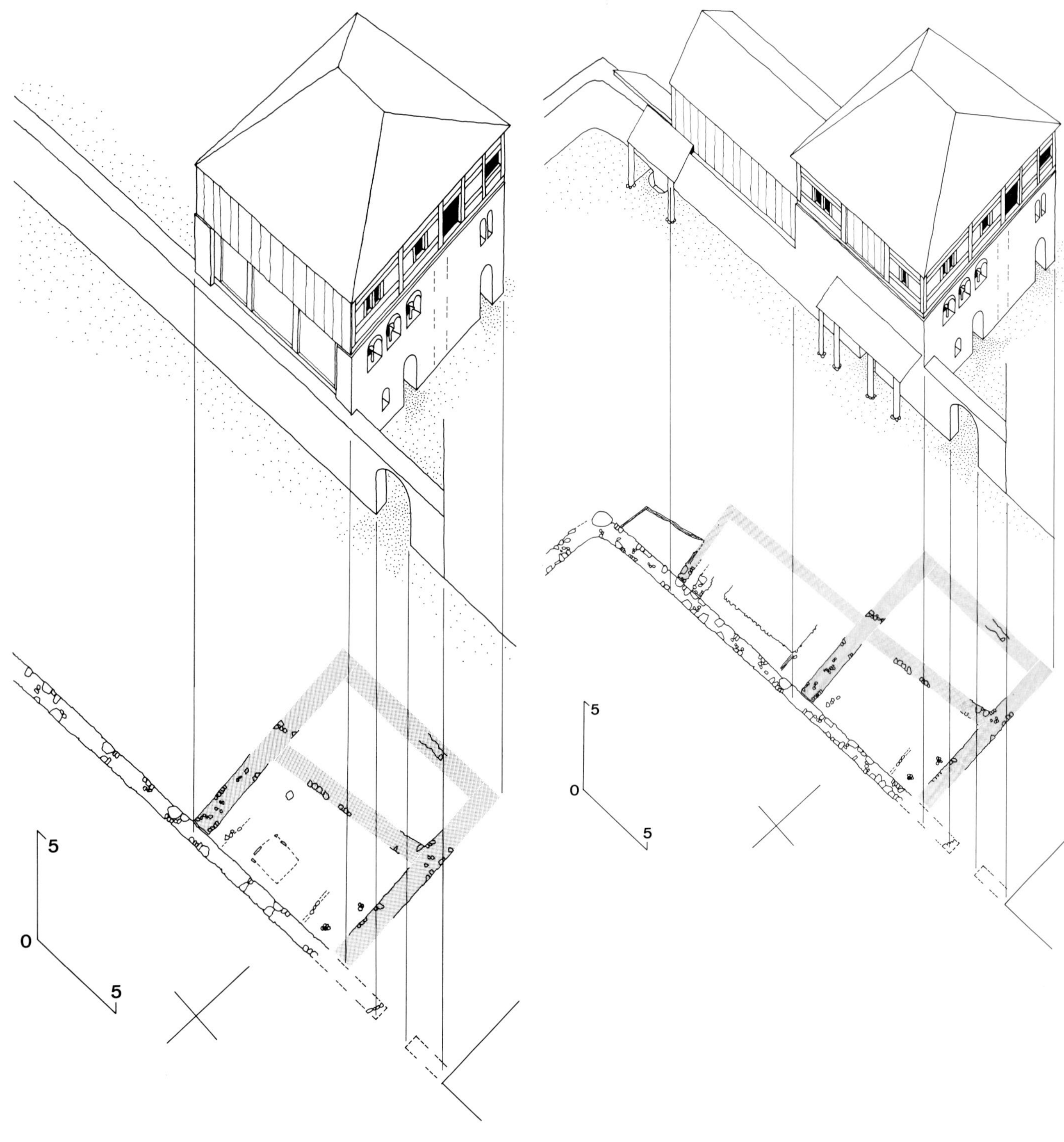

Abb. 5 Zürich, Münsterhof. Links: Rekonstruktionsversuch des Hauses I / Phasen I–II von Südosten. – Rechts: Rekonstruktionsversuch der Friedhofsmauer, der anstoßenden Häuser I und II sowie der südseitigen Holzanbauten. Zustand vor dem Abbruch, um 1250. – (Zeichnungen D. Gutscher).

Abb. 6 Zürich, Münsterhof, Haus II. Zum ältesten Benützungsniveau im Haus II gehörte eine Steinrollierung mit darüberliegendem Mörtelguß (auf unserem Bild ist letzterer bereits entfernt). Dieser mit Mörtel verfestigte »Steinteppich« – er gehört wohl zu einem offenen Innenhof – wird von schmalen, korridorähnlichen Räumen begrenzt.

Benützungsphase I (Abb. 6)

Auf Niveau 407,51, dem durch Abfallmörtel klar ersichtlichen Bauniveau von Haus II, wird ein sorgfältig verlegtes Steinbett eingebracht. Seine Begrenzungen liegen im Osten mit 1,8 m, im Süden mit 1,2 m und im Westen mit 2,3 m Abstand parallel zu den jeweiligen Außenmauern. Auf das Steinbett wurde ein Mörtelestrich gegossen.

Der Mörtelgußboden, der keine Flickstelle aufweist, ist im Westen ungestört und weist eine deutlich begangene Oberfläche auf. In diesem Bereich zieht der Mörtelguß bis 2 cm über die höchsten Steinköpfe hinweg. Im Osten indes kommt aufgrund der verrotteten Oberfläche des Gusses der Eindruck von »pietra-rasa-Technik« auf. Der Charakter der Steinsetzung selbst wirkt durch die verschiedenen Steingrößen der Kalk-, Sand- und Tuffsteine unregelmäßig. Die Steine sind aber lückenlos versetzt, die Klaffen werden durch Bruchsteinstücke und Leistenziegelframente ausgefüllt.

Die Randpartien des keine Senkungen aufweisenden Steinbettes sind sorgfältig auf eine gerade Flucht verlegt. Aus dieser ragen auf etwas tieferem Niveau alle 30 cm plattige Lesesteine vor. In der Flucht sind

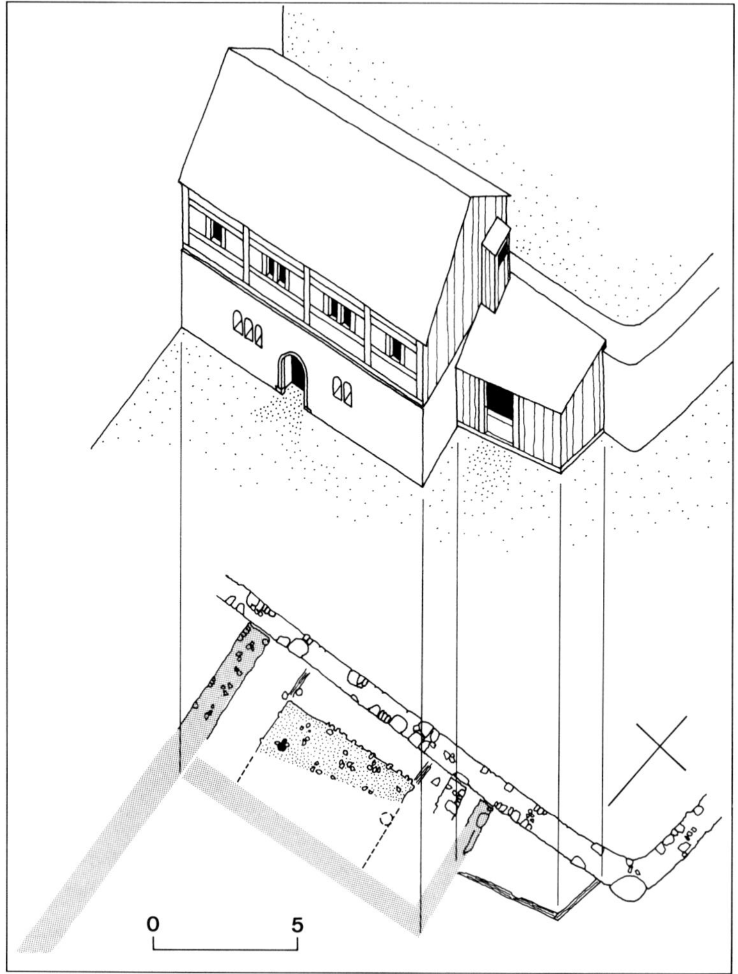

Abb. 7
Zürich, Münsterhof.
Rekonstruktionsversuch des Hauses II von Nordwesten
(Zeichnung D. Gutscher).

etwa im selben Abstand Steine gestellt. Sie sind Lager- und Stellsteine eines Schwellbalkens, der sich zum Teil noch durch seine Grube im südlichen Raumteil abzeichnet. Im Westen und Osten ist wohl mit einer ähnlichen Konstruktion zu rechnen. Die West- und Ostflucht des Steinbettes findet ihre Fortsetzung gegen die Friedhofsmauer hin in je einem ca. 15 cm breiten, verrotteten Mörtelstreifen, der wohl als Balkenlager diente.

Der so beschriebene Grundriß weist einen stattlichen zentralen Raum von sicher 5,2 m Breite und wohl 4 m Tiefe auf, welcher im Westen von einem 2,3 m breiten und über 5 m tiefen und im Osten von einem 1,8 m breiten und ebenso über 5 m tiefen Raum flankiert wird. Im Süden liegt hinter diesem Zentralraum ein 1,2 m breiter Korridor. Über dem Mörtelgußboden des zentralen Raumes fanden sich verschiedene Lehmlinsen (Achse 53/259) sowie mehrere brandig-humose Schichtabfolgen, die auf eine intensive Nutzung dieses Raumes hinweisen. Davon sprechen auch fünfzehn 3–5 cm große Pfostenlöcher. Sie erreichen ihre größte Dichte im Bereich von Achse 52/53/259 in der Raummitte Süd. Aufgrund ihrer gehäuften Anordnung einerseits und der vereinzelten Stellung andererseits läßt sich keine schlüssige Deutung über die Funktion dieser Pfosten aussagen.

Der Hauseingang dürfte auf der Mittelachse des Hauses gelegen haben, wie sich aus der Lage eines Steges in der hier nicht beschriebenen Benützungsphase II rückschließen läßt. Von diesem stammen höchstwahrscheinlich die beiden Fragmente eines romanischen Portals, welche – nachdem das Haus warm abgetragen worden war – in die Abfallgrube 1 gelangten. Es handelt sich um den Typ des schlichten Rundbogenportals mit geradem Gewände, welches ohne Kämpfer in die Archivolte übergeht, jedoch eine zierliche Sockelzone mit Rundstabprofil besitzt.

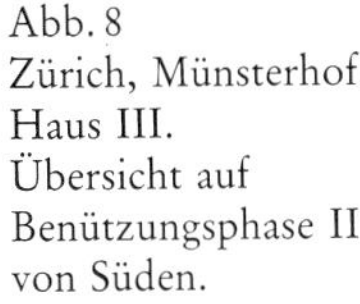
Abb. 8
Zürich, Münsterhof,
Haus III.
Übersicht auf
Benützungsphase II
von Süden.

Wie wir oben sahen, ist der Eingang zu Haus II von Anbeginn an am selben Ort zu lokalisieren; das Portal kann daher in die Errichtungszeit des Steinhauses II gesetzt werden, welche durch das Dendrodatum der Fäkaliengrube 1 in die Jahre um 1140 fällt. Das paßt sehr gut zum Befund der Steinbearbeitung, der einfachen Profilierung sowie des Verwitterungszustandes. Mithin handelt es sich um das bislang älteste profane Portal im mittelalterlichen Zürich.

Aufgehendes, Haustyp, Würdigung (Abb. 7 und 5)

Sowohl die erste Westwand mit der erschlossenen Mauerstärke von etwa 60 cm wie auch die erhaltene zweite mit knapp 80 cm weisen auf die Existenz eines eingeschossigen Mauersockels hin. Darauf ruhte sicherlich ein Obergeschoß in Holzkonstruktion, was das Fehlen eines angemessenen Wohnraumes in der zweiten Phase sichert, aber ein in der Symmetrieachse West-Ost liegendes Pfostenloch, welches zu beiden Bauphasen gehört, nahelegt. Das mit Keilsteinen versehene Pfostenloch hat eine lichte Weite von knapp 30 cm und liegt 2,5 m vor der Ostwand. Es dürfte zur den Dachfirst tragenden Konstruktion gehört haben. Das entsprechende vor der Westwand liegende Pfostenloch liegt außerhalb der Grabung und muß mit den anderen zwei Dritteln der Grundfläche von Haus II bereits durch die Vorgängerkanalisation unbeobachtet entfernt worden sein. In dem von uns ergrabenen Restbereich fehlen die Befunde von Herd- und Feuerstellen –, auch sie müssen ebenerdig verlegt im abgegangenen Erdgeschoß gelegen haben. Dies erschwert uns die zuverlässige funktionelle Einordnung der ergrabenen Räume beider Phasen. Während beider Phasen muß das Haus von Norden, also von der Stadtseite her, betreten worden sein (vgl. Abb. 7).

Haus III mit Annexen

Die Errichtungszeit des Steinhauses III muß zusammen mit Phase II von Haus IV gesehen werden. Diese brachte bekanntlich in Haus IV den Wechsel vom freistehenden Holzbau zum Anbau an das Steinhaus III. Letzeres liegt mit seiner Grundfläche auf dem jüngeren frühmittelalterlichen Weg, setzt also dessen Auflassen voraus.

Grundriß (Abb. 8)

Die Westmauer ersetzt die östliche Schmalseite von Haus IV und winkelt mit seiner Süd- und Nordmauer auf den entsprechenden Fluchten von Haus IV nach Osten ab. Im Abstand von gut 4 m verläuft die Ostmauer: der Grundriß im Lichten beträgt somit gut 4 m auf 5,5 m.
Von den Umfassungsmauern konnte einzig der letzte erhaltene Rest der Nordmauer während der Kanalisationssanierung beobachtet und dokumentiert werden. Er bestand aus einem gut 90 cm starken, noch 35 cm hoch erhaltenen Fundament (UK 407,50), dessen Häupter aus bis zu 20 cm dicken Bollensteinen gefügt waren. Die Füllung zwischen den letzteren war mit sehr viel Mörtel sowie Bollen- und Lesesteinen kleineren Formats mehr geschüttet als geschichtet worden. Der Fundamentrest wird in seiner Nordflucht durch die Südmauer der Abfallgrube 8 gestört.
Das Datum der Errichtung kann über die Relativchronologie ermittelt werden. Westlich des nordsüdlich verlaufenden Astes der Friedhofmauer / Phase I, deren Erbauung in die zweite Hälfte des 10. Jahrhunderts fällt, wächst ein Schichtpaket an, in dessen erste Straten Haus III errichtet wird. Das heißt: Haus III ist wenig jünger als die Friedhofmauer / Phase I. Die oberen Schichten dieses platzartigen Bereichs zwischen Haus und Friedhofmauer bördeln an diese beiden an. Indes bördelt nur an Haus III die Abbruchschicht der Häuser I, II und der Friedhofmauer, die wir als erstes Platzniveau des Münsterhofes ansprechen und kurz nach der Mitte des 13. Jahrhunderts ansetzen. Die nächst jüngere Schicht jedoch zieht bereits geschlossen über Haus III und seine Annexe hinweg. Daraus ergibt sich, daß Haus III erst nach dem Großabbruch der Häuser I, II und der Friedhofmauer abgegangen ist. Am wahrscheinlichsten fällt der Abbruch ins spätere 13. Jahrhundert. Dies wird auch gestützt durch die jüngste Keramik aus dem Hausinnern, welche in der zweiten Jahrhunderthälfte gebräuchlich war.
Die übrigen Mauern des Gevierts wurden beim Abbruch fast vollständig ausgeräumt; es fanden sich lediglich die mit Mauermörtelschutt und einzelnen Steinen verfüllten Fundamentgruben. Diese weisen eine Stärke von 60–75 cm auf. Das Grubengeviert wurde nicht etwa beim Ausweiden der Fundamente so unregelmäßig, vielmehr zeigen die an den Grubenwänden anhaftenden Mörtelbrauen sowie die »an die Grube« anbördelnden Innenraumschichten, daß schon die Mauern selbst unregelmäßig stark gewesen sein müssen.
Es sollen uns hier einzig die Benützungsphasen III und IV interessieren, welche in den salischen Zeitraum zu datieren sind.

Benützungsphase III

Im brandig-lehmigen, von wenigen Lehmlinsen durchsetzten Fußboden findet sich auf Achse 26.70 eine wechselständig angeordnete regelmäßige Reihe von kleineren Pfostenlöchern. Diese gehören zweifellos zu einer Flechtwand, welche einen gut meterbreiten korridorähnlichen Raum entlang der Ostmauer ausschied. Auf der Achse 256.80 schließen zwei gegenständige Pföstchen diese Reihe ab. Bis zur Südmauer bleibt somit ein Durchlaß von 50 cm offen. Auf Achse 258 wird die Pföstchenreihe der Flechtwand unterbrochen. Hier liegt eine große Kalkplatte, ein mögliches Auflager für eine massivere Stütze.
Die bereits in Phase II benützte, an die Ostmauer gelehnte halbrunde Feuerstelle wurde weiterhin benützt. Ob sie allerdings in diesem schmalen Raum noch immer als Herdstelle diente, ist unklar. Das nördliche Ende der Flechtwand konnte nicht gefaßt werden. Es liegt außerhalb der Grabung. Westlich des durch die Flechtwerkwand ausgeschiedenen Raums liegen drei größere Pfostenlöcher, welche sicher

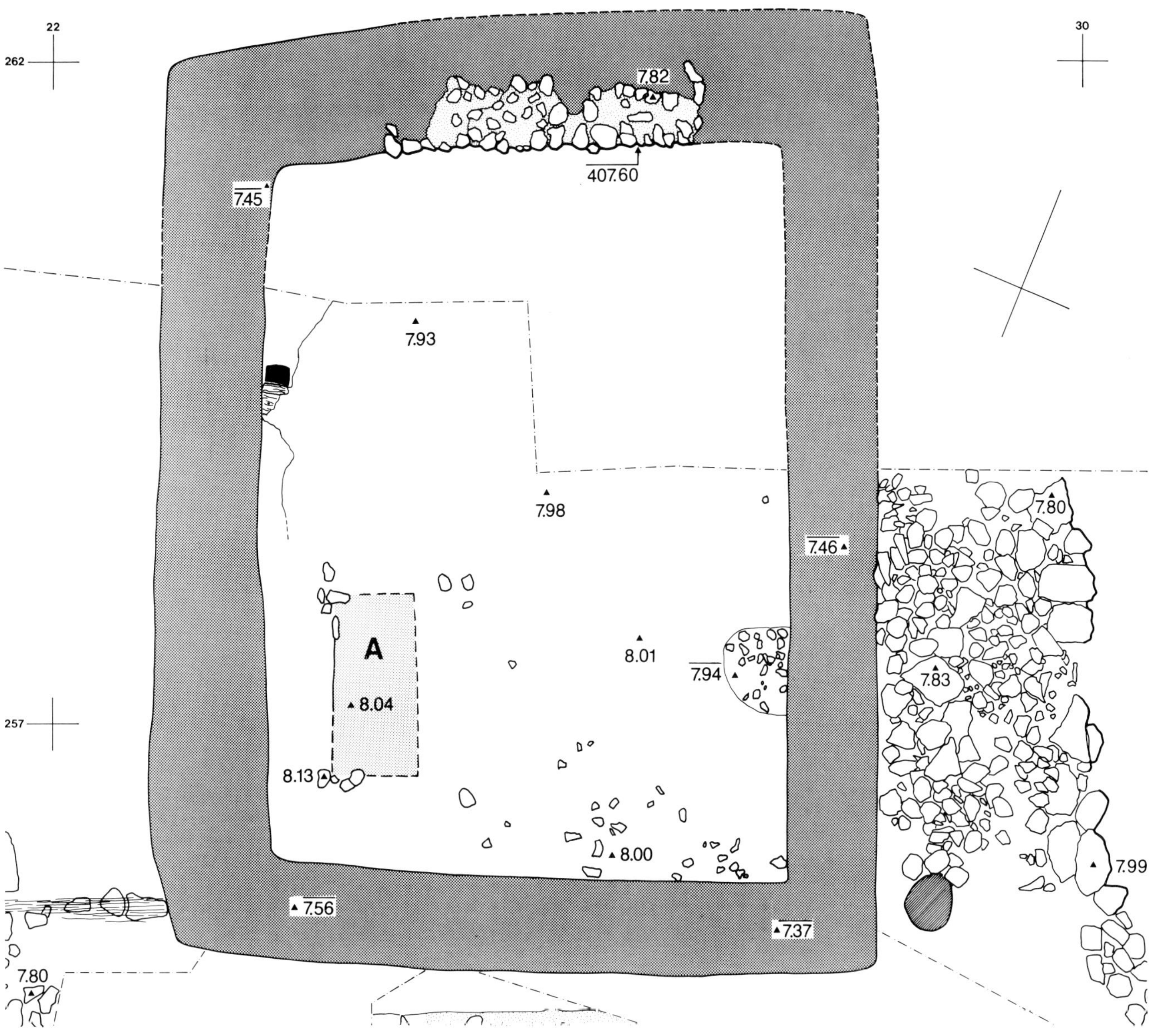

Abb. 9 Zürich, Münsterhof. Steingerechter Befundplan von Haus III / Phase IV. – A = Herdstelle.

zu diesem Niveau gehören, jedoch nicht weiter erklärbar sind. Auf dem obersten Schichtchen von Benützungsphase III (Kote/Nivellement 407,80) liegen u. a. im Bereich der West- und Ostwand wenig Abbruchschutt und Abfallmörtellinsen, welche von einem Umbau am Aufgehenden herrühren. Dabei muß eine Wandmalerei zerstört worden sein; sie dürfte zur Benützungsphase I oder II zu rechnen sein. Unmittelbar darüber wird hernach der neue Lehmboden Phase IV eingebracht.

Benützungsphase IV (Abb. 9)

Mit dem Abbruch der Flechtwerkwand wird auf der ganzen Grundrißfläche ein Einheitsraum geschaffen, welcher in der Südwestecke mit einer neuen großen Herdstelle ausgestattet wird. Diese ist ca. 40 cm von der Westwand abgerückt und mißt sicher 60 × 140 cm. Die genaue Begrenzung läßt sich indessen nicht geben, weil sie wohl auf der Flucht des Fundamentsockels für den in Phase V errichteten Kachelofen lag. Die Herdstelle selber ist ca. 10 bis 15 cm eingetieft und mit plattigen, bis 15 cm dicken

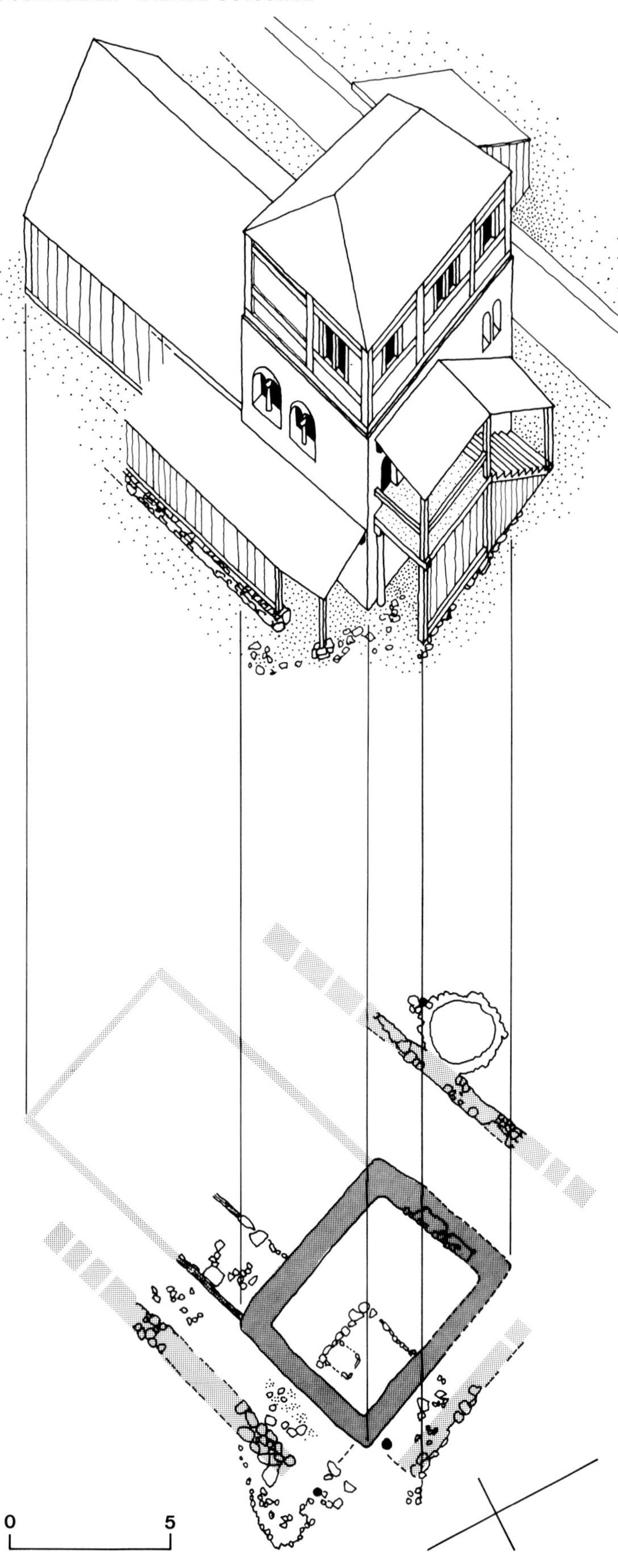

Abb. 10
Zürich, Münsterhof.
Rekonstruktionsversuch des Hauses III von Nordosten mit seinen Annexen (Zeichnung D. Gutscher).

Kieseln unterlegt, die an Ort und Stelle stark ausgeglüht sind. Die abgerückte Lage dieser stattlichen Feuerstelle vor der Südwestecke erlaubte nicht nur die Benützung von drei Seiten, sondern läßt auch auf die Existenz eines Rauchhutes schließen.
Die halbrunde Steinsetzung, welche ca. 1,7 m von der Südmauer abgerückt an die Ostmauer anschließt, könnte möglicherweise das Auflager einer Blocktreppe darstellen.
Das sandig-lehmige, brandig verschmutzte Niveau liegt am Ende dieser Phase sehr einheitlich auf Kote (Nivellement) 408,00. Aufgrund der Keramik hat die lange Benützungsdauer der Phase IV von der ersten Hälfte des 12. Jahrhunderts bis in die erste Hälfte des 13. Jahrhunderts gereicht.

Annex West – ehemaliges Haus IV (Abb. 10)

Mit der Errichtung von Haus III wurde der Grundriß von Haus IV bzw. der Annex West nicht beeinträchtigt. D.h.: die in Stein aufgeführte Westwand ersetzte das Schwellenlager und die darauf stehende hölzerne Ostwand. Die Umnutzung vom Wohnhaus zum Stall bzw. Remise führte aber sofort zu Veränderungen der Inneneinrichtung, zumindest in dem von uns ergrabenen östlichen Bereich: so wurden die beiden Herdstellen aufgelassen.

Annex Ost und Süd

Die Westseite von Haus III war durch das ältere Haus IV seit Anbeginn verstellt. Später erhielten auch die Ost- und Südseite hölzerne Vorbauten auf Steinunterlagen: Die beiden trockengelegten Zugangspartien lassen den Annex Süd als eine Mischform zwischen schopfartigem Anbau – wie die Hufeisen nahelegen wohl für Pferde – und offener eingeschossiger Laube unter einem Pultdach rekonstruieren.
Über das Aufgehende von Annex Ost lassen sich nur Vermutungen äußern. Aufgrund der Andersartigkeit der Benützungsschichten und der darunter geborgenen Funde sowie des sorgfältig verlegten Schwellenlagers scheint der Annex Ost im Vergleich zum Südannex der konstruktionsmäßig bedeutendere Anbau gewesen zu sein. Es ist möglich, daß er doppelgeschossig war und über eine Treppe ein Hocheingang erreicht werden konnte.

Aufgehendes, Haustyp, Würdigung

Die äußeren Grundrißmaße von 5,7 auf 7 m – lichte Maße: 4 × 5 m – liegen deutlich unterhalb des »gängigen« Maßes von festen Häusern im hochmittelalterlichen Zürich. Diese betragen oft 6–7 auf 9–10 m[19].
Der gedrungene Grundriß von Haus III ist denn auch nicht ein »Ordonnanzmaß«, sondern durch die Nord- und Südflucht des älteren Hauses IV bestimmt worden. Mauerstärke und -charakter lassen mit Sicherheit zwei fest aufgefügte Geschosse annehmen, auf denen wohl noch ein gezimmertes ruhte. Zusammen mit dem gedrungenen Grundmaß und den dreiseitig anlehnenden Annexen muß Haus III eine turmartige Wirkung gehabt haben.
Von einem Zugang ins Erdgeschoß fand sich im ergrabenen Bereich nichts; indes kann aufgrund der Innenraumaufteilung, der Herdstellen und des Kachelofens darauf geschlossen werden, daß er im nicht ergrabenen bzw. durch die Kanalisation zuvor zerstörten Bereich der Nordostecke gelegen haben muß. Das repräsentative Obergeschoß mit Wandmalereien – wohl des 11. Jahrhunderts – wurde sicherlich über einen Hocheingang erschlossen, den wir im Anbau Ost annehmen.

19 J. E. Schneider, Zürichs Weg zur Stadt. Archäologische Befunde zur frühen Stadtgeschichte (7. bis 13. Jahrhundert). In: Nobile Turegum multarum copia rerum. Drei Aufsätze zum mittelalterlichen Zürich (1982).

Die Funde der ältesten bislang bekannten Wandmalerei in einem Zürcher Profanbau sowie die in der zum Haus gehörenden Abfallgrube 4 gefundenen kostbaren Noppenbecher, das Schuhwerk für Kinder und Erwachsene bis hin zu den Speiseresten verweisen die Besitzer dieses festen Hauses in die gehobene Bevölkerungsgruppe.

Zusammenfassung

Mit der königlichen Stiftung der Fraumünster-Abtei durch Ludwig den Deutschen 853 wird ein Kristallisationspunkt außerhalb der alten Siedlung geschaffen. Eine lockere Gruppe von Holzbauten, zu welcher die Häuser IV–VII und XV gehören, schart sich von Norden her um diesen Klosterbezirk (Abb. 11, rechte Seite).

Es fällt auf, daß die erwähnten Häuser fast demselben Plan folgen und mit ihren Zugängen auf den jüngeren frühmittelalterlichen Weg, d. h. nach Südosten zur Abtei hin orientiert sind. Sicher liegt dieser Überbauung nicht eine einheitliche Planung von Klosters Seite zugrunde; vielmehr entsprang sie der Idee einer losen Interessengemeinschaft zwischen weltlichen Familien und der Abtei.

Im ausgehenden 10. Jahrhundert wird diese lockere Nahtstelle neu geordnet und erhält mit der zurückgesetzten Immunitäts- und Friedhofsmauer eine klar faßbare Orientierung. Diese manifestiert sich in den festen Häusern III und I und wohl auch im Münsterhof 18 (= Haus VIII) sowie schließlich in Haus II. Nördlich dieser »Abteigruppe« entstehen am Süd- und Ostfuß des St. Peter-Hügels Steinbauten, welche heute noch in der Nordflucht des Feuergäßleins bzw. der Rückseite der In Gassen-Häuser stecken: die frühstädtische Gruppe um den Kristallisationspunkt St. Peter (Abb. 12).

Im Freiraum zwischen diesen beiden Gruppen verlief der »profane« Weg von Südwesten zur Storchengasse hin.

Der zweite Weg, der »sakrale«, lief von der letzteren südwärts geradeaus auf das Nordportal der Abteikirche zu. Er reicht in die Anfänge des Fraumünsters zurück und erhielt mit den genannten festen Häusern eine architektonische Rahmung, die wie ein triumphaler Durchgang gewirkt haben muß (vgl. Beilage 1 und Abb. 11).

Außer den beiden flankierenden Bauten Haus I und Münsterhof 18 (= Haus VIII) zeigen die Häuser der »Abteigruppe« kein einheitliches Grundrißmaß. Vielmehr wird ein organisches Anpassen an die örtlichen Gegebenheiten deutlich, so bei Haus II, welches sich zwischen Weg und die Friedhofsmauer einfügt oder beim älteren Haus III, dessen gedrungener Grundriß vom älteren Haus IV bestimmt worden ist. Offensichtlich ist um die Abtei herum nicht parzelliert worden, wie sich überhaupt bis ins Spätmittelalter auf dem Platze Zürich keine verbindliche Norm des Grundrisses ausmachen läßt.

Aus den historischen Quellen darf rückgeschlossen werden, daß schon in den karolingischen Häusern IV, V, VI und VII Leute gewohnt haben, die zum königlichen Damenstift in direkter Beziehung standen: Dienstleute der Abtei, also Angehörige einer gehobeneren Bevölkerungsschicht. Ihre karge Lebensweise wurde durch die naturwissenschaftlichen Untersuchungen deutlich. Auch die Grundrisse der vier Holzbauten belegen dies. Obschon sie sich von Dienstbauten in der Aachener Kaiserpfalz und von Grundrissen des St. Galler Klosterplanes herleiten lassen, zeugen sie von einer bescheidenen Wohnkultur des täglichen Lebens, wie sie heute höchstens noch in einer Alphütte anzutreffen ist. Die Hauskonstruktion stand auf dem Boden, der als festgestampfter Lehm auch die Innenräume bedeckte. Einzig vom südwärts gerichteten Hauseingang her sorgte ein grober Steinbelag dafür, daß sich bei Regenwetter nicht auch das Hausinnere in einen morastigen Sumpf verwandelte. Damit hängt wohl die Ausrichtung der Hauseingänge nach Süden zusammen: Sie befanden sich just an den Stellen, die am raschesten austrockneten. Die Feuerstellen lagen im Inneren ebenerdig. Sie waren nicht nur Kochplätze, sondern brachten in die kaum befensterten Räume auch Licht, Wärme und damit Trockenheit. Wohnen und Wirken dürfte sich, räumlich nur schwach getrennt, auf dem Erdboden abgespielt haben. Auch das wenige Vieh, das zu jedem Hof gehörte, war wohl kaum stark von den Bewohnern gesondert. Einzig die Schlafstätten lagen nicht ebenerdig, sondern unter dem Dach. Überblickt man diese spärlichen Hinweise

Abb. 11 Zürich, Münsterhof. Rekonstruktionsversuch nach den Befunden für die Zeit um 1136/39 auf der Beilage 1 (Zeichnung M. Mathis).

auf die frühmittelalterlichen Bauten, so erstaunt es nicht, daß Infektionen zu den häufigsten Krankheiten gehörten. Im Laufe der Zeit hat sich die Wohnkultur wesentlich verändert. Man hob den Wohnbereich vom Boden ab, trennte Wohnen und Wirken, Vieh und Mensch. Dies wird am Haus III besonders deutlich. Im späten 10. Jahrhundert wurde an das eingeschossige Holzhaus IV ein turmartiger Steinbau angebaut, der auf zwei gemauerten Stockwerken wohl ein Holzgeschoß aufwies. Die Böden waren noch immer Lehmestriche. Im Erdgeschoß befand sich nur die Küche; der zum Anbau degradierte Vorgängerbau diente jetzt wohl als Ökonomiebau für das Vieh. Die Küche mit einer ebenerdigen großen Feuerstelle lag im Steinbau. Die Reste in der Fäkaliengrube belegen eine bescheidene Speisekarte. Dennoch unterschied sich die Familie des Hauses III deutlich von den sozial weniger hochgestellten Bewohnern anderer Gebäude, beispielsweise des Hauses II. In ihrem Haus zierten Wandmalereien im 11. Jahrhundert einen Raum des Obergeschosses. Auf ihrer Tafel standen nicht nur Tonkrüge und Holzgeschirr, sondern bei Gelegenheit kostbarste, schimmernde Noppenbecher aus feinstem Glas. Zu seltenen Festanlässen wurden Wild oder Froschschenkel genossen. Die Kinder aus Haus III trugen feine Lederschuhe – andere in der Stadt gingen barfuß. Es erstaunt weiter nicht, daß gerade im Haus III der erste Kachelofen Zürichs (2. Viertel 13. Jahrhundert) nachgewiesen werden konnte. Ähnlich sind die Verhältnisse für die Häuser I und II zu rekonstruieren, welche in der ersten Hälfte des 12. Jahrhunderts – angelehnt an die Immunitätsmauer der Abtei – errichtet worden sind. Die Rekonstruktion des Steinhauses VIII beruht auf Analogieschlüssen und nicht auf archäologischen Befunden.

Im ausgehenden 12. Jahrhundert wird der Friedhof in dem von uns ergrabenen Bereich nicht mehr belegt. In dieser Spätzeit greifen die Häuser I und II mit schmalen Holzannexen und Gruben bereits in den Bereich der Immunität hinein.

In der zweiten Hälfte des 13. Jahrhunderts wird durch den Abbruch der Immunitätsmauer und der Häuser I/II sowie später des Hauses III über zwei Stufen der große Freiraum geschaffen, wie ihn Josias Murer 1576 auf seinem Stadtprospekt erstmals dargestellt hat.

Interessant ist, daß die nachfolgende Überbauung im Norden des Hofes die Flucht des Hauses III und seiner nördlichen Hofmauer übernimmt. Das heißt, der Freiraum zwischen der einstigen »Abteigruppe« und der noch bestehenden Gruppe um den St. Peter-Hügelfuß wird mit Bauten verstellt. Die Frage, ob es sich hierbei um den Ersatz der willentlich abgebrochenen Häuser I/II handelt, kann nicht mit letzter Sicherheit beantwortet werden.

Das bewußte Anlegen dieses Hofes muß nach unserem Dafürhalten noch in einem weiteren Zusammenhang gesehen werden. Gleichzeitig damit wird am größten Bauvorhaben des mittelalterlichen Zürich, dem Bau der ersten Stadtbefestigung gearbeitet: Dem äußeren Bering wird *»intra muros«* an zentraler Stelle ein Freiraum gegeben[20].

Kernzonen der frühen »Versteinerung« sind die kirchlichen Kristallisationszentren, das Groß- und das Fraumünster und die Stadtkirche St. Peter (Abb. 12). Weiter sind anzusprechen das Umfeld des Marktes, die beiden Brückenköpfe über die Limmat und andere bevorzugte weltliche Standorte im werdenden Stadtgefüge, wie die Nähe der Pfalz auf dem Lindenhofhügel.

Angeregt wurde der profane Steinbau im 12. und 13. Jahrhundert in Zürich und anderswo sicherlich durch die Architektur geistlicher Immunität, durch feudale Strukturen wie etwa der Pfalz, aber auch durch den mittelalterlichen Stadtmauerbau. War der Bau der Pfalz und der frühen Klöster noch eine Sache des königlichen Hofes, Ausdruck einer weitsichtig geplanten Reichsorganisation, so ist die Versteinerung der Städte im 12. und 13. Jahrhundert ein sichtbares Zeichen wachsender bürgerlicher Selbständigkeit.

Die zunehmende Verwendung von Stein als Baumaterial – anstelle des bisher üblichen Holzes – ist Spiegel einer bestimmten städtischen Blüte und Entwicklungsstufe. Nach unserem Dafürhalten müssen Gründe der besseren Haltbarkeit und der Wunsch nach größerer Sicherheit erst in zweiter Linie aus dieser »Versteinerung« herausinterpretiert werden. In der Zeit des 11. und 12. Jahrhunderts waren die Besitzer der Steinhäuser wohl weitgehend ritterlichen Standes und gehörten den Kreisen des hohen Adels und der Ministerialen an. Im Verlaufe des 13. und 14. Jahrhunderts indes wurde dieses »Recht« allen vermögenden Schichten und selbst den zu Ansehen gelangten Handwerkern und Bauern zugestanden.

Beilage 1 Münsterhof in Zürich. Archäologische Befunde aufgrund der Rettungsgrabungen von 1977/1978 und 1981 bis 1983. – I–III, VIII: Steinhäuser des 10./12. Jahrhunderts; IV–VII: Holzbauten des 9./12. Jahrhunderts; außerdem die karolingische Fraumünster-Abtei mit repräsentativer Choranlage (9.–12. Jahrhundert) und St. Jakob-Kapelle.

20 J. E. Schneider, Der städtische Hausbau im südwestdeutsch-schweizerischen Raum. Zeitschr. f. Archäologie des Mittelalters, Beih. 4: Zur Lebensweise in der Stadt um 1200. Ergebnisse der Mittelalterarchäologie (1986) 17–38.

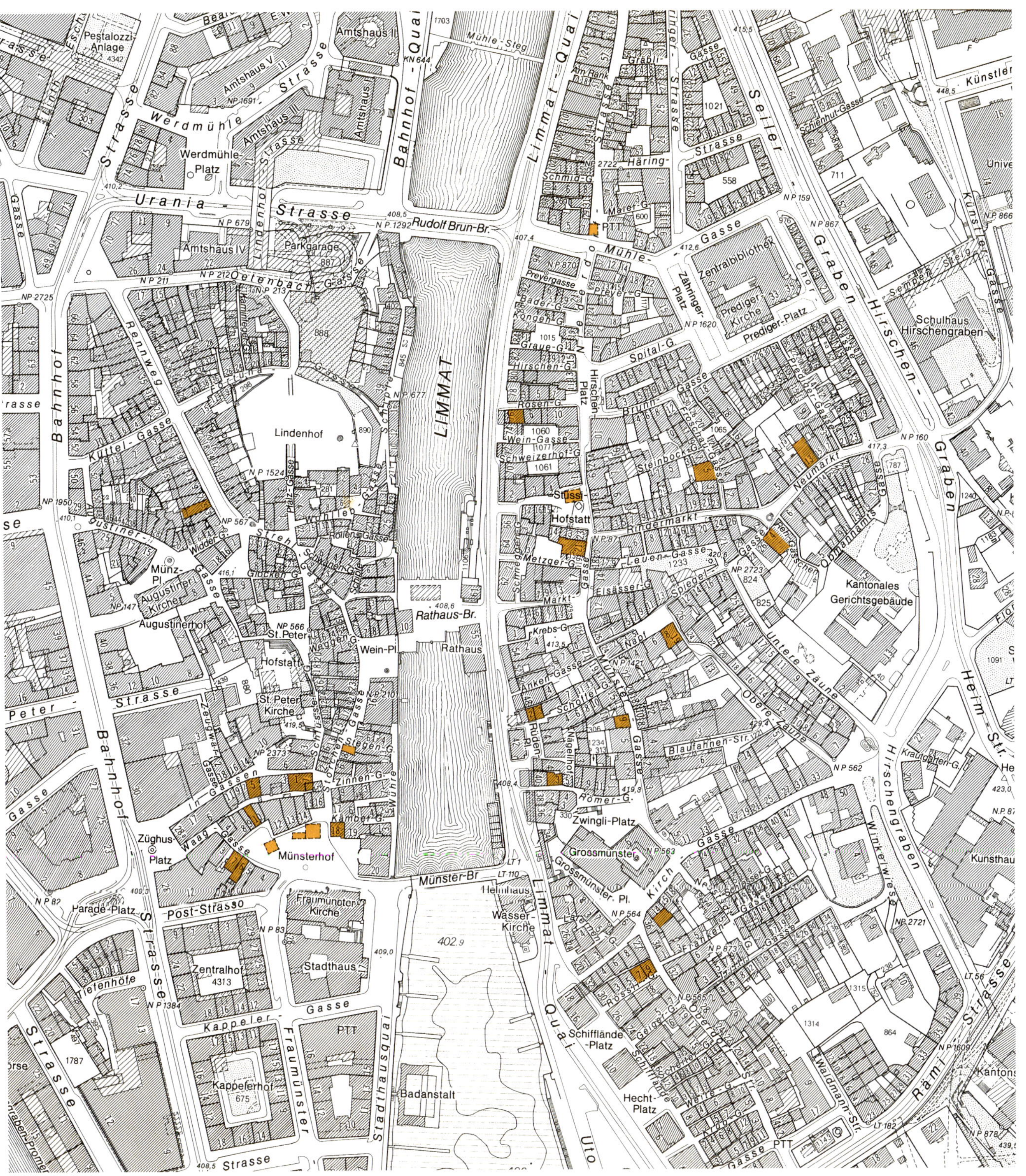

Abb. 12 Stadt Zürich. Steinbauten des 12. Jahrhunderts aufgrund monumentenarchäologischer Befunde: bestehende Steinbauten, abgegangene Steinbauten.